기억의 타작

김병익 비평집
기억의 타작 ─ 도저한 작가 정신을 위하여

펴 낸 날	2009년 10월 15일
지 은 이	김병익
펴 낸 이	홍정선 김수영
펴 낸 곳	㈜문학과지성사
등록번호	제10-918호(1993. 12. 16)
주 소	121-840 서울 마포구 서교동 395-2
전 화	02)338-7224
팩 스	02)323-4180(편집) 02)338-7221(영업)
전자우편	moonji@moonji.com
홈페이지	www.moonji.com

ⓒ 김병익, 2009. Printed in Seoul, Korea

ISBN 978-89-320-1998-7

* 이 책의 판권은 지은이와 ㈜문학과지성사에 있습니다.
양측의 서면 동의 없는 무단 전재 및 복제를 금합니다.

:: 김병익 비평집

기억의 타작
― 도저한 작가 정신을 위하여

문학과지성사
2009

우경이와 운자에게

지난여름 우리가 누린

카멜의 깊고 푸른 바다,
마운틴뷰의 아름다운 황무지,
한없이 빛나는 하프문의 햇빛,
그리고
진지하고 풍요로운 스탠퍼드—

그것들이 인간주의적 상징들로
마음이 환히 열리며.

책머리에

『그래도 문학이 있어야 할 자리』이후의 글들을 모아 5년 만에 비평집을 묶는다. 일흔 넘은 나이인데도 그래도 아직 글을 쓸 수 있어 '마지막에서 두번째의 책'을 낸다는 대견함을 자기 위안으로 가졌더랬는데, 교정을 보고 목차를 엮으면서 깊은 데서 솟는 쓸쓸함을 지울 수가 없어졌다. 전 같으면 '문학평론집'이란 명찰에 혐이 덜 되게 순수한 비평의 글들만 모았었는데 이번의 책은 그 이름에 맞지 않게 많이 잡스러워졌음을 깨달았기 때문이다. 특강을 위한 강의 원고도 몇 편 되고 산문집에 들어가야 마땅할 과학 에세이나 일반 수필도 여러 편이며 외국 문호들의 작품 읽기를 위한 메모가 긴 자리를 잡고 있다. 이것은 여러 해 동안의 작업에도 한 권의 책 분량을 만들기에는 부족해 성격이 다른 글들을 합쳐야 했다는 것, 그럴 수밖에 없도록 내가 긴 시간을 굼뜨게 보냈다는 것을 확인시켜준 것이다. 내가 비평의 작업에 이처럼 게을러졌고, 읽고 생각하며 글 쓰는 일에서 무척 무뎌졌다는 사실을 인정하는 것도 안쓰러운 일이지만, 이 모두를 나이 탓이라고 핑계를 대는 내 편한 속셈이 오히려 더 못마땅해졌던 것이다.

그런데 정작 쓸쓸한 일은 다른 데 있었다. 황동규 시인의 등단 50주년, 문학과지성사 창사 30주년 등의 '기념'을 계기로 한 회고적 성찰의 글과 더불어, 작년에 작고한 박경리·홍성원·이청준 등 소설가 세 분의 문학적 업적을 추모하며 비평적 정리를 도모한 원고들이 제1부의 차례에 중심을 이루고 있다는 점이 내 속마음을 이중으로 아프게 헤집고 있는 것이다. 나는 이 세 작가의 문학적 업적을 아주 높이 평가해왔을 뿐 아니라 그들의 도저한 작가 정신을 깊이 존경했으며 생전에 그들과 가까이 사귈 수 있었던 행운을 자랑스러워했다. 우리 한국 문단에 액년이 분명할 2008년에 이 세 분을 한꺼번에 잃은 것이 우리 소설 문학의 더없이 큰 손실이어서 우리 문학의 아름다운 고전적 전통도 이제 다한 것이 아닌가 싶은 안타까움 속에서 나는 그들의 빈소를 지키고 그들의 작품을 다시 읽으며 그들의 생애를 돌이켜보고 그들과 나눈 이승의 40년 정분을 슬프고 아픈 마음으로 되새겨야 했다. 더구나 박경리 선생은 한 주름 위의 띠동갑이며 홍성원·이청준은 나와 위아래 한 살 터울이어서 이들과 같은 운명이 바로 나의 곁으로 바짝 다가왔음을 인정하지 않을 수 없게 된 것이었다. 20년 전 황인철과 김현이 세상을 버릴 때만 해도 너무 아까운 나이의 변고로서 예외적으로 보였지만 이제는 그렇게 볼 수 없는 내 또래의 세상 버림이어서 삶의 마감, 생명의 마지막이란 쇠멸에 대한 느낌을 실감하게 된 것이다.

이 자각은 기형도의 시집 원고들을 앞에 모아놓고 "그것을 읽고 그를 기억하게 한다면 그의 육체는 사라졌어도, 그는 죽지 않을 수 있다"는 김현의 말을 떠올리게 했다. 그는 『입 속의 검은 잎』으로 기형도가 여전히 독자들의 마음속에 살아날 수 있기를 희망했고 이런 소망을 밝힌 그 시집의 해설을 비롯한 여러 글쓰기들을 통해 기형도에 이어 1년 후에 작고한 그의 이름과 존재도 역시 우리 앞으로 불려나와 생생히 되살아 움직이고 있다. 그래, 문학이란 기억으로 살아남기 위한 소망을 위한 것이 아닌가, 하는 생각이 그때 따갑게 들었다. 다른 예술도 그렇겠지만 특히 문학은, 인간과 세상을, 삶과 정신을, 그래서 이 세계 전모를 재구성하고 재생함으로써 이후의 사람들에게 그것들을 기억해두기를 요구하고 그 실존을 환기하며 그 인격을 추념토록 하는 것이고, 기억은 문학을 통해 인간의 의식 속에서 끊임없이 회상되고 재현하며 의미화하고 추모함으로써 자신의 이미지를 영원의 것으로 연장하려고 하는 것이 아닌가! 작가는 그 기억을 살아 있는 존재로 환원하며 인간과 세계의 모든 것을 현존의 생생함으로 살려내려 하고 있고 작품은 그것이 다루고 있는 세계를 되살리면서 한 순간의 것들을 시간을 뛰어넘어 영구한 존재상으로 현상시켜주는 한편 그 자신을 창조한 작가를 아름다운 추억으로 되찾아내줄 것을 기억의 명의로 주문하는 것이다.

추념, 추상, 추모 그리고 회상과 회억, 돌아보기와 다시 보기, 거기에 기념·기림·비명 등등, 기억과 한동네의 어휘들이 이때 내게 잇달아 튀어나오며 이것들이 죽음의 연습이며 대항이고 시간을 벗어나며 종말을 뛰어넘어 영원히 살아 있음, 영구히 존재해 있음을 위해 문학과 예술이 창조되고 구성되며 서술되고 재현되는 것이 아닐까, 묘사와 문체, 서술과 소재, 기법과 주제 등 모든 장치와 방법들은 그 기억을 진하게, 생생하게, 아름답게 만들기 위해 동원된 안쓰런 노력이 아닐까, 머릿속에 남은 것들을 현존 속으로 되살려내기 위한 고통스런 모색이며 안타까운 아우성이 아닐까 등등의 갖가지 생각이 함께 퍼뜩 들고 있는 것이다. 그리하여 인간은, 기억을 매개로 한 문학을 통하여 부활하며 혹은 문학을 매개로 한 기억으로 상존하여, 영원한 존재로 변화하는 것이다. 나는 문학(과 예술)과 기억과의 이 전폭적이면서 내밀한 관계가 근래의 내게 끈질기게 달라붙고 있는 것을 깨달으면서 앞으로의 내 생각에 꾸준히 다듬어볼 주제로 받아들이기로 했다. 하긴, 먼저 간 분들에 대해서만이 아니라 이런저런 다른 글들에서도, 오래전의 내 기억과 과거의 회상들이 함께 얽혀서야 제대로 풀려가고 있음을 확인하면서, 나이 때문만이 아닌, 대상을 이끌어주는 매개로서의 추억의 힘을 다시 발견하는 참이기도 했다.

이 책을 엮으면서 '문학'과 '기억'을 이어주고 싶은 제목을 궁리하는 중에 문득 떠오른 것이 '타작(打作)'이란 말이었다. "이삭을 널어 알곡을 거둔다"는 이 낱말은 1978년 문학과지성사를 통해 간행한 송욱 선생의 비평집 『문물의 타작』에서 참 멋있는 말로 여겨져 여투어두었던 것인데 세상을 마당질해서 기억으로 챙기고 혹은 그 기억을 문자로 형상화하여 작품으로 쟁여두는 일, 그 작품들을 통해 그 작가의 존재를 여미어 기리는 일까지 그 모두를 그 어휘로 거느릴 만한 것이었다. 나는 이 멋진 말을 불러 내 책의 체면으로 내세우면서 그 비평집을 낸 지 이태 후에 이승을 떠난 송욱 선생께 새삼 사의를 드린다.

이 책에 실린 글 가운데 미처 글꼴을 갖추지 못한 「도스토예프스키 읽기」와 「토마스 만 읽기」의 두 편은 말 그대로 메모에 불과한 것인데 계간 『본질과 현상』은 그럼에도 실릴 거리가 된다며 내용 없이 긴 이 글을 네 차례에 걸쳐 수록해주었다. 이 잡지를 주재하는 작가 현길언 선생께 진심으로 감사의 말씀을 올린다.

답지도 않을, 그리고 손실만 늘릴 이 비평집의 출판을 승낙해준 문학과지성사의 편집위원들, 홍정선·김수영 공동 대표의 변함없이 두터운 마음씨에 거푸 감사를 드린다. 무딘 글과 어눌한 문장을 꼼꼼히 들여다보고 바로잡아준 편집부, 특히 이근혜 씨에게 각별한 고마움의 인사를 보낸다.

이 책을 내는 보람, 이 글들을 쓰는 즐거움을 모아 내가 인사를 드려야 할 마지막의, 그러나 가장 앞세워야 할 사람은 아내 정지영이다. 그녀는 근래 뜻밖의 쉴 참이 생겨 창밖으로 대학로 거리가 내려다보이는 방에서 50년 전의 캠퍼스에서 지낸 한 시절을 회상하며 몸을 추스르고 있는 중인데, 이제쯤에는 45년에 걸친 사랑과 봉사에 대한 나의 실속 없는 답례를 받아들일 마음가짐을 차려둘 것인지.

2009년 이른 가을
김병익

차례

책머리에 6

제1부
험한 세상, 그리움으로 돌아가기—박완서의 『친절한 복희씨』 15
소외를 벗어나기 위하여—송영의 『새벽의 만찬』 32
말해질 수 없는 삶을 말하기—김연수의 『나는 유령작가입니다』 46
시간 뒤에 숨은 '홀로움'으로, 그 내면의 여정—황동규 시의 50년을 따라, 가다 60
도저한 삶, 자존의 문학—박경리 선생을 위한 단상 84
다시 보기: 홍성원과 그의 문학 94
이청준 다시 만나기—해한의 글쓰기, 화해로 가는 삶 120
한 문학 시대의 마감—세 분 작가들이 남겨준 모습 151
자유와 개성—'문학과지성'의 비평적 지향 158
자유와 성찰—'문학과지성'의 지적 지향 174

제2부
자연과의 화해, 그 네 모습 197
오웰의 말손바닥 안에서 헤매기 206
검은 잎, 기형도, 그리고 김현 211
고희의 처녀 시집—민병문 형의 『서리풀 공원』 발간을 축하하며 217
대학로 100, 그 신선한 자유의 유산 223
디카와 그 불만 233
예술과 과학, 그 만남의 세 모습 243
역사소설의 현재성 251
독서 문화의 변화와 창의적 읽기 269
한국 도서의 한자 표기와 조판 체제에 대하여 287

제3부
도스토예프스키 읽기 303
토마스 만 읽기 370

제1부

험한 세상, 그리움으로 돌아가기
─박완서의 『친절한 복희씨』

박완서의 활자화된 소설을 가장 먼저 본 독자가 아마 나였을 것이다. 신문사 문화부의 문학 담당 기자였던 나는 월간 『여성동아』의 장편소설 공모의 당선자를 인터뷰했고, 책으로 인쇄되기 전이어서 내가 미처 그 당선작을 보지 못했다는 고백에 깜짝 놀라며 어찌 작품을 보지도 않고 인터뷰를 하며 기사를 쓸 수 있겠느냐는 늦한 표정에 찔려, 그 당장, 교정지를 얻어 읽어보지 않을 수 없었다. 그러니까 나는 결코 젊지 않은, 그래서 신인답지 않은 신인의 못마땅한 시선에 걸려들어, 『여성동아』 부록으로 간행된 『나목』을 책으로 완성되기 전의 어수선한 꼴로 읽어야 했다. 확인해보니, 그 일은 37년 전의, 1970년이었다. 물론 한 세대가 넘는 세월 동안 나는 참 많이 변했고 나의 변화 이상으로 그녀는 엄청 많은 작품을 썼고 발표했다. 그리고 그녀와 처음 만날 때처럼 면박당해 쌀 만큼, 그 후에도, 나는 여전히 게을러 그녀의 많은 작품들을 읽지 못한 채 놓쳤고 혹은 읽었더라도 잊어버려버리곤 했다. 그렇다고 해서 내가 그녀의 존재를 잊거나 그녀의 문학을 놓친 것은 아니었다. 그녀는 내가 의식하고 있는 오늘의 우리 소설 문학사에서, 물론 '여류'라는 한정사를 지운 전체의 한국 소설사에서, 생존하고 있는 대가로 박경리 다음의 자리를 차지하고 있었고 그녀의 소설들은 언제고 내가 다시 차례로 읽고 머릿속의 서랍에 정리해두어야 할 빚으로 얹혀 있었다. 문지판 박완서 창작집 해설의 청탁을 내가 단박에 수락한 것은 이 기회가 바로 내 나름으로 치러야 할 작은 빚갚음이 될 것임을 알아챈 때문이었다.

그녀의 소설들을 읽으면서 그 예스런 표현들이며 옛 장면들을 그리는 동안 나는 세월을 생각했고 자연스레 나이를 따져보지 않을 수 없었다. 그녀는 「그 남자네 집」에서 술회된 바처럼 한국전쟁이 나던 1950년에 대학에 입학했고 나는 7년 후에 동숭동 캠퍼스로 들락거리며 한때 '안감천'에서 멀지 않은 돈암동에서도 살았기에 1950년대, 고은이 그처럼 흥분과 감회에 젖어 스케치한 '전후의 서울' 풍경에 대한 추억을 공유할 수 있었다(창작집의 작자와 그 해설자 두 사람의 나이가 147세라면 우리 문단에서 가장 희한한 연세의 만남이 아닐까, 하는 짓궂은 생각이 그래서 들기도 했다). 그 추억은 가령 샤를 부아예, 장 마레와 같은 흘러간 영화 스타들의 이름에서 되살아나기도 했고, '엽렵하다' '스스럽다' '야비다리 치다'와 같은 이제는 거의 듣지 못하는 어휘는 물론, '낭탁(주머니)' '근검하다(자손이 많아 보기에 매우 복스럽다)'의 낯선 단어에서 피어나기도 해서 '얄얄이(여유가 조금도 없이 밭게)'처럼 사전에도 나오지 않는 단어마저 눈치로 받아들이게끔 넉넉한 마음을 만들어주는 것이었다. 어휘만이 아니라 문장에서도 그랬다. 가령, 수록된 첫 소설 「그리움을 위하여」의 "올겨울 추위는 유별나다. 눈도 많이 왔다. 스키 캠프 간 손자들한테서 걸려온 전화 목소리가 낭랑하다"와 같은 첫 대목에서부터 박완서의 문장은 의외로 빠른 속도감을 보이면서 시니피에의 대담한 이동으로 이야기를 활발하게 진행하고 있다. 그 문체는 요즘 젊은 세대 작가들의 경쾌함과 다르다. 문장이 속도 빠르게 움직인다는 것은 마찬가지이지만 그 무게에서 가벼움과 무거움의 차이가 있고 그 내용물의 추상성과 물질성의 다름이 있다. 그것이 전 시대 문학의 사실주의 문체와 오늘의 모더니즘적 내면 문체의 차이일 것인데, 나는 신경숙으로부터 정이현에 이르는 젊은 문학에 현혹되기도 하다가 김원일과 홍성원, 그리고 지금 읽는 박완서의 문장에서 제 태어난 본래 자리에 돌아온 듯한 안도감을 느끼게 되는 것이다. 그 안도감은 박완서가 추억 속에서 재현해내는 풍물들로 다시 안정된다. 월급 없이 먹고 자는 것으로만 보상받는 '식모'란 존재, 폐허가 된 명동의 황량한 거리, 난방이 안 된 극장, 카바이드 불을 켠 포장마찻집, 거기서 사 먹는 오뎅, 그리고 연탄불……

그날 나는 그 포장마차에서 처음으로 구공탄 불이라는 것을 보았다. 구멍마다 독한 불꽃이 올라오는 연탄 난로 위 무쇠솥에서 오뎅 국물이 끓고 있었다. 앞치마를 두른 오뎅집 남자가 그를 무심하게 맞았다. 막사기 대접에다 달걀과 덴뿌라와 무 토막과 두부 튀긴 것과 정체 모를 고기의 힘줄 같은 걸 뀐 꼬챙이를 하나씩 넣고 뜨끈한 국물을 부어주었다. 오뎅 국물도 꼬챙이에 낀 것도 심지어는 달걀까지도 진한 간장 빛이었다. 그러나 맛은 슴슴하고 들척지근했다. (「그 남자네 집」, p. 62)

요즘의 젊은 독자들에게도 박완서가 회상하고 있는 이 장면이 그리

낯설지는 않을 것이다. 그럼에도, 익숙한 장면이라 하더라도 반세기의 시간을 훌쩍 뛰어넘어 문자로 재현되는 이 그림은 내게 따뜻한 감회의 정 없이는 결코 떠올릴 수 없는 모습이다. 우리가 그런 세상을 살아왔고 그런 전 시대의 투박한 삶을 누려왔던 것인데, 「그리움을 위하여」와 「그 남자네 집」으로부터 「대범한 밥상」과 「그래도 해피 엔드」에 이르기까지의 박완서의 인물들 대부분이 바로 그런 시절을 살고 누린 사람들이었다. 그들은 50년대를 젊은 살림꾼으로 전후의 척박한 삶을 살았고 열심히 자식들을 키워 결혼시켰으며 이제는 손자 손녀들을 돌보며 혹은 은퇴해서 노후의 생활을 하고 있는 6, 70대의 노년이 되었다. 그리고 그들의 일상을 자상히 들여다보는 박완서가 이미 70대 후반의 노인이다. 그러나 다행히, 그녀는 은퇴를 모르는 작가이고, 그것도 여전히 정력적으로 창작에 전념하는 현역 작가이다. 나는 여기서 비로소 우리에게도 박완서에 의해 '노년문학'이 가능하다는 사실을 확인한다. 내가 말하는 노년문학은 그냥 작가가 노년이라는 것, 혹은 단순히 작품 속에 등장하는 인물이 노인이라는 것 이상의 것으로, 노인이기에 가능한 원숙한 세계 인식, 삶에 대한 중후한 감수성, 이것들에 따르는 지혜와 관용과 이해의 정서가 품어져 있는 작품 세계를 드러낼 경우를 말한다. 우리에게 이런 노년문학의 성립이 어려웠던 것은 전쟁과 가난으로 작가들이 장수하지 못하거나 조로했기 때문이었을 것이다. 회갑을 넘기면서도 창작을 한 작가들은 박경리, 최일남 정도이고 이청준이 노년을 등장시킨 작품(가령 『가위 밑 그림의 음화와 양화』)을 많이 썼지만 그가 아직 50대일 때 노장의 품위 있는 삶을 그리워하는 소설들이어서 엄격하게, 노년문학으로 치부하기는 어렵다. 박완서에게는 주인공이 노년이고 그를 형상화한 작가가 노인이기를 넘어, 예컨대 "누가 먼저 저승에 가면 거기서 너무 오래 기다리게 하지 않고 앞서거니 뒤서거니 이 세상 뜨고 싶다"(「촛불 밝힌 식탁」, p. 187)고 소원할 정도로 운명에 대해 조용히 순응하는, 세상에 대한 눈이 노인이기에 가능한 깊이와 기품을 지니고 있고 그의 삶이 세상의 마지막을 품을 여유를 보이는 것이어서 우리는 그녀의 근년의 작품들을 우리 한국 소설 문학의 한 장르로서의 노년문학을 위한 뛰어난 성과로 지목해도 좋을 것이다.

 노년문학이라 해서 가령 아동문학이나 청소년문학처럼 다른 기준으로 접근해야 마땅할 것으로 구분하기를 내가 제의하는 것은 아니다. 노인들도 분명한 자기 나름의 삶을 운영하고 있고 그 나이다운 시선과 내면을 가지고 있으며 그럼으로써 여느 사람들과 다름없는 인간적 존재성과 문제적 의미를 드러내기에, 더구나 노년으로 나이를 들이면서 쌓았을 통찰과 이해, 관점과 지혜가 피력되는 문학적 공간을 나는 말하고 싶은 것이다. 그들은 아마도 삶의 현장에서 부닥치는 치열한 행동이나 미숙한 연령들이 보이는 위험한 정열과는 다른 형태의 삶과 내면을 가지고 있으며, 그럼에도 그것들도 분명 보편적인 인간다움을 누려야 할 사회 구성원으로 인정받아야 할 삶인 것이다. 노인 인구가 급격히 늘어나고 노년의 생애가 훨씬 길어지고 있다는 것, 실버 세대의 경제력과 문화 수준이 매우 높다는 사정 등을 나란히 놓고 볼 때 노년의 삶에 대한 성찰, 그것의 문학적 접근은 더욱 중시되어야 할 것이다. 오늘의 노년들은 옛날의 우리 할아버지대와는 달리 지식층이고 강한 자의식과 자부심을 가진 유식층일 뿐 아니라 든든한 경제력을 가지며 여가를 여유롭게 활용할 수 있는 유한층이면서 상대적으로 컴퓨터 대신 활자 문화에 익숙한 세대이기에, 아마도 이들에

의한 실버 문학의 수요는 어느 연령대보다 활성화될 것이다.

거푸 짚는 점이지만 박완서의 『친절한 복희씨』에 수록된 무거운 작품들의 인물들은 거의 실버 세대이다. 「그리움을 위하여」의 화자와 그녀가 이야기해주는 사촌동생은 여덟 살 터울이지만 둘 다 환갑진갑을 지낸 나이들이고, 「그 남자네 집」의 화자 역시 그 회상에서 겹쳐지는 작가와 같은 연배의 70대 후반일 것이며, 「촛불 밝힌 식탁」(이 작품의 주인공만이 남자이다)이나 「친절한 복희씨」「대범한 밥상」「그래도 해피 엔드」 등의 주인공들이 모두 정년퇴직을 하여 현장으로부터 물러나 두 노인 부부로 단출하게, 아니면 늙은 과부로 외롭게, 서울의 아파트에서 혹은 서울 변두리나 시골의 땅집에서 노후의 삶을 살고 있는 중이다. 이들이 노년들이기에 대부분 노환에 들려 있어, 「대범한 밥상」의 화자는 암 진단을 받아 3개월의 말미만으로 유예되고 있고, 「친절한 복희씨」의 화자 남편은 중풍으로 누워 있으며, 「후남아, 밥 먹어라」의 '미국댁 앤'의 어머니는 치매로 돌림당하고 있다. 이들이 모두 노인성 지병으로 투병하거나 그런 환자들을 뒷바라지해주고 있거니와, 그 나이가 아니라 하더라도 관절염(「그리움을 위하여」)이나 노인성 기억력 감퇴(「그 남자네 집」) 혹은 건망증(「거저나 마찬가지」)으로 노화에 대한 육체적 두려움에 젖어 있는 형편이다. 「거저나 마찬가지」의 김영숙은 40대 초반이고 「마흔아홉 살」의 인물도 막내를 대학에 갓 입학시킨 갱년기 또래 여인들의 모임에 속해 있는데, 앞의 소설들이 노후의 은거 속에서 옛날의 생애를 돌아보는 회고체인 것에 비해 중년기의 여인들을 주인공으로 한 뒤의 두 작품은 진행형으로 이야기를 끌고 가면서 인간의 위선과 갈등을 주제로 하고 있다는 점에서 성격을 달리하고 있다.

나는 박완서의 장편 『그해 겨울은 따뜻했네』를 보면서 인간의 이중성과 위선에 대한 작가의 주저 없이 도저한 폭로를 읽으며 전율을 느낀 적이 있었더랬는데, 그 지독한 부정적 모습의 자연주의적 관찰을 「거저나 마찬가지」와 「마흔아홉 살」에서 다시 발견하고 작가의 가차 없이 치열한 시선에 질투를 느끼지 않을 수 없었다. 「거저나 마찬가지」는 화자인 노동자와 위장취업자 선배 간의 우정과 호의로 시작된 관계에서, 시국이 바뀌어 사회적으로 출세하기 시작한 위장노동자 '언니'에게 5백만 원을 주고 살게 된 시골집을 빌미 삼아 차츰 '거저나 마찬가지'의 더부살이 관계로 진전되면서 '별장지기'로 화자의 위신이 하락하는 과정을 그린다. 「마흔아홉 살」은 주제를 바꾸어, 가칭 효부회에 앞장서 희생적으로 봉사하고 있는 회장이 자리를 비킨 사이 동료 회원들로부터 그녀가 겉으로는 노인 남자의 하초를 씻어주는 등 어떤 궂은일도 마다하지 않는 헌신을 보이면서도 시아버지의 팬츠는 집게로 들어 올려 세탁기에 냅다 뿌리치는 이중인격의 위선지라고 가혹한 뒷욕을 받는 이야기를 내용으로 하고 있다. 박완서의 치밀성은 이 두 이야기를 풍자나 야유로 비판하는 것이 아니라 피할 수.없는 사회-인간의 자연스런, 충분히 납득될 수 있는 전이 과정으로 묘사하는 데 있다. 가령 「거저나 마찬가지」의 화자 김영숙은 공장에서 만난 선배 언니의 원고를 윤문해주면서 받은 수고료를 모아 선배가 쓰지 않는 시골집을 집필실로 사용하며 집과 뜰을 가꾸어 집값을 올려주는, 순진하고 부지런하며 겸손한 여자이고 그녀와 동거하는 기남이도 학벌과 자격증만 없을 뿐 유능하고 친절하며 정성스런 남자이다. 그들은 마땅히 낼 것을 내고 선배 언니이기에 도울 것을 도와주었지만,

점차 '거저나 마찬가지'로 집을 얻어 사는 막된 사람으로, 그러고는 마구 부려도 좋을 별장지기로, 전락하고 만 것이다:

    그러다가 전세 든 사람에게 이렇게 일을 시켜도 되냐고 묻는 이도 있었을 것이다. 그러면 괜찮아, 괜찮다니까. 거저나 마찬가지로 차지하고 있는 집이니까. 나는 언니가 뻔질나게 데려오는 사람들 때문에 거저나 마찬가지란 소리도 그만큼 자주 듣게 되었고, 나도 모르게 그 말에 길들게 되었다. 그런 게 체념이라는 것일 것이다. 언니가 남편까지 데려오기 시작하면서 내 호칭은 별장지기로 바뀌었다. (「거저나 마찬가지」, p. 176)

전세 입주자로부터 별장지기로까지 추락하는 과정은 천연스럽다. 여기에는 억지도 없었고 무리도 없었다. 선배 언니가 야멸차게 김영숙을 얕본 것도 아니고 그녀 부부의 친구들도 못마땅해서 그리 본 것도 아니며, 김영숙도 자신을 낮추어서 그런 호칭을 받아들인 것도 아니며 그 부름을 굳이 부적절하게 생각한 것도 아니었다. 그럼에도 이 같은 부당한 일이 벌어진 것이다. 그녀는 뒤늦게 "비로소 '거저나 마찬가지'를 심각하게 의심하기 시작했다. 거저면 거저고 아니면 아니지 마찬가지란 무엇일까"(p. 177). "거저나 마찬가지의 함정은 이렇게 바닥도 끝도 없"음을 깨달으면서 생겨난 그녀의 회의는 "인간관계 속에 숨은 그럴듯한 허위의식"(p. 180)을 걷어내는 방법이 아이 낳기임을 시사하는 것으로 소설은 끝나고 있다. 「마흔아홉 살」은 이 소설보다 더 정교한 주의를 요구한다. 독거노인들을 위한 '효부회'를 이끌며 모든 봉사에 앞장서는 회장 카타리나는 회원들의 뒷말을 엿듣게 되는데 그 자리에서 그녀는 시부의 팬츠 일화 때문에 '그렇게 겉다르고 속다른 완전히 딴사람'이며 '독종이고 엽기'이고 그녀의 봉사는 남편 기업을 위한 '비즈니스'이며 회장 자리는 그녀의 '권력욕'의 발현이라고 비난받는다. 그런데 흥미로운 것은 그런 어이없는 비난에 대해 그녀가 항의도, 부인도 하지 않는다는 점이다. 오히려 "난 왜 이렇게 겉 다르고 속 다를까. 어디까지가 진실이고 어디서부터 가짜인지 나도 모르겠는 거 있지"(「마흔아홉 살」, p. 105)라고 시인한 후, 친구의,

"모든 인간관계 속엔 위선이 불가피하게 개입하게 돼 있어, 꼭 필요한 윤활유야."(p. 107)

라는 말을 '고마운 위로'로 받아들인다. 이렇다는 것은 자신의 행위 속에 들어 있을 허위, 이중성, 위선을 부정하지 못할 뿐 아니라 오히려, 적어도, 필요악으로까지 그녀가 동의하고 있음을 알려준다. 박완서는 이들 40대의 '느글느글한' 여자들과 함께, 결코 순진한 인물이 아니어서, 인간 사회의 허위와 위선(p. 107과 p. 180에 반복해 나올 정도로 그의 이 세계에 대한 인식의 핵심적 코드가 될 듯한)의 필요성을 서슴없이 인정해주고 있는 것이다. 우리도 '진정'이며 '선의'와 같은 어휘를 발언한다고 해서 그 인물이 '진정한 선의'의 인간이라고 믿어 버리는 어리석음을 자랑하지 말자. '추상의 아기와 현실의 아기, 그 엄청난 차이'(p. 106)를 인식할 수 있는 노년의 지혜는 '관계의 윤활유로서의 위선'이나 '거저나 마찬가지'의 사회화 과정을 이해함으로써 이 세상이 결코 순진하지 못한 세계임을 자연스럽게 깨닫게 만든다.

여유 있는 은퇴자의 평화로운 삶 속에서 젊은 시절의 갖가지 신산을 그리운 마음으로 되돌아보는 박완서의 회고체 소설들은 노후의 그런 삶들이 「마흔아홉 살」이나 「거저나 마찬가지」의 중심 주제로 제시되고 있는 바로 이 위선이나 관계 하락의 어긋장 같은 함정을, 비록 작고 짧은 것이긴 하지만, 참고 잘 건너고 난 후에 이루어진 것임을 보여주고 있다. 가령 「친절한 복희씨」의 복희가 정원 겸 식모로 들어와 주인의 강탈로 맺어진 부부 관계이지만 둘 사이의 "착각은 바로 우리의 운명"(p. 263)으로 여길 만큼, 복희는 내심 남편에게 반감을 가지고 있다. 남편이 중풍으로 말하기가 어눌해져 입가에 심한 경련이 일면 "그게 불쌍하지 않고 고소"(p. 238)해하고 며느리 같은 남의 식구들이 들어와 "예쁜 자식, 미운 자식"이 생기면서 들기 시작한 "편애의 쾌감은 독하고 날카롭다"(p. 244)며 오히려 감정의 불공정을 즐기고 남편의 하체를 씻어줄 때는 "용용 죽겠지 놀려주고 싶은 심정"과 "내 안에서 출구를 찾고 있는 잔인한 충동"(p. 248)을 느낀다. 여기서 인간의 끝내 잠재울 수 없는 악덕에 대한 박완서의 날카로운 심리적 시선이 번득인다. 「마흔아홉 살」에서처럼 친구들의 수다 속에 가혹한 험담이 쏟아져 나오는 「대범한 밥상」에서, 비행기 사고로 딸과 사위를 잃은 경실이가 장례식장에서 "눈이 초롱초롱해가지고 밥을 아귀아귀 먹더라"는 혜자의 흉이 지어낸 것이 아니라 사실일 것으로 받아들이게 되는 것은 아우어바흐의 『미메시스』가 지목한 『오디세이』의 유명한 장면이 떠오르기 때문인데, "너무 비현실적이어서 우스갯소리처럼" 들리는 그 농담에 이어, "막상 장례식에서 조문객을 맞고 있는 경실이를 보자 제일 먼저 떠오른 단어가 초롱초롱과 아귀아귀였음을 부인 못 하겠다"(p. 209)는 대목에 이르러 나는 미묘한 인간 심리에 대한 박완서의 여지없는 포착에 차라리 섬뜩해지지 않을 수 없었다.

악의·위선·이중성·허위 등 인간의 숨은 악덕과 주름살처럼 긴 삶의 부정적 양상에 대한 박완서의 따끔한 관찰력과 그것을 수다스러운 입심으로 드러내는 문학적 형상력은 그녀 문학의 한 뛰어난 자산일 것이다. 그럼에도 그 "웃기는" 일 같은 것들이 "나에겐 선택의 여지없이 자연스러웠던 일"(「대범한 밥상」, p. 219)이라는 점에 인생의 아이러니가 있을 것이며, 그 같은 세계의 아이러니들이 숨긴 진상의 발견이 박완서 노년문학이 도달한 삶의 지혜로운 통찰일 것이다. 나에겐 자연스러움이 타인에게는 웃기는 일이 된 예의 것은 「대범한 밥상」의 경우 딸과 사위를 잃은 경실이가 곧 아들과 며느리를 잃은 바깥사돈과 결합한 일을 가리킨다. 사실 두 사돈이 참척을 당하면서 이런 의외의 결합을 이루는 것은 말 그대로 '변태'고 '엽기'의 사건임에 틀림없다. 그러나 안팎의 두 사돈은 엄마 아빠를 한꺼번에 불시에 잃은 어린 손자녀가 손을 놓지 않고 잡아끄는 대로 움직이지 않을 수 없었고 그래서 할아버지와 외할머니가 합방을 하게 된 것은 "선택의 여지없이 자연스러운 일"이었다. 그 과정은 「거저나 마찬가지」처럼 주어진 상황의 자연스런 흐름을 따르는 것이다. "사람의 의지로 선택할 수 없이 저절로 돼가는 거면 자연스러운 게 아닐까"(p. 219). 이렇게 자연스러움/웃김이 엇갈리는 사태의 진상을 알게 되고 친구들을 '닭살 돋게' 만든 '하니/하지'란 두 사돈들 간의 호칭도 '할머니/할아버지'의 애기말일 뿐이란 가벼운 사실을 듣게 되면서는 '인생의 아이러니'에 대한 박완서의 문학적 천착이 하염없이 깊고 진하다는 점에 공감하지 않을 수 없게 만든다. 그녀의 회고체 소설 주인공들이 대부분 안락하고 평화로운 노후 생활을 누리는 결말로 이르고 있다는 점에서 이 공감은 '아이러니의 극복'이란 박완서의 '노년문학'이 도달하는 지향을 짐작케 한다. 그것은 박완서의 말 그대로, '그래도 해피 엔드'를 통해 삶의 의미를 천착케 하는 문학적 진심일 것이다.

  박완서의 가장 최근의 작품인 「그래도 해피 엔드」는 오 헨리의 단편을 읽는 것처럼, 도무지 70대의 것으로 보이지 않는 경쾌감으로 운영되고 있다. 평생을 유복하게 살았고 여유 있게 사회 활동을 해온 남편과 함께 서울 근교로 "아름다운 집"을 얻어 즐거운 은퇴 생활을 하게 된 '나'가 동창 모임을 위해 서울로 나가는 길을 이 단편은 가벼운 터치로 따라간다. 그러나 그녀는 버스를 타면서 실수를 하여 시골 사람들한테 놀림을 당하고 전철을 잘못 타서 거꾸로 가는 것을 깨닫고 모처럼 혼자 외출하는 "자유의 맛을 만끽"하는 동시에 잇달은 실수로 빚어진 "악몽의 찌꺼기"(p. 275)를 씻지 못한 채 택시를 탄다. 모임자리에 도착하면서 '나'는 이 '찌꺼기'들을 한꺼번에 씻어낼 즐거운 인사를 듣는다. 젊고 "잇속이 희고 깨끗한" 택시 기사로부터 거스름돈과 함께 '사모님' '멋쟁이' '외국에서 오래 사시다 오셨을' 분이란 인사를 받은 것이다. 여기 오기까지 희롱당하고 힘들고 늦게 애쓰며 비싼 택시값을 내야 하던 고생을 마지막에 한꺼번에 보상받음으로써 '다행'스런 해피 엔드에 이르게 되는데, 박완서의 회고 소설들의 인물들이 서울 모임에 가는 바로 '나'의 일정처럼, 다행의 해피 엔드를 이루는 공통점을 보인다. 「그리움을 위하여」의 사촌동생은 공부를 못해 대학 진학을 포기하며 열두 살 연상의 유부남과 결혼했고 마치 체호프의 「귀여운 여인」처럼 열심히 남편과 가족을 위한 삶을 살다가 과부가 된 후 구차해지지 않을 수 없는 처지였다. 그러나 화자의 파출부처럼 살림을 맡아 하던 그녀는 남해의 섬으로 친구 집에 갔다가 뜻밖에 유복한 선주를 만나 지극한 사랑과 위함을 받으며 진갑을 넘긴 나이에 재혼의 행복을 누리게 된다. 「대범한 밥상」은 앞서 살핀 것처럼 딸과 사위를 잃은 여인이 어린 외손자녀의 손에 붙들려 바깥사돈과 시골집에서 행복하게 살았고 그가 가고서도 텃밭에 푸성귀를 기르며 아늑한 노후를 보내고 있는 중이다. 「친절한 복희씨」의 주인공 역시 남편이 중풍으로 누워 있기는 하지만 생활은 넉넉하고 자식들도 주말마다 번갈아 방문하며 유복한 노후 생활을 하고 있고, 「촛불 밝힌 식탁」의 은퇴한 남편은 비록 자식 내외와의 거리감을 씻지는 못하고 있지만 그것을 섭섭해하기보다 예쁜 장식 양초를 사서 늙은 아내와의 따뜻한 식탁을 차릴 생각을 하고 있다. 박완서의 인물들은 자신의 모습을 가장 많이 투영시킨 「그 남자네 집」의 화자처럼 불행도 겪고 슬픔도 있었지만 이제는 그 모두를 싸안아 쟁여두면서도, 삶의 현장으로부터 물러나 은퇴의 새 자리로 옮겨 즐겁고 따스한 '다행'의 여생을 누리고 있는 것이다.

그러나 '그래도 해피 엔드'를 완성하기 위해서는 더 필요한 것이 있다. '노년의 다행'을 채워줄 '노년의 덕성'이랄까, 혹은 삶과의 화해 같은 것이 그런 것이다. 박완서는 회고소설의 엔딩을 이 화해적인 것, 자연스러운 운명의 수용으로 완성한다. 「후남아, 밥 먹어라」가 우선 그렇다. 가난한 시절로부터 이제는 잘살게 되었다고 자부할 만큼의 지경에 이르기까지 우리의 한 시대를 되돌아보는 듯한 이 소설은 딸은 그만이고 이제는 아들이 나오라고 이름 지은 '후남'이의, 그래서 태생이 구박스러웠고 다른 남매와는 달리 교포 청년에게 시집가야 했던, 미국 생활에서 웬만큼 성공한 전형적인 '미국댁'의 이력을 그린다. 그리고 30여 년 만에 귀국한 그녀는 치매 때문에 따로 시골에 나가 살고 있는 엄마를 찾아간다. 엄마는 그녀를 부르며 달려오는데, "후남아, 밥 먹어라. 후남아, 밥 먹어라"(pp. 138, 139)고 그녀에게 재촉한다. 그녀의 그 부름은 아들 낳기를 기다리고, 혹은 밥이나 제대로 먹는 것이 소원이던 시절의 부름이었다. 그런 엄마의 부름을 맞으며 후남이에게 코로 마주치는 냄새……

녹물은 안 들었는지 몰라도 밥 뜸 드는 냄새에는 무쇠 냄새도 섞여 있었다. 매캐한 연기 냄새도, 연기가 벽의 균열을 통과하면서 묻혀온 흙냄새도, 그 모든 냄새와 어우러진 밥 뜸 드는 냄새가 그렇게 좋을 수가 없었다. 아아 이 냄새. 이 편안함. 몇 생을 찾아 헤맨 게 바로 이 냄새가 아니었던가 싶은 원초적인 냄새. (pp. 140~41)

후남이가 이처럼, 오래 떠나 잊고 있었던 고향의 냄새들을 한없는 편안함으로 받아들이듯이 「대범한 밥상」의 경실이는 손자손녀들에게 그런 고향의 모습을 만들어주고 있었다. 그녀의 집에는 아이들이 어렸을 때 쓰던 '자전거하고 구닥다리 컴퓨터'를 어울리지 않게 보관하고 있는데, 경실이는 이 시골을 버리지 못하고 있는 이유가 바로 손자녀들과의 '교신'에 있다고 설명한다.

교신(交信). 디카 들고 다니면서 앞산의 아기 궁둥이처럼 몽실몽실 부드러운 신록부터 자지러지게 붉은 단풍까지, 마당의 일년초가 피고 지는 모습, 숨어 사는 작은 들꽃들, 아이들하고 장난치던 시냇물 속의 조약돌, 무당벌레, 풍뎅이, 지렁이, 매미 껍질, 뱀 껍질, 아이들하고 같이 보면서 가슴을 울렁거린 추억이 있는 것만 보면 닥치는 대로 디카로 찍어서 즉시즉시 아이들에게 보내곤 하니까. 이 할미는 잊어도 너희들을 키운 이 고향 산천은 잊지 말라고, 주접떨고 싶어서 여길 못 떠나나 봐. (p. 233)

시처럼 아름다운 정경에 시처럼 아름다운 서술(!), 그 속에서 박완서는 자연과의 화해, 고향과의 교신을 소망하고 있는 것이다. 그것은 「그리움을 위하여」에서 재혼하여 행복한 여생을 즐기는 사촌동생의 섬 풍경을 향하는 그녀의 그리움과 다름 아닌 것이다.

여름에는 시원하고 겨울에도 춥지 않은 남해의 섬, 노란 은행잎이 푸른 잔디 위로 지는 곳, 칠십에도 섹시한 어부가 방금 청정 해역에서 낚아 올린 분홍빛 도미를 자랑스럽게 들고 요리 잘하는 아내가 기다리는 집으로 돌아오는 풍경이 있는 섬, 그런 섬을 생각할 때마다 가슴에 그리움이 샘물처럼 고인다. 그립다는 느낌은 축복이다. (p. 40)

이 축복의 감정이 모든 것을 풀어주고 용서해줄 것이다. 박완서는 '그 남자네 집'을 찾아 돌아보며, 50년 전 '아름다운 청년과 구슬 같은 처녀' 적 '플라토닉 러브의 맹목적 신도'(「그 남자네 집」, p. 75) 시절을 아스라이 돌이켜보며 커피점에 들렀다가 "여긴 내가 있을 자리가 아니"라는 불편한 느낌에 젖어든다. "서로를 진하게 애무하는" 20대 젊은이들 무리 속에서 그들의 모습을 바라봐야 하는, "애무할 거라고는 추억밖에 없는 처량한" 70대 '늙은이'가 피할 수 없이 젖어들 소외감, 아무 일 없이도 '삐치는' 마음은 그럴 수밖에 없었다. 그러나 그녀는 동시에 그리움과 용서의 마음이 함께 몰려 들어오는 것을 깨닫는다: "그래, 실컷 젊음을 낭비하려무나. 넘칠 때 낭비하는 건 죄가 아니라 미덕이다. 낭비하지 못하고 아껴둔다고 그게 영원히 네 소유가 되는 건 아니란다"(p. 78). 깍쟁이의 개성 출신, 칠십을 훨씬 넘어도 빈틈 남기지 않고 인간의 약점들을 사정없이 몰아치는 여류 작가, 허튼 데 하나 보이지 않는 얼굴의 박완서에게서, 이런, '낭비'를 조장하는 말씀을 듣다니. "카바이드와 연탄불 냄새를 그리워"하는 쓸쓸한 탄식을 맡다니, "그래, 그때 내가 새대가리였구나"(p. 77) 하는 후회의 말을 보다니, 늙음은 사람을 이렇게 바꾸어놓는 것인가. 그녀의 그리움의 탄식과 후회의 관용을, 그런데, 이미 나도 공감하고 있는 중이었다. 그녀가 안감천 냇가와 목욕탕과 성당을 헤맬 때 나도 돈암동 성북서 언저리를 맴돌며 50년대 그 을씨년스런 저녁 어스름 속에서 미당의 50년대 시들을 읽고 있었다. 그랬기에, 70대에 들어 반세기 전의 애틋함을 안은 박완서의 노년의 문학적 정서가 다다른 이 그리움으로의 돌아감에 나도 마음 열고 따뜻한 서정으로 교신하며 속살거리듯 조용히 동조한다. 우리가 고된 세상을 살아갈 수 있고 우리의 마지막 늙은 삶을 다행스럽게 여겨갈 수 있다면, 다른 무엇이 아니라, 다른 무엇보다, 바로 이것, '사치'를 사치로 누릴 수 있는 사치에의 욕망 때문이 아닐까:

주인 남자도 잠자코 귀를 기울였다. 다 듣고는 분수에 넘치는 사치를 한 것 같다고 고마워했다. 나에겐 그 소리가 박수보다 더 적절한 찬사로 들렸다. 우리에게 시가 사치라면 우리가 누린 물질의 사치는 시가 아니었을까. 그 암울하고 극빈하던 흉흉한 전시를 견디게 한 것은 내뻠도 원한도 이념도 아니고 사치였다. 시였다. (p. 72)

시가 사치스러운 것이고 사치 부리는 것이 또 시일 수 있는 한 세대 전의 시절을 그리운 마음으로 돌아가도록, '친절한' 박완서는 삶에 대한 날카로운 관조와 세계를 향한 깊은 지혜의 서사를 우리에게 전시해주고 있는 것이다.
〔작품 해설, 박완서 소설집, 『친절한 복희씨』, 문학과지성사, 2007〕

소외를 벗어나기 위하여
─송영의 「새벽의 만찬」

    송영의 초기작과 그것들을 모은 첫 소설집 『선생과 황태자』(1974)는 30대의 나에게 존재의 우수를 일깨워주는 고통스러운 작품들이었다. 그때의 나는 나의 20대를 우울과 번뇌로 젖어들게 만들었던 실존적 고민을 이미 벗어나 있다고 믿고 있었는데, 그러나 그의 소설들과 마주치면서 뜻밖에도, 나의 보다 젊은 시절에 치렀던 근원적 회의와 절망적인 방황들이 돌이켜 내 안에서 소용돌이치고 있었던 것이다. 그의 작품들 속에 제시되고 있는 어둡고 폐쇄적인 공간은 인간의 한계적 정황으로 환기되었고, 그 안의 인물들이 빠져 있는 불안과 암울의 내면은 부조리한 상황에 절망하는 부정적 심리로 다가오고 있었으며, 그 정황과 심리를 서술하는 냉정하고 객관적인 문체는 그런 세계와 인간의 무의미성을 드러내는 방법적인 표현인 듯했다. 그 주제와 문장들은 일상의 번잡함 속에서 잃어버려가고 있던 젊음의 순수성과 고뇌에의 열망을 내게 다시 불러다주었고 추잡한 현실로부터 벗어나 잠시나마 순진한 우수의 정감들을 일깨워주었다. 나의 70년대에 송영은 존재의 원초를 불안한 모습으로 부여쥐고 있는, 분명 50년대 손창섭 이후 가장 뛰어난 실존주의적 작가로 매김되는 젊은 소설가였다.

그러고서 30년, 문득 그의 새로운 창작집 작품들을 받으면서 새삼 나는 텅 비어 있는 듯한 그와의 30년을 생각했다. 나는 아마도 기회 닿을 때마다 잡지에 발표된 그의 이런저런 소설들을 읽었을 것이고 여기저기서 그의 창백한 얼굴을 만났을 것이지만, 여전히 그를 못 보고 못 읽은 듯했던 것이다. 그와의 일상적인 어울림이 드물었기 때문일 것이고 한데 묶인 작품집이나 장편소설들을, 이건 비평가로서의 나의 직무유기가 틀림없지만, 정성들여 읽지 않은 데서 빚어진 소원감이 작용했을 것이며, 무엇보다 그의 30년 전의 『선생과 황태자』로부터 받은 인상이 너무 강렬했기 때문일 것이다. 어떻든 나는 『새벽의 만찬』과, 이 글에 참고하기 위해 그동안 밀쳐두었던 『발로자를 위하여』(2003)를 당겨 보면서, 그와 그의 작품들을 무려 한 세대 만에 다시 만나게 된 것이다. 그를 이처럼 참으로 오랜만에 만나기로 하면서, 그 세월 동안 그는 얼마나 변했을까, 아니 얼마나 변하지 않았을까, 마치 옛 애인 만나듯 가슴 두근거리며 궁금해했다. 그는 여전히 존재의 심연에 갇혀 있을까. 그는 지금도 밤기차를 타고 어딘가로 도주하고 있을까. 황막한 소금밭에서 무연히 서 있을까. 무심한 듯 허망한 듯 힘을 빼고 군소리 없이 서술하는 그의 문체는 얼마쯤 달라졌을까. 송영을 만나는 그 길은 마치 나의 젊은 시절을 찾아가는 듯했고, 그래서 조금은 긴장하고 설레며 나는 그의 근작들 속으로 들어가기 시작했다. 그런데 거기서, 뜻밖에 송영 역시 나처럼 초등학교 시절의 옛 친구를 만나러, 그리고 그 시절의 옛 마을로 찾아 나서고 있음을 보았다. 그 대상은 다르지만, 그리고 그 길 나서기의 뜻도 다르지만, 옛 시절의 자리를 헤매고 있는 송영을, 나는 나대로 옛날의 그를 되살리며 바라보고 있었던 것이다. 그리고 자연스레,『선생과 황태자』시절의 송영과『새벽의 만찬』을 벌이고 있는 오늘의 송영을 대조해보고 있었다.『새벽의 만찬』의 작품들은 그가 이제 이순의 나이로 올라오고 있는 갖가지의 모습을 보여주기도 하고, 그럼에도 그 모습들에서 젊은 송영이, 세월의 흐름에도 결코 지워지지 않을 '송영다움'을 의연히 전시하고 있기도 했다. 그렇구나! 이것은 30대의 송영이고 저것은 60대의 송영이군. 그는 변하기도 했고, 당연하지만, 여전하기도 했다. 가령 그의 외로움은 30대나 이제나 한결같은 송영다운 모습이긴 하지만 젊은 시절의 외로움에는 열망과 절망이 숨겨져 있었고 노년의 그것에는 쓸쓸함과 따뜻함이 배어 있다. 그러나 지금의 나는, 60대로 연로해진 지금의 송영을 들여다보아야 할 것이다. 그것은 어쩌면 나이 들어가면서 다가오는 외로움을 함께 맞아들이며 그 쓸쓸함을 더불어 같이하고 싶다는, 그래야 한다는, 같은 세대로서의 아픔의 공감일 것이다.

그 쓸쓸함을 내게까지 깊이 전염시킨「염산의 은빛 종탑」은 41년 전에 떠난 고향 염산을 '내'가 방문한 이야기이다. 그는 면소에서 시인 강의 안내를 거절하고 혼자서 저수지 긴 제방의 길을 걸어 마을에 들어섰고 고추밭에서 일하는 여인과 잡담을 나누며 마을 이곳저곳을 둘러보거나 먼 산과 바다를 바라보기도 하고 "마을 뒷산 언덕 위에서 혼자 오래 우두커니 앉아 있거나 마을 앞길을 한두 차례 슬슬 걷기, 그리고 가끔은 전에 살던 집으로 가서 마당 바깥에서 그 집을 물끄러미 바라보는 것, 그게 전부"(p. 116)일 뿐으로 고향 방문의 시간을 보낸다. 그가 보이는 '우두커니'와 '물끄러미'는 이때의 '나'를 지배하는 태도이다. 그에게는 기억이 있지만 그 회상들은, 이 마을로 초등학교 교사인 아버지를 따라 이사오게 된 첫날 처음 보는 추석의 강강술래 놀이에 "한동안 홀려 있었던"(p. 119) 외에는, 모두가 우울하고 외롭고 불안한 색깔로 착색되었을 뿐이다. 볼 것도, 거둘 것도 없는 이 고장, 친구들과도 어울리지 못한 자폐적인 외로움과 술과 무능으로 패가한 늙은 교사 아버지와 가족들에게 던져질 시선에서 의구심과 불안만을 느끼게 하던 이 황량한 염전 마을을 '나'는 몇 해씩 걸러 띄엄띄엄이나마 찾아와, 왜 서성이게 되는 것일까. 사람들에게 의심을 사기도 하며, 정작 그 자신은 하릴없이 이곳저곳 돌아다니기만 할 뿐인 이 마을에서 그는 무엇을 기대하는 것일까. 작가는 아무런 설명도 해주지 않고 있지만,『선생과 황태자』 시절에 이미 소개된 '마테오'네 집에서 15년 전 하룻밤을 지내면서 겪은 '나'의 경험을 고백하는 대목에서 우리는 그 연유를 짐작해볼 수 있다.

염전과 바다의 작은 섬들이 바라다보이는 야트막한 언덕 위에 마테오네 집이 있었는데 바람막이도 제대로 되지 않는 허름한 벽돌집이었다. 추워서 잠을 제대로 이룰 수도 없었지만 그곳에서 하룻밤을 묵게 된 일이 내게는 행운처럼 느껴졌다. 그것은 염산의 밤―지루하고 어둡고 갑갑하고 바다에서 쉴 새 없이 불어오는 밤바람이 마음을 더욱 어둡고 심란하게 만드는 그런 염산의 밤과 다시 만날 수 있다는 행운이었다. (p. 117)

그에게 '행운'으로 다가온 것은 '염산의 밤'을 다시 만날 수 있게 된 일이었고 그 '밤'이 "마음을 더욱 어둡고 심란하게 만들"기 때문이었으며 그것들은 "지루하고 어둡고 갑갑하고 밤바람이 쉴 새 없이 불어오는 것"에서 일어난 정경이었다. 마테오네 집에서의 하룻밤이 안겨 준 이 황량한 정황은 곧 '나'가 자라던 고향의 옛적 풍경이었고 '나'는 소년기에 지낸 것과 똑같은 황량한 하룻밤을 마테오네 집에서 만난 것이다. 그것이 '행운'이었다는 것은 그가 그리워한 그 황량한 밤을 다시 겪을 수 있었기 때문이다. 그러니까 그는 소년기에 그를 외롭고 불안하게 만들었던 그 염산 마을의 황량함을 그리움으로 찾아간 것이었고 그 여전한 황량함을 보기 위해 이곳저곳을 배회했던 것이다.

그런데 이제, '나'는 그 염산에 다시 오더라도 더 이상 어린 시절과 같은 심란한 밤을 맞을 수 없게 되었다. 전기가 들어오지 않아 사방이 암흑천지였던 동네는 집들마다 텔레비전 안테나를 세워놓았고, 언덕배기에 서 있던 마테오네 집은 헐려 흔적도 찾아볼 수 없게 되었다. 모든 것이 사라지고 헐리고 바뀌었다. 시인 강이 장담하는 것처럼 "염산도 변했고 사람들도 참 많이 변"하는 가운데 이번의 방문에는, 그래도 '나'가 끝내 의지했던 '교회의 은빛 종탑'마저 드디어 보이지 않게 되었다. 신도 수가 줄어들어 몇 해 전에 교회가 소문 없이 사라지고 종탑도 그 참에 헐려버린 모양이었다. 그런데 그 은빛 종탑은 '나'에게 각별한 표징이었다. 사회 초년생으로 처음 염산을 찾아갔을 때 "쓸쓸하고 외로운 모습으로 내 눈에 비쳐온" 그 은빛 종탑을 발견했고 그 후 그것을 바라보면서 "잠시나마 초조한 상념들에서 벗어나 마음에 여유를 찾곤 했"(p. 130)던, 그야말로 "오직 염산에서만 내게 의미를 갖는, 바다의 부표 같은 것"(p. 131)이었다. "언제나 그곳에 있었고, 다시 염산을 찾아갈 때마다 의연히 제자리를 지키고 있었던"

(p. 129), 그래서 그것을 발견함으로써 "염산에 온 것을 실감했" (p. 130)던 은빛 종탑이 사라졌다는 것은 이제 염산이 더 이상 '나'의 고향일 수 없음을 암시하는 것일지도 모른다. 이제 고향이 고향다워야 할 단서마저 끊겨버리고 만 것이다. 아버지의 자살 이야기와 그 이야기를 전하던 어릴 적 친구 이장 아들의 별세 소식으로 이 작품이 끝맺음되는 것은 마음의 뿌리였던 염산과 드디어 결별하게 되고 있음을 시사해준다.

「염산의 은빛 종탑」이 우수에 젖은 어린 시절을 돌이켜내기 위해 황량한 염전 고향 마을을 찾아가는 작품이라면「잃어버린 시간을 찾아서」는 그런 어린 시절 그를 황홀하게 만들었던 옛 친구를 찾는 이야기이다. 그러나「염산의 은빛 종탑」이 소멸의 쓸쓸한 정경을 그리고 있다면「잃어버린 시간을 찾아서」는 순진한 세계로 향해 돌아가는 일 자체가 불가능하다는 사실을 암시하고 있다. 화자인 '나'가 어릴 적의 그를 "강렬하게 사로잡은" 친구 김양백을 만나는 일조차 실패하고 있기 때문이다. 미국에서 귀국해 사업을 펼칠 계획을 가진 나 박완수는 우연한 기회에 소년 시절 그에게 환상적인 존재로 다가온 전학생 김양백의 소식을 듣고 그와 전화를 하고 만날 약속을 한다. 그러나 그가 애써 약속한 카페를 찾아갔지만 친구는 나타나지 않았다. 그는 나의 메모에도 종내 답신을 보내지 않았고 다시 확인해본 전화에서 그가 홀연히 종적을 감추고 말았다는 소식만 얻는다. 좋은 집, 귀한 과자, 그리고 세련된 부모님 등 모든 점에서 뛰어나게 아름답고 좋은 집안에서 자란 김양백은 그가 외롭고 무뚝뚝하며 자폐적이란 점에서 오히려「염산의 은빛 종탑」의 어린 시절 '나'를 닮아 있다. 50년 만에 소식을 알게 된 김양백은 치과 기공사가 되어 있다는 것 외에는 그동안의 그의 이력, 아니 그 이전의 그의 집안 이력조차 어떻게 된 것인지 나 박완수는 알지 못한다. 그러니까 김양백은 박완수에게 있어 처음 만날 때 이미 신비한 존재였지만 이제 와서도 여전히 그 실체를 드러내지 않고 숨어버린 알 수 없는 인물로 사라져버리고 마는 것이다. 나 박완수는 김양백이 "내게서 완전히 등을 돌리고 달아난 게 아니"라고 짐작하며 그를 다시 찾아 나서야 할 것임을 기약하고는 있다. 그러나 그 '잃어버린 시간'을 되찾을 수 있을까. 50년의 세월이란 결코 그 옛날의 것을 회복시키기에는 너무 먼 시간이다. 그것은 '은빛 종탑'처럼 사라지는 것이고 되살려낼 수 없는 것이며 그러므로 오직 기억으로만 존재해야 할 것일지도 모른다.

근래의 송영은 이렇게 과거의 것, 기억으로 존재하는 것을 되찾아가는 작업을 벌여온 것 같다. 그런데 그것은 『선생과 황태자』에서의 실존적 우수의 연장선에서 소외된 존재의 소통 불가능성이란 주제로 확장될 수 있는 듯하다. 일인칭 화자인 '나'의 성격은 젊은 시절의 송영의 주인공과 그리 달라 뵈지 않게 여전히 묵묵하며 외롭고 우두커니의 쓸쓸한 모습이지만, 그의 황량한 고향을 찾아가기, 오랜 옛 친구 만나기의 노력은 수동적인 성격에서 능동적인 관여의 행동으로 달라지고 있다. 그러나 그 '능동적인 관여'는 행동이 아니라 잃어버린 과거의 것을 그리움으로 불러내려는 최소한의 행위인데, 그의 「염산의 은빛 종탑」과 「잃어버린 시간을 찾아서」는 그 관여마저 아무런 소득 없이 끝나고 마는 무력한 행위에 불과해질 뿐이다. 그렇다면 그는 소년 시절의 오래된 과거를 왜 찾아 나서게 되었을까. 무엇이 그를 염산으로, 50년 전의 친구 앞으로 끌어간 것일까. 앞의 것들과 시선이나 성격이 다른 「숲 속 궁전 이야기」와 「미금역에는 무엇이 있나」에서 그 실마리를 찾을 수 있을지 모르겠다. 「숲 속 궁전 이야기」는 '숲속의 궁전'이란 광고문으로 자부한 아파트가 사실은 외따로 떨어진 작은 단지로, 모든 점이 미비한 그 아파트 주민들이 학교와 도로 시설을 요구하기 위해 모인 대책회의에서 아내 대신 참석했다가 위원장이 된 화자가 서울시청에 시위까지 나섰지만 별 성과 없이 돌아오고 마는 싱거운 에피소드를 소개하고 있고, 「미금역에는 무엇이 있나」는 은퇴한 주인공이 변두리 아파트와 마을버스로 연결된 전철역 부근에서 식당과 기원과 빵집을 돌며 지내는 한가한 일상을 묘사하고 있다. 이 두 소설에는 공통점이 두 가지 있는데, 그들의 생활 터전이 조용하고 작은 아파트 단지라는 것, 그리고 두 화자가 모두 나이 든 퇴직자로서 고정된 생업 없이 소일하고 있다는 것이 그것이다. 편하게 정리하자면, 화자는 노년으로 사회생활에서 물러나 변두리의 작은 아파트에서 한가하고 조용한 생활을 하고 있는 중이라는 것, 그 나이와 생활 탓으로 어린 시절의 풍경과 사람들이 그리워져 염산을 방문하고 옛 친구를 수소문해보게 되지만 그 잃어버린 것들, 지나가버린 것들을 이제는 더 이상 찾아내거나 만날 수 없게 되었다는 이야기가 된다. 이런 요약의 상투적인 설명을 벗어내고 가령, 텅 빈 집 안에 불이 켜진 것을 보고 "놀람과 막연한 기대"(p. 156)에 젖어 미국에 사는 아들이 오지 않았을까 흥분하다가 자신이 전등을 끄지 않고 나왔음을 깨닫게 되는 「미금역에는 무엇이 있나」의 마지막에서 우리의 현대적이라는 것의 일상이 얼마나 허망스러운 것인가, 거기에 기대를 걸고 있는 노인들의 외로움이 얼마나 곡진한 것인가를 아프게 확인하게 된다.

이럼으로써 60대의 송영은 젊은 시절의 실존적 감수성으로부터 현대의 도시적 삶의 소외의 문제로 그의 주제를 원숙하게 발전시켜왔음을 보여준다. 이 창작집 표제작으로 맨 앞에 실려 있는 「새벽의 만찬」이 근래의 송영의 문학적 주제를 가장 분명하게 드러내주고 있다. 나는 이 작품에서 오늘의 우리의 소외된 삶의 양태에 대한 세련된 묘사에 젖어들면서 대만의 허우샤오시엔의 영화 「비정성시(悲情城市)」를 보았을 때와 같은 전율을 느껴야 했다. 아무런 감정적 장식 없이, 그렇기 때문에 도시 생활의 그 비정함에 더욱 절망적 열정을 이끌어내는 이 단편은 거래는 이루어지지만 서로서로는 끝내 미지의 존재가 되고 있으며 그래서 그들 사이에 아무런 상관도 이루어지지 않을 두 남녀를 통해 현대인의 고독과 소외를 묘출하고 있다. 외국계 보험회사의 유능한 사원 영주와 자동차 영업사원인 남자 등 두 사람은 독신들이고 이웃한 원룸에 살고 있는데 그 무관한 둘 사이를 뜻밖에 '또롱이'란 개 한 마리가 이어주고 있다. 영주는 한밤중에 사내가 개에게 빵을 먹여주는 희한한 장면을 보고 "무척 신기하고 흥미롭게 느껴졌다"(p. 12). 그녀는 남자와 개가 "가족의 같은 구성원으로 당당하게 마주 앉아 서로 은밀한 대화를 나누는 장면을 연상"(p. 12)한다. 사내는 선배 친구에게서 구박받는 '잡종개'가 불쌍해서 얻어 집으로 데려왔지만 낮에는 집을 비우기 때문에 좁은 다용도실에 그 개를 가두었고 밤에 돌아와서야 가여운 개에게 먹을 것을 주는 빵 파티를 열게 되는 것이었다. 그 장면을 보고 개에게 동정과 관심을 느낀 영주는 그 개를 가지고 싶어 한다. 더 이상 혼자 사는 원룸에서 개를 키울 수 없게 된 남자는 이웃 여인이 그 개를 가지고 싶어 한다는 말을 간접으로 듣고 그녀에게 개를 넘겨주게 된다. 소설은 이것으로 끝난다. 이처럼 소설은 간명하지만 그 함의는 무척 착잡하다. 가족 없이 혼자

살아야 하는 오늘의 외로운 삶의 양상, 그 외로움을 개에게 의탁하는 비정상적인 정서, 그 외로움에도 불구하고 외로움에 젖은 서로에 대해서는 모르고 그 사이는 단절되어 있으며, 바로 이처럼 단절되고 소외된 상태가 오늘의 우리 인간관계의 진상이라는 증언을 이 무정한 소설은 섬뜩하게 제시하고 있는 것이다. 사내가 자동차 외판을 하면서 숱한 사람들을 만나고 대화를 하지만 "이해관계가 개입하지 않은 순수한 만남은 아무래도 또롱이를 만난 것뿐"(p. 23)이라는 사실, 그래서 결코 처음 보는 개를 떠맡겠다고 나설 만큼 다정다감한 사람이 아닌 그가 개를 가져가겠다고 "결정을 단숨에 했던 자신에게 스스로도 놀"(p. 23)라게 되었다는 일, 그 개에게서 "자기를 도와달라는 절실하고 절박한 갈망을 읽"(p. 15)은 영주가 마치 연인을 만나러 가듯 "가슴을 조아리며" 그 개에게 다가가는 일, 그녀에게 개를 넘겨주며 개에 대한 "따뜻한 정성이 짧은 편지의 문면에 절절하게 녹아 있는"(p. 30) 쪽지를 붙인 일 들은 그들이, 개 '또롱이'까지 포함하여, 얼마나 외로움을 타고 있으며 어떻게 열망하고 갈애하는가를 보여준다. 그런데 아마도 더 큰 문제는 외로움 자체보다, 그 외로움에도 불구하고 그 외로움들을 서로 소통시켜줄 길이 막혀 있는, 소통을 불능하게 만드는 현대 사회의 소외적 폐쇄 구조일 것이다.

> 그녀는 강아지를 번쩍 치켜들어 품에 안고 그림이 보이던 왼쪽 창 옆으로 다가가 반지하방 쪽을 한동안 물끄러미 바라보았다. 그쪽은 주차장에 차들이 가득 들어차서 시야가 막혀 있었다. (p. 31)

'시야가 막혀 있음,' 이보다 더 절박한 소통 불능의 단절 상태가 있을 수 있을 것인가. 그들 사이를 막고 있는 것은 '주차장의 차들'로서 현대 도시인들의 매개적인 운반물들이지만, 정작 그것들은 이웃과 이웃, 사람과 사람 간의 소통과 시야를 막고 있고, '원룸'으로 혼자만의 삶을 영위해야 하는 영주와 사내는 개 '또롱이'에 연민을 느끼며 인정을 베풀기로 하면서, 그래서 개를 통해 거래는 소통하면서 정작 아무런 인간적 관계나 관심 혹은 대화마저 없이 만나지도 못하고 알지도 못하는 것이다. 송영은 개와는 소통을 하면서, 개를 통해 소통 가능성을 비춰주면서, 사람 사이는 단절되었다는 것, 그 단절은 여전한 상태로 지속되고 있다는 아이러니한 고독의 양상을, 저녁에 해야 할 만찬을 새벽에, 그것도 동물인 개와 벌이지 않을 수 없는 현대의 도시적 아이러니로 드러내고 있는 것이다. 송영은 이 아이러니한 소외의 증상을 「새벽의 만찬」에서만이 아니라 "어둡고 춥고 심란한" 염산에서 하룻밤을 보내며 그 행운을 즐기는 「염산의 은빛 종탑」에서도 앓고 있다. 그 증상은 실존주의의 존재론적 불안에서 올 수도 있고 고향 상실의 안타까움에서 생겨나기도 하며, 도시적 생활의 상투적인 삶이 빚어내기도 한다. 송영은 지금 변두리 아파트에서 그 증상을 살고 있고, 원룸의 독신자 남녀들을 통해 그 고독한 삶의 형태를 보며 그 비정함을 안쓰럽게 그러안기도 하며, 염산으로 그 증상을 찾아 나서기도 한다. 그 앓고 있음이 어떤 형태이든, 그리고 긍정적인 의미에서든 부정적인 차원에서든, 그는 소외란 인간의 조건이며 극복해야 할 대상이고 그를 통해 자아를 구원해내야 할 매개라고 생각하는 듯하다. 그러니까 20대의 곤혹스러운 시절을 보내며 몸으로 겪는 존재론적 불안감이 60대에 이른 지금에도 여전히, 그 얼굴을 달리하면서 끈질기게 원초적인 인간 상황으로 고독한 작가 송영을 싸안고 있는 것이다.

　그럼에도 나는 『새벽의 만찬』 작품들을 섭렵하면서 아주 다행스럽 게도, 가장 소망스러운 '구원을 위한 소외'라는 인간의 원천적인 주제를 만날 수 있었다. 「사막의 오솔길」이란 '미니 픽션'에서이다. 암만에서 바그다드까지의 긴 고속도로를 한 떼의 한국인 예술가·학자 들이 이라크의 행사 참석을 위해 버스로 달리고 있는 중이었다. 매우 고독한 사람으로 보이며 말도 아끼는 30대 시인 김달은 "마치 무엇에 홀린 사람처럼 한순간도 눈을 떼지 않고 차창 바깥쪽만 바라보고" (p. 203) 있다가 문득 사막 한가운데서 자신을 내려달라고 부탁한다. 일행들의 만류와 걱정을 받은 그는 일주일 후에 다시 그 자리에서 만나기로 하고 사막에서의 야영을 위한 아무런 준비도 없이 버스에서 내린다. 그때의 그는 버스 차창으로 무엇을 보았을까. 그것은 "아주 드물게 시야에 나타나는 오솔길이었다. 모래 위에 그어진 희미한 한 줄기 선으로 보이는 그것은 분명 길이었다 길은 지평선 끝까지 뻗어 나갔고 끝은 하늘과 맞닿아 있었다"(p. 204). 그가 사막에서 보낸 일주일 동안 무엇을 보았고 어떤 일을 했는지, 춥고 덥고, 목마르고 배고픈 그 일주일을 어떻게 견디어낼 수 있었는지는 중요하지 않다. 어떻든 그는 약속대로 일행을 다시 만났고 그리고 무엇보다, 건강하고 "표정이 전보다는 훨씬 밝아 보인다는 것이 달라"(p. 208)져 있었다. 그에게 무슨 일이 있었을까. 김달에 대한 관찰자의 다음과 같은 시선과 환상적인 진단을 읽어보자.

　버스에서 혼자 내린 김달은 사막의 오솔길을 따라 지평선 끝까지 걸어갔을 것이다. 그 끝에서 그는 무엇을 만났으며 무엇을 얻었을까? 그는 그가 상상했던 것처럼 '어린 왕자'의 별나라로 가는 입구를 발견한 것일까? 혹은 아브라함의 후예들이 모여 사는 작은 마을에 도착했던 것일까? 한 가지는 분명히 말할 수 있다. 그는 분명히 한 편의 멋진 시를 얻었을 것이다. 왜냐하면 모든 창작 행위는 실패와 고난의 위험을 안고 미로를 용기 있게 걸어가는 것이므로. (p. 209)

도시의 전형적인 삶을 그린 「새벽의 만찬」에서 확인한 '막힌 시야'가 지평선 끝 하늘까지 맞닿은 '사막의 오솔길'에서 마침내 트이고 있음을 송영은 드디어 발견한 것이다. 이 발견에서 그는 시인 김달을 통해 '소외를 벗어나는 길'을 찾아낸다. 그 길이 송영은 '멋진 시'라고 단언하고 있다. 그는 이 '창작 행위'야말로 단절과 폐쇄, 혹은 "어둡고 춥고 황량한" 세계의 소외적 양상을 극복할 길이며 '멋진 시'는 그 극복에서 얻어낼 아름다운 결실이다. "실패와 고난의 위험을 안고 미로를 용기 있게 걸어가는" 모습은 이제껏 「염산의 은빛 종탑」이나 「잃어버린 시간을 찾아서」 혹은 「새벽의 만찬」에서 소멸과 변화의 쓸쓸한 정경으로부터 더 이상 되살릴 수 없음을 슬퍼한 것과는 달리, 그는 사막에서의 신비한 일주일 동안 얻어낼 수 있었던 한 편의 멋진 시라는 '예술의 창작 행위'를 위한 용기 있는 결단으로 승화한 것이다. 그것은 다시 말하면 소외된 삶 속에서 소외를 통해 소외를 극복하는 것, 그것이 구원이면서 창조적인 예술 행위임을 그 자신의 창작을 통해 깨우쳐주는 것이다. 그는 그 길이 바로 '사막의 오솔길' 속에 있다는 것을 예언적인 표정으로 지시하고 있다. 그렇다는 오의(奧義)를 그는 어려운 논리나 형식에서가 아니라, "그냥 옆에 앉아 얘기하듯

편하게 쓰세요. 잘 쓰려고 애쓰는 것보다 진실을 쓰는 게 최고"(「부활」, p. 42)라는 창작론을, 김사인이 평하듯 "쓰되 만들지 않는(述而不作)"(『발로자를 위하여』, 뒤표지) '고졸(古拙)한' 문체로 깨우쳐준다. 우리는 송영의 이런 작법과 주제를 통하여, '범속한 트임'이란 벤야민의 예지를 발견하게 된다.

〔작품 해설, 송영, 『새벽의 만찬』, 문학수첩, 2005〕

말해질 수 없는 삶을 말하기
— 김연수의 「나는 유령작가입니다」

　김연수는 소설 첫머리에서 자신은 이제 무엇에 대해 쓰기 시작하겠다는 말을 먼저 밝히는 것으로 글을 시작하곤 한다. 제목이 시의 한 행일 법한 「그건 새였을까, 네즈미」의 첫 문장은 "그녀에 대해 말해야겠다"의 산문적인 다짐에서부터 소설을 시작하며, 농담답지 않은 슬픔을 품고 있는 「쉽게 끝나지 않을 것 같은, 농담」의 '꿈'은 "나무 한그루. 〔……〕 나무 한그루에 대한 얘기에서 시작하면 어떨까?"로, 말할 수 없음을 말하기 위한 「뿌넝쉬(不能說)」는 "그럼 어디서부터 이야기를 시작해볼까?"로 서두를 떼는가 하면, 장엄한 서사를 담고 있는 중편 「다시 한달을 가서 설산을 넘으면」의 첫 문장은 단도직입으로 "나는 이렇게 썼다"이다. 이야기를 시작하면서 이렇게 이야기를 시작해보겠다는 것, 글을 쓰면서 처음부터 그 글의 쓰기를 확인한다는 것은, 있을 법하지만 적어도 소설 문학에서는 아주 드문 일이어서 그의 창작집 작품들의 반 이상에 나오는 이 수법이 내게는 먼저 특이하게 다가왔다. 그것을 처음에는 '젊은 소설가의 재치'이겠지 여겼지만 두번째쯤에는 무엇을 쓸까 막막한 마음으로 하얀 원고지(아니, 이제는 모니터이겠지만)를 마주한 끝에 드디어 결단을 내리고 쓰기 시작하는 작품 도입의 손쉬운 방법일 수 있겠다 싶었는데, 그의 작품 세계로 더 많이 넓게 그리고 깊이 들어가면서 '김연수의 문학 세계란……' 하고 윤곽을 잡아가는 세번째 생각 즈음서부터야, 췌사처럼 보이는 이 구절이 세계를 재구성하려는 김연수의 문학적 의식과 밀접하게 닿아 있는 것임을 깨닫게 되었다. 정확히는, 밀접한 정도가 아니라, 세상과 사물, 인간과 역사를 바라보는 김연수의 시선과 그것을 소설이란 형태로 재현하는 작업 사이의 거리를 의식하는 작가적 갈등이 사소한 듯 보이는 도입부의 첫 문장에서부터, 숨겨져 드러나는 것이다. 그것은 글쓰기의 행위와 그 글쓰기의 대상이 결코 자연스러운 관계가 아니라는 것과, 사실과 그것을 기술하는 언어 사이의 피할 수 없는 균열의 문제성에 대한 작가의 깊은 반성을 담고 있다. 아마 나의 이 글은 소설가의 글쓰기에 대한 자의식을 또렷하게 보여주는 이 단서에서 김연수의 도저한 역사에의 회의와 진실에의 안타까운 얼망이란 큰 주제를 발견할 실마리를 잡는 과정이 될 것이다.

당겨 말하자. 소설의 처음을 '시작해보자' '말해야겠다' '썼다'로 시작하는 것은 글쓰는 이가 글쓰기 행위를 새로이 천착하며 확인하고 있음을 보여준다. 그것은 달리 소화 혹은 배설될 수 있는 것들을 자신은 글로 쓰고 말로 하겠다는 숨은 의지를 드러내며, 그 말하기, 글쓰기도 하나의 사실을 두고 얼마든지 달라질 수 있는데 자신은 마침내 이것을 선택하고 그래서 이렇게 쓰고 혹은 말하겠다는 의지를 적극적으로 표명하고 있는 것이다. 그럼으로써 하나의 사실에 대한 언술을 포기할 수도 있고 언술을 하더라도 여러 줄거리 혹은 방법으로 이야기할 수 있음을 말해준다. 아마 그럴 것이다. 작가는 미리 밝히든 밝히지 않든 한 가지 사태에 대한 여러 가지 이야기들을 만들고 고르고 선택하는 힘든 싸움을 벌이게 마련이다. 하나의 사건이라 하더라도 여러 개의 표상을 가질 수 있으며 작가는 그것의 묘사에 여러 형태의 서술법을 만지작거리게 될 것이다. 그러므로 러시아 형식주의자가 말하듯이 하나의 줄거리 fabula는 숱한 플롯을 가지며 그 플롯에 따라 소설은 다른 형태로 서술될 것이다. 실제로 김연수는 한 특강에서 자신의 소설에 "여러 편의 버전을 가지고 있으며 『굿빠이, 이상』 역시 열 개가 넘는 버전이 있"음을 밝힌 바 있다. 하나의 사실에 여러 가지의 이야기가 있다는 것은 그런데 더 큰 문제성을 함의하고 있을 듯하다. 여기에는, 하나의 사실에 대해 하나의 관점, 한 가지의 해석, 게다가 하나의 표현으로 결코 그칠 수 없다는 주장이 깔려 있는 것이다. 같은 사실이라 하더라도 보는 위치에 따라 보임새가 달라지는 것이고, 그 의미의 분석이 입지에 따라 달리 전개될 것이며 당연히 그 뜻 혹은 주제도 달리 발전할 것이다. 그러니까 그는 플로베르의 '일물일어(一物一語)'에 대한 회의를 품고 있는 것이며, 다시 말해 현실은 재현될 수 있다는 19세기 사실주의적 확신으로부터 이탈하고 있는 것이다. 하나의 사실에 대한 단 하나의 이해와 서술은 불가능하리라는 회의, 숨어 있는 진실을 위해 거듭 반성해야 한다는 권고, 현실은 되풀이될 수 없듯이 결코 재현될 수도 없다는 관점이 김연수의 작가적 인식에 깊숙이 미만해 있어 작품 곳곳에서 모티프로 작용하고 사건에 대한 서술자의 의식으로도 풀려나가며 그의 서두 도입부 수법과 함께 여러 방법론으로 확산되고 있다.

그의 이런 방법론은 모더니즘적이기보다 오히려 전통적인 소설의 연장선에서 그것을 조금씩 일탈해나가는 수법에 의존하고 있다. 그리고 한 편의 소설로는 무심히 지나칠 수 있는 이 수법이 여러 편에 반복해 나타남으로써 우리는 그의 탈사실주의적 방법론에 주목할 수 있고 비로소 뒤늦게 그의 은근한 모더니즘적 지향을 눈치 채게 된다. "말하겠다" "써보자"라는 유도적 서술 뒤에 잇달아 나오는 그의 소설 문체는 대체로 사실주의적 관례들을 온건하게 벗어나 있다. 그러니까 「뿌넝쉬」와 「이렇게 한낮 속에 서 있다」는 독백체의 진술문이고 「거짓된 마음의 역사」는 일방적인 보고를 위한 서간문이며 「쉽게 끝나지 않을 것 같은, 농담」은 내면문체이고 「연애인 것을 깨닫자마자」에는 개화기적 문체를 되살리고 있다. 히말라야 산맥이나 등산에 대한 지식을 풍부하게 사용할 뿐만 아니라 중국을 무대로 할 때는 한시를, 19세기 미국인이 되어서는 휘트먼W. Whitman의 시를, 개화기 지식인으로서는 일본 시가와 식민지 시절의 어휘를 해박하게 구사하고 있음은 현학적인 취미를 넘어서는 것으로 "주제에 합당한 문체"를 추구하는 작가의 의도적 노력으로 여겨진다. 「다시 한달을 가서 설산을 넘으면」의 교묘한 일인칭 화자의 출현은 매우 흥미로운 수법으로 보인다. 낭가파르바트 원정대에 참여하여 혜초의 『왕오천축국전』을 읽으며 등반 준비를 하는 '그'는 애인이 자살을 했고 그 자신은 발표를 거절하는 소설을 쓰기도 하면서 잠재적 일인칭 화자로서 기능하는데 와중에 문득 '나'가 등장한다. '나'는 소설의 처음 '그'가 여행 중에 읽고 있는 혜초의 『왕오천축국전』의 해설자이면서 '그'의 소설을 읽고 등단을 권하는 소설가로 등장한다. '나'가 정작 화자적 기능을 갖지 않음으로써 한 인물의 '나'와 '그'로의 숨은 분열을 짐작케 하며, 그것은 이 소설을 더욱 탄력 있게 만들어주는 효과를 발휘하고 있다.

하지만 이 모든 수법 중에 가장 주목할 탈사실주의적 수법으로 나는 김연수가 '지금-이곳'의 이야기가 아니라 '지금-저곳' 혹은 '그때-이곳'이거나 '그때-저곳'을 이야기하고 있으며, 등장인물의 상당수는 한국인과 관계를 갖게 되는 외국인인 점을 지적하고 싶다. 「뿌녕쉬」는 중국 연변의 중국인 점쟁이가 한국인 소설가를 만나 한국전쟁 당시에 겪은 자신의 사연을 회고하고 있고, 「이렇게 한낮 속에 서 있다」는 50여 년 전의 적치하에서 부역 혐의를 받아 사형을 당하게 되는 여인의 독백을 옮겨 적고 있다. 「거짓된 마음의 역사」는 19세기 말 조선으로 파견된 미국인 약혼녀 간호사를 찾아 데려오는 일을 맡은 미국인 탐정의 편지이고, 「그건 새였을까, 네즈미」는 한국인 자매와 언니의 동거인인 일본 유학생이 런던에서 함께 지내는 동안의 심리적 갈등을 묘사하고 있으며, 「다시 한달을 가서 설산을 넘으면」은 혜초가 헤맨 파미르 고원이 상징적으로나 실제적으로 중요한 무대로 등장하고, 「연애인 것을 깨닫자마자」는 1930년대의 식민지 시대를 배경으로, 「남원고사(南原古詞)에 관한 세 개의 이야기와 한 개의 주석」은 춘향전을 패러디하고 있다. 「다시 한달을 가서 설산을 넘으면」과 「이등박문을, 쏘지 못하다」만이 '한국인의 지금'의 이야기인데, 그것들도 앞의 것은 등정의 목표인 낭가파르바트가 소설의 시작과 결말의 무대로 등장하고 뒤의 소설은 동생을 중국 교포 처녀와 결혼시키기 위해 방문한 하얼빈에서의 이야기이다. 그러니까 김연수는 소설이 '현실의 사회학적 보고서'라는 발자크의 규정으로부터 어떤 방식으로든 엇나가고 있는 것이다. 전형적인 1990년대 작가인 그가 같은 세대에게 유행한 이른바 환상적이거나 에로틱한 작품을 거부하고 모더니즘 혹은 포스트모더니즘적 작품으로 나서지 않고 전통적인 문학적 진지성을 고수하면서도 사실주의로부터 벗어나는 작품을 쓰는 이유는 무엇일까. 그 이유와 의미를 밝히는 것은 어쩌면 오늘날 문학의 진정성에 대한 우리의 집념을 확인하는 일이 아닐까.

  소설의 현실 재현 기능을 부인하면서 전통적인 소설적 틀에 집념하는 김연수의 태도는 의외로 심각한, 어쩌면 오늘의 세계에 대한 근원적인 회의를 품고 있는지도 모른다. 그것은 '말할 수 없는 것'에 대해 말해야 하는 '불립문자의 문자적 설법'처럼 모순된 진실에 대한 증언이며, 인간은 결코 서로 이해될 수 없는 소통 불가능의 관계로 맺어질 수밖에 없는 갈등의 존재라는 절망적 세계 해명의 인식으로 다가오기 때문이다. 김연수는 자신의 비관적 전망을 '지금-이곳'으로부터 벗어나는 시공간의 상위(相違)와 이곳 사람과 저곳 사람들의 결렬로 제시하고, 그 불신과 비관, 분열이 세계의 진상이며 삶의 진실이라는 것을 끊임없이 강조한다. 아홉 편의 중단편들은 그 주제와 문체를 제각각 달리함에도, 이 세계는 말해질 수 없다는 것, 사람들은 결코 이해와 사랑에 다다를 수 없다는 것, 역사며 기록이란 세계가 그러하다는 진실을 결코 담아낼 수 없다는 것, 세상은 하찮은 우연이 주도하며 이 모든 것은 되살아낼 수 없는 삶의 궁극이라는 것 들을 한결같이 되풀이한다.「뿌넝숴」의 화자는 그 많은 것들을 이렇게 요약한다: "삶은 살아가는 것이지, 이야기하는 게 아니거든"(p. 61). 그리고 "뿌넝숴. 운명이 드러나는 순간에 언어 같은 것은 완전히 사라지는 거야"(p. 62).

  '결코 말해질 수 없다'는 '뿌넝숴(不能說)'의 진실은 이 말을 제목으로 올린 작품에서 한국전쟁에 참전한 중공군 출신의 화자에게 여러 경우로 사용된다. "역사라는 건 책이나 기념비에 기록되는 게 아니야. 인간의 역사는 인간의 몸에 기록되는 거야"(p. 70)라고 탄식할 때의 '뿌넝숴'는 참된 역사야말로 결코 문자로 적힐 수 없는, 인간의 육신 속에 각인될 때에만 진실일 수 있다는 역사를 살아본 자의 증언이다. 그가 자기를 치료해준 조선인 간호사로부터 "지평리에서 무엇을 보았는가"의 질문에 대한 대답으로 받은 '뿌넝숴'는 처참한 전투와 그 속에서 살아남은 우연의 역사에 대해 더이상 긍정할 수 없음의 고백이다. 이 두 남녀가 부상당한 몸으로 절망적인 육체 관계를 맺을 때 "살아 있다는 건 그토록 부끄럽고도 황홀하고도, 무엇보다도 아픈 일"(p. 71)로 기억되는 한, 전쟁이란 "정말 말할 수 없다"(p. 74) 이상의 대답을 할 수 있는 것이 결코 아니었다. 작품 속 화자가 '뿌넝숴'를 통해 결론적으로 한 말은 "자네가 세상에서 가장 믿을 수 없는 얘기들을 내게 말해"줄 수 있다면 자기는 그 말하는 사람이 "어떤 사람인지, 어떤 운명을 타고났는지"(p. 77) 말해주겠다는 것이다. "책에 씌어진 얘기 말고. 자네가 몸으로 겪은 얘기. 뿌넝숴. 뿌넝숴. 그 말이 먼저 나올 수밖에 없는 얘기"(p. 77). 여기에는 말이나 글로 이루어진 역사가 아니라 몸으로 겪은 삶을 살아본 사람만이 진실을 이해하고 그의 세계를 바라볼 수 있으며, 그래서 삶과 세계를 설명할 수 있다는 것과 기록으로 이루어진 역사에 담길 수 있는 진실은 산일(散佚)되어버리고야 만다는 김연수의 근원적인 부정이 절망적으로 언표되고 있다.

그게 역사든 기록이든, 소설까지도, 문자로 씌어진 것은 결코 삶 그 자체일 수 없다는 확인을 김연수는 곳곳에서 되풀이한다. 「다시 한달을 가서 설산을 넘으면」에서는 등반일지를 쓰면서 "자신의 기억을 아무리 '총동원해도' 문장으로 남길 수 없는 일들이 삶에서도 존재한다는 사실"을 확인하는데, 그것은 "인과 관계에 어긋나는 일들은 문장으로 남기지 않았"(p. 124)기 때문이며 그가 쓰고 있는 소설에서도 "은밀한 존재는 현실의 인과 관계에서 벗어나 있기 때문에 소설 속의 문장으로 들어올 수 없"어 "그는 조금씩 지워지고" "자신이 간절하게 원했던 꿈이며 그럴듯하게 보였던 미래며 삶의 목적이 되었던 몇몇 순간들이 하나씩 사라"진 때문이었다. 삶의 실제는 숱한 농담으로 이어지는 것인데 "역사책에는 농담이란 기록돼 있지 않으니까. 원인과 결과만이 나열된 책이니까"(「쉽게 끝나지 않을 것 같은, 농담」, p. 22) 그럴 수밖에 없는 것이다. 평범한 월급쟁이에서 역사학도로 돌변하여 영국에 유학 온 일본인 네즈미가 깨닫는 것처럼 "역사를 공부하면 할수록, 거짓말이 들통나는 게 아니라 들통난 것들이 거짓말이 된다"는 허망한 역사관은 이 유학생이 읽은 조르주 뒤비Georges Duby의 말로 뒷받침되어 다음과 같은 인식을 가져온다: "삶을 돌이킬 수 없다는 점에서 우리 모두는 불리한 입장에 놓인 역사가와 같다. 하찮은 사실들은 어쩔 수 없이 엄숙하고도 중요한 양상을 띠게 된다. 어쩔 수 없이"(「그건 새였을까, 네즈미」, p. 52). 김연수는 이 역사의 진실 왜곡과 사실의 상실이란 필연적인 운명을 더 짚고 나아가, 「이렇게 한낮 속에 서 있다」에서는 부역이며 희생이 제멋대로 가름되는 사태를 고발하며, 처형자가 외치는 바와 같이 "이 야수와 같은 시대에는 제아무리 벌건 대낮이라고 해도 아무런 진실을 찾을 수 없"(p. 249)음을 역설한다. 그리고 마침내, 작가는 「남원고사에 관한 세 개의 이야기와 한 개의 주석」에서 우리가 알고 있는 춘향전의 이야기를 비틀어, 전혀 다른 이야기로 만든다. 사실은 달리 해석될 수 있을 뿐 아니라 다르게 진행될 수 있다는 것을 그는 춘향과 변사또 간의 다른 전개 과정으로 우리에게 제시해준다. 정말 무엇이 진실이고, 역사라는 것은 무엇을 기록하는 것인가. 분명한 하나의 사건 속에 달리 볼 수 없는 명백한 인과 관계가 있는 듯 보이지만, 사실 숨은 진실은 사소한 우연에서 비롯된 것일지도 모른다. 이것을 에둘러 설명하는 「이등박문을, 쏘지 못하다」에서는 만일 이등박문을 저격하는 데 아주 사소한 우연이 개입해서 안중근이 성공하지 못했다면 다른 역에서 기다리던 우덕순이 했으리라는 것, 그럴 경우 역사는 하얼빈의 안중근이 아니라 다른 역의 우덕순을 기록했을 것이란 가상을 보여줌으로써 작가는 역사의 엄연성에 대한 회의를 숨기지 않는다. 진실이 이러하다면, "인생이란 그저 사소한 우연의 연속"(p. 199)일 것이고 역사란 하얼빈 "성쏘피아교당의 모습처럼 거대한 물음표"에 다름아닐 것이다.

역사에 대한 완강한 불신에 이어 김연수가 품은 또 다른 의혹은 인간이 과연 타인을 이해하고 있는가의 문제이다. 인간의 소통 가능성 역시 불신하는 그는 "인간이라는 게 과연 이해받을 수 있는 존재일까?"(「그건 새였을까, 네즈미」, p. 42)라고 묻는다. 언니 세희, 그녀와 동거하는 일본 유학생 네즈미, 그리고 세희의 부름을 받고 방문한 동생 세영, 세 남녀 간의 짧은 시간의 미묘한 감정적 교류를 그리는 「그건 새였을까, 네즈미」는 인간 이해의 불가능성을 여러 측면으로 제시한다. 두 자매 사이에서 언니 세희는 동생 세영이 "자살할 만큼 마음이 괴로웠다"는 사실을 알지 못한 것에 대해 눈물을 흘리며 안타까워한다(p. 34). 세희는 남편이 "우리는 아이를 낳아야만 해"라고 말했음에도 그런 남편을 "전혀 이해하지 못했다는 생각" "남편이 모는 자동차만큼도 남편이 어떤 사람인지 〔……〕 몰랐다"는 사실에

"견딜 수가 없었다"(p. 37). 이 대목에서 화자는 "도저히 이해할 수 없는 일이라는 생각이 든다면 그건 자신의 진실과 일어난 일의 진실이 너무나 멀리 떨어져 있기 때문"이라는 설명을 붙인다. 세희는 "아무리 기억해보려고 해도 남편을 완전히 이해하는 일은 없을 것이라는 사실"(p. 38)을 깨닫는다. 세영은 런던의 언니 집에서 지내는 동안 언니의 연하 동거남에게 '쥐'라는 뜻의 별명 네즈미 말고 본명이 무엇인지 묻지만 그는 자신의 정체를 분명히 밝히지 않는다(p. 40). 세희 혹은 세영과 네즈미의 관계는 물론 서로 불신하는 처지는 아니지만 "당신은 언니를 사랑하지 않아. 〔……〕 그건 언니도 마찬가지야. 당신들은 서로 이해하는 척하지만, 서로 아는 것이라고는 하나도 없어. 서로를 속이느라 삶을 허비하고 있어"(p. 42)라는 세영의 단정처럼 본래 이름도 알지 못하고 첫 만남도 확실히 기억하지 못하는, 상호 몰이해의 관계임이 조금씩 드러난다. 실제로 네즈미는 "나는 세희를 사랑하지 않았다. 물론 그녀도 사랑하지 않았다. 〔……〕 다른 사람의 모든 것을 이해하려 든다는 것은 무모한 열정이었다"(p. 43)린 해석을 붙이고 있다. 세영 자신도 다른 여자를 만나는 남편이 "무척 이해가"(p. 49) 된다고 장담하지만 사실은 "한결같이 사랑했던 남자, 〔……〕 평생 그를 사랑하리라고 수없이 맹세하게 했던 남자, 그러나 과연 그 사람이 누구인지 조금도 이해하지 못했"(p. 51)음을 고백해야 했다. 말더듬이인 아우 성수를 하얼빈에 데리고 온 「이등박문을, 쏘지 못하다」의 형 성재 역시 조선족 여인과 결혼하겠다는 "동생의 마음 하나도 납득하지 못해" 있음을 인정하면서 "더 이상 짐작하지는 않으리라고"(p. 200) 형제 간의 소통을 포기한다. 김연수에게 이해 불가능한 인간관계란 아마도 인간의 근원적인 양상일지도 모른다.

「다시 한달을 가서 설산을 넘으면」의 '그'는 '나'에게 이렇게 한탄한다. "저는 제 여자친구가 왜 자살했는지도 이해하지 못하거든요. 그걸 이해하려고 소설까지 썼는데도 아직도 이해하지 못하거든요. 제 여자친구가 마지막으로 읽은 책이 교수님이 펴낸 『왕오천축국전』이에요. 걔가 도대체 무슨 마음으로 죽기 전에 그런 책을 읽었는지 그것도 모르겠어요"(p. 135). 아이러니한 것은 '그'가, 그렇게 가까이 두고 사랑해온 여자가 왜 자살했는지 이해할 수 없는데 그녀가 마지막으로 읽은 『왕오천축국전』을 펴낸 교수는 천오백 년의 시간과 만리 밖 서역이라는 공간의 엄청난 거리를 둔, 빈 글자가 숱하게 많은 여행기에 대해 "다 아시잖아요"라고 믿고 있다는 점이다. 그것은 기록한 문헌과 결코 기록할 수 없는 삶 자체의 차이 때문인가, 한없이 먼 거리의 것과 바로 지척의 것 사이의 자명성과 해명 불가능성 때문인가.

김연수가 기록된 역사를 끝내 불신하고 말해질 수 없는 삶의 비의를 강조하는 것은 아마도 결코 돌이킬 수 없는 삶의 엄숙성, 나의 세대가 즐기는 어투로 말하자면 인간의 실존적 성실성을 들추어내기 위해서일 것이다. 그리고 그가 들추어내는 사람과 사람 간의 소통 불가능, 이해의 원천적 차단은 현대적 삶의 근원적 부정의 양상일 것이다. 세계에 대해 이처럼 불신의 전망을 갖고 인간에 대해 그처럼 절망하는 눈에, 세상과 사람들의 모습은 하찮고 사소하고 무의미하며 우스꽝스러운 것일 수밖에 없을 것이다. 그의 인물들이 서로 모르고 이해할 수 없고 이해되기를 바라지 않으면서도 그들 간의 관계가 증오와 거부의 그것이 아님은 이 때문일 것이다. 그러니까 그들은 이 세상과 사람들에 대해 근원적으로 관심과 기대를 잃어버렸으며 그것이 체념과 무의미의 비애를 그들에게 심어준 것이다. 김연수는 되풀이하여 "삶이란 게 얼마나 하찮은 것"(「그건 새였을까, 네즈미」 p. 48 외)이며 "삶의 행로가 하나의 거대한 농담"(「쉽게 끝나지 않을 것 같은, 농담」, p. 27)이라고 탄식하고, 세계가 그처럼 허망하다는 것을 알기에 「그건 새였을까, 네즈미」의 세영 자매는 곧잘 울음을 터뜨리며 「다시 한달을 가서 설산을 넘으면」의 등산대원 '그'는 인간이 끝내 이해할 수 없으리라는 구절을 책에서 읽고 "맨정신으로는 처음 운"(p. 119)다. 그 울음들은 "순진한 기대나 막연한 소망의 문장들을 하나하나 버리고 자신에게 닥친 슬픔을 배워가는 일"(같은 곳)의 징표이다. 이 창작집에 수록된 작품들 모두가 그것을 체현하는 인물들이 다다르게 되는 슬픈 결말을 보여준다. 「뿌넝숴」의 중공군과 조선 간호사의 절망적인 교섭은 피를 흘린 부상병 중공군은 살았지만 그에게 피를 넣어준 간호사는 생명을 잃게 되는 허망한 결론과 만나며, 「그건 새였을까, 네즈미」의 두 동거인은 결별하고 동생 세영은 귀국 후 자살한다. 「다시 한달을 가서 설산을 넘으면」의 그는 등반에 실패하고 눈 속에서 실종되며 「이렇게 한낮 속에 서 있다」의 여인은 총살당하고 「쉽게 끝나지 않을 것 같은, 농담」의 이혼한 두 남녀는 우연히 만나지만 다시 기약 없는 이별을 하며 「이등박문을, 쏘지 못하다」의 동생은 결혼에 대한 기대를 버려야 한다. 「거짓된 마음의 역사」만은 약혼녀를 데려다주는 임무를 진 탐정이 도리어 그 약혼녀와 결합하는 '농담' 같은 희극을 벌일 뿐이다.

역사는 믿을 수 없고 인간은 이해될 수 없는 존재이며 세계란 결렬과 죽음의 것이란 김연수의 비극적 인식은 동세대의 다른 작가들을 연상시킨다. 김영하는 세계에 대한 절망적 자학을 보여주는 것으로 그의 문학적 이력을 시작했고, 김경욱은 죽음에 대한 열의로 이 세계의 허상과 상대하는데, 이제 김연수는 세계에 대한 불신과 인간 이해의 불가능성으로 세상에 대한 비관적 전망을 제시하고 있다. 1990년대의 작가들은 왜 이처럼 비극적인 세계 인식을 갖게 되었을까. 이 세기말의 세대들은 우리 역사에서 가장 물질적으로 풍요하고 역사에 대해 자신감을 갖추었으며 무자비한 전쟁과 권력의 횡포로부터 처음으로 자유로움을 누리는 세대이다. 그런데도 이 세대의 작가들은 불신과 결렬, 어둠과 파멸, 그리고 절망과 죽음을 눈 크게 뜨고 바라보고 있는 것이다. 왜 그럴까. 그들이 매우 행복한 세대이기 때문일까. 혹은 우리가 부러워하는 이들 세대의 풍요와 발전이 모래 위의 성채처럼 허망한 전시물일 뿐이기 때문일까. 나는 모른다. 다만 김연수는 비록 역사로서는 기록할 수 없음에도 불구하고 '되돌이킬 수 없는 삶의 엄숙성'에 대한 집념을 여전히 지키고 있다는 것, 비록 이해는 못한다 하더라도 "그저 서로를 짐작할 뿐"으로나마 한 학생의 죽음이 때로는 세상을 바꾸기도 한다는 가능성(「다시 한달을 가서 설산을 넘으면」, p. 143)을 배제하지 않는다는 점에서, 여전히 그의 문학적 추구, 그러니까 이 세계의 궁극에 대한 추구의 길을 열어놓고 있다. 그 세계란,

여기인가? 아니, 저기. 조금 더. 어디? 저기. 바로 저기. 다시 한 달을 가서 설산을 넘으면. 바로 저기. 문장이 끝나는 곳에서 나타나는 모든 꿈들의 케른, 더이상 이해하지 못할 바가 없는 수정의 니르바나, 이로써 모든 여행이 끝나는 세계의 끝. (p. 154)

이다. 아마도 김연수가 꿈꾸는 '모든 여행이 끝나는 세계의 끝'이란 파미르, 혹은 '고지대의 만년설'로서 "내게 하나의 꿈처럼, 다른 사람들은 경험할 수 없는 꿈처럼 〔……〕 이해할 수는 없지만 현실적인 꿈처럼 다가"(p. 110)올, 우리가 이 세상에서는 도저히 도달할 수 없는 니르바나일 것이다. 그 니르바나로 향하는 기나긴 여행이 곧 진실에의 꿈을 보아가는, 찾아가는 길이 아닐까. 김연수는 이 창작집에서 철저한 부정을 통해 발견할 이 꿈의 길을 예시하는 중이다. 그 길의 꿈은 따뜻한 이해를 되살려주고 역사에 대한 신뢰를 호소할 것이며, 그리고 무엇보다, 아아, 아름답고 투명할 것이다.

〔작품 해설, 김연수 소설집, 『나는 유령작가입니다』, 창비, 2005〕

시간 뒤에 숨은 '홀로움'으로, 그 내면의 여정
─황동규 시의 50년을 따라, 가다

1

문단 데뷔 50년을 맞는 그를 위해 나는 지난 몇 주 동안 황동규의 시 모두를 그 발표순을 따라 읽었다. 내가 이처럼 전집을 연대순으로 따라 읽은 것은 이번이 두번째로 그 첫번째가 5년 전의, 황순원 선생의 문학과지성사판 전집 12권이었다. 내가 두 부자의 전집만을 통독할 만큼 두 인연은 똑같이 각별했음에도 불구하고, 두 전집을 읽은 소감은 좀 달랐다. 이 다름은 단순히 아버지와 아들의 거리 때문이기보다는 소설과 시의 장르적 차이에서 비롯되었을 것이다. 나는 1930년대로부터 1970년대로 겪어오는 황순원 선생의 소설들에서 작가 황순원의 개인적 면모를 짚을 수도 있었지만 그보다 더 크게, 그 작가를 둘러싸고 진행되어온 반세기의 역사의 흐름과 풍속의 변화를 발견했다. 그것은 근대라는 것을 채 알지 못하던 식민지 시대로부터 개발과 성장으로 변모하고 복잡해진 산업화 세계로의 진전의 이력을 바라보기에 충분한 풍경들이었다. 1950년대로부터 2000년대로의 50년에 걸친 황동규의 시들은 물론 이런 현실적 변화를 싸안지 않고 있다. 「기항지」를 찾아 "걸어서 항구에" 도착하는 것(1: 115)*과 "저단 기어를 넣은 프레스토"로 「몰운대행」의 길을 달리는(2: 18) 변모는 있지만, 그 차이가 그의 시적 진행에서는 그리 중요하지 않다. 대상이 아니라 주변으로서의 풍경의 변화 대신, 황동규 시의 50년 역사를 한자리에 모아 따라가 보면, 여기에는 한 인간의 내면적·정신적 진행이 요연하게 드러난다. 순진하고 순수한 정서로 비극적인 감정에 고양되고 있는 어린 청년의 나이로부터 현실 세계의 억울을 아파해야 하는 열정의 청년기를 거쳐 세상의 고통을 싸안으며 환한 깨우침을 얻어내는 중년에 이르고 드디어 지상으로부터의 물러감을 받아들이기 시작하기까지의 한 인간적인 생애가 떠오르는 것이다. 황순원 선생의 소설들에서 그의 객관적인 묘사에도 불구하고 황순원다움의 면모가 연상되는 대목이 적지 않았던 것에 비해, 황동규의 시에서는 그 어법만이 아니라 그가 헌사로, 동행자로 등장시킨 숱한 사람들과 땅들의 고유명사들로 이 시의 창작자가 황동규임을 어렵지 않게 알아볼 수 있게 되어 있음에도, 정작 겉으로 나타난 그의 개인적 면모를 걷어내고 시의 내면으로 들어가면 개인으로서의 황동규를 넘어, 한 보

---

* 나는 이 글을 쓰며 황동규의 시와 글만 읽었고 거기서만 인용했다. 이랬던 것은 무엇보다 내 게으름과 그에 관한 많은 어려운 글들의 읽기를 피한 때문이지만, 나는 다만, 그와의 대면에 다른 분의 개입을 바라지 않았던 때문이란 핑계를 대기로 한다. 인용의 숫자는 다음의 책들의 번호와 그 쪽수이다. 6번 외에는 모두 문학과지성사에서 간행되었다. 마지막에 인용된 「무굴일기」는 아직 시집으로 엮이지 않은 최근작이다: 1 『황동규 시 전집 I』(1998); 2 『황동규 시 전집 II』(1998); 3 『버클리풍의 사랑 노래』(2000); 4 『우연에 기댈 때도 있었다』(2003); 5 『꽃의 고요』(2006); 6 『시가 태어나는 자리』(『나의 시의 빛과 그늘』의 개정판, 문학동네, 2001); 7 『황동규 깊이 읽기』(1998).

편적 인간의 통개인적 심상이 드러난다. 개인성을 넘어 속살로 드러내는 이 보편적 내면이 엘리엇이 말하는 '탈개인성'일 것인지 어떤지는 잘 모르겠다. 나는 그의 시에서 황동규 자신임을 강조하는 숱한 진술들을 보면서 50년에 걸친 끈질긴 교제로도 결코 알아채지 못하게 숨어 있는 또 다른 황동규, 그 외양에서는 볼 수 없이 세간의 형상으로부터 초월하여, 현실의 갖가지 것들로 오염되지 않은 정수(精髓)의 황동규, 그러니까 한 시인, 그의 한 구절을 빌려 패러디하면, '사람 뒤에 숨은 인간'의 속에서 끝없이, 파우스트처럼 절정을 향해 정진하는 시인의 존재를 발견하는 것이었다.

내가 황동규의 이름을 알게 된 것은 중고등학교 시절의 청소년 잡지 『학원』에 빈번히 발표된 그의 시를 통해서였고 그의 얼굴을 본 것은 대학에 들어가 국비장학생을 선정하는 구두시험장에서였으며, 그와 드디어 말을 트게 된 것은 그 1학년 말의 서울의대 뒤뜰 함춘원에서였고 한 달 후의 봄방학 때 계룡산 갑사로 그와 동행하는 첫 여행을 했다. 시골 학생의 수줍음을 웬 용기로 뿌리치고 나는 황동규를 만나자고 했고, 도대체 '시인'이란 어떤 존재인가를 알고 싶어 시도한 내 의도적인 첫 만남에서부터 그는 문학은 물론 음악과 미술, 철학과 역사 등 모든 지적 분야에서 해박한 지식과 의견을 서슴없이 밝히며 나의 소심한 치기에 면박과 감복을 주었다. 그러고서 정확히 50년. 내가 기자로, 출판사 일로, 그리고 더러는 하잘것없는 그 주변들의 일로 딴에는 수선스럽게 보내온 것에 비해, 그는 유학이나 외유, 혹은 잠깐의 학내 보직 등으로 변화가 없었던 것은 아니지만 서울대 인문대의 한결같은 영문학 교수로, 그리고 무엇보다 타고난 '시인'으로 일관된 생애를 보냈다. 그러고서 되돌아본 50년. 나는 변화가 많았음에도 내면의 진전이 없었고 그 소득도 버려 아까울 것 하나 없는 정도였지만 그는 13권의 시집에 6백여 편의 시들을 쌓아놓고 있었고 서너 개쯤의 층계참을 돌아 점점 높아지는 정신의 고양을 이룩하고 있었다. 나는 그것들을 바라보면서, 또, 나이에 얹혀 진화하는 그의 모습들과 그때마다 그가 읽어주거나 내가 읽어야 했던 그의 시들이 나에게 준 가격(加擊)을 돌이켜보면서, 그와의 오랜 인연을 되새김질했다. 나는 그로부터 끈질긴 일깨움과 생각할 거리를 받았는데, 내가 그에게 일상적인 숱한 만남을 통해 부린 투정이며 불평은 여기서 빚어진 나의 열등한 자의식에서 비롯되었을 것이다. 그렇다는 것을, 나는 그의 전집을 읽으며 시에서 혹은 대목에서, 또는 구절에서 50년에 걸친 황동규를 보고 그 황동규의 허울을 벗긴 또 다른 황동규를 보면서 다시 확인하지 않을 수 없었다. 그는 두번째 갑년에 들면서 "딴 황동규가 되려다 죽고 싶다"(7: 45)고 썼는데, 실제로 그는 겉으로는 다름없음에도 속으로는 끊임없이 다시 태어나는, 새로 만들어지는 황동규를 그의 시들에서 보여주고 있었고, 나는 그런 그이 소원들이 아름답게 성취되고 있음을 인정해야 했고 그 발견들을 통해 확연히 드러내는 그의 시적 생애 50년에 감복하는 것이었다.

 나는 문학과지성사판 『한국문학선집』의 황동규 편에서 그의 시적 진화를 "크게, 청년기의 비극적인 정서와 현실에 대한 통렬한 인식을 거쳐 죽음에 대한 치열한 명상을 치른 후 세계에 대한 아픈 포용에 이르는 4단계로 정리"(시: 588) 했는데(2006년에 나온 『꽃의 고요』 이후를 어쩌면 다섯번째 시기로 설정해야 할지도 모르겠지만), 이런 시기 구분은 이번에 읽은 그의 전집에서 다시 동의되었다. 그의 시력 50년을 그의 시를 통해 음미해보려는 나의 지금의 회고도, 경중경중, 그 단계들을 짚는 정도에 그칠 것이다. 지금 내게 중요한 것은 끊임없는 호기심으로 일구어내는 그의 "시적 자아의 거듭나기"(7: 33)를 짚어보는 일이다. 그 일은, 그가 말한 대로, "새로운 세상, 새로운 감각, 새로운 인간의 모습을 찾아, 다소나마 그 새로운 모습의 인간을 내 것으로 만들기 위해"(7: 33) 시를 써온 그의 뜨거운 열정과 이를 통해 거둔 굉장한 성과들을 부스러기로나마 얻어들여, 내 안에 불씨로 지펴두고 싶은 내 헛된 욕망 때문이다.

2

고등학생 시절에 씌어졌고 약관에 그를 시인으로 등단시킨 데뷔작이 되었으며 오히려 훗날에 '국민 애송시'가 된 그의 「즐거운 편지」는 『어떤 개인 날』(1961)과 『비가』(1965)의 두 시집으로 모아지는 황동규 초기 시들의 특징을 잘 보여준다. 우선 산문으로 이어지는 그 2절을 소리내어 읽어보자:

진실로 진실로 내가 그대를 사랑하는 까닭은 내 나의 사랑을 한없이 잇닿은 그 기다림으로 바꾸어버린 데 있었다. 밤이 들면서 골짜기엔 눈이 퍼붓기 시작했다. 내 사랑도 어디쯤에선 반드시 그칠 것을 믿는다. 다만 그때 내 기다림의 자세를 생각하는 것뿐이다. 그동안에 눈이 그치고 꽃이 피어나고 낙엽이 떨어지고 또 눈이 퍼붓고 할 것을 믿는다.
　　　　　　　　　　　　　　　　　—「즐거운 편지」, 1: 40

'진실로 진실로'를 반복함으로써 숨을 급박하게 다듬어 목청을 올리고, 이어 '내 나의 사랑을'로 강조함으로써 행간에 긴장을 부여하며 쉬지 않고 읽어가도록 요구하는 이 시행은 그 어휘의 긴밀함과 반복-강조를 통해 강박의 멜로디 효과를 키워냄으로써 독자로 하여금 저절로 리듬을 타고 음악적으로 낭송하게 만든다. 그리고 젊은 황동규에게 '얼음' '바람' '어둠'을 이끌어오는 '눈'의 차고 시린 이미지들, '쓰러지다' '기대다'와 함께 오는 '기다리다'의 수동적인 몸짓이 이 시에 신선하게 떠오른다. 이런 시들의 문체는 '그대'를 불러오는 고아체로서 기원과 영탄, 간청과 외침의 경어체로 진행된다. 그는 열망하고 기도하며 탄식하고 호소한다. 그런데, 그는 과연, 누구를 향해, 무엇을, 갈구하는가. 그의 20대 전반에 씌어진 시들로 이루어진 첫 시집 『어떤 개인 날』은 그것들이 다른 누구가 아닌, 곧 자신으로 돌아오는, 자기 회귀적인 존재임을 보여준다. "강물을 들여다보는 나를 들여다보는 당신. 나를 흘러가게 하며 또 무엇인가 내 속에 흘러가게 하는" (「소곡 2」, 1: 49), 혹은 "첫눈 내린 저녁, 당신과 힘께, 혹은 당신의 없음과 더불어"(「소곡 4」, 1: 51)처럼 흔하게 보이는 호칭의 모호한 얽힘은 당신과 나와의 간극 없음을 보여주고 그럼으로써 그 '당신' 이나 스스로임을, 그 호소와 탄식이 내 안으로 귀착하고 있음을 지시하고 있다. 그것은 다시 말하면,

> 창에는 깊고 깊은 성에가 끼고
> 성에에는
> 아직 밝혀지지 않은
> 자애(自愛)의 무늬가 새겨진다 ——「비가 제10가」, 1: 94

로 확인된다. 그러니까 다시 보면, 『비가』에 숱하게 늘어선, '비어 있음' "빈 들의 봄이로다"(「비가 제1가」, 1: 68)로부터 시작하여 "빈 머리여/외로운 자의 뜰이여"(「비가 제2가」, 1: 71)를 거쳐 '빈 꿈'(「비가 제9가」)과 '빈 산'(「비가 제10가」)에 이르기까지 줄기차게 짚어오는 '비어 있음'은 나의 '비어 있음'에 다름아니다. "자애의 무늬"로 그려지는 그 비어 있음은 『비가』가 씌어지던 시절의 그 "황량한 부재(不在)"(「비가 제10가」, 1: 93)이며 시인은 그 "황량한 부재" 속으로 떨어지는 "한 마리의 새"이다. 우리는 추위로 유리창에 두텁게 낀 성에와 그것의 '아직 밝혀지지 않은 무늬'를 보며 탄식하고 있는 황동규 시인의 모습을 본다. 그것은 춥고 쓸쓸하지만 아직 그 무늬는 구체적인 모양을 가지지 않은, 그러나 시인의 내면을 갉아 비애를 틀어냄으로써 자애의 정서를 보듬는 모습이다.

20대 황동규의 시는 '성에의 무늬'처럼 감성은 도발하지만 그 구체적인 모습은 아직 밝혀지지 않은 모호한 이미지들을 홍수처럼 쏟아낸다. 거기에는 구체적이거나 실제적인 것이 '부재'하다. 세계는 있지만 그 세계에 대한 경험은 비어 있고, 그래서 세상은 비어 있음으로써 "황량한 부재"로 존재하며, 그 세계를 바라보는 시인은 "하상(河床) 없이 흐르는 강물들/강물들 사이에서/이름없는 꽃들이 죽고 있"는 이 세상으로 추락하는 '새'가 된다(「비가 제10가」, 1: 93). 이렇게, 없기에, 비어 있기에, 이때의 그의 시에는 범람하는 수식을 받아줄 '실사(實辭)'의 실재 세계는 '황량하게' 비어 있다. 그 황량함은 아직 세계를 체험하지 않은 젊은 영혼을 슬프게 만들고, 기원(祈願)으로 내면을 정화하고 간청으로 비극을 껴안음으로써 이 세계의 비어 있음을 인식시킨다. 그의 시는 푸치니의 오페라에서 빌려오고 릴케의 연시(聯詩)에 자극받으면서 '어떤 개인 날'의 젊은이다운 청명한 그리움, '비가'의 장중한 비극적 세계 인식을 뿜어내는데, 그것은 그가 뒷날 회고하듯이, "젊은이다운 추상성에 빠져 경험 없이 멋부린 부분"(6: 25)이기도 하다. 그러나 경험 없는 순결한 청년이기에, 그리고 비극적인 것을 사랑함으로써 시에의 열정과 이상을 풀어낼 수 있는 순수한 시인이기에, 그런 젊은 시인에게만 가능한 아름다운 시의 세계가 창조되는 것이다. 젊은 황동규 시인을 우리가 사랑하는 것은 그의 지레 노숙한 경험의 세계 때문이 아니라 경험하지 않은 세계에 대한 순진한 사랑의 슬픔 때문이다.

그러나 순진한 슬픔의 시절은 결코 길어질 수 없었다. 황동규는 『비가』를 쓰는 동안에 육군 졸병의 군대 생활을 경험해야 했고, 대학원을 졸업하면서 떠난 영국 유학에서 누추한 조국을 뒤돌아보며 비판적인 시선을 키우지 않을 수 없게 된다. 게다가, 유학에서 돌아와 대학의 선생이 되면서, 벌거벗은 권력의 폭압에 시달리며 그 공포를 딩해야 했고 유신이나 위수령으로 '호구(虎口)'에 빠진 듯한 '조국'의 고통을 통감해야 했다. 그는 수식을 벗긴 실사(實辭)의 세계에 부닥쳤던 것이다. 『비가』 시절에 "난세에는 떠도는 것이 상책"(「여행의 유혹」, 1: 103)임을 깨달았던 그는, "걸어서 항구에 도착"(「기항지」, 1: 115)하면서 '기항지'의 풍경을 돌아보기 시작하고 "도처(到處) 철조망/개유(皆有) 검문소"의 한반도를 "방한복 외피에 수통을 달고"(「태평가」, 1: 125) 돌아다니며 관찰하는 중에 깨우치게 된 '난해한 사랑'을 껴안는다. 그는 이순신 · 전봉준 · 이중섭 · 허균을 호명하고 『열하일기』를 되풀이 읽으며 '외지에서' 연작과 '아이오아 일기'를 쓰고,

"주어(主語)가 없는 그대와 나.//칼날처럼 벗은 우리 조국"을 "정신의 아픔에 한없이 깊은 침묵을 주는/젖은 칼을 머리에 쓰고" "안개 속을 한없이 걸"(「낙법」, 1: 144)어 다닌다. 그의 30대 전반에 김영태·마종기와 합동 시집으로 펴낸 『태평가』(1968)와 『열하일기』(1972)는 황동규로서는 이례적으로 보일 만큼 현실 정치에 대한 날을 세운 시들이고 역사와 시국에 대한 관심, 공포와 분노의 감정, 부정과 비판의 의식을 드러낸 시들이다. 그의 시행들은 바로 몇 해 전 그의 전매였던 고아체를 보란 듯이 버리고 장식을 걷어낸 객관적 산문체로 탈바꿈한다. 가령 한 편의 일기를 읽는 듯한 「기항지 1」의 "조용한 마음으로/배 있는 데로 내려간다./정박중의 어두운 용골들이/모두 고개를 들고/항구의 안을 들여다보고 있었다"(1: 115)에서 '조용한' '어두운'의 수식어와 '들여다보다'의 동사가 그 실사들의 무겁고 어두운 내면과 응시의 눈초리를 느끼게 하는 감정적 심상을 그려주고 있음에도, 그 서술은 마치 주관을 버리고 쓴 보고서 문체를 이룬다. 더 나아가, "말을 들어보니/우리는 약소 민족이라더군./낮에도 문 잠그고 연탄불을 쬐고/유신(有信) 안약을 넣고/에세이를 읽는다더군"·(「태평가」, 1: 125)이라고, 황동규로서는 예외적인 해학으로 유신 체제에 대한 절묘한 정치적 비판을 가하고 있다.

역사에 대한 성찰과 현실적 호소에 더불어 정치적 비판을 담고 있는 황동규의 시는 『태평가』와 『열하일기』에 집중되었고 가령 그 이후의 시집 『나는 바퀴를 보면 굴리고 싶어진다』(1978)에도 여전히 빈번하게 나타나고 있지만, 그러나 자신의 정치적 열기를 그는 다행히 적절한 시기에 극복하고 있거니와 그는 이즈음의 그의 시들을 정치적 시각으로 읽는 것을 그리 달가워하지도 않는다. 내가 그의 시선집

『삼남에 내리는 눈』(1975)의 해설(「사랑의 변증과 지성」)에서 당시의 내 심정에 따라 그의 시들을 현실 정치의 맥락에 맞추어 해석한 것에 대해 그는 못마땅해했는데 나도 속마음으로는 그의 그런 소감을 수긍했다. 그에게 중요했던 것은 자신의 주체적 내성과 정황 속에 놓인 인간의 보편적인 사랑이었던 것이며, 그래서 외적인 정치적 억압도 가령 나려 쌓이는 눈이 주는 정서적 충동처럼 자기의 자아를 조건 지어주는 객관적 상황의 한 가지로 받아들일 뿐이었다. "날으는 새는 자유의 상징"(「새」, 1: 177)인데 그 "새들은 서로 떨어져 앉아/숨죽이고 있다./새들이 떨어지"(「열하일기 4」, 1: 189)고 "우리가, 우리가 떤다./모종의 협박, 신문에서 서서히/서서히 사라지는 사건들"(「열하일기 5」, 1: 190)을 통해 유신 시절의 공포감을 생생하게 살리고 있지만, 그는 끝내, 그 현장이 아니라 "늦가을 저녁처럼 취해 종점 춘천역에 나가서/달라고 한다, 서울 반대편 표를"(같은 곳)을 통해 그의 지향이 그 현실의 반대편에 있음을 분명하게 표명하는 것이다. 그러고서, 미국에서 외로운 밤을 고통스러운 번민으로 지샌 후, 친구 마종기에게 "나는 너보다도 더 코스모폴리턴"(「아이오와 일기 3」, 1: 210)이라고 고백한다. 코스모폴리턴으로의 그의 선택은, 물론 현실적 고통에도 불구하고, "소리내지 않고 울 듯이/소리내지 않고 말하는"(「입술들」, 1: 213) 시인의 길일 것이다. 이럼으로써 그는 자신의 시적 정서를 시국의 정치적 함정으로 빠뜨리는 싱급한 정치시의 틀에서 구해내고, 그러고는, 일상의 삶에 대한 내적 성찰과 죽음, 그리고 죽음 속의 삶에 대한 사색으로 방향을 틀어, 그 성찰들을 통해 삶의 황홀에 도달하는 귀중한 경험을 우리의 시의 역사 속으로 끌어들이게 된 것이다.

3

『나는 바퀴를 보면 굴리고 싶어진다』(1978)는 그의 제2기의 시적 단계를 벗어나는 시절에 씌어지고 있지만, 아까 말한 것처럼, 여전히 많은 '정치시'들로 읽고 싶은 작품들이 끼어 있다. 가령 "눈도 코도 입도 아조아조 비벼버리고/내가 보아도 내가 무서워지는/몰려다니며 거듭 밟히는/흙빛 눈이 될까 안 될까"(「계엄령 속의 눈」, 1: 238)의 참혹한 정치적 정황에 대해 노골적으로 생생하게 증언하고, "나는 요새 무서워져요"(「초가」, 1: 239)라고 전율하며 "탈이로다, 탈이야"(「정감록 주제에 의한 다섯 개의 변주」, 1: 252)라는 탄식으로 얼굴에 뒤집어쓴 탈 때문에 탈이 난 이 세계를 풍자한다. 그럼에도, 유신 시대의 복판 속에서 그의 시는 이미 정치로부터 벗어나는 중임을 보여주고 있다. "사흘 밤 사흘 낮을 소주로 내장 깨끗이 씻고,/아슬아슬하게 간지러운/이백여 점 뼈도 시리도록 씻"어내고 "깨어 있자 깨어 있자 되뇌"(「성긴 눈」, 1: 236)면서, 그는 자전거, 유모차, 리어카, 그리고 자동차 등 모든 "바퀴를 보면 굴리고 싶어"지고 굴이며 항아리, 둥그렇게 누워 있는 사람들 등 모든 둥근 것들을 보며 굴리고 싶어 한다(「나는 바퀴를 보면 굴리고 싶어진다」, 1: 231). 왜 그는 바퀴를, 둥근 것을 보면 굴리고 싶어질까. 시인은 그 마음의 변화를 시원하게 설명해주지 않는다. 그러나 그의 이른바 '극서정시'의 전조가 될 수 있을 「지붕에 오르기」는 앞으로의 그의 시의 변화에 의미심장한 단서를 보여준다. 화자는 집 안의 마루가 삐걱거리는 것을 보고 수리하기로 마음먹고 목수를 찾는다. '목수'란 이름은 자연스레 예수를 이끌어오면서 그러나 자신은 "예수가 아"니고 "로마 병정도 아니"며 "행복하지도 않고/불행하지도 않"은 평범한 외국어 교수임을 자각한다. 그는 목수가 만들어준 사다리로 슬래브 지붕을 처음으로 올라가본다. 높은 지붕 위에서 떨면서, 주위를 돌아보며, 그는 비로소 열리는 또 다른 세상을 경험한다:

신경이 모두 보이는 이 밝음!
공포, 생살의 비침. 이 가을 한 저녁.　──「지붕에 오르기」, 1: 223

밝음과 공포, 이 상반된 것들의 긴장이 그를 새로움들을 향한 모험으로 이끈 것이 아닌지. 그 모험으로 들어가도록 만드는 것이 바퀴일 것이다: "《《여보세요, 바다로 가는 길엔/아직 자전거가 달리고 있습니까?"(「바다로 가는 자전거들」, 1: 220).

지붕에 올라가 이 세상의 환한 '밝음'을 보고, 자전거를 타고 그 세상을 경험하게 되면서 그의 내면과 정서는 새로운 경지로 오른다. 이 변화를 받아들이면서 씌어진 작품들이 『악어를 조심하라고?』(1986), 『몰운대행』(1991), 『미시령 큰바람』(1993), 『외계인』(1997), 그리고 이 작업들과 병행해서 14년의 각고를 들여 완성된 『풍장』(1995)에 수록된 장년기의 시들이다. 그의 나이 사십에 이르면서부터 20년 동안에, 그의 생애 어느 때든 일정이 뿜어지시 않은 석은 한 번노 없었지만 그런 가운데 가장 정력적으로 창작의 활력이 솟구치는 이 시기의 그의 시들에서 황동규의 상상력은 넓어지고 깊어지며 밝아지고 환해진다. 우선 그는 부지런히 여행을 다니기 시작한다. "특별한 사유없이/장기 출타했다가 귀가하는 사내"(「혼 없는 자의 혼노래」, 1: 300)

가 되어 그는 전국의 땅과 물, 산과 고을의 곳곳을 돌아다닌다. 그는 마치 "여행이 악기"(「지방도에서」, 2: 130)가 되는 듯이, 시를 건지기 위해 여행을 떠나기도 하고 친구들과 여행을 갔다가 시를 얻어가지고 돌아오기도 하는데, 그의 일기에서 "어느샌가 내 생애는 이상한 여행들이 되어 있었다"(「걷다가 사라지고 싶은 곳」, 2: 299)로 고백되는 그 여행들을 보고하는 시들은 산문으로 씌어진 소상한 기행문 이상으로 자세하고 구체적이며 갖가지 에피소드로 이어진다. 「몰운대행」이 이 기행시의 모범적인 틀을 보여주는데, 이 시의 첫 연에서 시인은 "무반주 떠돌이"로 길 떠나기를 작정하고 지도에 행선지를 표시해놓고, 2연에서 단종이 유배되어 독살당한 영월 청령포로 "저단 기어를 넣은 프레스토"로 달리는 여로를 자세히 그린다. 3연에서 시인은 부근의 풍경과 역사를 관광하고 4연에서 숙박지의 에피소드를 소개한 후 5연에서 문득 그동안의 평서체를 버리고 경어체의 산문으로 바꾸면서 몰운대에 앉아서 이르게 되는 절정의 소감을 조용히 토로한다:

> 몰운대는 꽃가루 하나가 강물 위에 떨어지는 소리가 엿보이는 그런 고요한 절벽이었습니다. 그 끝에서 저녁이 깊어가는 것도 잊고 앉아 있었습니다.
> [……]
> 온몸이 젖어 앉아 있었습니다.
> 도무지 혼자 있는 것 같지 않았습니다. ──「몰운대행」, 2: 22

"꽃가루 하나가 강물 위에 떨어지는 소리"의 절대 고요와 그 고요에 대한 절묘한 표현, 그리고 "소리가 엿보이는" 것의, 듣기에서 보기로의 이미지 전이는 황동규의 뛰어난 언어 구사력이기를 넘어, 세계의 가장 심층적인 것에 대면하는 감각의 극적인 고양을 드러내준다. 그래서 그가 "온몸이 젖어" 있다는 돌연한 사태도 자연스러운 몰입으로 받아들여지고 "도무지 혼자 앉아 있는 것 같지 않음"의, 후에 그가 신조어로 만들어낸 '홀로움'(3: 62)의 원형적인 상태를 시인과 함께 경험하게 된다. "사람 피해 사람 속에서 혼자 서울에 남아/호프에 나가 젊은이들 속에 박혀 생맥주나 축내고"(2: 18) 혼자 더위에 녹아내려 여행을 떠나지 않으면 안 되게 되는 데서부터 80여 개의 시행을 지고 헤매다 도달하게 되는 이 "혼자 있는 것 같지 않음"의 심리적 진행은 일종의 내면 서사로서 "시 속에서 무엇인가 일어나는"(6: 254) 그의 이른바 '극서정시'의 전형을 이룬다. 이 시는 세계와의 단절에서 야기되는 서정의 움직임이 아니라 세계 속에서 그 세계와 더불어 움직이며 서사를 만들어간다는 점에서 전통적인 서정시의 틀을 벗어나고 있지만, 그러나 그 서사가 소설적 이야기의 구성임에도 불구하고 그 이야기는 사선의 신행이 아니라 시인 내면의 정서적 움직임을 좇음으로써 세계와의 단절적인 초월을 향하고 있다는 점에서 서정시의 원형으로 되돌아가고 있다. 황동규는 서정의 움직임을 때로는 현미경으로 들여다보듯 세밀하게 들여다보고 여행 보고서처럼 자상한 객관적 서술을 마다하지 않고 있지만, 그가 결국 힘들여 우리를 이끄는 곳은 "꽃가루 하나 강물 위에 떨어지는 소리를 볼" 만큼의 가장 섬세한, 세계와 단절된 서정에서야 포착될 수 있는 마음의 움직임이다.

여기에 '꽃가루'란 어사가 동원되고 있지만 중년기의 황동규 마음을 가장 깊이 사로잡는 물상이 꽃임을 지적해두자. 그는 아파트 뜰에서 "아스팔트 갈라진 틈에 〔……〕/밖으로 고개 내어미는 풀꽃의

/〔……〕/콩알만한 꽃송이"를 보며 "삶에 취해" "잠시 머릿속이 환해 비틀거리는"(「삶에 취해」, 1: 298) 감동을 받는다. 이후 그는 집의 베란다에서나 여행길에서, 눈 닿는 곳곳에서 갖가지의 꽃과 풀, 나무들을 발견하고, 그것을 시행 속으로 끌어넣어 묘사하고 감상하며 때로는 시의 제목으로 뽑아 바라보고 「꽃들」(2: 284~86)에서는 '꽃말'을 만든다: 가령 양지꽃은 "금(金)의 어머니," 제비꽃은 "별들의 눈물" 등. 그러나 이름도 처음 듣는 그의 숱한 식물 묘사에도 불구하고 그의 상상력은 식물성이 아니라 오히려 생동하는 광물성이거나 빛나는 동물성이다. 금강초롱꽃은 "꽃잎 무게를 모두 땅에 내어준"(2: 285) 꽃이고 인동꽃은 "일순 인간의 숨을 멈추게"(같은 곳) 하는 꽃이라 할 때 그 꽃들은 조용히 멈춰 서 있어 바라봄을 당하기만 하는 식물이기를 넘어, 인간의 영혼에 와서 박혀 섬광을 발하는, "꽃송이 하나하나가/마침 파고든 벌을 한껏 껴안는/이 팽팽함!"(「꽃」, 1: 297)의 이미지로 빛난다. 이 이미지는 이미 '개구리'가 "뛰었다. 새 공간 확 달려들어/숨 일순 정지,/황홀!" 그 "숨 일순 정지"의 '긴장'에서 다시 번쩍 빛나는 "지구 거죽 한 점의 황홀!"(「뛰었다, 조그만 황홀」, 2: 29)의 섬광이 되고, 『풍장』의 바람 속으로 들어와서는 "살아 있는 것이 겁 없이 황홀"(「풍장 11」, 2: 204)한 인식으로 깨우치면서 이후의 그의 시집들에 중심적인 이미지로 발전하게 된다. 이럼으로써 황동규 시는 실사 없는 수식에서 수식 없는 실사의 단계를 거쳐, 수식들이 실사가 되는 뛰어난 시적 변형을 이룬다. 수식이 실사로 변형된 표현이 어쩌면 『풍장』일지도 모른다.

바람을 이불처럼 덮고

> 화장도 해탈도 없이
> 이불 여미듯 바람을 여미고
> 마지막으로 몸의 피가 다 마를 때까지
> 바람과 놀게 해다오.　　　　　—「풍장 1」, 2: 190

　첫 시의 마지막 연이 이렇게 다듬어지는 70편의 『풍장』은 하나의 주제에 대한 집요한 시적 성찰을 이룬 연작 시집이라는 점, 그 문학적 성과가 우리의 시사(詩史)에 가장 높이 자리매김되어야 할 것 중 하나일 것이라는 점에서 만해의 연시집 『님의 침묵』에서나 그 비견의 유례를 찾을 수 있을 것이다. 황동규의 죽음에 대한 집요한 사유는 물론 『풍장』에만 그치는 것이 아니고 『풍장』 이후 근래의 작품집에서 더 깊이 드러나기도 하며 또 이 연작집에 수록되었다 해서 모두 죽음의 문제를 다루고 있는 것은 아니지만 인간의 가장 보편적이고 영원한 신비이며 번뇌인 죽음의 문제에 대한 끈질긴 그의 시적 천착은 우리의 문학사에서뿐 아니라 정신사에서도 희귀한 성취일 것이다. 그는 이 작업을 "사십대 중반, 그때면 대개 겪게 되는 죽음 길들이기 충동"에서 시작했으며, 무엇보다 "죽음이 존재의 뿌리의 흙을 북돋아주지 않는 삶 혹은 삶을 위한 제사 행위와 관계가 없는 죽음은 의미가 없는 것"으로 생각하면서 "죽음이 있기 때문에 삶이 비로소 유한함을 벗어나 죽음처럼 무한한 것이 될 수 있는 것"이라고 쓰고 있는데, 삶 속의 죽음, 죽음 속의 삶, 혹은 삶과 죽음의 극적인 얽힘을 체험하게 되는 '풍장'의 그 '떠돌이 정신'이 "나를 황홀하게 만들었다"(6: 224)고 그는 고백한다. 그랬기에 '풍장'이란 주검에 대한 산 자의 의례이기에 죽음에 대한 살아 있는 드라마로서의, 그의 『풍장』은 슬프고 허망하고 무의미한 비애를 드러내기보다는 오히려, 훨씬 더 많이, 밝고 황홀하고 풍성하다. 가령, "옷 벗은 버드나무들이/무릎까지 머리칼 늘어뜨리고/신비하고 쓸쓸하게 눈을 맞는 곳"에서 "가장 이쁜 말 '용서'"(「풍장 6」, 2: 197)를 받고, "칼로 썰어놓은 구름장 위에 날리는 햇살!"에서 "살아 있는 것이 겁 없이 황홀해"(「풍장 11」, 2: 204)지며, "환한 참단풍에 눈이 열려/벨트 맨 채 한계령 절벽 너머로/환한 다이빙"을 하는 듯한 아찔함에서 "몸과 허공 0밀리 간격 만남"(「풍장 36」, 2: 234)과 같은 우주와의 합체감을 체험한다. 그 합체감은 사마귀가 성교를 하며 암컷에게 먹히기 시작하면서 "머리가 세상에서 사라지는 이 쾌감!/〔……〕/우주 공간 전부와 한번 몸 비비는/저 경련!"(「풍장 30」, 2: 226)을 일으키고, "세상 뜰 때" "때늦게 오는 저 밤비 소리에/기울이고 있는 귀는 두고" 감으로써 "소리만 듣고도 비 맞는 가을 나무의 이름을 알아맞히는/귀"(「풍장 27」, 2: 223)를 통해 이 세계의 내밀한 비의와의 소통을 꿈꾸게 한다. 실재와 초실재, 현실과 비현실 간의 시인의 이러한 넘나듦은 『풍장』의 첫 시에서 이 세상을 뜨게 되면 풍장시켜줄 것을 당부하고 "옷은 입은 채로 전자시계는 가는 채로/손목에 달아놓"(「풍장 1」, 2: 189)기를 부탁함으로써 그가 "시간 뒤에 숨어 있는 시간"(「풍장 51」, 2: 249. 나는 산문집 『글 뒤에 숨은 글』의 제목을 이 구절에서 차용했다)과 내통하고 있음을 보여준다.

4

박상륭의 『죽음의 한 연구』를 연상시키는, 죽음을 통해 발견하는

'황홀'과 그것이 초월적 공간으로 번지는 '시간 뒤의 시간'은 아마도 이른바 시인의 존재에 가장 아름답고 풍요한 자산이 될 것이다. 『외계인』(1997)과 회갑 기념의 『시 전집』『깊이 읽기』가 나온 이후에 간행된 『버클리풍의 사랑 노래』(2000), 『우연에 기댈 때도 있었다』(2003) 등 황동규가 50대와 60대에 풍성하게 풀어놓은 원숙한 상상력의 세계를 꽃피우는 화두가 이 '황홀'과 그 옆의 '환함' '환희' 혹은 '법열' 그리고 이 순간적인 초월감을 가능하게 하는 '또 다른 시간'이다. 인도 여행의 기차 속에서 차창 밖으로 보이는 두 강이 하나 되는 목에서 느끼게 된 "뼈 한 다발이 황홀"(「캘커타 가는 길」, 3: 15), 범종 소리를 듣기 위해 강원도의 밤길을 달리며 성긴 눈, 어두운 창밖의 가드레일, 그리고 차 안의 브람스 음악에 둘러싸여 그 모든 것들로부터 잇달아 솟구치는 '황홀들'(「범종 소리, 들어갈 수 없는」, 3: 75~76), 책가방 속에 챙기는 원두 커피의 향기가 부르는 '황홀'(「원두 커피 든 가방」, 3: 81), 컴퓨터 화면에서 지우고 버림으로써 거두는 "떠남의 황홀"(「인간의 꿈」, 3: 99) 등 곳곳의, 갖가지의 깃들이, 시인의 내면에 황홀의 감각을 피워올린다. 그것은 "환한 시간의 멈춤"(「산당화의 추억」, 3: 23), "시간이 벗겨진 고요"(「베르미어의 고요」, 3: 48)에서 이를 수 있는 고양된 내면의 정황일 것인데, 황동규는 그것을 외로움과 황홀함을 '화합'시킨 '홀로움'의, 그 자신이 만들어낸 새말로 표출한다. "외로움이 홀연 홀로움으로……"(「버클리 시편 4」, 3: 35) 전이된 그 독특한 감성은 「1997년 12월 24일의 홀로움」으로, 마치 폴 클로델의 '개심일'처럼 그 아름다운 새말의 창작 날짜까지 명시하며 "스케르조 악장에도 마음의 맑음을 새겨 넣은/곧 끊어질 병든 몸에 깃들였던 저 환함!"으로 표출되면서 "어디 있는가/곧 끊어질 생명의 외로움이나 슬픔이?/만년(晩年)의 끝이 어디 있는가,/과연 시간의 끝이?"(「1997년 12월 24일의 홀로움」, 3: 62~63)로 종말을 부르는 절정의 감정으로 비상한다.

그러고 보니, 이제 그도 노경으로 들어서고 있다. 여전히 그의 목소리는 톤이 높고 그 말은 열정적이며 그의 몸짓은 씩씩하지만, '홀로움'이 이끌고 온 시간의 '끄트머리'와 그것이 물고 있는 죽음, 이 과정들에 물려오는 '추억'들이 그의 시 속에서 형태를 드러내기 시작하는 것이다. 부석사 무량수전에서는 "어둠도 빛도 아닌/그렇다고 빛 아닌 것도 아닌" 빛에서, "아 어찌할 거나/혹 사후 세상 빛깔이 이렇지나 않을까"(「부석사 무량수전에는 누가 사는가?」, 4: 12)라며 '저 세상'의 빛깔을 보고, 등대로 가는 길에 "순간 등대, 방파제, 하늘, 바다가, 사라지고/세상이 그저 하얗고 화사하고 캄캄"해지는 혼곤의 경험을 치르고는 "인광 홀연히 뼈들을 벗어나"(「불시착」, 4: 90)는 예감을 가진다. "세상이 그저 하얗고 화사하고 캄캄"한 곳에 '불시착'해서 '불현듯' 느끼는 이 예감은 몇 해 전 친구 시인의 집에 도착하여 둘러싸인 그 비슷한 풍경 속에서 "신기해서" 눈밭에 "발자국을 찍기 위해 여기저기 걸어"보다 "눈 위에 큰대(大)자를 찍"고는 시인 자신을 '외계인'으로 자처하던 것(「외계인 1」, 2: 277~78), 혹은 같은 시인의 농장에서 실비를 맞으며 '경중경중,' 작은 무지개를 보고 '경중경중,' 자미나무 손잡고 '경중경중' 뛰며 "무중력 상태"에 작약하던 때(「외계인 2」, 2: 282)와는 참으로 다른 모습이다. 그사이의 시간에 시인은 병원에 입원도 하고 수술도 받았으며, 이런 육체적 시련과 정신적 시간의 흐름을 겪은 후 남해 바닷가에서는 "뒤에 문득 기척"(「무이산 문수암」, 4: 10)을 느끼고, '서방으로 간다'는 말을 '죽는다'는 뜻임을 환기하게 되는 서해 바닷가에서 "오늘 태안 앞바다 낙조는/서쪽으로 갈 매기 한 떼를 날리며/바다 위에/한없이 출렁이는 긴 붉은 카펫을" 깐 아름답고 '홀로운' 장면을 보고는 "죽을 땐 그 위를 걸어/곧장 가라는 뜻"(「황해 낙조」, 4: 11)으로 받아들이며, 기왕 갈 거라면 "시간의 속마음!" 속에서 "예수도 미륵도 매운탕집도 없는 시간 속을/캄캄해질 때까지 마냥 걸어"(「집보다는 길에서」, 4: 39)가고 싶다는 소망까지 품게 된다.

　이에 이르러, 보니, 시인 황동규는 어느 사이 모든 것이 들어와 귀로 순하게 받아들여지는 60대의 중반을 넘고 있고, 아마도 그래서 "먼 땅 끝 비처럼 들리는 저녁이 생각보다 일찍 찾아왔"(「쓸쓸하고 더딘 저녁」, 5: 24~25)는지도 모른다. 그는 이제 "추억통 비울 때가 되었지만,/추억 어느 길목에서고/나보다 더 아끼는 사람 만나면 퍼뜩 정신 들곤 하던" "죽음의 탈 쓴 사자"(같은 곳)와 어울리면서, 고개를 돌려 "자꾸 따라오는 늙은 애완견 같은 추억"에 끌려, 가령 좀처럼 올려놓기를 피하던 아버지의 "보청기 낀 귀에 손바닥 오므려 대시던" 마지막 부분을 자신의 의지와는 관계없이 제멋대로 움직이는 '불수의근(不隨意筋)'의 기억으로 떠올리기도 하고(「추억의 힘줄은 불수의근이니」, 4: 40~41), 먼저 가 "양평 네 잠들어 있는" 김현의 산소에 들러 "청주 한 잔 땅에 붓"(「대설 날」, 4: 37)기도 하며 「젊은 날의 결」(4: 65~72)이 살아 움직거리는 회현동 옛집으로 찾아 들어가 음악 듣고 시 쓰고 술 마시고 친구와 토론하며 4·19에 흥분하고 5·16에 좌절하며 그럼에도, "하늘의 별들이 몽땅 우박처럼 땅에 쏟아"지는 "황금빛 어둠" 속에서 "별이 있지, 노래로/노래로 살아야지" 하고 다짐하던 20대 젊은 시절로 돌이켜 젖어들기도 한다.

은퇴해서 노경의 회고에 젖어들면서 그는 두 가지 내적 경험을 갖는다. 하나는 이 세상을 흐릿한 풍경으로 바라보기 시작했다는 것, 그리고 예수와 불타와의 대화를 듣기 시작했다는 것이 그것이다. 그의 최근 시집 『꽃의 고요』는 「참을 수 없을 만큼」의 시로 시작하는데 그 마지막 시행은 "너는 환한 어둑발 속으로 뛰어들었다"이다. 이 모순어법은 '어둠이 오히려 환하게 다가옴'이란 고희의 나이에 이르러서야 느낄 수 있는 세계 관찰의 정서일 터인데, 얼마 전만 해도 분명하게 그 색깔이나 형태를 짚어 말하던 것에서 그는 많이 달라져, "어둑어둑"(「여수 구항에서」, 5: 74)하거나 "무덤덤"(「당진 장고항 앞바다」, 5: 85)해하며 생각을 "머뭇대"(「외로움/홀로움」, 5: 90)기만 하고 급기야는 "삶이 뭐냐 따위는 묻지 않"(「누구였더라?」, 5: 49)게 된다. 가령 "나무들이 길게 흔들리고/두꺼비의 눈 한없이 고요해지고/채 삼키지 못한 아픔처럼 공기가 환하게 달아오"(「이런 풍경」, 5: 12)르는 풍경을 바라보며 거기서 들려오는 소리를 듣기만 할 뿐 그는 그 안으로 뛰어들거나 소리 지르지 않고 '홀로움' 속으로 빠져든다.

작은 강물
언제 바다에 닿았는지
저녁 안개 걷히고 그냥 빈 뻘
물새들의 형체 보이지 않고
소리만 들리는,
끝이 따로 없는.

누군가 조용히

풍경 속으로 들어온다.
하늘가에 별이 하나 돋는다.
별이 말하기 시작했다.　　　　　　　—「홀로움」, 5: 27

작은 강가에서, 안개는 걷혔지만 물건의 형체들은 보이지 않는, 그리고 끝도 없이 비어 있는 풍경. 그때 돋아나는 별 하나—시인은 세계의 모두가 조용하고 안 보이며 멈춰 있는, 그래서 소리만 들리는 (「풍장 27」의 귀!) '풍경' 속에서 그는 별이 돋아나며 말하는 것을 본다. 이 절정의 순간에서 그는 '홀로움'을 만끽한다. "꽃이 지며 자기 생을 완성하듯"(「정선 화암에서」, 5: 78) 하는 이 정황이야말로 "느낌도 흐느낌도 없이 표표히 서서 망각"(「2003년 봄 편지」, 5: 29) 하는 것이며, "이윽고 몸 안과 밖 가르던 막 찢어지고/드디어 허공 속으로 탈각(脫殼)!"하는 지경에서 "한 차례 온몸으로/대허(大虛)하고 소통했다는 감각이"(「허물」, 5: 77) 솟아난다. 이 경지에 이르러 시인이 성자들의 대화를 방청하게 되는 일은 아마도, 의외가 아니다. 이 대담은 예수와 석가의 말씀이지만 그 속내는 고희로 다가가는 황동규가 그 두 성자들의 대화를 통해 삶과 존재의 비의를 소통하기 위해서일 것이다. 말하자면 그는 "인간의 외로움을 신의 빛으로 표현하려 한/인간들의 저력"(「인간의 빛」, 5: 58) 그 경지에 오르고 있는 것인데, 최근의 시집 『꽃의 고요』의 많은 부분이 이 두 성자의 선문답으로 이루어지고 있으며 그 '꽃의 고요'가 이 선문답의 '대허하고 소통'하는 시적 절정을 보여준다.

'꽃 지는 소리가 왜 이리 고요하지?'

꽃잎을 어깨로 맞고 있던 불타의 말에 예수가 답했다.
'고요도 소리의 집합 가운데 하나가 아니겠는가?'

— 「꽃의 고요」, 5: 56

5

나는 황동규의 시를 대면하면서 그의 내면적 궤적을 따라 밟기 위해 노력했다. 당연히, 더 많은 것을 놓치고 혹은 곁길로 빠지기도 했을 것이며 그가 갓길로 생각한 것을 나는 큰길로 잘못 걷기도 했을 것이다. 그 길이 어떤 것이든, 자신의 "삶과 문학에 결정적인 형태를 부여하"지 않고 현재 진행형으로, "살아 숨쉬는 극으로 바꿀 새로운 장치를 찾"(7: 31)아왔다는 사실을 강조하는 점에서는 다름없을 것이다. 그는 끊임없이 모색했고 성찰했으며 헤매고 떠돌았고, 그럼으로써 갱신하고 다시 태어났으며 한 층 위로 오르고 여러 걸음 앞으로 나아갔다. 그러면서 그는 앞 단계에서 다음 단계를 예비했고 그다음을 한껏 피어내는 가운데 벌써부터 다다음의 것을 심고 있었다. 이런 황동규의 시인으로서의 모습은 그의 시단 데뷔와 동시에 이루어진 나의 그와의 사귐과 그리고 그 오랜, 반세기에 걸친 우정의 교환에서 내가 발견한 인간 황동규의 모습보다 더 크고 깊고 넓었다. 그는 타고난 시인이었고 몸과 마음 모두가 시적이었으며 말과 꿈이 시다웠고 무엇보다 평생토록 시인이었다. 그의 언어와 시는 한국어와 한국 시가 다다를 수 있는 가장 높은 경지의 한 부분으로 치하될 수 있는 것이었다. 그런 그의 시들을 읽으면서 마침내,

약속 없이 만난 동해 달돋이의 도취, 도취 속의 환한 외로움. 속을 온통 밝혀 연등이 된 조그맣고 아름다운 암자, 눈부신 쫓겨남. 어둠 속을 마냥 걸어 도달한 바닷가 해돋이의 찬란, 빛부신 밀려남. 그날 일

에 동행한 1958년의 낙산사 여행길을 돌이켜 회상하면, 나 역시 그와 마찬가지로,

그후 지금까지 몸속에 물결 감추고 흐르는 삶의 진액, 간헐적인 독한 그리움으로 남아 [⋯⋯] 그처럼 바뀌면서도 변하지 않는 그 얼굴이 떠오를 때마다 나도 모르게 몸이 저려오곤 ─「무굴일기 2」

한다. 나는 그 '몸 저려옴'으로 4월 초에 있을 그의 조촐한 고희 모임에 참석할 것이다.

[『문학과사회』 2008년 여름호]

도저한 삶, 자존의 문학
―박경리 선생을 위한 단상

　임종의 숨을 거두신 후의 시간이 아직 여물지 않아서인지 선생의 안색은 평소와 다름없이 맑고 깨끗했다. 꼭 감은 눈가 자위의 누르스름한 잔기에는 힘든 이승의 고달픔이 흐릿한 흔적처럼 남아 있지만 복스러워 뵈던 입매는 미련을 버리려는 듯 앙다물려 있고 표정은 착잡했지만 평화로웠으며 얼굴은 한창 젊은 시절의 낯선 품위와 노후의 넉넉한 고매함이 한 모습으로 어울려 강인하면서도 부드럽고 한없이 넓으면서도 가운데로 정기가 맺혀져 있는 옹골찬 인상을 보이고 있었다. 저것은 아픔일까 흐뭇함일까, 슬픔일까 해한(解恨)일까, 버티기일까 받아들임일까. 팔십 겨우 넘는 생애에서 즈믄 해 기구한 역사를 되밟아 살아온 한민족의 서러운 삶을 살아야 했던 그의 마지막 모습은 그래서 더욱 숙연하고 감동적이었다.
　며칠 전에 뵐 때만 해도 인공호흡과 유동식 흡입을 위한 두 개의 호스가 얼굴을 가리고 거친 숨결에 의식은 어두웠지만 아직 이 세상에 생명을 함께하고 있음을 보여주시던 선생은 이제 조용하고 단정하며 평온하고 따뜻해져 있고 그럼에도 우리와는 유명을 달리하고 있었다. 삶과 삶-아닌-시간의 경계에 선 아주 짧은 한 순간 나는 한 인간의 이 거대한 존재의 변용을 보면서 그와의 이승에서의 여러 인연과 함께 장엄하다고 표현해야 할 한 정신의 성취를 생각했으며 그 생애의 아픈 전기(傳記)와 그럼에도 그 아픔을 뛰어넘는 한 인간의 도저한 의지에 고개 숙여 감격하고 있었다. 생전의 그에게 나는 어떻게 『토지』의 거대 서사가 그에게 가능했는지 알고 싶어 했는데 그의 장례를 치르면서 그가 그처럼 수많은 한국인의 심금을 울릴 수 있었던 것은 무엇일까 하는 또 하나의 궁금증을 떠올렸다. 그러고서 몇 날 동안, 내가 기억하고 생각하는 박경리 선생의 여러 모습을 떠올려보면서 그 궁금증은 끝내 풀리지 않은 채 오히려 신화화의 기미로 자라났다. 박 선생님에 대한 내 회상은 이 언저리를 맴돌고 있었다.

1973년의 아마 봄이었을 것이다. 동아일보 문화부에서 문학을 담당하던 나는 막 간행된 박경리 선생의 『토지』 제1부를 며칠 밤 동안 읽으며 이 뛰어난 작품을 크게 다루어야겠다고 작정했다. 박 선생은 인터뷰를 하지 않는다는 소문이었기에, 그리고 서평으로 이 작품을 평가할 생각이었기에 나는 굳이 박 선생을 뵙지 않아도 되었다. 그럼에도 5년에 걸쳐 『토지』가 쓰여지던 방과 책상, 그리고 그 작가를 현장의 아우라를 통해 만나고 싶다는 욕심을 나는 강하게 가졌었다. 그래서 신문사 차를 타고 정릉 구석의 박 선생 댁을 오전 9시 반쯤 방문했다. 벨을 누른 한참 후 박 선생이 아닌 따님(임을 후에 안 것이지만)이 나와 우물우물하며 박 선생이 계시지 않는다고 했다. 아마도 아침 식사를 하는 중에 나온 듯싶었기에 박 선생은 분명 집 안에 계실 것이었다. 나는 알겠다고 뒤돌아섰다. 다음 날 그 시간에 다시 박 선생 댁을 방문했다. 오늘은 설마 만나주시겠지 했던 내 기대는 그러나 어제처럼 허탕이었다. 나는 신문사로 돌아오면서 속으로 참으로 섭섭했고 화가 났고 그러다 분하기도 했고 이 푸대접에 앙갚음해야겠다고 벼르기까지 했다. 일부러 찾아온 신문사 문학 담당 기자를 안 만나준다는 일은 당시의 내게 도대체 예상할 수 없는 일이었고 문전 축객 자체가 여러 해 전부터 알아온 내게 그가 여간 결례의 인사를 하는 것이 아니었기 때문이다. 나는 다음 날 서평 기사를 썼고 그 다음 날 그것이 신문에 게재되었다. 여러 달 후 우리는 함께 식사를 하며 여러 이야기들을 편하게 나눌 수 있었다. 그때 박 선생은 내 면전이어서 그랬겠지만, 『토지』에 대한 당시의 여러 글들 중에 내 서평이 가장 마음에 든다고 했다. 그리고 말했다: "그때 김 선생을 맞아들이지 않은 것은 가장 영향력이 큰 신문사에서 오셨기 때문이었지요. 내가 여기서 약해지면, 그래서 여기서 무너지면 회복하기 어렵다고, 그러니 절대 안 된다고, 모진 각오로 인정이며 예의를 버려가며 자신을 매섭게 달구었던 거지요." 한쪽 가슴을 암으로 잘라내면서까지 집필을 계속하며 혼신을 다해 창작의 의지를 달구어온 그에게 한 치라도 매스컴의 환호에 오염되지 않으려는 완강하면서도 고결한 정신을 그때 나는 또렷이 보았다. 그의 문학에 대한 진정한 열정은 나의 사심(私心)을 무시해버렸고 작가의 도저한 오기가 젊은 기자의 객기를 깨끗하게 승복시킨 이 에피소드를 나는 1994년 여름 『토지』 완간 기념식에서 드린 짧은 축사를 통해 고백했다.

그러고서 다음 해 1974년의 역시 봄철 즈음이었다. 박 선생은 동아일보에 『단층』을 연재하셨는데 미리 신문사에 전달되어야 할 이 원고를 내가 아침에 정릉의 박 선생 댁으로 가서 그날치를 받아와야 할 경우가 많았다. 가서 보면, 박 선생은 거실에서 포대기로 손자 원보를 업고 원고를 쓰거나 챙기시곤 하는데 눈은 원고지로 향하면서 연신 풀어놓는 말씀들의 낯선 목소리에는 진한 안타까움과 끓는 원망들이 서려 있었다. 상황은, 그러니까 사위 김지하 씨가 서대문 형무소에 수감되어 있고 따님 김영주 씨는 그 옥바라지를 위해 일찍 나가야 했으므로 박 선생이 아직 젖먹이인 손자 원보를 돌보며 원고를 써야 하는, 다급한 처지였다. 그랬기에 박 선생은 전전긍긍해야 했고 그럼에도 원고지는 메워야 했으며 주변은 모질었지만 거기에 주저앉아서도 안 되었다. 이때의 박 선생의 하소연은 더 간곡하고 애절하다. 남산으로 끌려간 정치범의 가족이기에 동네 사람들도 도무지 내왕을 하지 않을 뿐 아니라 왕따를 놓는 차디찬 시선으로 이 외로운 일가를 돌려놓고 있고 기관원도 근처에 상주하면서 가족의 동태를 일일이 체크하고 이웃들에게도 겁을 준다고 했다. 안팎으로 고립무원의 압착 속에서 일상의 생활마저 심하게 내몰려야 했던 것이다. 그래서 한변과 비난, 푸념과 하소가 절절해지고 있었지만 그런 가운데에도, 이 모든 사단의 원천인 사위에 대해서는 한푼의 원망도, 한마디의 불평도 끼이지 않았고 오직 권력의 횡포와 독재의 폭력에 대한 비판만 매서웠다. 일찍 전쟁 중에 남편을 잃어 청상이 되었고 그런 몸으로 기른 딸 히니의 지아비로 맞아들인 자식이 이렇게 또다시 사형언도를 받은 확신범 수형자가 되었으니 박 선생은 그 절대적인 절망의 늪에 빠지지 않을 수 없을 것이며 쌓이는 한의 뭉치로 서러움이 더 크고 아리지 않을 수 없을 것이었다. 그 와중에도 박 선생은 꼬박꼬박 원고 쓰기를 멈추지 않아 한 회도 거르지 않고 연재를 완결할 수 있었다. 현실에 대한 원한이 그의 문학에의 집념을 버텨나가게 만든 것은 아닐까, 그 오기가 그를 높은 자존(自尊)의 삶으로 쌓아올렸던 것이 아닐까 하는 생각이 그래서 내게 집요하게 들었다. 경황없을 그 즈음 박 선생은 내 아들이 원보와 비슷한 때 태어난 것을 알고 좋은 아기 옷 한 벌을 선물하기까지 했다. 내가 가끔 원주의 단구동 댁으로 박 선생께 문안을 드려야 했던 것, 박 선생이 야심적으로 만든 토지문화재단의 운영에 참여하여 여러 해 동안 도와드리지 않을 수 없었던 것도 바로 이런 인연 때문이었다.

앞서 말한 『토지』의 서평 기사에서 나는 이 소설을 우리 현대 문학사에서 '가장 뛰어난 작품'이란 표현을 썼을 것이다. 영문학자인 한 친구가 그 수사법상의 위험성을 지적했다. 그렇잖아도 나 역시 그 글을 쓸 때 "가장 뛰어난 작품 중 하나"로 써야 객관적 기사로서의 요건에 맞는다는 것을 알고 있었고 그래서 이 대목에서 나도 꽤 고심했다. 그러나 끝내, 'one of the greatest'가 아니라 'the greatest'라고 쓰고야 말았다. 나는 "과감하게 실수하기"로 작정했던 것이다. 그로부터 30년이 지난 이제 와서도 나는 그 구절을 수정할 마음이 별로 없음을 밝혀야겠다. 『토지』 이후 우리 문학에 대하 장편소설의 붐이 일어나 홍성원의 『남과 북』, 황석영의 『장길산』, 김주영의 『객주』, 김원일의 『불의 제전』, 박완서의 『미망』 등 뛰어난 성과를 거둔 작품들이 잇달아 집필되고 간행되었다. 그러나 내가 『토지』에 대해 '가장'이란 최상급의 수식을 고집하는 것은 이 작품이 그 유례를 볼 수 없이 방대한 규모라거나 50년의 가장 긴 역사를 소설 공간으로 재현하고 있다거나 혹은 우리 민족사를 재구성하는 대작 붐을 선도한 획기였다거나 나 한 때문이 아니었다.『토지』야말로 우리 문학에서 대표적으로 볼 수 있는 '총체소설total roman'로서 농민과 중인을 중심으로 양반으로부터 노비에 이르기까지의 사회 모든 계급을 망라한 우리 인구 전체의 삶의 모습을 재구성했으며, 별의별 갖가지 인물들과 성격들을 재현하고 창조함으로써 인간사의 모든 것을 모아들여 또 하나의 거대한 실존적 세계를 만들어냈다는 것, 개화기로부터 식민지에 이르는 가장 착잡한 시대의 역사적 흐름을 아주 넓게 포착하고 섬세하게 드러내면서 소설로서의 역사를 최대한 풍요하게 만들어냈다는 것, 그럼으로써 언어가 창조할 수 있는 삶의 세계의 실제를 파노라마적으로 전시했다는 소설의 거대성을 나는 평가하고 있는 것이다. 그것은 마땅히 최상급으로 존경받아야 할 우리 소설 문학 최대의 자산이다. 많은 대하소설들이 규모가 크고 내용이 풍부하며 이야기가 박진하다 하더라도 그 전체는 부분사적 로망으로 그치고 있고 세계는 한 측면으로 서술되고 있어,『토지』가 이룬 총체성은 그 후의 30여 년에 걸친 왕성한 우리 문학사의 어떤 작품도 이르지 못한 경지를 세운 것이나.

『토지』에 대한 문학적 분석과 평가는 최유찬을 비롯한 학자, 비평가들에 의해 정력적으로 진행되어왔고 그 작업들은 앞으로 더욱 활발해지겠지만, 이 소설의 다양한 성격도 보다 적극적으로 접근되어야 할 것이다. 가령『토지』의 서사 기조는 낭만주의로 감싸이고 있음에도 세부 묘사에서는 어떤 리얼리스트보다 리얼하냐는 점을 나는 겹쳐 짚어두고 싶다. 7백 명에 이르는『토지』의 인물 중에는 매우 개성적인 인물들이 꽤 많이 등장하고 있는데 구천이와 월선이, 길상이 등 설화적인 아름다움의 인물들이 대체로 원경으로 조망되는 것과는 달리 임이네와 조준구처럼 작가 자신이 극히 혐오하는 인간들에 대해서는 구체적이며 극히 치밀하게 묘사된다. 경멸하는 것에 대한 생생한 묘사라는 엥겔스의 '사실주의의 승리'의 기술적 예가 될 수 있는 작가의 이러한 터치는 문학적 상상력과 현실적 관찰력을 언어적 적실성으로 아우르는 박경리의 창조적 역량을 뛰어나게 드러내주는 예시일 것이다. 『토지』가 강렬한 민족주의에 바탕을 두고 있음도 다시 보아야 할 모습이다. 제3부에서 전개되는 일본 문화와 한국 문화의 변별성과 이에 대한 심미적 분석은 어떤 학자나 전문가도 열어내지 못한, 한국 미학의 개척적 관점으로 음미되어야 할 것이다. 『토지』를 통해 전개하고 있는 작가의 생명 사상은 그의 문학적 내질이면서 문학을 뛰어넘는 인간주의적 시선임을 다시 확인해두어야겠다. 그가 이 소설을 쓰던 한 세대 전만 해도 공해나 생태 문제는 사회적 관심의 밖이었다. 그는 오늘의 환경 문제의 선구자로서 이명박 서울시장에게 청계천 복원을 촉구한 제창자이기도 하지만, 그러나 내가 말하고 싶은 것은 정책으로서의 환경론 수준을 넘어, 자연의 위대함, 그것의 가치와 삶과의 조화를 고양하는 생명론자로서의 우주적 사유에 대해서이다. 박경리는 사위 김지하와 다르면서도 같은 길로 자연이 품고 있는 생명의 존엄성에 공감하고 있는 것이다. 소설『토지』가 지닌 숱한 인간들과 사건들, 사유와 대화들, 아픔과 슬픔들, 그래서 서사와 거기에 감도는 영혼들이 우리 민족의 마음을 울리고 감정을 다독거리며 정신을 돋우어 울려온 가운데, 더불어, 이런 여러 문학적 특징과 힘이『토지』에 대한 수많은 독자들의 애정과 경의를 모아들였을 것이다.『김약국의 딸들』『파시』『시장과 전장』 등 일급의 소설들을 가지고 있지만 이 수준에서 어떻게『토지』와 같은 한국 문학사의 정상의 작품을 돌올하게 생산할 수 있었는지는 내게 쉽게 풀리지 않는 또 다른 궁금증이 되었다.

박경리에 대한 나의 감동은 그러나 그의 인간됨으로 더 두터워지고 있다. 그 인간됨의 가장 큰 덕목은 그 정신의 도저함에서 비롯되었을 것이다. 현실과 권력으로부터 숱하게 억압받고 가없는 피해를 당해왔지만 그는 조금도 굴복하지 않았고 그것들과 당당하게 맞서, 버텼다. 그는 한국전쟁으로 남편을 잃고 유신 체제 아래 사위가 투옥되어 근 십 년 동안 수감되는 고통을 당하면서도 의연했고 그 운명을 당당하게 맞아들였으며 이 수난들로부터 빚어진 한과 설움을 오히려 자신의 작품의 모티프와 창작의 열정으로 승화했다. 내가 으레 회상하는 박경리 선생과의 에피소드는 그의 이러한 도저함에서 드러나는 인간적 품위와 진정한 의지를 보여주는 작은 사례일 뿐이다. 『토지』가 방송이나 복간 출판될 때 박경리는 거액의 원작료를 고집했는데 그것은 그가 금전에 욕심을 내서가 아니라 문학의 자존심을 지키기 위해서였음은 잘 알려진 일이다. 그는 인기를 거부했고 영예를 마다했다. 그가 기자인 나를 피한 것도 그 때문이었지만, 예술원 회원 되기를 끝내 사양한 것도 그런 까닭이었다. 그는 사람들이 게으른 것 이상으로 비굴하고 천박한 것을 혐오했고 태도가 분명하지 못한 사람을 못 참아했고 그렇기에 타협하지 않고 조용히 글을 쓰는 후배 작가들을 격려하며 경제적인 어려움을 벗어나도록 남모르는 도움을 자주 주었다. 그가 토지문화관을 만들고 재단을 구성해서 운영한 것은 오로지 젊은 작가들이 작품을 쓸 자리를 마련해주기 위한 것이었고 그 덕분으로 많은 작가들이 토지문화관에서 작품을 집필했다는 감사의 인사를 작품집에 밝히곤 했다. 박 선생 댁을 방문하거나 그의 문학관에서 지낸 모두가 박 선생을 푸짐한 고향 어머니처럼 회상하는 것도 이런 후원과 더불어 따뜻하고 사심없이 나누어주는 박 선생의 넉넉한 인심과 두툼한 손길이었다.

박경리 선생에 대한 나의 경의는, 그럼에도 무엇보다, 이 세계에 대한 분노를 문학적 비전으로 고양시킨 그의 정신을 향해서였다. 아마도 그의 생애는 '팔자 드센 여자'의 한 예가 될 것이다. 시대의 수난자였고 현실의 피해자였음에도, 그는 정권에 경례하지도 않았고 대중에 아첨하지도 않았으며 부나 인기에 연연해하지도 않았다. 그런 대신 그는 역사를 따뜻하게 관찰했고 상황을 냉정하게 직시했으며 언어를 아프게 존중했고 상상력을 자유롭고 풍요하게 키웠으며 자연과 공감하며 소통했고 생명을 두려워하며 사랑했고 무엇보다 인간적 품위를 우선적인 가치로 높이 보았다. 그래왔기에, 일대 장엄한 서사 『토지』와 이를 따르는 그의 풍성한 문학들이 가능했고 그것들이 품어내는 진정한 의미에 독자들의 존경이 모아졌으며 현실의 잡스러움이 승복했고 그는 문학인으로서의 정상의 평가를 얻을 수 있었다. 우리의 이 척박한 토양에 '박경리'란 융숭한 존재가 설 수 있었던 것은 오직 그의 발분의 덕분이지만 우리는 그 덕분에 가장 고귀한 정신적 자산을 쌓을 수 있게 되었다. 그의 의도에 반(反)해서 말년과 임종의 그에게 드린 세속의 경의와 명예는 비속하고 허황한 세계에 일관되게 고귀한 진정성으로 대항한 그의 생애에 대한 마땅한 예의일 것이다.

명예를 사양한 그가 그처럼 높은 예의로 접대되고 있다는 아이러니한 사실을 나는 닷새 동안 진행된 장례의 현장에서 확인했다. 신문들은 1면에, 방송은 앞머리에 박경리 선생의 작고를 보도했고 길고 따뜻한 해설 기사와 장례 진행 속보들이 매일 계속되었다. 현직 대통령이 직접 빈소로 와 분향하며 예외적으로 직접 금관문화훈장을 추서한 뒤를 이어 전직 대통령과 지난 대선 후보들 모두가 문상했고 문단의 대부분에 이어 사회와 종교계 인사들, 갓 쓴 평사리의 노인부터 젊은 대학생들에 이르기까지 민중적 애도들이 이어졌다. 박경리 선생 자신은 어떤 권력도 대수로워하지 않았지만 권력자들은 그의 영정 앞에서 고개를 숙였고 어떤 조직에도 들기를 피했음에도 각계의 사람들이 조문했다. 원주에서는 거리마다 근조의 플래카드가 걸려 있었고 통영에는 만장이 즐비했으며 토지문화관의 두 차례 노제를 포함해서 발인으로부터 안장에 이르기까지 영구는 무려 6차례의 추도와 제사를 받아야 했다. 아마 문학인으로서, 아니 어떤 한국인도, 이처럼 간곡한, 국민장 아닌 국민적 애도에 젖은 장례로 모셔지기는, 내가 아는 한, 처음(이자 어쩌면 마지막)일 것이다. 그런 감회 속에서, 이 성대한 의례를 치르고 나면 우리 문학은 그만큼 참 많이 쓸쓸해질 것이며, 품위와 자존의 도저한 멘토를 더 이상 보기 힘들어질 앞으로의 날들에서, 다른 숱한 사람들과 더불어 나는 참 외로워지리라는 서글픈 예감에 젖어들지 않을 수 없었다.

〔『현대문학』 2008년 6월호〕

다시 보기: 홍성원과 그의 문학

　화창한 날씨가 아름답던 지난봄, 박경리 선생이 작고하여 서울과 원주, 통영에서 성대한 장례식이 치러지던 날들의 며칠 전, 또 다른 소설가 홍성원 씨의 조용한 영결이 같은 병원의 영안실에서 이루어졌다. 나는 5월 4일의 하루를 사이에 두고 앞선 사흘과 뒤의 나흘 동안 상반된 두 풍경의 빈소를 들락거리며 두 작가의 장례식을 지켜보았다. 사회적 저명도는 상당히 다를 것임에도 소설가로서 남긴 문학적 성과와 두 인격의 품위에서는 가까이 다가서 있고 생전의 이력과 문학에 대한 엄정한 태도에서는 아주 많이 닮아 있는 두 소설가의 잇따른 타계가 내게 준 슬픈 안타까움과 따뜻한 아쉬움을 그때의 나는 힘들게 달래야 했다. 지하철로 집에서 두 시간 걸리는 서울아산병원을 일주일 동안 개근하면서 나는 두 분과의 긴 우정과 교유를 떠올렸고 이분들이 남긴 문학의 힘을 다시 생각하며 삶의 의미와 세상의 무의미를 더불어 곱씹어보았다. 이 글은 이런 쓸쓸한 마음속에서 감상적인 분위기로 씌어진다. '자유스러운 형식의 글'로 주문된 청탁에 따라, 나는 홍성원의 문학 전모에 대한 객관적인 '논'으로 정색하며 어렵게 진행하기보다는 회상하고 추념하며 그의 소설과 인간을 다시 기억하고 싶었기 때문이다. 나는 김현이 타계하자 「김현과 문지」의 30년을 회고했고 황인철이 작고하고 나서 「회상: 황인철과의 40년」을 돌이켜보며 추모한 데 이어 이제 홍성원과 그의 문학을 '다시 보기'로 한 것이다. 이 세 사람은 모두 부위만 다를 뿐 암으로 이 세상을 하직해야 했다. 김현처럼 세심하게 읽고 황인철처럼 옳게 판단하고 홍성원처럼 바르게 기록하려는 사람들에게 세계란 바로 암의 발원지인 듯하다.

나로서는 '다시 보기'라고 말할 수밖에 없겠다. 내가 한 작가에 대해 글을 가장 많이 쓴 상대가 홍성원이었고, 홍성원도 자기 작품들에 대한 조명을 가장 자주 받아본 것이 나로부터였을 것이다. 그의 회갑에 맞춰 후배 비평가 홍정선이 엮어낸 『홍성원 깊이 읽기』(문학과지성사, 1997)의 '참고 문헌'에는 내 이름의 글이 7편 올라 있는데 신문 혹은 주간지 게재의 짧은 글을 뺀 긴 글의 작품론과 삭사론이 5편이다.* 여기에, 가령 6·25의 한국전쟁에 관해 쓰면서 그의 작품을 중요하게 언급한 것과 같은 글이나 여러 편을 함께 다룬 긴 서평과 짧게

---

* 이 목록에 수록된 작가·작품론은 다음과 같다: 「6·25 콤플렉스와 그 극복」(대하소설 『남과 북』 작품론, 『문학과지성』 1975년 겨울); 「지성, 혹은 좌절과 결단」(초기의 중단편론, 『현대문학』 1980. 5); 「지식인 혹은 허위와의 싸움」(장편 『마지막 우상』 작품론, 『현대문학』 1985. 2); 「어둠의 역사와 문학의 빛」(대하소설 『먼동』 작품론, 『현대문학』 1993. 6); 「진실의 발견과 장인 정신」(작가론, 『현대문학』 1994. 11). 여기에 『남과 북』의 개정판에 대한 서평 「남북 화해의 기대 속에서 다시 읽는 『남과 북』」(『문학과사회』 2000년 여름)이 추가되어야 할 것이다. 또 「분단 의식의 문학적 전개」(『상황과 상상력』, 1979 수록)와 이청준·김원일의 장편소설과 함께 홍성원의 장편 『그러나』를 다룬 「세 가지 큰 화해: 자연·역사·인간」(『문학과사회』 1996년 가을; 『새로운 글쓰기와 문학의 진정성』, 1997 수록)에서도 그의 작품을 분석했다.

스케치한 작가 소개 등등을 보태면 훨씬 더 많이 늘어날 것이다. 그만큼 나는 그의 작품을 열심히 보았고, 참 좋아했으며, 높이 평가했고 그토록 많이 썼다. 그랬기에, 나의 이 글은 기왕의 나의 생각과 글을 되풀이하기도 할 것이며 '다시'라고 말할 수밖에 없을 만큼 때로는 표시 없이 내 자신의 글을 인용하기도 할 것이다. 여기에 나의 사적인 회고가 덧붙을 것에 독자들에게 양해를 구한다. 김현과 황인철의 경우에도 그랬던 것처럼, 체통을 갖추어야 할 자리라 하더라도 감정이 쏠려 감상적인 회상과 사사로운 소감들이 새어 나오는 것에 대해서는 일말의 동정을 받아도 좋을 것이다. 나는 그 '좋을 것'이란 양해를 43년의 우정의 이름으로 구하고 있는 것이다.

그래, 43년이다. 그와 내가 처음 만나 인사를 한 것은 1965년 어느 봄날의 비원에서였다. 거기서 황동규의 두번째 시집 『비가』의 출판기념회가 열렸고 행사의 주인공이 우리 둘을 소개한 것이다. 악수를 하고 보니 이미 우리는 이름을 알고 있었다. 홍성원은 황동규와 육군 이등병의 계급장을 달고 정훈학교에서 함께 훈련을 받았고, 이미 시인인 황동규는 국방부에서 번역 요원으로 근무하면서 전방의 제3사단에서 복무하고 있는 홍성원에게 그의 부대로부터 가까운 제5군단의 사병으로 근무하는 나를 편지로 소개한 바 있었던 것이다. 동아일보 견습 딱지를 아직 떼지 못한 나는 거무튀튀한 살결에 투박한 얼굴을 한, 마치 시골의 사촌형 같은 인상을 한 홍성원을 보자 약간의 술기운도 있었겠지만, "네가 바로 그 너냐" 하며 평소의 수줍음을 버리고 대뜸 반말로 말을 텄다. 그게 시작이었다. 그는 동아일보가 당시로서는 파격적인 50만 원의 상금을 건 장편소설 공모에서 당선한 『디데이의 병촌』을 연재하고 있었고 나도 문화부에서 자리 잡고 문학을 담당하게 되어 그와의 만남은 당연한 것이 되었고, 그로부터 그와의 이런저런 만남과 어울림이 다반사가 되었다. 그는 시내를 나오면 으레 거치게 되는 광화문에서 나를 찾았고 나도 어떤 일보다 그와의 상대를 우선했다. 다방에서 이야기했고 술집에서 친구들과 어울렸고 지난 사이에 있었던 일들을 보고했고 서로의 글이나 근래 본 글들에 대해 논평했다. 드디어 그는 나의 데이트까지를 샘내더니 좋은 짝을 찾아내 우리와 합류하기도 했고, 이듬해의 가을에는 3주 뜸을 들여 이어지는 나와 그의 결혼식 주례로 모실 황순원 선생님을 함께 찾아뵙고 인사를 드렸고 그 자리에서 그와 무슨 주제로인가로 토론이 벌어지자 친구 황동규의 부친인 황 선생님 앞에서 과감히 담배 연기를 뿜으며 논쟁하는 사태까지 빚어냈다.

그런 가운데 당시 가장 왕성하게 발표되던 그의 작품들을 나는 끈질기게 읽었고 혹은 다른 신문이나 잡지에 그의 소설 연재를 소개하기도 했으며 그의 작품들에 대한 정성스런 해설자가 되었다. 그도 내게 힘해져가는 언론계 상황 속에서 따뜻한 격려를 해주었고 지기 작품 속에 내 프로필을 끌어넣기도 했다. 그의 유명한 단편 「즐거운 지옥」은 광화문으로 나와 친구들과 어울려 술을 마시고 떠든 하룻저녁의 에피소드를 그린 것인데 여기에 가까운 우리 패들의 면모가 이니셜로 장난스럽게 소개되는 가운데 물론 나도 등장하고 있다. 1975년 기자협회장이었던 내가 남산 안기부에 연행되어 갔다가 일주일 만에 석방되어 그 직책을 그만두어야 했고 신문사에서도 밀려나게 되었을 때, 황인철 변호사가 마음 다스리도록 어디 다녀오라고 우리에게 돈봉투를 건네자 홍성원은 그의 처숙이 원장으로 일하고 있는 소록도 나병원으로 나를 이끌고 위로 여행에 나섰다. 돌아와서 그가 쓴 소설

「탈신(脫身)」이 소록도 건너는 녹동의 어촌에서 지낸 하루 낮 동안의 우리 두 사람의 일지이다. 우리의 동행은 그 뒤로도 더욱 왕성해져서 그의 밀물 낚시 여행에 나도 더러 동행하여 천안으로 강화도로 함께 다녔고, 국내로 외국으로 잦아지기 시작한 투어에서 그는 으레 나의 룸메이트가 되었다. 이렇게 더불은 40여 년. 그는 2003년 가을에 암 진단을 받고 위를 잘라내는 수술을 했으며 소화 능력이 없기에 항암 치료를 당해낼 수 없어 한방의 항암 약을 복용했고 그러나 만 3년 후 재발의 징조가 나타나더니 작년 가을부터 급격히 나빠졌고 올 들어서는 기동이 어려울 정도였다. 나는 4월 중순에 그에게 필요한데 당최 살 수 없다는 알부민 두 병을 구해 문병을 갔고, 다시 친구들 여럿과 김포 그의 집으로 가 침상에 두 눈 감고 초췌한 모습으로 말없이 누워 있는 그를 위한 김주연의 기도를 듣고는 고맙다며 가늘게 흔드는 그의 손짓을 찡한 마음으로 바라보았다. 그리고 사흘 후, 5월 1일 새벽에 그는 운명했다.

홍성원은 평생 직장을 가져본 적이 없다. 오직 소설가란 직함 외에는 어떤 다른 직책에 자리해본 적도 물론 없다. 그럼에도 그는 8남매의 장남으로서 동생들을 챙겼고 노후의 부모를 모셨으며 아내와 3남매의 가족을 부양했다. 그러니까 그는 오직 원고료와 저작권 수입만으로 이 책임들을 감당한 것이다. 인세 수입이 거의 기대되지 않던 60년대 후반부터 근 40여 년 동안 그는 다른 수입 없이 신문과 잡지에 글을 쓰고 그 대가로만 평생의 생활을 의존했다는 점에서 가장 본격적이고 철저한 전업 작가였다. 그럴 수 있기 위해 그는 엄청난 양의 원고를 써야 했다. 그의 숱한 장편과 중단편들은 그렇게 해서 창작된 것이다. 『홍성원 깊이 읽기』의 연보를 보면 발표된 장편소설이 『남과 북』 『달과 칼』 『먼동』 등 여러 권짜리 대하소설을 포함하여 29편, 중복 간행된 것을 추려낸 원본만의 중단편 단행본이 7권, 그 밖의 몇 편의 산문이나 에세이를 어림치면 2백자 원고지로 5만 장이 넘고 개정판과 재편집된 것까지 합해 모두 50종, 70권을 넘는다. 그는 한 해 두 권 분량을 25년 동안 줄기차게 써온 것이어서 창작의 '열정'이라기보다는 차라리 '천형의 업(業)'이라 불러 마땅할 노역을 치러낸 것이다. 그러나 내가 신기하게 여기는 것은 그 작품들이 일정한 수준을 유지하며 그중 몇몇은 한국 소설 문학의 귀중한 자산으로 평가해야 마땅할 성과를 이루고 있다는 점이다. 내가 그를 불러 '소설공장'이라 한 것은 그 압도적인 양과 그럼에도 일정 수준을 유지할 수 있었던 그 문학적 성취와, 어떤 주제를 다루더라도 그답게 웅숭한 속알로 훌륭하게 한 편의 작품으로 일구어내는 그의 특별난 자질 때문에 황급히 붙인 별명이며, '공장'이란 부정적인 어감 때문에 그가 못마땅해했지만, 사실 달리 표현하기 힘든 그의 왕성한 생산력을 나는 그렇게라도 비아냥거리며 감탄하지 않을 수 없었던 것이다. 나는 발자크에 비교하고 싶을 만큼 이처럼 엄청난 양의 소설을 그가 썼다는 것, 그것도 높은 수준의 창작이라는 사실을 이어놓으면서 '장인 정신'이란 말을 떠올린다. 내가 그를 '공장'이라 부를 때의 정직한 심정은 바로 이 '장인'이란 것이었는데 그 엄청난 다산성을 나는 곧이곧대로 보다는 내 식으로 비틀어 말을 걸고 싶었던 것이다.

실제로 그에게서 다시 보여지는 작가로서의 '장인'다움은 창작 방법과 태도에서 더했다. 그는 자신이 쓸 소재를 철저히 취재하고 조사해서 깨알같이 작은 글씨로 대학노트에 초고로 작성한 후 다시 원고지로 옮기면서 수정과 퇴고를 한다. 내가 볼 수 있었던 그의 대학노트는 한 페이지에 단편 한 편이 수록될 정도로 담배 씨앗 늘어놓은 것 같은 아주 작은 글씨들로 가득 채워진 것이었고 또 다른 노트는 가령 미곡을 운반하는 수송선을 묘사하기 위한 용어와 규정과 제도에 대한 취재물들이 빼곡하게 메모되어 있었다. 그 자신이 고백한 『폭군』에서의 호랑이 사냥에 대한 취재나 '갸바이'란 시외버스 외판원(요즘 지하철 속의 판매원 같은)들이 사용하는 그들만의 용어에 대한 사전적인 수집 정리가 그런 결과물들이다. 실제로 그는 작가 자신을 드러낸 소설 속에서 "문학은 사람의 살아가는 모습을 꼼꼼하게 그린 기록이라, 그 삶에 쓰였던 구체적인 소도구가 일일이 챙겨져야만 삶의 모습도 제대로 드러낼 수 있음"(『투명한 얼굴들』, p. 334)을 강조하고 있다. 삶의 재현을 위한 그 취재와 조사 속에서 그는 작품에 등장시킬 인물들이 육화되기까지 참 많이 기다리며 궁굴리고 다듬으며 그 태도와 내면이 그의 붓 안에서 온전한 형태로 성숙되도록 노력했다. 40대의 그가 오랫동안 작품을 발표하지 않고 있어 내가 왜 작품을 못 쓰느냐고 채근을 하자 그는 도저히 글이 나아가지 않는다고, 스스로를 납득시킬 수 없기에 글이 되지 않는다고 안타까이 해명한 적이 있었다. 그는 작품과 그 인물들, 사건들과 정황이 리얼하기를 바란 것이고 그럴 수 있게 되기까지 정직해야 했던 것이다. "내가 거짓말하는 것은 아닌가 하는 자의식과의 싸움이 글쓰기보다 더욱 힘들다"고 내게 고백한 것이 그럴 즈음이었다. 나는 물론 그 모든 싸움에서 그가 성공했다고 말하는 것은 아니다. 그는 세속 사회의 경험이 풍부하지 않았고 또 너무 많은 원고를 써야 했다. 그럼에도 가령 『남과 북』에 등장하는 40여 명의 인물들이 보이는 개성과 행동의 궤적들은 분명 다양한 한국적 캐릭터들을 그리고 있었고 그들이 뛰어든 한국전쟁의 거대한 참화를 뛰어나게 생동하는 문체로 묘출해내면서 그 비극의 시대와 그 고통을 감내하며 살아남아야 하는 사람들의 삶의 가지가지 모습들을 총체적으로 재현하는 데 충분히 성공적이었음을 나는 평가하지 않을 수 없다.

 그 인물과 구성을 떠받쳐주는 그의 문체가 그의 또 하나의 성과임을 나는 짚어두고 싶다. 그의 첫 장편 『디데이의 병촌』에서부터 발휘되는 그의 객관적인 문체는 직절적이고 명쾌하며 절제되어 있고 문법적인 모범성을 보이면서도 홍성원의 체취를 분명하게 맡을 수 있는 역동적인 힘과 수식어를 과감히 배제함으로써 얻는 드라이한 생동감으로 충만하다. 그는 그와 같은 한글 세대인 이청준의 끈질긴 저작(咀嚼)의 문체나 김승옥의 감성적인 경쾌의 문체를 좋아하고 높이 평가했지만 그 자신은 모호하며 멋내는 불투명한 문장들을 싫어했다. "나는 곡예를 싫어한다. 특히 언어의 곡예는 내가 가장 싫어하는 바다. 더구나 그것이 의뭉한 암수로 동원되었을 때는 나는 숭오가 아니라 뱃속으로부터 맹렬한 경멸을 느낀다"(『주말여행』 후기)거나 "사물의 움직임을 간접화법으로 설명하는 것을 나는 꺼린다"(『폭군』 서문)는 솔직 투명한 언어관을 제시하기도 했다. 그런 그의 성격을 잘 드러내는 그의 문체가 실제로 이런 독자적인 글맛으로 독자를 이끌어들이고 있는 것이다. 그러나 그렇다 해서 그의 문상이 단신직이거니 평면적인 것은 결코 아니다. 내가 다른 글에서도 든 예문을 보면 이렇다: "안개가 걷힌다.//이상하게도 이곳 안개에는 씁쓰레한 산채즙 냄새가 풍겨온다. 밤새 숲을 지나오면서 산의 정기를 헹구어낸 때문일 것이다"(「산」의 첫 문단). 첫 문장은 으레 볼 수 있는 객관적인 묘사이다. 그러나 두번째 문장의 산채즙 냄새에 대한 서술은 묘사가 아니라 화자의 주관적인 경험에서 우러난 느낌의 고백이다. 세번째 문장에서 그 냄새가 산의 정기를 헹구어온 탓이라는 화자의 생각을 주석처럼 덧붙여 설명한다. 묘사-느낌-판단이 현재 진행형으로 잇달음으로써 객관적으로 보이는 문체임에도 불구하고 화자의 감성적 정서와 주관적 사유의 내면성 속으로 독자를 동참하게 만드는 미묘한 작용을 일으킨다. 이런 문체 수법 때문에 그의 문장은 "……이다(묘사); ~~하다(느낌); ……인 것(때문)이다(판단)"의 형태를 기본적인 패턴으로 갖는다. 이럼으로써 주관성을 회피하는 듯한 모양새에도 불구하고 오히려 화자의 주관성을 주입하는 효과를 일구어냄으로써 그가 싫어한다는 '의뭉한 암수'를 그답게 은근히 실현하고 있는 것이고 여기서 객관적 문체의 한계를 벗어나면서 주관성의 문체가 갖기 힘든 발랄하고 투명한 움직임이라는 그의 독특한 문체적 효과를 키워내는 것이다.

  나는 여기서 수법 자체를 작가적 주제로 변화시킨 그의 의외의 성과를 소개하고 싶다. '악한소설'로 번역되는 이른바 피카레스크 수법을 나는 지목하는 것인데 그의 초기작 「무전여행」 「주말여행」 혹은 「즐거운 지옥」, 소년소설 『기찻길』, 신문소설 『이인삼각』 등 그가 자주 활용한 모험 소설적 수법이 그 성과들이다. 세르반테스의 『돈키호테』가 그 대표작인 피카레스크는 미리 구성한 일관된 사건 없이 주인공의 모험과 여행을 통해 만나고 보게 되는 당대 사회의 풍속과 인물을 그리고 그를 통해 그 시대적 의식과 가치관의 변모를 드러냄으로써 변화하는 사회의 진상을 밝혀내는 효과를 일구어낸다. 60년대 중반 이후 우리 문단에는 최인훈(『소설가 구보씨의 일일』), 김승옥(『내가 훔친 여름』) 등 많은 작가들이 주인공들의 일정 없는 여행과 방황을 그리고 있는데 젊은이들의 이러한 심리적·지리적 모험을 통해 전근대 사회에서 근대 사회로, 농촌의 삶에서 도시의 생활로 바뀌어가는 과정과 그 왜곡된 현상들이 노출되고 여기에 얹힌 근대화 과정 속의 한국인의 심성이 드러나는 것이다. 그것은 지난 것과 사라져버리는 것들에 대한 포기와 아직 오지 않은 새로운 것들에 대한 막연함에서 빚어진 불안하고 모호한 내면적 정서를 보여준다. 홍성원의 활발한 '악한'소설들은 바로 그 60년대적 한국의 젊은이들, 혹은 그들이 살고 있는 불안정하고 허망한 삶의 모습을 그리고 있다. "서울에서 지쳐 있듯이 바다 위에서도 지친 것이다" 혹은 "놀이구 깨묵이구 이젠 틀렸어"라는 「무전여행」과 「주말여행」의 마지막 문장들에 이르기까지의 주인공 젊은이들이 치르는 모험들은 "새로운 것이 없는 변화, 버리고 싶은 낡은 것들의 오히려 풍성해짐! 이런 상황 속에는 어차피 새것을 찾는 탈출의 의도는 무의미해실 수밖에 없는 것이며 모험이란 당초부터 가능한 것이 아니고 변함이 없는 변화의 세계만을 확인하게 되고 마는 것"(나의 글 「지성, 혹은 좌절과 결단」, 『지성과 문학』, p. 63)을 보여준다. 우리는 이 피카레스크 소설들의 구조 속에 녹아 있는 주제를 발견하며 거기서 홍성원의 작가적 사유가 멋있게 문학적 형상화를 이루는 도드라진 능력의 한 예를 보게 된다.

형태와 주제의 서로 녹아 있는 어울림이란 생각을 하면서 나는 홍성원의 장인적 정신과 능력을 다시 확인하는데, 그는 어떤 소재든 자신의 것으로 형상화하고 어떤 주제든 그것에 적절한 기법을 찾아낸다. 산업화 초기에 겪어야 했던 젊은이들의 좌절을 드러내기 위해 피카레스크 소설 수법을 효율적으로 사용했지만, 그는 정치적 폭력을 폭로하기 위해 「괴질」「안개 사원」 같은 우화소설을 썼고 「프로방스의 이발사」에서는 독백체로 인간의 범죄적 우발성을 드러내며 관료주의적 폐쇄성은 「종합병원」의 무기질적 문체로 살려낸다. 그러니까 그는 어떤 소재를 다루든 새로운 주제로 발전시키며 어떤 주제를 내세우든 그에 적절한 문체를 개발한다. 그것이 반드시 실험적이라고 말하는 것은 아니다. 그는 장인적 정신으로 자신의 주제와 방법론을 연마해서 하나의 작품 세계를 만들어낸다는 것이고 내가 붙인 공장이란 말은 여기서 장인들이 창작품을 만들어내는 전래의 공방의 이미지를 가지고 있는 것이다. 그렇기에 그의 공방에는 갖가지 다양한 주제들이 작품으로 줄지어 서 있다. 내가 정리해본 그 주제들은 1) 앞에서 소개한 피카레스크 수법을 통한 사회의 풍속적 변화; 2) 「피카소와 개구리」「폭군」「칠월의 바다」 그리고 장편 『역조』와 무엇보다 『남과 북』의 치열한 전투 장면으로 살려내는 힘있고 혹은 관능적인 문체로 묘사되는 아름답고 역동적인 행동의 세계; 3) 「즐거운 지옥」「탈신」「무사와 악사」「막차로 온 손님들」에서 진지한 문체로 보이는 지식인의 고뇌와 좌절; 4) 첫 장편소설 『디데이의 병촌』 등의 병영소설과 「종합병원」「프로방스의 이발사」의 조직 사회 메커니즘과 그 억압적인 폭력에 대한 고발; 5) 장편 『마지막 우상』과 「괴질」「안개사원」 및 「삼인행」의 정치 권력에 대한 알레고리 등 다섯 가지이다. 여기에 나는 항을 달리할 세 가지를 더 추가해야 한다. 하나는 「누항의 덫」「남도 기행」 등 마지막 단편집 『투명한 얼굴들』에 수록된 바다 이야기인데 대체로 낚싯길에서 얻어낸 소재들이고 다른 하나는 『기찻길』「월경」 같은 어린 시절의 전쟁과 월남의 체험적 회상기이며 마지막으로 가장 크게 홍성원 소설의 한국 문학을 향한 기여로 평가되어야 할 대하 역사소설이다(나의 글 「진실의 발견과 장인 정신」, 『홍성원 깊이 읽기』, p. 71).

이 작품과 경향들을 연대기적으로 보면 이렇다: 1964년 한 해에 「기관차와 송아지」 「빙점지대」 및 장편 『디데이의 병촌』 등 세 편이 한꺼번에 잡지와 신문에 당선됨으로써 유례없이 화려하게 데뷔한 홍성원은 군대 체험과 젊은이다운 시대 인식에 의해 조직 사회와 그 관료주의에 대한 비판과 함께 병영소설에 집중하고 여기에 자신감을 가지면서 그는 한국전쟁에 대한 야심적인 도전을 하게 된다. 62회에 걸친 연재 끝에 2백자 원고지 9천 3백 장의 대단한 문학적 성과를 거두며 완성한 것이 『남과 북』(월간 『세대』 연재 당시의 제목은 『소설 육이오』)이었다. 6·25 발발 26년 만에, 한국전쟁에 대한 거대한 로망이 없다는 아쉬움 속에서 태어난 이 소설은 3년 여에 걸친 한국전쟁에 대한 정면의 본격적인 대하소설로서 1950년 이후 한국에서 생산된 한국전쟁문학 전체를 쓸어담을 대로망을 이룬다. 그것은 10여 년 후에야 나타나는 김원일의 『불의 제전』과 조정래의 『태백산맥』의 한국전쟁 소설들의 선편을 장악한 6·25문학의 걸작이었지만 작가 자신이 아쉬워하듯이 그것이 '반공문학상' 대통령상을 수상하는 바람에 그 이미지가 훼손되었고 그 문학적 성가(聲價)는 폄하되는 듯했다. 홍성원은 그럼에도 이 소설이 유신 시절에 반공 이데올로기로부터 자유롭지 못했기에 느낀 한계를 조금이라도 벗겨내기 위해 인민군 쪽 사정을 좀더 상세히 살펴보고 이념 대결의 틀을 넓히는 등 상당한 수정을 가해 2000년 문학과지성사를 통해 개정판을 간행한다. 그럼에도 이때의 분위기가 남북 화해의 정치적 무드에 젖어 있어 이 수정판은 별로 주목받지 못한다.

어떻든 문단 데뷔 10년 만에 『남과 북』의 기념비적인 작업을 성취한 후 그의 문학은 여기서 얻은 전쟁소설에의 자신감과 낚시 기행을 통해 얻어진 다도해 남도 바다의 정서에 젖어 임란을 소재로 한 『달과 칼』을 1985년부터 신문에 연재하면서 역사소설로의 길을 연다. 정밀한 고증과 왕성한 상상력으로 4백 년 전 조선 시대의 일상적인 삶과 임진왜란이란 역사적 사건을 아우르는 그의 소설 작업은 개화기의 다양한 계층의 부침의 역사를 그린 또 다른 대하소설 『먼동』으로 발전하여 1987년에 그 연재를 시작한다. 시대가 다르고 그 터도 남해에서 경기도 수원으로 옮긴 차이에도 불구하고 위난의 지경에 처한 민족의 구차한 삶을 그리는 이 두 편의 대하소설은 1993년에 각각 5권과 6권으로 간행되는데 이 장엄한 두 역사소설에서 똑같이 역사의 의미에 대한 그다운 강력한 메시지를 제기한다. 그는 1) 역사가 기록한 사실들은 전적으로 옳은가; 2) 그 역사 평가는 인간적 진실성을 매몰시키는 것이 아닌가의 두 가지 고통스럽고 까다로운 질문을 제기하는데, 집요한 내적 모색과 소설적 탐구를 통해 구해진 결과는 1994년에 연재를 시작한 그의 새로운 소설 『그러나』에 담긴다. 이 소설은 역시 『현대문학』에 연재하여 1985년에 간행한 『마지막 우상』 이후 오랜만에 쓴 현대 소설이지만 그 안에는 식민지 시대의 독립군이란 또 다른 역사가 틈입하여 현재적 인식에 작용하고 있다. 그가 아프게 발견한 진실은 역사의 공적 기록은 표면의 것일 뿐 그 속에는 숱한 오해와 은폐, 왜곡과 모순들이 들끓고 있다는 것, 그렇기에 역사는 인간적 진실과는 거리가 먼 것이며 문학은 바로 이 인간적 진실을 위해 존재하는 것이라는 사실이다. 그런데 그러고 보면, 그의 소설은 이순신 장군과 수군의 해전이 전개되는 임진왜란과 항일 독립군 전투를 중심으로 한 개화기, 그리고 남과 북의 같은 겨레가 대결하는 6·25 등등 전쟁과 민족적 위기의 시대를 무대로 하고 있는데 작가의 이 가학적 취향은 의외의 강력한 작가적 사유에서 빚어진 것임을 『먼동』 앞머리의 다음과 같은 술회에서 드러낸다: "결국 소설이란 행복했던 시대의 역사에서보다는 불행했던 역사 속에서 더 흥미 있는 소설적 공간과 주인공들을 발견한다. 역사적으로 불행했던 시대가 뛰어난 인물들을 다량으로 배출하고, 소설은 다시 그 인물들의 뒤를 쫓음으로써 역사의 부정적인 진행을 보상하는 또 하나의 역설적인 교훈을 그 시대의 인물들 속에서 이끌어내는 것이다. 부정적인 방향으로 진행되는 역사는 그리하여 그 시대를 바로잡고 극복하려는 뛰어난 인물들을 우리에게 보여줌으로써 우리가 자칫하면 함몰하기 쉬운 역사적 허무주의와 냉소주의로부터 우리를 구출한다."

여기서 우리는 '그러나'라는 그의 독특한 반어를 외치는 그의 역사관을 발견한다. 『남과 북』 『달과 칼』 『먼동』 그리고 『그러나』 등 그의 대표작들을 통해 관류하고 있는 그의 역사관은 이렇다: 1) 전쟁과 역사 진행에서의 단절적 계기에는 사회 계층의 심각한 변동 심지어는 계급사적 전복이 이루어진다. 『남과 북』의 한국전쟁 중에 지방의 명문 우씨 집안은 퇴락하고 그의 노비에 다름없는 박씨 집안은 큰 재산을 모아 사회적으로도 크게 출세하며 우씨의 딸을 아내로 맞아들일 정도로 그 성쇠가 역전되는데 이는 『먼동』에서도 되풀이되는 모티프이기도 하다. 민족의 정통성이 상실된 국망기나 사회 전반과 남북이 함께 거대한 재난의 소용돌이로 빠져든 한국전쟁에서 보게 되는 이 같은 대변혁의 진정한 사회적 혁명성은 이 같은 신분층의 대이동에서 추진되는 것이며 역사의 발전이란 것도 물론 여기에서 비롯될 것이다. 홍성원은 이를 혁명이라고 부르지는 않지만, 불행했던 역사 속에서 더 흥미 있는 공간과 인물들을 발견한다는 말로 이를 암시하고 있다. 2) 앞에서 그가 제기한 "역사의 기록은 사실일까"라는 질문에 대해 홍성원은 대체로 그렇지 않을 가능성을 기탄없이 제시하고 있다. 가령 『달과 칼』에서 왜적의 횡포로 보고된 사태가 사실은 같은 우리 백성들이 굶주림을 벗어나기 위해 저지른 짓이었다는 유의 사실적 지적이 자주 나오고 있지만 『그러나』에서는 친일 부역자가 실제에서는 독립 자금을 제공한 애국자이며 애국자로 믿겨진 사람이 훼절자였다는 역설이 중요한 동기로 제시되고 있다. 기록은 승자의 편에서 작성되기도 하지만 역사 자체가 허위로 기록될 수도 있으며 무엇보다 역사라는 것이 전체성으로 단색의 칠을 하기 십상이며 더구나 그 기록은 피상적이기 아주 쉬운 것이다. 이 역사 기록의 진상 앞에서 작가는 "인간의 삶이 한 가지 색깔로 판별될 만큼 단순하며 일관성이 있는가"와 같은 질문을 떠올린다. 3) 따라서 역사의 이른바 평가란 것도 신뢰할 만한 것이 못 된다. 그는 3·1 운동 당시의 한 조선인 형사가 독립 선언의 기밀을 숨겨줌으로써 그 민족적 대사건이 성사될 수 있었으며 그 때문에 그 자신은 혹독한 처벌을 받게 된 실화를 소개하면서, 애국자와 부역자 간의 판별이 결코 용이하지 않을 뿐 아니라 영웅이든 배반이든 그 행위에 앞선 인간적인 갈등과 고뇌의 진정성을 무시해서는 안 된다고 강조한다. 가령 "생애의 전반에는 조국의 독립을 위해 일제에 저항하며 독립지사로 아름답게 살았고 후반에는 민족을 배반하여 일제에 부역한 부끄러운 변절자로 살았던 선조들을, 지금의 우리 역사 속에는 어떤 인물 꼴로 수용해야 할 것인가?"(『그러나』)라고 고통스레 질문하는 데서 그는 역사 평가의 난해성을 토로한다.

　홍성원은 바로 이 진실과 진정성의 고뇌 앞에 문학이 존재한다는 사실을 역설한다. 아마 그가 사회 변화의 동력이 사회 신분층의 변화에만 있다고 믿는다면 그는 사회학자가 되었을 것이고, 역사 기록의 진실성만 따졌다면 그의 자리는 역사학으로 옮겨갔을 것이다. 그러나 그는 작가이고 그것도 진지한 문학적 재현자이며 그래서 기록의 뒤를 쑤셔보고 그 행간을 따져보며 그 의미를 뒤집어보고 진상을 끄집어내면서 거기에 딸려오는 인간적인 아픔을 추스름으로써 그 자신이 소설가임을 자부한다. 그것이 '그러나'라는 반어적 사유이다. 그는 독립지사를 짚어 경의를 표하면서도 '그러나' 그는 과연 지사답게 평생을 고집스럽게 살아갔는지, 그 삶은 어떤 고통으로 찌들려 있었는지, 그는 자신의 선택에 어떤 생각과 느낌을 가졌었는지 열고 엎고 쑤시고 되돌려보고 따지고 생각해본다. 그 '그러나'를 통해 그는 그 자신이 소설가로서 진실을 보아냄으로써 반어의 진상을 밝혀야 할 것을 천명한다. 나는 그의 그 작가적 천명을 적어도 다음 세 가지 대목에서 확인한다:

　1) 『남과 북』의 마지막은 주인공 중 하나인 한상혁이 명사수인 부하 사병의 오발탄에 맞아 죽음으로 빠지면서 "아니야!"라고 외치는 것으로 5년여 진행된 소설의 대단원이 이루어진다. 휴전이 되고 그의 생애가 이제 비로소 희망을 비추기 시작할 때 왜 그는 허망하게 목숨을 잃어야 했는가, 그의 "아니야"는 무엇을 향한 '아니야'였을까. 작가는 아무 대답을 해주지 않는다. 나는 다만 그가 이 소설을 끝내던 1970년대 중반 엄혹한 유신이 강요될 때의 그 살벌과 억압 속에서 6·25의 거대한 고통의 역사에 지불한 우리의 엄청난 대가가 뜻 없이

실종해버리는 데 대한 깊은 허망과 절망을 드러낸 것이 그 '아니야'가 아니었을까 짐작할 뿐이다. 그 반어는 자기 인식을 피할 수 없는 소설가적 자아가 외친, 허망한 현재에의 처참한 부정의 외침이었던 것이다.

2) 그의 대하소설은 민족사 혹은 사회사의 큰 역사 전개를 바탕으로 이루어지고 있지만 그 단위는 인간이란 개체의 운명과 그 자유, 그것의 존엄성으로 이루어지고 있다. 그 개인이 역사의 폭력 앞에 외롭게 서 있는 것이기에 그들의 몸짓들은 실존적인 몸부림으로 보여진다. 그러니까 홍성원은 거창한 집단적 전체성의 역사를 그리고 있지만 그가 감동하는 것은 가녀린 개인-단독자의 열망과 고뇌에 대해서이다. 그는 『달과 칼』을 쓰면서 이순신이란 최고의 명장이 전투를 앞두고는 배탈을 앓으며 괴로워하고 어쩌면 죽음을 스스로 택할 정도에 이른 일종의 실존적 고뇌를 한 인물로 공감하고 있거니와 『남과 북』에서 총탄을 맞고 쓰러지는 사병의 절규 속에서 모든 인간적 운명을 토로하는, "아, 나는 죽는다, 내가 죽는다, 나 혼자 죽는다"고 외치는 대목에 이르러서는 나 역시 전율하지 않을 수 없었다. 그것은 어떤 전쟁소설, 어느 6·25소설에서도 내가 발견하지 못한 치열한 단독자적 절대 고독의 포효(咆哮)였다.

3) 『남과 북』에서 보이는 한국전쟁에 대한 홍성원의 뛰어난 관점은 이 전쟁의 수난 의식을 마침내 고난의 주체적 수용으로 승화시킨 데 있다고 나는 「6·25 콤플렉스와 그 극복」(1975)에서 지적한 바 있다. 이 관점의 발견은 피해 의식에 깊이 젖어온 우리 민족의 6·25에 대한 관념에 '인식의 혁명'이라 말해도 좋을 뛰어난 극복에의 의지가 스며 있다. 이로써 우리는 강대국의 냉전 체제 속에서 희생당한 존재라든

가 후진국 역사의 고통스런 치욕이라는 패배주의적 사고로부터 벗어나 현실을 당당하게 받아들이고 미래를 향한 강렬한 도전과 모험을 감행할 수 있게 되었을 것이다. 이 의지는 『그러나』에 이르러 화해의 큰 정신으로 진전될 것을 요청한다. 그 화해는 '역사 허무주의'를 뛰어넘어 사실을 사실로서 밝히되 그들의 잘잘못을 모두 싸안기를, 그럼으로써 패자의 역사를 뛰어넘어 치욕스럽고 고통스러운 역사까지를 이해하고 받아들여 한 몸으로 이루어지기를 바라는 화해이며 중국과 일본에 우리 민족을 가장 많이 퍼뜨림으로써 동아시아를 한교(韓僑)의 공동체로 개척하는 '열린 민족주의'로의 가능성을 타진하며 증오에서 포용으로 발전하기를 바라는 화해이다(나의 글 「세 가지 큰 화해: 자연·역사·인간」).

 장편 『그러나』를 완성하고 작품집 『투명한 얼굴들』을 상자한 1990년대 중반 이후의 홍성원은 회갑 기념 문집 『홍성원 깊이 읽기』(문학과지성사, 1997)를 봉정받고, 문고판 『남도 기행』으로 대표 단편선집을 내며, 『남과 북』『기찻길』『마지막 우상』을 상당히 많이 고친 수정판을 발간하면서 노후의 여유를 즐긴다. 그는 40대부터 즐긴 낚시 여행을 하거나 가끔 산에 오르고 문학과지성사로 나와 친구들과 바둑을 즐기는 일이 모두였고 어쩌다 친구나 가족들 따라 해외에 구경 나가기도 했다. 그렇게 그는 단조롭게 여생을 보냈다. 무슨 단체에 가입한 적도 없고 엉뚱한 일에 나선 적도 없으며, 그러고 보니, 그는 글쓰는 일 외에 다른 일을 한 적이 없고 그것도 편집자의 충고도 간섭으로 밀쳐내면서 외곬으로 책상에서 혼자 글쓰기에만 자신을 바쳤다. 그러니 달리 허튼 일에 빠져든 적도 없었고 그 외길의 바깥에서 오는 어떤 유혹도 만나지 않았으며 작품상 외의 어떤 명예도 받아본 적이 없었다. 말 그대로 '외곬 인생'이었고 '고지식한 평생'이었으며 그만큼 정직하고 고집스럽고 투명한 생애였다. 그는 열려 있었지만 완강했고 자신의 의견을 솔직하게 표명했지만 편협하지 않았다. 술을 즐겼지만 과음하지 않았고 즐겨 노래를 불렀지만 그 창법은 그 자신이 자랑하듯이 아랫배에서 울려오는 벨칸토였다. 가끔 등산도 하고 바둑도 재미있어 했지만 그가 종생토록 열심이었고 잘하고 많이 아는 것이 낚시였다. 그것도 난바다에서 며칠 밤도 잘 견디는 바다낚시였다. 그는 아내와 함께 방송 드라마를 쓰는 두 딸과 지금 루뱅 대학에서 철학을 공부하는 아들을 거느리고, 그들과는 친구처럼 짙은 스킨십으로 어울리며 더위철마다 가족들을 이끌고 남 안 오는 계곡 속으로 피서 여행을 하며 건강한 가정생활을 지켰다. 한번은 대학생들인 세 남매가 제각각 일이 있어 늦게 귀가하는 줄 알았는데 그 셋이 시내의 시위 현장에서 우연히 만나 함께 어깨동무를 하고 돌아왔다는 이실직고를 듣고 자랑스럽게 얼싸안았다고 했다. 이렇게, 그는 그의 글쓰기 이상으로 삶에 있어서도 '고집스런 장인'이었다.

그가 바다를 사랑하는 것도 이런 그의 안팎의 삶의 내면과 맞닿아 있기 때문일 것이다. 그의 마지막 작품 중 하나일 단편「남도 기행」(1994)에서 화자로 나온 작가는 "그가 즐겨 바다를 찾는 것도 사람의 접근을 거부하는 듯한 바다 생래의 오만한 몸짓 때문이다. 도시의 난해하고 힘겹던 삶이 특히 이곳 난바다 위에서는 놀라우리만큼 명료하게 추상화된다. 자신의 삶이 잘 짜여진 화면 위에 남들과 비슷한 작은 기호로 간명하게 추상화될 때 그는 비로소 삶이 행사하는 온갖 종류의 구속으로부터 잠시나마 놓여나는 방면의 기쁨을 맛볼 수 있었다"(『투명한 얼굴들』, p. 302)고 고백한다. 그리고 그는 바다에서 얻어내는 '방면의 기쁨'을 저쪽의 세상으로도 가져가고 싶었던 모양이다. 그의 영결식 프로그램의 유족 인사말 속에는 그가 자신의 비석에 새겨주기를 바라 가족들에게 남긴 자기 글의 한 대목이 적혀 있었다. 나도 분명히 읽은 이 대목을 찾아내기 위해 뒤진 작품 속에서 발견한 것이 앞의 '방면의 기쁨'을 갈망하는 대목이었는데, 그의 비석에 들어가야 할 그의 깊은 울림의 글은 정작 『폭군』의 「서문」 속에 들어 있었다:

우리가 만날 수 있는 모든 사물 중에서 바다는 가장 단순한 구도를 지니고 있다. 한 개의 선과 두 개의 색상이 바다가 만드는 구도의 전부다. 가장 큰 것이 가장 단순해서 바다는 우리를 감동시킨다.

낮은 산기슭, 멀리 바다가 내려다보이는 그의 분향묘에 세워져 자신의 단순·직절한 생애를 압축해 그려주는 그 비명을 보기 위해 나는 내년 5월 초하루, 자유로를 따라, 올라, 바다로 늘어가는 한강과 임진강 하류 자락을 두르며 그의 묘지로 향할 것이다.

〔『본질과 현상』 2008년 가을호〕

덧붙임 1

홍성원 형을 보내며

우리의 큰 소설가 홍성원은 엄청 많이 쓴 작가였습니다. 『남과 북』 『먼동』 『달과 칼』 등의 대하소설을 비롯해서 근 40편의 장편소설을 발표했고 50여 권의 책을 냈습니다. 그는 많이 썼을 뿐 아니라 그의 한 생애를 온통 작품 창작에만 바쳤습니다. 평생 문필가란 신분 외에는 어떤 직장을 가진 바 없고 전업 작가로서의 수입 외에는 어느 다른 대접을 받아본 적이 없습니다. 이승에서의 그의 70여 해는 5만 장의 원고지와 오로지 거기에 밴 창작의 고뇌와 피땀 들인 노고의 시간들이었습니다.

우리 삶의 참 선배 홍성원은 무척 많은 것을 보았습니다. 그가 소설을 쓰기 위해 보고 소설을 쓰며 보고 소설을 통해 본 세계는 먼 역사와 큰 전쟁으로부터 인간의 숨은 내면과 욕망에 이르기까지 세상만사 모두였고 그는 그 전부의 속내와 속살들을 꿰뚫어보았습니다. 거기서 그는 허위로 가려진 진실, 명분으로 색칠된 비속을 보았고 누추에 숨은 선의, 나약을 뚫고 솟는 용기를 발견했습니다. 그 바라봄에서 항상 중요했던 것은 진실이었고 그 진실을 드러내는 진정성이었습니다. 그의 숱한 문학 창작의 원천은 그렇게 그가 밝히 보아온 것들에 대한 따뜻한 긍정적 이해였습니다.

우리의 선한 친구 홍성원은 그럼에도 참 많은 것을 사랑했습니다. 그는 괴로운 세상이 지옥 같기에 그 세상에서 살기를 마다하지 않고 즐기며 인간의 역동적인 움직임들을 찬양하고 생명의 꿈틀거림을 자연의 힘찬 율동으로 아끼며 세상의 갖가지들과의 친한 사귐으로 그 존재들을 귀하게 높였습니다. 그는 무엇보다 인간을, 그중에도 품위 있는 깨끗한 사람들을 가장 존중했고 그렇게 엄숙해질수록 '그러나'의 역설을 통해 사악한 세상을 버티는 올바름을 고집하며, 진실이 이 세계의 모두가 되기를 열망했습니다. 또 가장 인간적인 현자와 마찬가지로 그는 가장 구체적인 실재로서의 아내와 세 남매를 진심으로 사랑하고 충실하게 감싸며 보살펴왔습니다.

우리의 소설가이자 선배이며 친구인 홍성원은 이제 때가 되어, 이 세상을 하직하고 있습니다. 사랑한 것들을 뒤로 두고, 그를 사랑하는 사람들을 돌아보며, 그는 저세상 길로 들어서고 있습니다. 이렇게 우리와 유명을 달리하고 있지만, 그럼에도 그의 소설 작품들은 오늘의 우리 문학에 큰 자산으로 기려질 것이며 이 세계를 바라보던 그의 밝은 눈길 덕분에 우리의 눈도 좀더 밝아질 것이고 그의 사랑의 심정을 본받아 살아 있음의 뜻에 우리는 더욱 감동할 것입니다. 그러나 이제 그의 다부진 몸집에 어린 소탈한 표정, 환한 웃음 속에 깃든 엄한 목소리를 더 들을 수 없게 되어, 우리 주변은 참 쓸쓸하고 외로워질 것입니다.

홍성원 형, 그러나 이제 가셔야 할 길을 떠나시니, 평안히 가셔서 병 없애고 고통 풀어주는 천국에서 웃음 베풀고 밝음 펴주는 즐거움을 마음껏 누리십시오. 누구보다도 형의 따뜻한 사랑 때문에 그 슬픔이 더 크고 설움이 더 많은 아내와 세 남매들을 위로하여 축복해주시기 바랍니다. 마지막 눈 감을 때 찾아온 평화로움이 영원한 안식의 나라에서도 함께하기를 빕니다.

2008년 5월 3일
삼가 김병익

덧붙임 2

홍성원 형의 1주기를 맞으며

우리의 소설가 홍성원 형이 이 세상을 떠난 지 오늘로 1년이 되었습니다. 그 짧은 동안에도 세상은 참 많이, 그것도 어려운 사정 쪽으로 변해왔습니다. 경제 형편은 유례없이 악화되었고 사회적 불신도 시끄럽게 커졌으며 우리의 마음도 딱하게 서글퍼져왔습니다.

그런데 제 가족을 버리고 먼저 가버린 홍성원 형의 남은 가족들만은 밝고 좋은 쪽으로 옮겨왔습니다. 미망인 장정자 여사는 생전의 그를 더 잘 병구완하기 위해 관절염 수술을 받았는데 지금 걷고 움직이기가 한결 편해져서 자유로이 기동할 정도가 되셨고 그동안 고생했던 당뇨도 많이 좋아져 몸이 가벼워지셨다 합니다. 두루 아시겠지만 지난해 한국 방송계에서 가장 큰 히트작이 되었던 드라마「베토벤 바이러스」는 홍성원 형의 두 따님 진아 씨와 자람 씨의 합작품입니다. 방송극이라고 잘 팔리기 위해 으레 끌어들이는 통속적인 모티프들을 버리고 클래식 음악을 동기로 하여 미처 피어내지 못한 꿈과 끈질긴 집념을 아름다운 예술로 피어내기까지의 힘찬 이야기를 형상화한 이 작품은 시청자들의 뜨겁고도 활달한 호응을 일으키며 우리 방송계에 신선한 충격을 주었고 이 드라마를 집필한 홍 자매 두 작가에 대한 시선을 집중시켰습니다. 이렇게 성공한 진아-자람 씨는 MBC와 다시 계약을 맺고 내년 가을에 방송할 새 드라마를 현재 구상 중에 있습니다. 벨기에의 루뱅 대학에 유학 중인 아들 우람 씨와 며느리 장미연 씨는 연구가 아주 잘 진행되어 올해와 내년 말에 각각 박사학위 논문을 제출할 차비를 차리고 있습니다. 홍씨의 세 모녀는 한 달 후 유럽으로 떠나 현지에서 아들 내외와 합류하여 가족 단합 모임을 가질 계획이라 합니다.

미망인과 세 자녀들은 집안이 이처럼 밝고 환하고 잘되고 있는 것이 여전히 살아 함께 이야기를 나누고 힘을 불러주는 아버지 덕분으로 생각하고 있습니다. 아버지는 돌아가셨지만 그의 숨결과 손길이 살아 있을 때와 다름없이 아내를 받쳐주고 자식들을 북돋워주고 있기 때문이라고 여기고 있는 것입니다. 미망인은 다리가 무겁고 통증이 오다가도 문득 부드러운 손길을 느끼며 살이 시원하고 뼈가 가벼워지는 기분을 안게 되곤 했다 합니다. 두 따님은 「베토벤 바이러스」 집필 중에 이야기가 막히고 장면이 답답해지며 그래서 뜻이 갈라지고 서로 토라져 언쟁을 하다가도 설핏 아빠의 숨길을 느끼면, 막혔던 이야기가 슬슬 풀려나가고 막연했던 장면들이 선명하게 구체화되며 그래서 두 자매의 상상력이 아주 잘 열려가며 화합되었다고 합니다. 그래서 가족들은 아빠가 고촌 아파트의 건물은 떠났지만 홍씨 일가의 가족 속으로 다시 끼어 들어와 생전처럼 자식들에게 장난도 걸고 야단도 치며 부축도 하고 소설가적 아이디어를 풀어놓으며 충고를 하기도 하는 등 여전히 다독거려가며 평생 아빠로서 사랑을 주고 지아비로서 믿음을 두터이해주어온 정을 멈추지 않고 있다고 생각하고 있습니다.

오늘 그 미망인과 자녀들이 그의 1주기를 맞아 영상물로 그의 모습을 다시 보여주면서 문집으로 그의 내면을 새로이 읽혀주고 있습니다. 그 추모의 문집 제목이 「아름다운 기억」인데 이 뜻 좋은 말은 아빠의 투병을 옆에서 지켜보며 그 '당당한 패배'의 모습을 아름다운 기억으로 마음 깊이 박아둔 따님 홍진아 씨의 글 첫 줄에서 따온 것입니다. 저는 이 대목을 보면서 문학이란 끝내 이 세계와 인간, 그 삶과 역사를 가장 생생하고 구체적으로 기억해두기 위한 장치가 아닐까라고 해오던 생각을 다시 떠올렸습니다. 근래 제가 알고 존경하는 작가 여러분들이 잇달아 유명을 달리하는 슬픈 사건들과 마주치면서 "이

분들을 기억하자"는 다짐이 제 내부에서 거듭된 것은 이 뛰어난 작가 시인들이 집요하게 편 창작의 작업들이 시간의 추억, 공간의 회상 등 전날의 것들을 되살려 기억하려고 들이는 창조적 노력임을 점점 더 깊이 확인하게 되었기 때문입니다.

  홍성원 형은 한국전쟁을 우리에게 생생하게 재현해주었고 한국 근대사의 초기를 재생시켜주었으며 봉건 조선조 시대를 재구성해주었습니다. 그는 사람들의 숱한 삶의 모습들을 되짚어 보여주었고 그들의 행동과 성취, 패배와 고통을 새로이 그려주었으며 진리와 진실의 뼈아픈 실상을 우리의 인식 속으로 거듭 깊이 새겨주었습니다. 그는 이 같은 기억을 위한 작업들을 통해 인간은 어떤 존재이며 또 존재여야 하는가를 제시해주었고 당당하고 고상한 삶이란 어떤 모습인가의 실례를 그 스스로의 올곧은 삶을 통해 보여주었습니다. 그는 문학이란 품위 있는 삶과 아름다운 세계를 위한 기억의 장치라고 믿었고 그 것을 문학으로써 형상화했으며 실제의 일흔한 해 한 생애의 삶으로써 그 모범을 만들어보였습니다.

  이제 이 모임은 기억을 위해 한 생애를 바친 소설가 홍성원을 추억하기 위한 자리입니다. 우리는 그의 숱한 작품들을 통해 그를 생각할 것이며 우리의 머릿속에 아직 또렷이 남아 있는 모습을 통해 그를 회상하게 될 것이고 우리 귓전에 맴도는 그의 칼칼한 목소리들을 통해 그의 정신을 떠올릴 것입니다. 그의 문학과 그의 생애, 그의 사유와 그의 의지, 그가 남긴 손길과 그리고 이제 그가 만든 빈자리, 그의 모든 존재들이 기억의 대상으로 살아, 그의 가족과 여기의 우리, 그를 알고 있는, 그의 글을 읽은 사람들 모두의 속에 남아 있을 것입니다. 이 1주기는 이러한 의미로 홍성원에 대한 회상, 그것도 아름다운 추억으로 쌓아가는 홍성원 기억하기의 첫걸음이 되기를 바랍니다. 감사합니다.

2009년 5월 초하루
홍성원의 1주기를 맞으며, 김병익

이청준 다시 만나기
——해한의 글쓰기, 화해로 가는 삶

　내가 이청준을 마지막으로 만난 것은 햇볕이 뜨겁던 지난 7월의 초순, 김치수·오생근과 함께 삼성의료원 암병동에서였다. 환자복 차림의 그의 얼굴은 몇 달 전 보정의 그의 아파트에서 보았을 때보다 약간 수척하고 쇠약해진 듯했지만 여전히 단정했고, 매무새는 깔끔했으며, 더 맑아진 안색으로 웃음을 머금고 있었고, 조용한 표정 속에서, 그럼에도, 수줍은 체념기가 엿보이고 있었다. 이청준다웠다. 그는 말을 많이 아끼는 대신 친구들의 얼굴을 찬찬히 눈여겨보고 있었고 우리의 악수를, 힘은 없지만 정은 푸근하게, 맞잡았다. 평화로움, 관용스러움, 따뜻함, 맑음, 그리고 순진한 미소. 가장 고약한 병에 시달리고 있음에도, 탤런트 고두심 씨가 그의 갑년을 축하하는 글에서 묘사한 것처럼, "한번도 나쁜 것을 본 적이 없는 천진하디 천진한 어린애 같은 눈빛을 지닌 깨끗한 모습"[1]의 여전한 이청준이었다. 우리는

---

1) 고두심, 「이청준 선생님!」, 『이청준 깊이 읽기』, 권오룡 엮음, 문학과지성사, 1999, p. 348.

피로를 느끼는 듯한 그를 남기고 병실을 나와 그의 조카와 뒤처리에 대한 상의를 했다. 실감은 나지 않았지만 피할 수 없는 일정으로 그의 마지막이 다가오고 있었던 것이다. 그러고서 미처 4주가 지나기도 전인 7월 31일 새벽 4시, 그는 마지막 숨을 거두었다. 우리의 착한 친구가 이승을 하직한 것이었고, 비슷한 소설가적 운명으로 품위 있게 한 생애를 보낸 홍성원과 박경리가 지난 5월에 타계한 지 석 달 못 되어 또 한국 소설 문학계의 슬픔을 터뜨린 것이었다. 그에게는 금관문화훈장이 추서되었고, 그의 유해는 8월 2일, 고향 장흥의 진목, 남해 바다가 내려다보이는 낮은 언덕, 그의 어머니 무덤 바로 아랫자리에 가지런히 안치되었다.

그러고서 9월 한 달 동안, 나는 이청준의 둘레 안에 싸여 있어야 했다. 10권의 중단편집, 3권의 연작소설집, 12권의 장편소설 등 열림원이 1999년부터 출판한 전 25권의 『이청준 문학전집』과 작년에 따로 나온 그의 마지막 소설집 『그곳을 다시 잊어야 했다』(열림원, 2007), 주로 그의 고향 후배인 화가 김선두의 삽화를 넣어 이곳저곳에서 간행된 8권의 산문집, 그리고 권오룡이 편집한 『이청준 깊이 읽기』(문학과지성사, 1999)와 오래전 나와 김현이 공동 편집한 '우리시대의 작가연구총서'의 첫 권 『이청준』(은애, 1979) 등등이 나를 둘러싼 그의 책들이었다. 물론 나는 그 모두를 보지는 않았다. 책을 가려 잡기도 했고 제목을 건너뛰기도 했으며 쪽과 행을 그냥 넘어가기도 하면서, 그러다가 찬찬히 보기도 하고 되짚기도 하며 옮겨 적기도 하고 때로는 먼저 책을 다시 끌어 찾기도 하고, 그러는 사이사이, 그 글을 읽던 나 자신과 그 책을 내던 즈음의 그를 돌이켜 좇기도 하며, 실재와 언어 속에서 이청준을 다시 만나기 시작했다. 나의 그와의 만남은 이렇게 작품과 글들, 그 스스로와 그에 대해 말하는 사람들로 되살아나면서, 텍스트 속에서의 그와 내 회상 속에서의 그가 따로따로 서기도, 포개어 겹치기도 하며, 혹은 갈리거나 거리를 두기도 하면서 내 안팎을 둘러싸고 휘젓고 파들고 흔들고 있었다. 그렇게 시간 보내기에 드디어 지쳐버릴 즈음, 문득, 이청준의 그 많은 책들에서 나는 나도 모르는 사이 내 안에 들어 있는 이청준만을 되찾고 불러내고 끌어내왔다는 사실을 깨달았다. 당초부터 보지 않은 것들은 옆으로 제쳐놓거나 훗날 볼 것으로 밀쳐두면서, 내가 또렷이 기억하는 것들, 이제는 흐릿해져서 가물가물한 것들, 긴가민가하면서 이청준 것이지 싶은 것들을 굳이 찾아 다시 보고, 기억해두어야 할 대목들을 접어놓고 했다. 결국 나는 숱한 이청준에서 내가 다시 만나고 싶어 하는 장면들을 주로 만났고, 보고 싶어 하는 모습들을 다시 끄집어내었고, 짚고 싶은 대목들을 집어 든 것이었다. 그 과정에서 작가 자신의 실재가 상대적으로 덜 드러나는 장편들은 뒤로 물린 채 이청준의 내면과 경험이 숨길 수 없이 드러나는 중단편들이 내 눈 안으로 다정하게 들어왔고, 객관적인 세계에 대한 그의 상상과 인식보다는 그것들을 태어나게 만드는 이청준 자신과 그의 내면에 먼저 눈길을 보냈다. 그러자 글로 씌어진 이청준 자신과 그 글들의 바깥에서 웃음 짓던, 내 기억 속에 담긴 그의 현존하는 모습과 실체들이 얽히고 있었다. 그래서 나는 이 글을 내 마음이 움직이는 대로, 생각이 쏠리는 대로, 따라 움직이며 함께 걷기로 했다. 그러니까 나는 이청준에 대한 '론'이 아니라 말 그대로 '이청준을 다시 만나기'로 한 것이고, 그것은 글 안에서만이 아니라 글 밖으로도 더러 걸음하기도 하며 '온/오프 텍스트'의 회상을 좇을 것이고, 그런 탓으로 전체가 아니라 내게 깊은 인상으로

와 박힌 부분으로, 따라서 틀을 찾지 않는 자유로운 형태로 쓰기로 한 것이다. 내가 이청준을 만나는 이 멋대로의 글을 보느나 불평을 가질 독자들은, 사귄 지 40년이 넘었는데 작별한 지는 겨우 40일을 넘기고 있는 나의 젖은 마음을 이해해주길 바란다.

전짓불 — 진술 공포증

내가 이청준을 처음 만났고 사귀며 어울리기 시작한 것은 그가 「병신과 머저리」로 동인문학상을 탄 1967년경이었다. 데뷔한 지 이태 만에 가장 권위 있는 상을 탔다는 사실에 앞서, 이 소설에서 보여주고 있는 그의 지적 태도가 당시의 우리 문학이 지닌 '지성 부족'의 약점을 단박에 채워주는 듯한 인상을 받았기 때문이었다. "상처를 앓고 있는" '병신' 세대의 형에 비해 "환부가 없는 증상"으로 더욱 무겁고 위험해 보이는 '머저리' 세대의 동생에 대한 이청준의 해명(단 2: 84)[2]에 나는 깊이 공감하고 있었다. 당시의 나는 6·25 세대와 60년대의 내 또래 전후 세대 간의 내면적 아픔이 전쟁의 상처와 실존적 고뇌의 상이한 근거에서 출발하고 있다고 생각하고 있었고, 이청준의 이 소설이 그것을 잘 확인시켜주고 있었던 것이다. 나는 홍성원·김승옥과 더불어 이청준을 4·19 세대의 새로운 문학을 개척해나갈 작가로 주목하기 시작했고 김현·김주연·김치수와 어울리면서 그들과 동급생인 그와도 자주 어울리기 시작했다.

드디어 확실한 우리 문학의 대표적인 작가로 인정하며 새로운 눈으로 그를 다시 본 것은 『문학과지성』에 게재된 「소문의 벽」에서였다.

---

[2] 『이청준 문학전집, 중단편소설집』 2권, 열림원, 1999. p. 84. 연작소설집은 '연,' 중단편소설집은 '단'으로 표기하고 권수와 쪽수를 이어 적는다.

1972년에 발표된 이 중편소설은 내게 단순한 감동이기를 넘어 전율스런 충격으로 다가왔다. 그 충격은 세 측면에서였다. 그 첫째가 '전짓불' 모티프였다. 경찰과 공비가 번갈아 장악하는 작은 시골에서 한밤중 어머니와 자고 있는 방문을 열어젖히고 깜깜한 어둠 속에서 자신의 정체를 밝히지 않은 채 전짓불을 비추는 자로부터 "당신은 누구의 편이냐"고 추궁당하는 사건의 그 공포와 불안을 이 소설은 거푸 그려주고 있다. 상대가 누구인지, 경찰인지 빨치산인지 알 수 없기에, 어느 편이라고 대답하는 것은 자칫 죽음을 도박하는 것이었다. 이청준이 앞뒤의 정황 설명과 더불어 묘사해주는 "그 절망적인 순간의 기억"(단 7: 116)은 두 전쟁에서 다리와 팔을 잃은 부자가 업고 업혀 한 몸이 되어 집으로 돌아가는 하근찬의 「수난 이대」 마지막 장면과 함께 한국 현대사의 잔혹스러움을 드러내는 가장 충격적인 이미지일 것이다. 이 에피소드는 6·25의 참상을 재현해주는 데서 더 나아가 인간의 존재론적인 공포와 궁극적인 불안을 예시한다. 어떤 정체 없는 위협으로부터 결코 자유로울 수 없이 무서움에 떨어야 하는 인간의 가냘픈 존재성을 그것은 증거하고 있는 것이었다.

그러나 이 '전짓불'의 공포가 내게 전율스럽게 다가온 것은 우선 이 작품을 읽을 당시의 정치적 정황에 내가 깊이 들려 있었기 때문이었다. 1970년대 초, 유신의 삼엄한 정황으로 몰려가던 그 시기, 작가든 기자든 이른바 지식인들은 진실에의 욕구와 그것을 억압하는 공포스런 기제 사이에서 질식할 것 같은 절망과 불안에 싸여 있었다. 기자는 사실을 기사로 쓸 수 없었고 작가는 자신의 사유를 표현할 수 없었다. 오직 풍문만이 떠돌며 지식 사회의 목을 조르고 있었다. 「소문의 벽」의 박준은 '진술 공포증'으로 글을 쓸 수 없었고 결국 정신착란으로 병원에 유폐되어 강박당하고 있었다. 나는 이청준의 이 소설에서 '전짓불'의 모티프를 통해 한국전쟁의 공포와 70년대적 정황의 공포를 동시에 당면하고 있었다. 6·25의 상처가 20년이 지난 당시에도 여전히 한국인을 불안과 공포의 상황으로 몰아대고 있었던 것이고, 「소문의 벽」은 바로 그러한 현실을 전율스럽게 확인시켜주고 있었던 것이다. 억압적인 권력 아래 절망과 두려움에 짓눌려 '왜 글을 못 쓰는가'[3]라고 질문하고 있던 나의 고뇌를 이청준의 「소문의 벽」은 거울처럼 비춰주고 있었다. 그러니까 이청준의 문제의식이 한국전쟁의 공포스런 기억에만 멈춰 있지 않고 현재적 상황 의식과 그 비판을 과감하게 제시하고 있다는 점에 나의 두번째 경의가 자라고 있었다. 그는 과거의 기억을 통해 현재의 문제성을 드러내고 있었던 것이고 그 진실 폭로는 어떤 참여 작품보다 적극적이었다.

그런데 주목할 점은 그 같은 노골적인 비판적 폭로에도 불구하고 이 작품은 아무런 탄압 없이 잘 유통되었다는 점이다. 당시의 갖가지 금기로 보면 가장 먼저 보복받아야 할 소설에 아무런 폭력이 사해지지 않은 것이다. 그럴 수 있었던 것은 이 소설이 격자소설 혹은 중층구조의 틀을 취하여 교묘하게 작가의 의지가 과거의 것으로, 혹은 정신착란으로 의탁되어 검열의 눈길을 당당하게 이겨낼 수 있었기 때문이었다. 작가는 주인공에게 '진술 공포증'의 질환을 씌워 기자가 기사를 쓸 수 없고 작가가 진실을 묘사할 수 없는 상황에 대한 부정적 인식을 정신병적 질환으로 몰아감으로써, 그 정황을 증언하고 그렇게 만든 공포스런 원인을 비판적으로 노출시킨다. 내가 이청준의 문학적

---

3) 「왜 글을 못 쓰는가」, 『문학과지성』 1971년 가을호.

능력을 높이 평가한 세번째 측면은 바로 이 같은 인식의 교묘한 소설적 상상력과 그 형상력에 대한 것이었다. 그는 작품의 서사 구조와 내적 논리 자체로써 작품 외적 간섭에 대항할 수 있는 힘을 만들어냈는데, 이는 작가의 뛰어난 자질과 고뇌 없이는 결코 가능한 것이 아니었다. 그는 누구보다 강력한 현실 비판의 메시지를 썼지만 어떤 검열의 잣대도 튕겨낼 형식을 창조한 것이었다. 그것이 이청준 소설의 한 특징을 이루는 격자소설 혹은 중층 구조였다.「소문의 벽」에서는 '전짓불'의 모티프가 박준의 소설 속에서 묘사되고 박준 자신의 정신질환의 행위에서도 나타나며 그의 신문 인터뷰에서도 고백되고 있다. 이 3중의 중층 구조를 통해 '전짓불'의 공포는 더욱 강조되고 그 의미는 심화되며 그 호소력은 확산되면서 검열이나 외적 탄압의 구실을 버텨낼 기제를 형성하게 된다.[4]「소문의 벽」이 소문으로 억압 체제를 구축하던 당시의 무게를 견뎌내 안전할 수 있었던 것이 이 기제에서 비롯되었던 것이다.

  문제작「소문의 벽」을 끈질기게 이끌어가는 '전짓불'의 모티프가 다시 본 그의 작품 몇 군데에서 다른 형태로 번안되어 나오는 것을 이번에 확인할 수 있었다. 그의 데뷔작「퇴원」(1965)에서 화자의 어린 시절, 광 속에 들어가 어머니와 누이들의 부드러운 옷 냄새를 맡다가 잠이 들었는데, 아버지가 '전짓불'을 쏘며 그를 찾아내고서는 그대로 그를 놓아둔 채 나가 밖에서 문을 잠그는 바람에 그는 이틀 동안 거기에 갇혀 지내게 된다(단 7: 20~21). 또한 그에게 이상문학상을 안겨준「잔인한 도시」(1975)에서는 형무소 앞에서 출옥하는 사람들에

---

[4] 권택영의「이청준 소설의 중층 구조」(『이청준 깊이 읽기』)는 이청준의 여러 소설들에서 활용되는 다양한 중층 구조 수법을 종합하여 설명해주고 있다.

게 새를 파는 장수가 등장하는데, 그가 새를 잡는 방법은 한밤중 나무에 깃든 새들에게 전짓불을 비추어 "뱀의 눈빛에 쏘인 개구리" 꼴로 만드는 것이었다: "잠결에 빛을 맞은 새들은 눈먼 장님처럼 옴짝달싹을 못했다"(단 7: 273). 전짓불은 그러니까 징벌과 감금, 공포와 체포, 끝내는 죽음을 의미하는 것이었다. 실제로 이청준은 '전짓불'의 공포를 "직접 겪었음"(단 7: 83~84)을 「개백정」(1969)에 훗날 붙인 「작가노트」(1985)에서 술회하고 있다. 1950년 적치하의 여름, "전짓불빛이 창문을 몇 차례 훑더니 이어 급하게 주인을 찾는 소리가 뒤따랐다. 〔……〕 눈부신 전짓불빛이 방 안 가득히 쏟아져 들어왔다." 어머니는 "아무렇지 않은 척 침착스런 대답 속에 얼마나 속을 떨었을 것인가. 그리고 나는 그 떨림을 참기 위해 얼마나 무섭게 이를 악물어대었던가. 그 사람의 모습조차 보이지 않는 밝은 금속성의 전짓불 아래서." 소년기에 겪은 이 절망적인 사태는 작가에게 깊이 각인되었고, 20년 후 작가로 활동하면서도 그 '공포'로부터 결코 자유로울 수 없었고, 드디어, 폐쇄적인 체제의 억압적인 권력 아래 작가의 글쓰기에 고통스런 알리바이로 기능하게 된 것이다.

드러냄 / 숨김

1980년 광주 학살이 자행되고 시민들의 저항이 치열했을 때 그 고장 출신임에도 이에 대한 직설적인 언행을 하거나 과격한 논조를 펴지 않은 지식인으로 내 주변에 두 사람이 있었다. 김현과 이청준이었다. 그들은 고통스러워했지만 비명을 지르지 않았고, 분노했지만 행동하지 않으며, 적어도 겉으로는 침묵했다. 사리를 확실히 알고 있었고 사유를 분명히 진행하고 있었지만, 그들은 쉽게 동요하지 않았고 어렵게 해명하지도 않았다. 이들의 이 자제는 아마도 그 자신들에 대한 비난도 끼어 안겼을 것이다. 그러고서 몇 년 후 김현은 『르네 지라르 혹은 폭력의 구조』(1987)를 간행했고 이청준은 소설 「비화밀교」(1985)를 발표했다. 그들은 이로써 즉각적인 대응을 하기보다는 문제의 원천을 근본적으로 검토했고 관찰의 시선을 먼 전망으로 돌리고 있었음을 드러내준 것이다. 내가 이청준의 「비화밀교」를 보고 곧바로 쓴 월평에서 '80년 5월 사태'를 이 작품과 연결시키면서 "역사의 불씨를 숨기면서 증거하고 그 힘을 쌓아가면서 소망으로서만 살려나간다는 것, 그것을 어떻게 소설로 감추면서 드러낼 것인가라는 선(禪)의 공안과 같은 문제"[5]를 거두어들이려 한 것은 이 때문이었다. 제왕산에서 주민들이 횃불을 켜 들고 다니며 서로 용서와 이해를 교환하는 자리에 참석한 화자와 조승호 선생은 드디어 젊은이들이 '광란의 춤'을 추기에 이르는 것을 보며 '드러냄과 감춤'의 '가열한 정신주의적' 변증을 토론한다. 조 선생은 드러나려는 힘과 숨겨야 할 힘 사이의 다툼을 어떻게 다루어야 할 것인가를 까다로운 화두로 설명하면서 "산속 깊은 곳에 숨어 있는 소망의 옹달샘…… 오랜 세월 동안 그 새암과 수맥이 숨겨져 지켜져옴으로써 그 소망의 물줄기가 끊기는 일이 없이 해마다 새 물이 괴어오르는 샘터……"(단 10: 118~19)를 일구어주기를, 거기에 문학의 존재 이유가 있음을 소설가에게 설명한다. 소설가-화자는 "발설의 불가피한 소설의 숙명과 증거가 용납되지 않는 배반의 논리 앞"(125)에서 곤혹스럽지 않을 수 없게 된다. '소설이란 것'의 위상에 대한 치열한 고민을 성찰하고 있는 이 소설이

---

[5] 내 글 「사회적 아픔의 문학적 수용」, 『월간 마당』 1985년 10월호; 재수록 『부드러움의 힘』, 청하, 1988, p. 353.

제기한 공안(公案)은 어쩌면 그 자체로서 이미 해소의 실마리를 찾았는지도 모른다. 문학의 갖가지 형태의 비유들, 아니 그에 앞선, 행동이 아닌 글쓰기들이, 숨기면서 드러내고 혹은 드러내면서 숨기는 배반적 증거 세우기를 실행하고 있는 중인 것이다.

이미 「소문의 벽」에서 공포의 원천에 대한 작가의 고뇌를 보았지만 이청준의 많은 소설들은 그가 살아온 시대의 정치적 불의와 폭력에 대한 부정적 인식의 문자화를 이룬다. 그의 대표작인 『당신들의 천국』은 5·16의 군사 정부를 비판하면서 권력이 꿈꾸는 것은 그들 자신의 '천국'이지 그 주민의 것이 결코 아니라는 것, 진정한 천국은 '자유와 화해' 속에 있다는 진실을 전개하고 있고, 장편 『씌어지지 않은 자서전』은 강요받은 진술을 완성하지 못하는 이야기를 통해 진술이 강요당하는 현실을 증언하고 있으며, 중편 「예언자」는 가면으로 인격을 탈바꿈하고 행사하는 폭력의 실상을 벗겨내고 있다. 그의 여러 소설들, 가령 「떠도는 말들」에서 시작하는 '언어사회학 서설'의 연작들은 진실을 상실한 언어들이 횡행하는 문제를 제기하고 있고, 「배꼽을 주제로 한 변주곡」을 비롯한 일종의 우화소설들은 현실을 왜곡하는 현상들을 소재의 사실성 왜곡을 통해 변증하고 있다. 다시 말하면 이청준은 뒤틀고 뒤집고 숨겨감으로써 표면에서는 리얼리티를 상실하고 있는 이야기들을 통해 그 내면에서는 왜곡된 현실의 진상을 증언하는 작품들을 써온 것이다.

여기서 의외로 흥미로운 점은 이청준의 숨김이 진실의 소설적 재현을 위한 방법론이면서 동시에 이청준 자신의 회피 심리와 안식 욕구를 위한 방책이 되고 있다는 점이다. 「가면의 꿈」의 주인공인 판사 명식은 가발과 콧수염, 안경으로 자신의 얼굴을 가리고 밤 외출을 하고 돌아와서야 "이상스럽게 측은한 안정감"(단 3: 190)을 얻게 되고「예언자」의 살롱 '여왕봉'의 술손님들도 가면을 쓰고 술을 마시면서 "마음이 훨씬 편해져버리"(단 4: 221)며 아가씨들도 가면을 벗고 시중드는 것이 "몹시도 고통스런 표정"(240)이 된다. 이렇게 탈을 쓰고 얼굴을 가림으로써 안도감을 얻는 행태의 뒤에는 이청준의 어떤 요나 콤플렉스가 숨어 있을지 모른다. 앞서 본「소문의 벽」에 소개되는 박준의 소설에는 주인공인 '그'가 어렸을 때부터 "어른들에게 무슨 꾸중을 들을 일이 있거나 하면 지레 겁이 나서 곧잘 광 속 같은 데로 숨어들어가"고 "부끄럽고 난처한 일이 있을 때도 마찬가지였다"(단 7: 65)고 회상되지만,「황홀한 실종」의 은행원 윤일섭은 스스로 쇠창살 안에 갇혔다고 생각하며 '위장과 자기 방어'를 도모하고 종국에는 사자 우리에 들어감으로써 '자신의 실종 즐기기'(단 7: 209)를 노골적으로 추구하고 있다. 그를 치료하는 의사 손 박사가 "사회 일반이 달콤한 자기 유폐를 그리워하고 있다"(단 7: 227)고 진단하고 있지만 이청준 자신이 이 소설의 '작가 노트'에서 "유년 시절부터 혼자 찾아 즐기던 은밀한 장소"에 숨어 있을 때의 "알뜰하고 달콤한 나의 작은 왕국처럼 느껴지"던 기분을 회고하고, 그 '요나 콤플렉스'에 대해 "혼자 있음이 오히려 마음 편하고 아늑하고 안심스런 심리 상태, 그런 말버릇, 그런 것을 품어 길러준 자리들……. 그것은 아마도 자신만의 삶과 꿈이 숨쉬고 자라온 곳, 어디보다도 자유로운 상상과 창조의 드넓은 밀실이 아니었을까"(단 7: 231~32)라고 회고하고 있다. 그러나 이 '자기 유폐에의 그리움'은 그에게 인간의 숨겨진 근원적 안식 욕망만이 아닐지도 모른다. 6·25의 소년 시절에 본 이종형의 도피는 그에게 깊은 인상을 드리운 듯 연작『가위 밑 그림의 음화와 양화』를 비롯한 여러 글에 되풀이 술회되는데 그 형은 적치하에서 가족들의 몰살을 보고 장례를 치르고는 '무서운 보복극'을 예상한 이웃들의 시선에 아랑곳없이 암수 염소 두 마리를 끌고 집을 버리고 산속으로 숨어버림으로써 '자기 은닉'을 삶의 운명으로 만들어버린 것이다(연 3: 47). 아마 그 '숨음'의 또 다른 표현이 그의 이종형이 기대한 대로 그의 글쓰기이겠지만 드러냄/숨김의 변증은 그의 문학과 삶을 이해하는 데 원초적인 단서가 될 수 있을 것이다.

다시 태어나는 말

이청준은 1970년대 중엽 『소설문예』란 잡지의 편집 일을 얼마 동안 보았고, 그의 청탁에 의해서였겠지만 나는 거기에 몇 회 칼럼을 썼다. 그중의 하나가 「자서전은 가능한가」란 글이었는데, 거기서 나는 이른바 명망가들이 기구한 역사 속에서 일제 강점기의 친일, 적치하에서의 부역, 자유당 아래서의 어용 등등의 피할 수 없었던 부끄러운 생애를 과연 진솔한 자서전의 형식으로 고백할 수 있겠는가 하는 질문을 던졌었다. 목표는 유신 시절의 어용 지식인들을 향한 것으로, 나는 "자서전이 불가능하다는 것은 역사와 진실의 손실일 뿐 아니라 오늘의 우리 정신 상황이 그처럼 피폐하고 허황하게 주눅 들려 있음을 반증한다. 우리는 언제 환하게 밝은 날, 자기의 부끄러움을 부끄러움 없이 드러낼 용기와 사랑을 가질 수 있을 것인가!"[6]라고 탄식했었다. 그 글이 나온 얼마 후 이청준은 「자서전들 쓰십시다」(1976)를 발표했다. 혹시 내 글을 보고 얻은 아이디어 아니냐고 나는 농을 걸

---

6) 나의 「문학에 관한 몇 가지 수감」, 『문화와 반문화』, 문장, 1979, p. 73.

었고 그는 싱긋이 웃기만 했다. 이 단편은 「떠도는 말들」(1973)에 이은 '언어사회학 서설' 연작의 두번째 것으로 그는 이에 이어 「지배와 해방」(1977) 등으로 계속 주제를 발전시켰고 다른 한편 이 줄기와 아주 다른 「서편제」(1976)의 '남도 사람' 연작을 발표하기 시작했다. 그런 어느 날 나는 그의 「다시 태어나는 말」(1981)을 보았다. 이거다! 란 느낌부터 왔다. 말의 타락을 세심하게 해부하는 '언어사회학 서설'의 연작과 남도의 소리를 찾아가는 '남도 사람'의 연작을 여기서 모아 정-반을 거쳐 이제 합에 이르는 작업을 그는 드디어 마치고 있었던 것이다. 나는 이청준을 일부러 만나 두 연작을 엮는 창작집을 제안했고 그의 동의를 받아 다른 소설집에 끼인 '남도 사람' 연작 두어 편을 양해받아 끌어넣으며 한 주제의 단행본을 서둘러 묶은 것이 『잃어버린 말을 찾아서』(1981)였다. 연작 작품의 제목도 내가 제안했지만 자원해서 「말의 탐구, 화해에의 변증」[7]을 써 그 해설로 붙이기까지 했다. 나는 이 두 연작의 의미가, 이청준 개인의 문학사에서나 우리의 사회-문화사 진단에 있어서도 매우 중요하다고 생각했던 것이다.

  1960년대에 등단한 우리 소설가들은 근대화의 경과 속으로 섞이면서 전근대와 현대, 농촌과 도시, 전통과 서구화의 상반된 두 정황 속에 어느 한편으로 기울어진 정서와 상상력과 문체를 선택하지 않을 수 없었다. 가령 김승옥과 홍성원 또는 박태순은 젊은 세대의 도시적 삶을 발랄하고 혹은 객관적인 문체로 묘사하는가 하면, 이문구와 박상륭 또는 김주영은 농촌의 삶과 정서를 전통적인 리듬의 문체로 재현하고 있었다. 이청준은 어느 편인가 하면, 그 양쪽이었다. 한편에

---

7) 『잃어버린 말을 찾아서』 해설: 나의 『지성과 문학』(1982)과 『이청준 깊이 읽기』에 재수록.

는 「퇴원」 「별을 보여드립니다」 「병신과 머저리」 「소문의 벽」 등으로 젊은 세대의 도시적·당대적 삶을 객관적 문체로 그려내고, 다른 한 편에는 「줄」 「매잡이」 「과녁」 「개백정」 등 전통적인 삶의 토속적인 정서를 방언적인 문체로 되살려내고 있었다. 이 두 흐름의 소설에서 그 주인공들은, 뒤의 경우 전통적 민속 예인(藝人)들이고 앞의 경우 작가와 기자 등 오늘의 지식인 직종들이다. 그런데 장인적 예인들은 이제 그 예술과 함께 쇠락하고 있었고 현대적 지식인들은 폐쇄적인 억압 속에서 주눅 들어 있었다. 이 두 집단을 예각적으로 묘사하며 대조해주고 있는 것이 소리꾼의 유랑을 그리고 있는 '남도 사람' 연작과 지식 사회의 타락을 폭로하는 '언어사회학 서설'이었다. 그러므로 그 두 흐름을 어떻게 엮어 우리 자신의 내면적 대질로써 그들의 존재를 추궁할 것인가는 이청준 자신의 과제이기도 하고 혼란스런 문화적 상황에 대한 고민을 피할 수 없는 우리 지식 사회의 문제이기도 했다. 당시의 학계, 문화계의 화두가 '근대화'였고, 그 근대화에 대한 숱한 지향과 반론, 질문과 반문이 우리가 당면한 담론 주제였기에, 우리 소설과 문학에서 이런 상반된 논의들은 활발하게 제기되고 있었고 이청준은 이 시대적 주제를 자기 방식으로 수용하여 소설적 구조로 일구어내고 있었던 것이다. 그 두 연작에서 진행되어온 두 줄기 서사가 결국 만나게 된 자리가 「다시 태어나는 말」이었다. 그 만남은 실제로 '언어사회학 서설'의 연작에서 말의 타락을 추적하고 있는 지욱과 '남도 사람'에서 남도의 정서를 실현하고 있는 김석호 선생의 회동으로 구체화되고 있다. 지욱은 김석호에게서 초의선사의 '차 마시는 법'이란 "마음속 깊은 곳이 뜨거워오는 것" 곧 "다름 아닌 용서"(연 2: 173)임을 배운다. 이청준에게도 귀중한 화두가 되는 '용서'는 김석호를 통해 거듭 해설을 받는다: "당신(초의대사)이 살아온 긴 인생사의 덧없음을 생각하고 당신과 당신의 이웃들에 행한 수많은 인간사들에 우회와 속죄와 감사의 마음에 젖으셨을 거외다. 내가 누구를 원망하고 용서하고 속죄하며 비로소 그런 마음을 얻게 된 일을 감사하고 계셨을 거외다"(176). 그 실례로서 용서가 수행된 자리가 소리판이다. 소리의 문리를 터득하도록 아비가 눈을 찔러 소경이 된 여인과 그녀를 찾아 헤매는 이복오빠 사내가 벌인, 영화 「서편제」에서 두 남매가 장구와 소리로, 그 모습만이 전경화되고 창의 소리는 우리 청각의 파장 밖으로 벗어남으로써 오히려 더욱 치열한 감동의 장면으로 재현된, 한판의 한풀이 남도 소리판이 그것이었다. "남도 소리는 우리의 마음속에 그 몹쓸 한을 쌓는 것이 아니라 거꾸로 그 한으로 굳어진 아픈 매듭들을 소리로 달래고 풀어내는 것이란 말이외다. 그래 그 한의 매듭이 깊은 사람들에겐 자기 소리로 그것을 풀어내는 일 자체가 삶의 길이 될 수도 있는 거지요"(182). 이 소설은 지욱이 남도의 여관에서 "하릴없이 머리 빗질을 일삼고 지내는 여인"(190)을 만나는 것으로 끝을 마친다. 이미 「이어도」(1974)에 나타난 바 있는 '빗질하는 여인'의 한(恨)스런 요염의 이미지는 이때의 내게 강렬한 인상으로 다가왔는데, 자상한 해설을 붙이지 않은 그 이미지를 나는 이청준의 '용서'의 마음에 어울리도록, '화해한 운명의 기다림'을 그리는 모습이 아닐까라고, 생각했다.

화해—귀향

아마도, 이즈음의 이청준은 운명과의 화해를 받아들이고 있었을 것이다. 그는 여러 방식으로, 여러 가지 형태로, 「다시 태어나는 말」에서 말로써 설득하고 있던 그 '화해'를 실현하고 있었다. 먼저 그는 '복수'의 마음에서 헤어난다. '언어사회학 서설'의 세번째 연작 「지배와 해방」(1977)은 소설가 이정훈의 '강연'으로 이루어진 '소설'로서 이른바 소설적 서사 없이 '왜 쓰는가'의 질문에 대한 이정훈의 고백으로만 서술되고 있다. 당시의 나는 여기서 강하게 역설되는 '복수'란 말을 잘 이해할 수 없었다. 준수한 용모에, 험한 일이란 도대체 당하지 않은 것으로 보이는 조용한 이청준에게 어떤 '억울'이 그처럼 많아 문학을 '복수'의 방편으로 생각하는지 짐작되지 않았던 것이다. 다시 그의 전집들을 훑으면서, 나는 자신의 고통스런 소년기의 비인간적인 운명에 대한 그의 치열한 원한들을 확인하지 않을 수 없었다. 그는 어렸을 때의 4년 동안에 아버지와 형, 동생 등 가족 넷을 잃는 잇단 죽음을 겪었고, 고등학생 시절에는 형이 가산을 탕진하는 바람에 집마저 버려야 했으며 대학 시절에는 잘 방이 없어 교실에서 밤을 새우기도 했고 유학 온 도시에서 굶주림과 가난과 싸우며 숱하게 인간적 모멸감을 당해야 했다. 그런데 그는 그 원한으로서의 깃가지 것들을 현실의 실제로 짚어 적대의 상대로 대결한 것이 아니라 자신이 던져진 이 세계 속에서의 삶과 운명의 학대 혹은 그 원죄적인 존재의 '부끄러움'으로 끌어올렸다. 그것이 그의 문학의 존재 이유였고 인간적 품위의 뿌리였을 것이다. 그가 광주일고 학생회장이라면 으레 법대나 의대를 지망하는 전례를 깨고 문리대, 그것도 독문과로 지망한 것, 가족의 참살을 보고 산속으로 들어간 이종형의 충고를 고스란히 마음속에 적어둔 것이 그 같은 운명의 형이상학적 씨름을 보여주는 예일 것이다. 그리고 어머니와의 빚 갚기!—「눈길」에서 아들은 어머니의 작은 소망을 외면하며 끈질기게 이제 '빚'이 없음을 되풀이 속말로 외치지만,

아들을 떠나보내고 함께 걷던 '눈길'에서 아들의 발자국을 따라 밟으며 돌아오던 어머니의 그 한없는 부끄러움과 간절한 염원에 그는 끝내 "눈꺼풀 밑으로 뜨겁게 차오르는"(단 5: 38) 눈물로써 화해를 흘려내지 않을 수 없었다. 그러고서 그는 「잔인한 도시」(1978)에서 서울로 되돌아 올라오는 버스 길의 짜증스러움을 보고하면서도 잦게 고향을 찾기 시작하고,[8] 「새와 나무」(1980)에서는 귀향해서 살고 싶은 자리를 짚어두는 자신의 실화를 끼워넣기도 했다. 그는 마침내 어머니의 빚을 지우고 고향이 안겨준 원한을 해소하며 가혹하게 닦달해온 그의 운명을 용서했다. 그 자신이 화해의, 신 없이 가능한 '화해'의 가슴을 끌어안았고, 그러면서 그는 삶에서 '달관'한 것이다.

그러고서, 그의 말은 다시 태어난다. 초기의 그의 야심작들이 집요하게 다루던 막힌 권력의 정치적 상황과 씨름하던 지식인 소설 세계에서 벗어나서, 시력을 잃은 목사의 헌신을 다루는 『낮은 데로 임하소서』(1981)로부터 죽음을 오히려 남은 사람들의 즐거움으로 끌어올려 바꾸는 『축제』(1996)에 이르는 장편들, 용서와 복수의 아이러니를 파고든 「벌레 이야기」(1985)와 「숨은 손가락」(1985), 예술의 한계와 현실의 경계를 뛰어넘으려는 「시간의 문」(1982), 어려운 시대일수록 더욱 돋아나는 인간의 품위들을 회고하는 『가위 밑 그림의 음화와 양화』(1999)들의 새로운 세계로 옮겨간다. 여기에는 인간 존재의 근원, 삶의 원초적 내면의 진상, 현실의 세계와 예술적 승화 등 형이

---

[8] '우리시대의 작가연구총서'의 『이청준』(1979)에 실린 자술의 작가 연보에는 1978년, 「잔인한 도시」로 "이상문학상을 수상"한 데 이어 "이해 11월부터 1979년 4월까지 남도 향리 5회 왕복"이라고 적혀 있다. 때아닌 자리에 불쑥 튀어나온 이 보고는 '귀향'에 얽힌 그의 심사와 열의가 매우 착잡했음을 드러내주는 듯하다. 그리고 실제로 그는 그의 고향으로 우리를 안내하는 길에 자신이 살고 싶어 점찍어둔 자리를 보여주었다.

상학적이고 혹은 그가 「비화밀교」에서 사용한 표현을 빌리면 '가열한 정신주의'(단 10: 117)적인 시선들이 그의 중심적 주제로 발현된다. 그 소설들에서 그는 여전히 치열하지만 성찰하고 있었고, 질문하지만 그 물음의 뒤를 보고 있었으며, 체념하고 있었지만 그것과의 인연을 따뜻하게 끌어안고 있었다. 세상에 대한 이해가 넓어질수록 그의 언어는 고향의 토속으로 잠겨들어갔고 동네의 묵은 사람들 이야기에서 고대적 설화를 발견하며 아이들의 재롱에서 깨어나는 세계에의 인식을 확인한다. 그의 후기 문학은 이미 시속을 벗어나 세상살이의 근원을 짚는 달관의 삶으로 들어가고 있었으며, 그 경지에서 일구어지는 문학은 세계의 끝을 넘어 시간의 틀을 지우고 영원으로 향한 시선을 잡아주고 있었다. 그것은 우리에게 신이 없는 세계에의 귀의, 자연과의 하나됨, 삶과 죽음의 경계 넘나들기 등등으로 세상의 자연스런 깨우침을 통해 운명을 포옹하는 나이 든 지혜의 모습을 보여준다. 그리고 그는 마침내 아주 귀향해서, 이제 남도 바다를 바라보는 언덕배기의 그의 영원의 집에서 평화로운 안식에 들고 있는 것이다.

그의 고향으로 옮겨간 것은 소설의 주제와 소재들만이 아니었다. 그곳들을 드러내는 문체도 남도의 색깔로 물들기 시작했다. 젊은 시절의 그의 문체는 끊임없는 반문으로 덜거덕거렸다. '그러나' '헌데' '허지만'으로, 앞선 진술을 되짚어 질문하고 반성하며 다시 짚어 따져보는 초기 문학에서의 역접의 어사[9]들은 후기의 문장들에 이르러 순접의 '하여'를 자주 씀으로써 후배 작가 이인성으로부터 "우연의 개입

---

9) 문학과지성사에서 그의 『당신들의 천국』(1976)을 만들 때 내가 그 교정을 보았는데 한 단락 안에도 '헌데' '허지만'이 너무 자주 나와, 내 임의로 슬쩍 그 접속사를 많이 지웠다. 책이 나온 후 작가에게 그런 사실을 고백했더니 역시 빙긋 웃으며 양해의 표정을 지었다.

을 어쩔 수 없이 수락하는 허탈감이 번져나오"[10]는 듯한 느낌을 주는 글 버릇으로 바뀐다. 김치수가 그의 추리소설적 수법에 주목하며 "끊임없이 '왜'라는 질문을 하고 그 질문에 대한 대답을 추구하는 양식을 따로 띠고 있"[11]는 문체라고 설명한 것이나 이인성이 이야기한 "구불구불 딩글딩글 휘도는, 먼 데서부터 점점 대상을 나선형으로 둥글게 맴돌며 그 말들이 둘러싼 가운데 공간에 그 대상의 모습과 핵심이 드러나게 만드는" '곡언법(曲言法)'[12]의 문체는 「소문의 벽」에서 그 효과를 치열하게 일구는 중층 구조 혹은 격자소설의 수법과 함께 발견술적 진실 탐구의 수법적 혹은 문체적 방법론을 이루고 있었다. 그런데 이 지적인 추리 수법의 문체는 그가 고향과 화해한 후, 그리고 고향에 다니며 그 공간을 자신의 작품 속으로 끌어들이면서부터는, 구어체의 완만한 서술어법으로 변하고 그 색깔도 토속화하며 지문 자체가 방언적인 화법으로 변한다. 작가는 노인네가 손자에게 하듯 그저 이야기하고 풀이하며 돌이켜보고 알려준다. 언어는 문장의 흐름과 함께 움직거리며 사건의 전말은 그 이야기에 젖어 풀려가면서 사태의 추이와 더불어 전달된다. 젊었을 때의 것처럼 따지고 되묻고 반복되지 않는다. 궁금하지만 기다리면 설명이 붙고 굳이 이의와 반문을 제

---

10) 이인성, 「종소리에서 판소리까지」, 『이청준 깊이 읽기』, p. 62. 반문의 접속사가 그의 초기에, '하여'의 접속사가 후기에 나타나는 그의 버릇이란 판단은 나의 것인데, 이 접속사의 달라짐이 그의 세계관의 변화를 보여주는 단서일 수도 있을 것이다.
11) 김치수, 「언어와 현실의 갈등」, 『이청준 깊이 읽기』, p. 87.
12) 이인성, 앞의 글, p. 56. 나는 이 어려운 단어를 여기서 배웠는데, 오래전에 본 정신과 의사 최신해의 글에서 도스토예프스키를 예로 들어 '간질성 문체'라는 말을 쓴 것이 기억난다. 문체적 성격은 닮은 데가 있는 듯하지만, 그리고 이청준이 많은 병으로 고생했지만(「귀향 연습」 5: 148에 나오는 많은 병명들이 실제로 그의 것일 것이다), 이 질환과는 물론 관련이 없다.

기하지 않아도 사실은 저절로 밝혀진다. 마치 물이 높은 데서 낮은 데로 자연스럽게, 어떤 거스름이나 부대낄 일 없이 자명한 형태로 흘러 내려가듯이, 이청준의 세계가 그렇게 관용스럽고 원만해지며 체념하고 자유로워지며 부드럽고 지혜로워진 것이다. 그는 그러니까 '존재적 삶'으로 들어가면서부터 그의 말도 '존재적 언어' [13]로 변용되기 시작한 것이다. 그의 이런 변화는 늙음과 죽음까지와도 화해할 수 있게 된 그의 노년의 정신적 품위와 걸음을 같이하는 듯하다. 그래, 그는 복수심에 차서 바라보던 고향에서, 원한에 젖어 돌이켜보던 어린 시절 '가위 밑 그림의 음화와 양화'로 찍혀 남은 고향의 옛사람들 모습에서, 고상한 인간, 아름다운 인물, 자존심과 위엄을 차린 어른, 사소한 사단으로 영웅담의 주인공이 된 이웃 사람들을 발견한다. 그러면서 그는, 과거를 용서했고 고향을 받아들였으며 그것들을 가장 아름답고 품격 높은 삶의 모습으로 떠올리며 인간다운 인간으로서 이 세상과 화해했다. 아마 그는 필시, 인자(仁者)가, 그것도 현명한 인자가 되었을 것이다.

---

13) 1982년 그와 정현종, 나 등 셋이 스톡홀름 대학과 헬싱키 대학에서 가진 한국 문학 포럼에 참석해서 우리 문학을 소개했는데 그때 이청준이 발표한 것이 「존재적 언어와 관계적 언어 사이에서」(『말없음표의 속말들』, 나남, 1985, pp. 134~43)였다. '존재적 언어'란 까다로운 말은 그에게 '존재적 삶'의 표현으로서의 언어를 가리키는데 그는 "사실인 지시성이나 전달성보다는 시를 읊듯이 혹은 노래를 하듯이 서로 간에 그 말 자체의 오묘한 뉘앙스나 정서성 혹은 해학 따위를 즐기기 위한 것"으로 남도의 '판소리'를 대표적인 그 예로 제시했다. 그는 "말 자체의 자율적인 질서로서의 자유를 넓게 확보하며 […] 그 말이 자유로워진 만큼 우리의 삶도 그 말과 함께 넓고 자유롭게 해방시켜 나간다"고 매우 함축적인 설명을 했다.

다시 만날 날을 위하여

나처럼 게으르고 굼뜬 사람이 남도의 끝자락에 바다를 보고 앉은 이청준의 생가를 네 번이나 내왕했다는 것은 스스로 생각해보아도 의외다. 첫번째가 가물가물한 내 기억을 확연히 벗겨준 이청준의 연작 에세이에 찍힌 '1993년의 가을'이었으니 15년 전이고, 그다음이 열림원판 '이청준 문학전집'의 편집위원들과 어울려서였기에 1999년이었을 것이며, 세번째가 그의 모친상 때, 마지막이 그의 장례 때였다. 처음 친구들과 그의 고향에 들어갈 때 우리는 마량의 그의 단골 횟집에서 저녁을 먹었다. 내가 먹어본 어죽으로 최고의 맛을 본 그 횟집은 이청준이 "어머니 앞에서는 차마 흰머리카락일 수 없어" '미백(未白)'으로 작호한 곳이기도 한데 그 식당의 방명록에 한 줄 적으라 해서 나도 끄적거린 적이 있었다. 그의 연작 에세이는 내가 뭐라고 썼는지를 옮겨 적어두고 있었다: "미백의 흰머리와 함께 마량의 노을을 보며."[14] 어둑신해지는 배경 속에서 안타까운 노을빛과 아직 파르스름한 하늘을 머리에 이고, 쉼 없이 불어오는 바닷바람에 흰머리칼을 흩날리고 있는 그의 프로필을 그때의 나는 떠올리고 있었던 듯싶다. 물론 그가 아주

---

14) 『그와의 한 시대는 그래도 아름다웠다』, 현대문학사, 2003, p. 85. 이 연재 산문집에는 그의 여행 이야기가 많이 회고되고 있는데, 보니, 내가 그와 함께 간 곳으로는 그곳 말고도 울릉도-독도와 스웨덴-핀란드도 있었다. 지나는 길의 유쾌한 회고이지만, 우리는 북구에 간 김에 로마와 마드리드를 거쳐 파리까지 갔고 이 마지막 여행지에서 유학하고 있던 오생근 교수 집에 며칠 묵었다. 오생근은 우리에게 나나 무스쿠리 판을 틀어주었고 그녀의 판도 한 장씩 선물했다. 무스쿠리의 「노예들의 합창」에 흥분한 이청준과 나는 이 판을 듣기 위해 오디오 시스템을 마련하자고 약속했고, 나는 그가 소개해주는 출판사에 오웰의 『1984년』을 판 원고료로 전축을 장만했고, 이청준은 장편소설 『제3의 현장』을 써서 그 인세로 역시 전축을 구했다고 했다. 이청준 문학전집 장편소설 7, 『제3의 현장』의 작가 후기 「공리적 설명어와 심정적 고백」에 이 경위가 비친다.

고향으로 돌아와 살든가 적어도 자주 찾아오는 귀향길이면 으레 들르 이 바닷가를 나는 그랬던 것인데, 지금의 나는 그것을 그의 마지막 얼굴로 되살리고 있는 중이다. 그 첫 방문 때였을 것이다. 내가 그의 집 뒤꼍과 이어진 낮은 언덕의 밭두렁에 앉아 「바닷가 소년」이었는지 그가 쓴 작은 소설에, 어린 아기가 발목에 끈이 매여 앉아서는 어머니의 하염없는 소리를 들으며 작은 돛단배가 왼쪽에서 오른쪽으로, 오른쪽에서 왼쪽으로 바다를 건너 지나는 장면을 하염없이 바라보고 있는 참으로 외롭고 숙연한 장면이 연상된다고 했더니, 바로 이 자리라고 고개를 끄덕이며, 바다는 외롭지만 생각보다 심심치 않게 숱한 이야기를 품고 있다고 했다. 이제는 그의 영원한 안식의 자리가 된 그 언덕에서의 이 추억이 지금의 나를 슬픈 감미로움으로 적신다.

요즘의 나는 소설을 읽되 허구의 인물과 사건들 뒤에서 작가 자신의 얼굴과 목소리를 곧잘 보고 듣곤 한다. 할멈의 늙은 눈깔에 저승길이 씌워져 번한 대낮에도 귀신이 보인다는 말이 있던가. 작품 속에서 작가를 보는 것은 글을 잘못 읽는 꼴이 분명하시민, 이청준 소설에서 실재의 이청준을 만난다면야, 그 잘못 읽기를 마다할 일이 아닐 것이다. 여기서 건드리지 못한 그의 많은 장편들, 생각해보고 싶은 그의 갖가지 주제와 방법론들을 더 다루지는 못하겠지만, 그의 느린 밀투와 부끄럼 잘 타는 얼굴을 볼 수 있다면, 그래서 그런 그를 다시 만날 수 있다면, 나의 읽기는 반갑고 따뜻한 수고가 될 것이다. 이제 그는 아마도, 서로 여러 점에서 상통하고 있는, 그리고 밭게 겨우 석 달 먼저 간 홍성원과 반갑고 따뜻한 인사를 나누고 있는 중이겠다. 거기서, 히히거리며 조금만 더, 기다리거라……

[『문학과사회』 2008년 겨울호]

덧붙임 1

이청준 형을 보내며

지금 우리의 이청준 형이 떠나고 있습니다. 이 세상을 아프게 바라보며 그 삶의 뜻을 고통스럽게 따져보고 글로써 진실을 찾아내어, 그 생애와 문학을 통해 세계의 진상과 인간의 의미를 밝히고 생각하고 만들어 보여주었던 이청준 형이 이제 우리와 작별하고 있습니다. 우리는 더 이상 그의 맑은 얼굴과 밝은 눈을 볼 수 없고, 다시는 그의 조용한 목소리와 깊은 울림의 말씀을 들어 올릴 수 없게 되었습니다. 슬픈 일입니다. 안타까운 일입니다. 이 세상의 시간들이 그의 운명과 더불어 함께 우리를 떠나고 있습니다.

　이청준 형은 평생을 문학을 위해 바친 분입니다. 그 문학은 이 세상 갖가지 모습들과 우리의 모든 삶을 담고 있고 그의 언어에는 우리의 갖은 설움과 소망이 숨 쉬고 있으며 그의 문자에는 인간들의 숱한 의지와 의미가 실려 있으며 그의 문장에는 진실에의 갈망과 진정에의 꿈이 살아 있습니다. 그의 소설들은 인간의 참된 조건으로서의 자유의 귀중함을 가르쳤고 분단의 현실이 빚은 억압의 현실적 구조를 밝혔으며 세계를 뛰어넘는 구원의 길을 찾고 무한을 창조하는 예술의 길을 열어주었으며 생명의 근원으로서의 원초적인 것들과의 화해의 소리를 들려주었습니다. 그의 작품들은 우리 문학의 역사에 높은 매김이 되었고 세계에 보일 한국 문학의 얼굴이 되었습니다. 그의 존재는 우리의 자랑이 되었고 그의 창조는 우리의 정신을 이루었으며, 그리고 문학을 향한 그의 창조에의 집념과 그의 인간됨의 진지한 품격은 우리의 귀감이 되었습니다.

그는 무엇보다 아름답고 누구보다 귀중한 인간이었습니다. 사람들에게 따뜻했고 아내와 딸을 비롯한 가족들에게 상냥했으며 어떤 일에든 의연했고 무슨 경우에든 푸근하였습니다. 크고 작은 병들에 시달릴수록 내면을 더 당당하게 추스렸고 가난한 문필가였기에 세상과 자신에 대해 엄격하였으며 세속에 물들기를 두려워하고 처신의 품위를 지키며 선비로서의 몸가짐에 깨끗하였고, 일흔 해 한 생애를 그는 고결한 작가로 일관하며 천년학의 고아한 아름다움을 향해 날았습니다. 그의 평생은 삶에서 고상했고 뜻에서 고원했으며 인품에서 고매했고 작가로서 한국 문학의 최고였으며 그럼에도, 무엇보다 세상에 대해 겸손하고 따뜻했습니다. 그는 남도 외딴 바닷가 마을에서 태어났지만 보편을 지향하며 고뇌하는 지성인이었고 한국의 현대인이었지만 옛 것을 익히고 사랑하며 오늘의 새로움을 알아내려는 장인의 정신이었으며 그리하여 척박한 이 땅에 태어난 윤택한 세계인이었고, 그럼에도 그의 몸의 열기와 이 땅의 싶이가 하나기 되는 집요한 우리의 토박이 정서였습니다.

이제 그의 마지막을 당하여 그의 무게는 한없이 무거워지고 그의 키는 한없이 커집니다. 그의 영면으로 우리는 오래오래 허전하고 그와의 작별은 우리의 문단에 길고 깊은 외로움으로 싸안길 것이며 그의 문득 떠남은 우리 문학에 크디큰 허방을 남길 것입니다.

그러나 이제 가야 할 길은 가야 하는 법. 이청준 형. 이제 당신은 표연히 가셔서, 유명을 달리하여 이 세상을 넌지시 뒤로 바라보며 먼저 가신 어머니 옆에서 저세상의 평안을 포근히 받아들이소서. 거기서, 뒤에 남은 우리 슬퍼하는 사람들을 쓰다듬고 헤매는 영혼들에게

길을 열어주소서. 밝은 별이 되어 이 세계의 위로와 지침이 되소서. 삼가 평화로운 새 세상에서 영원한 안식을 누리시기를 빕니다.

2008년 8월 초이튿날
울음을 삼키며 김병익 올림

덧붙임 2

이청준, 한스런 삶에서 화해의 문학으로

뛰어난 정신은 가난하고 메마른 자리에서 크고 풍요한 보람을 일구어내고 아름다운 영혼은 괴롭고 슬픈 삶에서 고결하고 진지한 세계를 만들어냅니다. 일흔 해 한 생애를 소설 문학의 창작에 바치고 지난해 여름 이승을 떠난 이청준에게서 우리는 이 뛰어난 정신과 아름다운 영혼의 모범을 발견합니다. 그는 자기에게 내려진 갖은 불행과 고통을 깊은 한으로 싸안으면서 오히려 그 불행과 고통의 의미를 헤아리고 화해를 향한 소망을 찾아내며 자신에게 가해지는 억압과 모욕을 견뎌내고 그 포악한 정체를 드러내며 용서의 도저한 태도를 보여주었습니다. 그는 40권의 분량에 이르는 끈질긴 집필 작업을 통해 이 세계의 진상을 밝히며 시대의 진의를 탐구했고 사십 몇 해에 걸친 시간을 바친 창작을 통해 문학으로써 가능한 인간의 진실과 운명에의 사랑을 열어왔습니다. 저는 그의 1주기를 맞으며 처음 갖는 이 추모 학술 모임에서 이청준의 이러한 내면적 도약과 창조적 성취가 어떻게 가능할 수 있었던 것인지 그 비의를 알고 싶었습니다.

이청준은 외진 바닷가의 작은 마을에서 태어났고 어릴 적 아버지와 형들이 잇달아 세상을 버린 슬픈 사연을 안으며 가난한 집안에서 자랐습니다. 그는 도시로 진학하면서 자기 몸을 의탁할 친척집의 아주머니가 어머니가 인사치레로 싸준 게 구럭을 쓰레기통에 팽개쳐버린 장면을 바라보아야 했던 기억을 여러 차례 떠올리고 있습니다. 그 게 구럭은 광주로 오는 긴 버스 시간 동안에 썩어 악취를 풍기고 있었던 것입니다. 이때 느낀 참담함에서 이청준은 아마 슬픈 부끄러움을 속 깊이 담아두었을 것입니다. 대학 시절 그는 그의 작은 한 몸을 뉘일 방이 없어 학교 교실로 도둑처럼 숨어 들어가 추운 며칠 밤을 지새워야 했던 고역도 고백하고 있습니다. 순찰하는 경비원의 눈길을 피해 캄캄한 한밤을 떨며 그는 분명 외로운 절망에 젖어 무언가에 대한 복수심으로 힘겨워했을 것입니다. 고등학생 시절 시골 집을 빚쟁이에게 내주고 떠돌이 생활을 해야 할 어머니의 안부가 걱정되어 고향으로 내려왔다가 그러리라 싶은 아들을 기다려 따뜻한 저녁 밥상을 차려주고 다음 날 새벽 눈길을 걸으며 배웅해준 어머니와의 슬픈 자별을 그는 명작 「눈길」에서 되살려냈습니다. 이 안타까운 회상에 젖어 어머니의 손길을 다시 받아들인 것은 눈 위에 찍힌 아들의 발자국을 하나하나 되밟는 어머니의 하염없는 발길이 열어준 따뜻한 슬픔 때문이었을 것입니다. 이청준은 모욕의 참담함을 존재의 부끄러움으로, 복수심을 부르는 절망을 글쓰기의 열정으로, 가난이 깨운 원한을 따뜻한 화해의 전망으로 바꾸기 위해 오래 고뇌했고 고통스럽게 탐색했습니다. 그의 문학은 바로 이 고뇌와 탐색의 작업이었고 마침내 이르게 된 귀향과 화해의 경지가 그의 소설이 당도하게 된 서사적 결론이었습니다.

이청준은 우리 정치-경제사에서 가장 소외되고 박대받는, 그러나 문화적으로는 가장 풍요롭고 서정적인 땅 남도에서 태어났고 자랐습니다. 그는 외딴 시골 출신으로서 광주로 진학했고 다시 서울로 유학했으며 그리고 서울에서 사회생활을 했고 작품을 썼으며 작가로 몸을 세웠습니다. 그는 스스로 쓴 한 약력을 자신이 서울 사람으로 입성하기까지의 힘들고 애먹이는 잦은 이사 다니기의 기록으로 대신한 적이 있었지만 그의 늙은 마음과 마지막 몸은 결국 고향 땅에 위탁하게 됩니다. 그러면서 그는 고향 호남의 서러운 처지를 끝내 외면하지 못했고 광주 시민들이 당해야 했던 혹독한 수난과 원한에서 결코 자유롭지 못했습니다. 그럼에도 그는 「비화밀교」에서 마침내 화해의 말을 열었고 「귀향 연습」에서 고향에서야 몸과 마음의 병을 치유할 수 있으리란 희망을 찾아냈습니다. 드디어 「서편제」와 「다시 태어나는 말」에서 고향의 소리를 통하여만 영원을 향한 구원의 길이 열릴 수 있음을 알려주고 있습니다. 여기서 그는 소리가락과 차 마심으로 자연과 함께하는 품위 있는 삶의 모습을 그리워하며 용서하는 마음을 가르치고 있습니다. 노년의 그는 자신의 내면을 한 많은 고향의 땅으로 귀화시켰고 그의 문학을 신화와 전설로 농익은 자연의 숨결로 익혀냈으며 그의 언어도 호남의 가락과 문체로 토속화하기에 이릅니다. 그는 떠나버렸던 집에서 우리 민족의 유구한 전래의 정서를 발견했고 버려버린 고향에서 삶의 끝없이 깊은 뜻과 한없는 아름다움의 전통을 되찾아냈던 것입니다. 그의 긴 문학적 도정은 이러한 출향과 귀향의 변증이 일구어낸 모색과 축적, 되씹기와 되찾기의 힘겨운 과정이었습니다.

　이청준이 살아야 했던 시대는 행운과 고통이 뒤범벅하고 있었지만 고통은 그의 작가적 상상력을 키우는 데 오히려 크게 기여했고 행운은 그의 문학적 위치를 높이 자리매김하는 바람직한 역할을 했습니다. 그의 행운이란 크게 보아 식민지 말기에 태어나 민족의 발전과 더불어 그의 성장과 활동이 이루어짐으로써 한국 현대사의 발전을 그의 성숙으로 향유할 수 있었다는 점을 가리킵니다. 그는 해방 후 교육을 받기 시작함으로써 같은 호남 출신의 비평가가 지목한 '모국어로 공부하고 모국어로 글을 쓴' 최초의 한글 세대였으며 대학에 입학하면서 4·19에 참여하여 실천적인 민주화 세대의 첫 주체가 되었고 사회생활을 시작하면서 일기 시작한 산업화와 더불어 근대화를 추동하는 중심 세대였다는 역사적인 행운을 누렸습니다. 한글-민주화-근대화의 3중의 민족적 소명을 짊어진 이청준 세대는 선배들과 달리 역사로부터의 피해와 오욕을 피할 수 있었고 후배 세대들이 고통받아 온 이념적 경직과 탈근대의 방종에 젖지 않을 수 있었습니다. 그러나 그 60년대 세대가 누려온 시대적 행운에는 가시도 많이 돋쳐 있었습니다. 해방 후로부터 한국전쟁에 이르는 동안의 전란과 그 후유, 몇 차례의 정변과 유신 독재의 억압, '전짓불 모티프'로 묘사되는 삶과 죽음의 전율적인 공포, 급속한 산업화와 사회적 변동이 초래한 가치 혼란과 고향 상실감이 그것들입니다. 이청준은 그의 시대가 제기한 이런 부정적 문제들을 자신의 문학적 탐구 과제로 환치시켜 소설 창작의 가장 큰 성과로 거두어들였습니다. 『당신들의 천국』은 이상향의 건설을 위한 정치 권력과 인간의 자유가 싸우며 얽힌 갈등을, 「소문의 벽」과 『씌어지지 않은 자서전』은 지배자의 감시 아래 작가의 자유로운 글쓰기가 부닥치는 현실적인 고통을, 그리고 초기의 중단편들은 스러지는 전래 민속 예술의 애잔함 혹은 작가와 지식인들의 내적 자유를 향한 갈망 등등으로 근대와 전통, 권력과 자유, 이상과 현실이란 우리의 지적 인식과 사유에서 작동하고 있던 낯선 대립항들을 그는 자신의 소설 주제로 발전시켰습니다.

여기서 이청준의 작가적 천부를 짚어 올리지 않을 수 없습니다. 명문 광주일고의 학생회장이라면 으레 진학하는 서울대 법대를 마다하고 그는 서울대 문리대로, 그것도 독문학과로 진학했고 일생의 업으로 작가의 길을 택했습니다. 이 선택은 한국전쟁 중 가족이 학살당한 친척 형이 보복을 포기하고 산으로 들어가면서 그에게 출세를 피하라고 권한 데서 영향을 받았을지 모르지만, 그가 권력 대신 언어 예술을 향한 소명의 길을 택함으로써 이 세계의 패악과 인간들의 허위에 대한 평생에 걸친 싸움을 벌이며 거기서 빚어지는 엄청난 고통을 감수하는 운명을 스스로 짊어져 간 것은 이청준 자신의 실존적 엄숙성의 표현일 것입니다. 그는 문단 생활의 초년기에 취직을 했지만 그 직장은 문필 작업의 연장인 잡지 편집자 일이었습니다. 그리고 그 후의 30여 년 동안 그는 전업 작가로 오로지 글쓰기만으로 한 생애를 바쳤고 그 가난한 수입으로 가족을 부양했습니다. 더 편하고 보기 좋은 자리, 더 많은 수입과 권세가 보장된 직책을 스스로 멀리하며 오직 소설 창작의 험하고 고된 노역으로만 살았던 것입니다. 그것은 인간의 전 존재를 진실 탐구와 세계 창조의 삼엄한, 그렇기에 외롭고 괴로운 삶의 아픔을 담담히 그러나 당차게 받아들이겠다는 선택된 자의 운명을 가리킵니다. 작가가 존경받아야 할 이유가 여기에 있고 이청준에 대해 우리가 가장 높은 경의를 드려야 할 연유가 여기에서 비롯됩니다.

자신의 존재 전부를 문학에 건 선택 위에서 발휘되는 이청준의 타고난 지성과 뛰어난 재능을 저는 여기서 다시 높이 평가하지 않을 수 없습니다. 다른 자리에서도 고백한 바 있지만, 가령 「소문의 벽」이 정치적 폭력에 대한 매서운 폭로를 감행하고 있음에도 당시의 혹독한 검열의 손길을 피할 수 있었던 것은 전적으로 그의 교묘한 창작 테크닉과 고도의 문학적 성취 덕분이었습니다. 그는 그다운 독특한 중층 구조와 추리적 기법을 개발하여 한국전쟁과 유신 독재, 현실의 억압과 권력의 통제 속에서 자유로운 글쓰기와 정신적·정치적 자유의 탐구란 아슬아슬한 주제들을 다루면서 그 동기와 사연들을 중첩하고 연계하며 복잡하지만 필연성을 가지고 교묘하게 얽히고설키게 매어놓음으로써 벌거벗은 권력의 악독한 입질을 피할 수 있었던 것입니다. 그의 과감한 문제 제기, 노골적인 현실 비판, 서슴없는 진실 해명의 언어들은 단연 작가란 그의 시대에 무엇을 하는 존재인가를 도저하게 보여준 예가 될 것입니다. 그의 숱한 작품들에서 발휘되는 갖가지의 기법과 문체들, 예컨대 그다운 독특한 곡언법의 문체, 결코 정상적일 수 없는 실재 세계에 대한 비틀기의 우화적 수법, 발견술적 해명을 유도하는 역접(逆接)의 어법 등 이청준 소설의 진골을 이루는 기법들은 그의 이 같은 문학적 성과를 일구어내기 위한 방법론이며 문체적 성과들입니다. 그는 묘사의 사실성보다 인식의 진실성을 지향하는 데서 작가적 탁월성을 드러내며 당장의 성급한 주장보다 한 차원 높여 해석하고 영원한 시간의 눈으로 평가하는 치열한 성찰과 치밀한 사유 그리고 진지한 전망에서 그의 지석 고결성이 고양됩니다. 그리고 오랜 문학적 탐구와 내적 사유를 거친 후 마침내, 그는 귀에 순하는 부드러운 삶을 받아들이며 고향으로 회심하고 화해와 용서를 권고하게 되는데 이때 그의 언어는 순접의 화법으로 바뀌고 남도 특유의 방언적 어투를 사용하며 문장 스스로가 그의 세계관의 방법적 표현으로 피어나게 됩니다. 그 같은 언어 추구의 승화에 이르러 마침내 그는 태어난 땅으로 그의 몸을 누이며 '신토불이'의 지경으로 귀순한 것이었습니다.

그는 그의 실제의 삶을 규정하는 현실로부터 탈출하는 대신 그 안으로 더 깊이 들어가 거기서 궁극의 의미와 전망을 찾아냈습니다. 그의 문학은 그런 그의 생애가 일구어낼 수 있는 세계 인식의 표현이며 그의 삶은 그의 문학이 형성될 근원으로 자리했습니다. 이랬기에 그의 작품들은 항상 독자들의 공감과 사랑이 되었고 동료 문학인들의 존경과 격려였으며 평단의 평가였고 한국 소설 문학의 표징이었습니다. 10년 전 그의 회갑을 기념하는 『이청준 깊이 읽기』의 서지에 의하면 이미 그에 대한 독자적인 연구서가 4권, 논문과 비평이 150편에 이르러 있었습니다. 지금쯤은 그 숫자들이 아마 두 배는 되었으리라 짐작됩니다. 그러나 '이청준학'은 지금부터 시작일 것입니다. 그의 문학과 삶에 대해, 그의 정신과 기법에 대해, 그의 시대와 그가 남긴 영향에 대해 앞으로 더욱 숱한 연구와 비평이 이루어질 것이며 또 그래야 할 것입니다. 그의 고향 땅에서 그의 동료와 후배들에 의해 열리고 있는 '소설가 이청준 선생 추모 학술 회의'는 분명 이 같은 '이청준학'의 시발이 될 것이 분명하며 동시에 '이청준 기림'의 씨앗이 될 것도 확실합니다. 그것은 이청준에 대한 경의이며 그를 사랑하는 이들의 보람일 것이고 그래서 한국 문학의 축복이 될 것입니다.

〔2009. 5. 22. 소설가 이청준 선생 추모 학술 대회〕

한 문학 시대의 마감
―세 분 작가들이 남겨준 모습

　지난봄 홍성원과 박경리, 이은 한여름에는 이청준이 잇달아 세상을 떠났다. 한국 소설계의 세 거목을 한꺼번에 잃는 것도 우리 문학에 엄청 큰 손실이지만 우선 나 자신에게 참으로 안타깝고 참기 힘든 슬픔이었다. 그들과 맺어온 40여 년 동안의 긴 사귐 속에서 나는 그들의 문학과 인품에 깊은 경의를 품어왔고 그들과 같은 시대에 아름다운 인연을 맺을 수 있었던 행운에 감사해왔다. 나는 세 분이 운명하는 날부터 장례가 끝나는 날까지 집에서 두 시간 걸리는 서울아산병원과 삼성의료원을 매일 출퇴근하여 뒷일을 도우며 빈소를 지켜보아야 했다. 이분들의 타계는 내 50대 초에 당한 김현과 황인철의 작고와는 좀 다른 느낌으로 내게 다가왔다. 15년 전과 18년 전의 두 친구의 기세(棄世)는 너무 아까운 쉰 안팎의 나이에 닥친 것이어서 오히려 예외적인 사태로 받아들여졌지만 올해의 세 분의 경우는 그럴 만한 나이에 연이어 왔기에 마치 종말의 운명이 내 어깨를 겯자며 바로 옆으로 바짝 다가온 듯한 실감을 주는 것이었다. 박경리 선생은 나보다 열두 살 많은 띠동갑이고 홍성원과 이청준은 내 나이에 하나를 보태거나 뺄 한 또래였던 것이다.

　그래서였을 것이다. 나는 다 같이 문인장으로 치러진 세 분의 장례식장 광경과 분위기, 이들의 작고에 대한 세간의 조금씩 다른 예우를 관찰하면서 이들의 생애와 문학을 사사로운 추억을 섞어가며 회상하지 않을 수 없었던 것이다. 나는 기자들의 질문에 대답을 하기도 하고 추도사로 이분들과의 영결을 아쉬워하기도 하며 잡지에 그들의 문학적 생애에 대한 회고와 작품의 의미에 대한 글을 쓰기도 했다. 세 작가의 삶을 추념하면서 나는 당연히 그들 간에 다른 점 못지않게 비슷한 점도 컸다는 사실을 새삼 깨달았다. 문학적 성취는 물론 세 분 모두 일가를 이룬 만큼의 뚜렷한 개성을 드러내고 있기에 그 성과의 높낮이를 굳이 가릴 필요가 없었지만 셋 중 둘은 이번의 장례식에 최고의 문화훈장을 서훈받았고 나머지 하나는 신문에조차 제대로 조사가 실리지 않았으며 그럼에도 모두 김현과 황인철처럼 암으로 육신의 삶을 마쳐야 했다. 그들의 말년 역시 그 속살은 조금씩 다르지만 똑같이 자연으로 귀의하고 있었다. 박경리는 이 대지의 생태계가 품고 있는 존엄스런 생명들에 강한 존경을 보내고 있었고 홍성원은 수평선이 그리는 지상의 가장 단순한 구도로서의 바다에 감동했으며 이청준은 드디어 화해를 맺은 고향에서 영원한 안식을 찾고 있었다.

　그들의 문학적 성과와 의미, 한국 문학에의 기여와 같은 본격적인 평가는 다른 자리에서 더 많은 비평가와 연구자들이 보태겠지만 나는 밖으로 드러난 이 세 분의 작가들이 공유하고 있는 어떤 삶과 운명 혹은 태도에 대해 더 말하고 싶다. 그 먼저로, 당초의 가난에도 불구하고 작가가 되겠다고 결단한 진지한 선택을 짚지 않으면 안 된다. 박경리가 『현대문학』의 추천으로 문단에 데뷔할 때는 딸 하나를 가진 홀몸으로 전후의 궁핍과 혼란을 혼자서 감당해야 할 외로운 처지였고, 생활 때문에 대학을 중퇴하고 입대했다가 제대하면서 신춘문예 당선으로 등단하게 되는 홍성원은 이미 8남매의 맏이로서 아우들을 부양할 책임을 지고 있었으며, 『사상계』의 신인 문학상 수상으로 등장한 이청준은 부실한 형 때문에 패가한 집안의 외아들로 어머니와 조카들을 돌보아야 할 아주 딱한 형편이었다. 모두가 궁핍한 시절이었기에 이들의 어려움은 새삼스러운 것이 아닐 수도 있지만, 자기 한 몸만이 아니라 다른 가족도 부양할 책임을 지면서도 수입이 거의 기대되지 않는 글쓰기에 그 생계와 가족의 부양을 의탁했다는 점에서 그들의 유다른 면모가 보이고 있다. 산업화가 시작되는 60년대 중반에 이르러서도 작가란 재산 날리는 소모의 직종이었고 문필업은 원래 가장 큰 노력을 들여 가장 적은 소득을 얻는 비경제적, 아니 반경제적 노동인데 그럼에도 이들은 얼마든지 가능했을 나은 돈벌이를 포기하고 글쓰기를 직업으로 택했고 거기에 자신들의 삶을 던진 것이다. 그 시절의 그 난감한 처지에, 전혀 생업이 될 수 없을 글쓰기를 선택한 것은 그들이 문학에 들린〔憑〕 기구한 운명으로 태어났다 하더라도 그건 분명 대담한 결단이며 당시의 우리 정신을 휘어잡은 실존적 선택이 아닐 수 없었다.

　이들에게 더욱 간곡한 것은 그 모두가 전업 작가의 길을 취했다는 점이다. 홍성원은 처음부터 다른 직업을 가져본 적이 없었고 그래서 작품의 대가 이외의 수입을 받아본 적이 없었으며 박경리, 이청준 역시 초기에 신문 혹은 잡지의 기자로 잠시 근무한 것 외에 평생을 글쓰기로만 일관하며 자신들의 호구를 의지했다. 아니, 박경리·이청준은 잠시 대학 강단에 서기도 했지만 그 강의는 글쓰기와 문학의 연장이었다. 오직 문필만에 의존해야 했기에 그들은 부지런히 그리고 끊임없이 원고를 썼고 작품을 생산해야 했다. 아마도 박경리가 한국 문학에서 가장 방대한 규모의 『토지』를 30년에 걸쳐 집필하고 홍성원이 『남과 북』『먼동』 같은 묵직한 대하소설들을 연재하며 이청준이 25권의 전집으로 묶일 많은 작품을 쓸 수 있었던 것은 그들이 이렇게 전업의 작가였기에 가능했을 것이다. 그들의 한창 때는 원고료 액수도 적었고 출판을 통한 인세 수입도 하잘것없었으며 영화나 텔레비전의 원작료 수입은 예외적인 행운이어서 원고를 많이 쓰는 것으로 호구를 달랠 수밖에 없었다. 그러나 전업 문필 생활은 생활의 현실적 수단인 것 이상의 보다 뜨거운 의미를 품고 있다. 그들은 이 고생스럽고 생계조차 불안스러운 '오로지의 글쓰기'에 자신의 전 존재를 걺으로써 이 세상을 맑게 인식하고 정확히 이해하며 바르게 드러낼 유일한 매체로서의 언어적 진정성에 자신의 모두를 헌신하고 있음을 보여준 것이다. 경제인이 돈으로, 군인이 싸움으로, 정치인이 권력으로 세계를 조리하듯이 문학인은 문자로 세계를 분간하고 표명한다. 그런데 언어는 이 세계에서 가장 작고 약하고 초라하다. 작가는 그 미력한 언어로 세계의 진상을 드러내고 본질을 깨우치며 근원을 밝혀낸다. 그들이 전업의 문필 생활을 택했다는 것은 가장 작고 약하고 초라한 방법으로 가장 바르고 밝고 깊은 의미를 추구해내는 까다롭고 힘든 일을 하고 있었으며 거기에 자신의 모두를, 존재와 삶을, 정신과 생활을 두루 말아 투척하고 있음을 표상하는 것이다. 그것은 발견이고 창조이며 그런 만큼 수난이고 고통이다. 그들은 시간과 정력,

의식과 육체, 이 모두를 이 창조적 고통에 바침으로써 자기 존재 가능성의 원천과 그것을 위한 천형의 노고를 싸안은 것이었다.

　내가 이분들에게 모자를 벗고 경의를 드리는 것은 이분들이 글쓰기의 가난한 생업에 평생을 걸었을 뿐 아니라 이 고통스런 노동에 더할 수 없이 도저한 자부심을 발휘하고 있었기 때문이다. 그들은 '가열한 정신주의' 속에서 글쓰기 자체를 최상의 본분으로 받아들였고 여기서 얻는 보람을 최고의 대가로 여겼으며 이를 희생해서는 어떤 다른 것들을 원하지 않았다. 박경리는 예술원 회원 되기를 사양했으며 그분과 마찬가지로 그녀와 함께 홍성원, 이청준 역시 문학 외의 어떤 세속의 영예나 권세를 누린 적이 없었고 흔한 문학 단체의 흥청거리는 자리에 올라본 바도 없었다. 그런 대신 이청준은 「소문의 벽」에서 작가란 직분의 주인공이 당하는 현실의 억압과 그로 말미암은 정신 질환을 통해 글쓰기의 천직이 당해야 하는 수난의 현장을 환기시켜주었고, 홍성원은 「즐거운 지옥」에서 세속의 더할 수 없는 궁핍 속에서 어떤 달콤한 유혹에도 자신을 잃고 글쓰기의 고통을 버려서는 안 된다는 각오를 다짐하는 것으로 작가로서의 운명에 대한 자부심을 보여주었다. 박경리는 자신의 인생이 행복하다면 글을 쓰지 않았을 것이라고 말했지만 그것은 이 세상에 살고 있다는 것 자체가 슬픔이며 글쓰기의 운명을 감당할 힘을 받쳐주는 것이 그 행복에의 꿈임을 가리킬 뿐이었다. 그랬기에, 이들은 문학 아닌 다른 무엇, 글쓰기 아닌 다른 어떤 것으로도 유혹되지 않았으며 여타의 세속적인 유혹을 치사한 짓거리로 밀쳐내며 오직 작가로서의 운명적인 소임과 문학으로서의 도저한 명예를 고집했다. 그들이 가난한 삶에서도 의연했고 무력한 생활에서도 비굴하지 않았으며 세상을 향해 열려 있지만 자신을 향한 고집을 양보하지 않았고 타인에 대해 겸손하면서도 자기들이 믿는 바를 위해 당당할 수 있었던 것은 그래서였을 것이다. 그것들이야말로 고결한 인간의 품위였고 뛰어난 작가의 자부심이었다. 나는 이들의 이런 태도가 가장 좋은 의미에서의 인문주의적 정신의 표현이며 가장 존경받는 예술적 장인들의 고전적 덕성이 아닐까 생각한다. 요컨대 그들은 언어 예술을 통해 새로운 의미의 창조를 수행하고 이 세계를 풍요롭게 만들면서 도저한 삶의 태도로써 비루한 오늘의 세속적인 행태들을 이겨낸 아름다운 전범을 보여주고 있는 것이다.

박경리·홍성원·이청준을 잃어버림으로써 젖어드는 우리의 상실감은 그렇기에 그들의 문학을 더 이상 볼 수 없게 되었다는 아쉬움에만 있는 것이 아니다. 소설은 후배 작가들이 여전히 만들어낼 것이고 그 문학은 어쩌면 역사와 현실을 무겁게 재현해내는 이 근대주의 작가들보다 더 재미있고 섬세하며 오늘의 감수성에 더욱 공감되는 모습을 가질 것이다. 그러나 자신의 존재 모두를 오로지-글쓰기의 작업에 투신하는 진지한 정신과 품위 있는 삶을 그래서 이제는 더 만나기 어려울지도 모른다. 물론 작가들의 숫자가 더 늘어나고 그들의 생산이 보다 왕성해지겠지만 폭주하는 현대 문명 앞에서 그들의 존재는 오히려 초라해지고 그 힘은 왜소해질 것이다. 소설책은 더 많아지고 그 소비도 계속 증가하겠지만 세상은 다양해지고 거기서 문자문화 전래의 고집들은 헐거워질 것이며 더불어 작가들은 유복해지면서 경쾌해질 것이어서 고통이 안겨주는 삶의 진정성, 수난이 돋우어주는 정신의 고결함은 삭아질 것이다. 소설은 더 넓게 향유되고 그 독서는 더욱 활발해지겠지만 문학은 더 세속화하고 정신주의적 문학의 문학다운 자율성은 약화되어갈 것이다.

  나는 굳이 문학의 운명을 비관하는 것도, 애써 고전적인 작가의 자세를 고집하는 것도 아니다. 세상은 바뀌고 우리의 감성과 인식도 변할 것이며 문학의 개념과 문학인의 상(像)도 달라질 것은 분명하다. 그럼에도, 아니 그렇기 때문에, 진정한 작가들의 품위 있는 삶과 그들이 성취한 뛰어난 근대 문학적 자산들이 더욱 높이 바라보이고 보다 깊은 존경심으로 젖어든다. 우리의 아름다운 문학적 미덕들은 2000년의 서정주·황순원에 이은 올해의 박경리·홍성원·이청준 세 작가들이 떠남으로써 더 이상 만나기 어려운 작가적 형상일 수 있는 것이다. 그러니까 세 소설가의 죽음은 고전적 작가상의 마지막을 뜻할지도 모른다. 나는 그분들의 서거를 이런 뜻에서 더욱 아쉽게 애도한다. 그들이 남겨준 문학적 유산들은 어떤 방법으로든 누군가에 의해서든 챙겨지겠지만 그들이 보여준 장인적 정신과 고고한 작가적 품위만은 쉽게 전수될 것이 아니기 때문이다. 나는 훈장 추서라든가 문학관 건립 혹은 문학상 제정이란 겉 보이는 행사에서가 아니라 그들에게서 유다른 아름다움으로 드러나는 내면적인 진지함, 태도의 겸손과 정신의 도저함을 향한 경의만이라도 우리가 바로 표현할 수 있기를 바랄 뿐이다.

  돌이켜볼수록 누추해지는 나의 이력 때문에 그들이 남긴 정분이 더 안타깝고 아쉬워지며, 먼저 간 그들의 뒷길이 몇 걸음 안 남았지만 그들의 진지함·고상함·풍요로움은 벌써부터 더욱 부럽고 그리워진다.

                                            〔『문학의문학』 2008년 겨울호〕

자유와 개성
─ '문학과지성'의 비평적 지향

 계간 『문학과지성』은 1970년에 창간되어 1980년 강제 폐간되었다. 그 이름의 도서출판 문학과지성사는 1975년 창사하여 지금도 활발하게 활동하면서 계간 『문학과사회』를 발행하고 있다. 먼저의 계간지를 편집하던 동인들이 출판사의 운영도 겸하고 있었지만 1980년대의 무크지 『우리 세대(시대)의 문학』을 거쳐 현재의 계간지로 오면서 그 편집 주체가 젊은 세대로 바뀌었고 2000년부터는 문학과지성사의 운영진도 아래 세대로 교체되었다. 『문학과사회』는 제호를 새로이 하고 『문학과지성』의 속간 아닌 창간으로 독자성을 보장받으면서 그 편집 동인도 이른바 '문지 제2세대'를 거쳐 '3세대'로 개편되었다. 이러한 변화에서 우선 '문학과지성'의 개방적인 태도가 발견될 수 있을 것이다. 젊은 비평가들을 영입함으로써 이룬 세대 교체를 통해 새로운 문화적·문학적 흐름을 수용하며 스스로를 확대하고 변화시키려는 '문지'의 열린 자세가 여기서 실제의 태도로 드러나기 때문이다. 이 변화는 이 같은 종적인 승계와 더불어, 동인 편성의 변화와 문학과지성사주주 영입으로 인적 구성을 확산하며 그 조직을 제한적인 동인 구조에서 확산적인 유파로 스스로를 확장해가는 사례를 보여준다. 그 모습은 황동규가 말하는 '문지 학교'의 에콜 성립을 의미하는데 30년의 역사 속에서 세대를 이어오며 그 외연을 넓혀온 문지적 문화 에콜의 조성과 문학 공동체의 형성은 우리 문학사에서나 외국의 문단에서 매우 보기 드문 현상일 것이다. 나는 이 유파의 지성적 지향을 '자유와 성찰'[1]로 돌이켜본 바 있는데 문지파 문학평론가들이 보여온 비평적 지향에 대해서는 '자유와 개성'이란 어휘로 요약하고 싶다. 성찰이 지성의 가장 중요한 덕목이라면 개성을 존중하는 태도가 문학의 심미적 덕성일 것이며, 이 두 가지는 '자유'를 기본적인 정신적 조건으로 설정한 '문지' 동인들의 다양한 문학비평 활동과 그 지향에 공통된 기반을 이룰 것이다.

'문학과지성'의 역사는 그러나 계간 『문학과지성』보다 앞선 이전의 역사를 가지고 있다. 나는 57학번이지만 문지의 다른 동인 김현·김치수·김주연은 4·19가 일어난 1960년의 입학생이다. 김주연은 서울대 문리대의 학생신문 『새세대』 편집장으로 활동했고 김현과 김치수는 1962년 대학생 동인지 『산문시대』를 만들었다. 또 이들은 60년대 중반에 황동규 등과 동인지 『사계』를 펴냈고 후반에는 동시대 문학인들이 대거 참여한 『68문학』을 간행했다. 김현을 중심으로 한 일련의 동인 활동의 맥락이 『문학과지성』으로 귀결된 것이다. 그래서 이것들

---

1) 권오룡·성민엽·정과리·홍정선 엮음, 『문학과지성사 30년: 1975~2005』(문학과지성사, 2005)에서 '문지'의 지성사적 측면을 회고한 나의 글 「자유와 성찰— '문학과지성'의 지적 지향」. 여기에 짝을 맞추어 '문지'의 문학비평을 회고하고자 하는 것이 이 글의 목적이다.

간에는 자기 시대에 대한 인식과 이에 대한 스스로의 문학적 과제의 자임이 이어져 흐른다. 『산문시대』 창간호에 제기된 "태초와도 같은 어둠"은 『68문학』 서문에서 다시 환기되면서 "우리 시대의 위기를 샤머니즘적인 것과 관념적인 유희와 비슷한 것이 되는대로 결합하여 빚어내는 정신의 혼란 상태"라는 지적으로 발전되고 『문학과지성』 창간호 서문에서는 그것이 보다 뚜렷하고 구체적인 현실 진단으로 제시된다:

> 이 시대의 병폐는 무엇인가? 무엇이 이 시대를 사는 한국인의 의식을 참담하게 만들고 있는가? 우리는 그것이 패배주의와 샤머니즘에서 연유하는 정신적 복합체라고 생각한다. 심리적 패배주의는 한국 현실의 후진성과 분단된 한국 현실의 기이성 때문에 얻어진 허무주의의 한 측면이다. 그것은 문화·사회·정치 전반에 걸쳐서 한국인을 억누르고 있는 억압체이다. 정신적 샤머니즘은 심리적 패배주의와 밀접한 연관을 가지고 있다. 그것은 현실을 객관적으로 정확히 파악하여 그것의 분석을 토대로 한 어떠한 결론을 도출해내는 것을 방해하는 모든 것을 말한다.

이 유명한 문장은 앞선 두 동인지의 창간 서문과 마찬가지로 김현이 쓴 것인데, 당초의 열정에서 점차 냉철해지고 문제와 과제에 대한 구체적인 확인을 하게 되는 과정을 보여주면서 『문학과지성』의 현실 비판적 자세의 원형을 드러낸다. 동인들의 동의 아래 발표된 이 「서문」에서 그가 제시한 '이 시대의 병폐'는 패배주의와 샤머니즘이고 주체의 인식과 발현, 합리적 사유와 지적 성찰이 우리의 우선적인 지적 과제였다. 이 근대주의적 각성은 물론 4·19에서 발원한 것이다. 『문학과지성』 동인들은 스스로 4·19 세대임을 자부했고 거기에 겹치는 한글 세대로서의 행운을 자랑했다. 그러니까 이들은 처음부터 민주주의 교육을 받았고 그 민주주의를 학생 혁명으로 성취한 최초의 민주주의 세대라는 데 자신감을 가지고 있었던 것이고 우리말로 책을 읽고 생각하고 글을 쓴, 우리 역사에서 역시 최초의 한글 세대라는 문화적 정체성을 확인하고 있었다. 그것이 기왕의 역사를 어둠의 억압적 샤머니즘 세계로 거침없이 진단할 수 있게 했고 현실을 객관적으로 파악하여 패배주의를 극복할 또렷한 자신감을 갖도록 했다. 문지의 네 동인이 계간지 창간 2년 만에 간행한 합동 평론집 『현대한국문학의 이론』(민음사, 1972) 서문은 이 자부심과 자신감이 이렇게 4·19에 연원하고 있음을 분명하게 보여준다.

1960년대 초기의 열기와 감동, 우리들의 문학적 충동은 이 시대의 들끓는 분위기와 깊은 관계를 가진다. (……) 우리는 우리의 사고를 황폐케 하는 것들, 우리들의 행동을 무력하게 하는 것들, 우리들의 언어를 공허하게 하는 것들에 깊은 관심을 가지게 되었다. 4·19의 거센 흥분이 지나가고 난 뒤, 우리는 이렇게 하여 역사의 의미와 만났다. 무엇을 어떻게 할 것인가. 비록 우리들이 갖고 있는 지식은 빈궁하고 우리들이 쓰고 있는 언어는 조야하지만, 바로 그렇기 때문에 우리는 지식과 언어에 대한 무한한 사랑을 지니고 있다. 이 사랑은 역사의 의미, 자유의 의미를 탐구하고 현실의 괴로움을 극복할 수 있는 가장 큰 일임을 우리는 자부한다.

김주연이 서문을 쓴 이 평론집은 명분에 있어 이 공동 저자들이 4·19의 적자로 자임하고 있음을 명시하면서 사적으로는 '문지' 네 동인의 진한 어울림을 분명하게 드러낸다. 동인들의 공동체성은 이 책의 필자를 차례나 본문의 제목 아래 두지 않고 글의 끝에 괄호 안으로 넣음으로써 개개의 얼굴로서보다는 한 서클에서의 공동의 작업임을 확연히 밝히고 있는 것이다. 여기서 이들이『문학과지성』의 동인이되 '편집' 동인임이 상기되어야 한다. 정과리는『문학과지성』이 취한 "문예지/동인지/계간지"의 문학적·문단사적 의미를 설명하고 이 잡지의 종합문예지적 성격은 처음이 아니지만 동인지이며 계간지이기는 새로운 것이라고 평가하는데[2] 나는 여기에 우리 문단이나 잡지사에서 처음 보는 '편집' 동인 체제라는 점을 강조하고 싶다. 동인은 물론 생각, 경향 혹은 연고에서의 어떤 동질성이나 친연성을 가진 사람들의 공동 작업을 가리키는데 우리나라의 동인지들은 대부분 그 참여를 작품 수록에 한정하는 '작품 동인'의 성격을 가진 것이었다. 그러니까 발표 매체가 빈약한 상황에서 문학인들이 자신들의 작품을 발표할 공동의 자리를 만드는 것이 동인 운동이었고 그것은 그런 만큼 폐쇄적일 수밖에 없었다.『문학과지성』이 취한 '편집' 동인은 잡지의 편집과 기획에 대한 공동의 작업을 수행하는 구조이다. 발행의 취지와 성격, 기획과 특집의 주제 선택, 수록 작가와 작품의 선정 등 편집 전반에 대한 공동의 작업을 하되 필자와 게재는 외부로 열어놓는 체제이다. 이는 문제의식을 같이하고 비평적 견해가 상통하며 그 평가가 비슷한 수준일 때 가능한 것이며 그래서 편집의 의도와 아이디어

---

2) 정과리,「『문학과지성』에서『문학과사회』까지」,『문학과지성사 30년』, p. 161.

의 설정은 폐쇄적일 수 있지만 필진과 원고는 외부로 개방된 것이다. 잡지나 기획 도서가 으레 취한 '편집위원' 체제가 다양한 견해와 전문성을 모아놓되 구성원들의 개별성이 주도한다면 편집 동인제는 마찬가지로 공적인 주제와 개방적인 필진을 가지면서도 그 기획과 편집에서는 동질적인 성향으로 연대성을 가지며 공동의 책임을 진다는 점에서 다르다. 정과리가 말하는 '공공 영역'을 동인지인 『문학과지성』이 확보할 수 있었던 것은 이 같은 편집 동인 체제의 '열린 폐쇄성'에서 비롯된 것이다.

 정신적 자산은 4·19에서 출발하고 토의와 공감을 통해 동인 의식을 다져오면서, 네 명의 비평가는 '문학과지성'이란 이름 속에서 공동의 문학적 지향을 받쳐 굳혀가고 있었지만 이들의 공부와 개성은 물론 서로 달랐다. 김현과 김치수는 불문학을 했고 김주연은 독문학을 했으며 나만이 사회과학도였다. 그들은 모두 프랑스 혹은 독일로 유학했고 나는 신문사 기자 생활을 하면서 한국 문학을 따라갔다. 김현은 심리주의적 접근법으로 작품을 분석했고 김치수는 형태와 구조의 분석으로 접근했으며 이 둘은 프랑스의 구조주의와 문학사회학을 도입해서 한국 문학의 새로운 해석의 길을 열어놓았다. 김주연은 프랑크푸르트 학파의 비판 이론을 소개하고 그들의 미학 이론을 번역하였으며 수용 이론과 현상학에도 접근했고 기독교에 깊이 젖어들었다. 김현의 '비평의 유형학'에 따르면 김주연과 나는 '문화적 초월주의'에 속하고 김치수와 그 자신은 '분석적 해체주의' 유형이다.[3] 그럼에도

---

3) 김현, 「비평의 유형학을 위하여」, 김현문학전집 7, 『분석과 해석』, p. 234.

이들은 '화이부동(和而不同)'으로 친목하면서 공동의 기반 위에서 편집과 비평의 작업들을 수행했다. 개인적인 회고이지만 우리 넷이 이처럼 제각각의 성격과 지향을 가지면서도 계간지 창간으로부터 오늘에 이르기까지 세목에서의 이의에도 불구하고 전체에서 공감과 동의로 공동 작업을 하며 문학적 공동체를 유지해올 수 있었던 힘이 어디에서 나온 것인지 스스로 신기해하기도 한다. 나는 김현의 문학적 주도와 김주연의 분위기 선도, 김치수의 실무적 중심이 나의 관계에서의 균형 지향으로 적실하게 어울린 것이 아닐까 생각하지만 지적 사유와 인간적 우정이 아름답게 응집된 이 공동체의 성원들이 지닌 한결같은 덕성에 고마운 마음을 지울 수 없다.

'문지의 4K'가 우선적으로 창간과 동시에 집중해야 했던 것은 이른바 현실 참여론에 대한 문학의 순수성 옹호였다. 이 잡지가 창간되던 1970년은 정치적으로 박정희의 독재 권력이 3선을 위한 개헌으로 폭력을 행사하기 시작했으며 경제적으로는 농촌의 희생 위에서 산업화의 드라이브가 강력하게 불어닥치며 개발주의가 압도했고 학계에서는 이런 상황에 대응하며 민족주의와 근대화의 주제가 왜곡을 무릅쓰며 진지하게 논의되고 있었고 이 복잡한 상황 속에서 1967년 가을에 점화된 참여문학론이 문단 전체를 반분하는 듯한 열기로 번지며 더 넓고 뜨거운 논의로 쟁점화하고 있었다. 불문학자 김붕구 교수의 당초의 주제 발표는 문학의 현실 참여론이 프랑스 문학의 경우를 살펴 그것이 이념화되었을 때 현실의 개선에도 실패하고 작품 자체도 도식화하여 문학적 실패만을 초래한다며 참여론의 위험성을 지적한 것이었는데 당시의 정국 속에서 이에 대한 반론이 뜨겁게 제기되어 문단 전체에 찬반의 논의가 뒤끓었던 것이다. 이때 참여의 거점이 백낙청이 주재하는 계간 『창작과비평』이었고 『문학과지성』은 참여론을 비판하며 순수문학론을 주장했다. 문지파의 비평가들은 현실이 부패하고 왜곡되고 있다는 비판적 진단에는 참여론과 의견을 같이하고 있었지만 그런 현실에 대한 문학적 대응에서 참여론이 보이는 도식성과 행동주의에 회의를 보내며 문학적 자율성을 통해 타락한 현실에 대한 정서적 저항을 일구어내야 한다고 생각했다. 문학의 실제적 용도에 대한 두 입장의 차이는 논의가 진전되면서 더욱 지향의 대결 구도로 강화되지 않을 수 없었다. 가령 산업화로 인한 농촌의 피폐에 대해서는 참여파와 마찬가지로 동의하지만 문지파는 그 피폐가 도시의 하층민과 주변부에도 미만해 있기에 시선을 농촌에만 고정시킬 것이 아니라 도시와 중산층 및 지식 집단에도 확대하여 현실 전반을 관찰해야 한다고 지적한다. 타락과 부패를 폭로하고 개혁을 요구하는 시민적 의무에 대해 순수파도 공감하고 있지만 그러나 그 저항은 영웅주의적 반항에서보다는 소시민들의 좌절과 뿌리뽑힌 계층의 아픔을 통한 정서적 공감에서 우러나오기를 바랐다. 요컨내 참여파는 창작의 의도와 반항을 우선시하며 행동을 요구하는 도덕적 의지를 강조하는 데 비해 순수파는 문학의 효과를 중시하고 삶의 진정성에 호소하며 문학적 자율성을 옹호하고 공감의 비평을 전개하고 있었다.

참여론의 제기로 야기된, 문학은 무엇을 해야 하는가의 논의는 70년대로 들어서면서 어떻게 할 것인가의 방법론에 대한 토론으로 진전되는데 백낙청과 『창작과비평』은 이미 주장해온 리얼리즘론을 더욱 발전시켜 그 당위성을 강조하고 있었다. 이 쟁점에 대해 나와 염무웅은, 앙케트를 통해 '한국 문학과 리얼리즘'(『문학사상』, 1972. 10)에 대한 상반된 논의가 제시되었지만 문지의 대체적인 입장은 리얼리즘을 기법과 정신으로 나누어보면서 근대 문학의 속성은 리얼리즘적 정신에 서 있지만 그 기법은 다양하고 자유롭게 개발되어야 한다는 생각이었다. 김현의 「한국 소설의 가능성」은 더 나아가 발자크 시대에 가능했던 보편성의 신념이 남북 분단의 우리 현실에서는 결코 가능할 수 없다고 지적하면서 리얼리즘이 유일한 창작 방법론으로 강요될 때 문학의 생명력은 확보될 수 없다고 비판한다. 김현의 이 주장에는 사회주의 리얼리즘으로의 보다 급진적인 경향화에 대한 우려도 숨어 있었지만 무엇보다 재단비평적 도식성으로부터 벗어나 자유로운 상상력으로 직관할 때에야 모순된 현실이 더욱 정확히 포착될 수 있다는 그의 지론이 여기서 강력하게 드러난다: "중요한 것은 한국의 현실의 모순을 직관으로 파악하는 작가의 놀라운 투시력, 그리고 그것을 가능케 하는 상상력이다. (······) 도식화하지 말라, 당신의 상상력으로 시대의 핵(核)을 붙잡으라"(『현대한국문학의 이론』, p. 107). 김치수는 리얼리즘에 대한 이러한 견해를 발전시켜 염상섭의 『삼대』 등을 자연주의가 아니라 사실주의의 성과로 수정하면서 그 리얼리즘의 문학적 성과를 높이 평가하는 동시에 최인훈·김승옥·이청준의 탈사실주의의 모더니즘적 작품들에 대한 주목도 적극 권고한다. 참여 논쟁은 리얼리즘론을 거쳐 70년대의 중반에는 민중문학론으로 흡수되어 버리게 되고 80년대로 넘어가면서 새로운 문학 세대에 의해 무크지 발행이 활발해지는 가운데 참여/순수 논쟁에 대한 광범한 성찰이 제기된다. 김현은 이 논쟁이 '가짜의 논쟁'이며 현실의 모순에 대한 변혁의 의지가 '이론적 실천'과 '실천적 이론'의 경쟁적인 방법론으로 표출된 것으로 설명한다. 5·18 광주항쟁을 겪으면서 문학비평의 의미를 다시 천착하는 김현은 그러면서 이제 문학비평이란 무엇인가에 대

해 되물어야 한다고 반성한다:

> 문학은 그 어느 예술보다도 비체제적이다. 나는 그것을 문학은 꿈이 다라는 명제로 표현한 바 있다. 문학이 있다는 것만으로도 사회는 꿈을 꿀 수가 있다. 문학이 다만 실천의 도구일 때 사회는 꿈을 꿀 자리를 잃어버린다. 꿈이 없을 때 사회 개조는 있을 수가 없다. 문학비평은 문학비평이 남을 수 있게 싸워야 한다. 그 싸움과 동시에 문학비평은 문학비평으로 정말 할 수 있는 것은 무엇인가, 문학비평이란 무엇인가라는 자신에 대한 질문과도 싸워야 한다.[4]

여기서 그는 새로운 과제를 다짐했지만 1980년 여름 『문학과지성』은 『창작과비평』과 함께 신군부에 의해 강제 폐간되고 그가 제시한 주제들은 문지 동인들의 제자들로서 문학과지성 제2세대로 영입되는 이인성·권오룡·진형준·홍정선·정과리·성민엽과 그들이 편집하는 무크지 『우리 세대의 문학』 및 1988년에 창간되는 계간 『문학과사회』로 승계되면서 그 자신은 1990년 아까운 나이로 작고한다.
　'문학과지성'은 급진적인 문학론에 저항하고 있었지만 그 입지가 결코 보수적인 것은 아니었다. 오히려 사상의 시장에서 자유롭고 개방적이기를 희망했으며 민주주의적 기반 위에서 좌파적 이념들을 소개하는 데 어느 쪽보다 적극적이었다. 계간 『문학과지성』이 인문학에서 '청년 마르크스'를 소개하고 비판 이론을 도입함으로써 교환가치 체제의 부도덕성을 지적하며 자본주의에 대한 비판적 시각을 이끌어

---

[4] 김현, 「비평의 방법」, 『문학과지성』 1980년 봄, p. 171.

냈지만 그 문학론에서도 프랑크푸르트 학파의 아도르노와 벤야민의 글을 번역하고 소개하면서 네오마르크시즘의 미학 이론을 본격적으로 수용했다. 김주연에 의해 주도된 이 작업은 서구의 지적 동향을 관찰하면서 비판 이론의 미학과 문학론이 어떻게 현실과 미학 속으로 적용되고 한국 문학 속으로 들어올 수 있는지를 가늠하는 것이었다. 김치수는 프랑스 유학에서 돌아와 마르크시즘의 영향권에서 발전한 소설사회학을 응용하여 한국에서의 문학사회학을 시도했고 김현은 따로 문학사회학의 본격적인 연구서를 간행했다. 이 두 프랑스 문학 연구자들은 더 나아가 소쉬르에서 출발한 구조주의를 받아들여 작품 분석 방법론을 개발하고 구조시학을 소개하며 기호학을 도입하는 한편 바슐라르의 상상력 연구를 적극 수행하고 해체주의와 러시아 형식주의로까지 관심을 발전시킨다. 그러니까 실존주의 이후 1960년대로부터 서구에서 전개되어 한창 성황을 이루는 레비-스트로스와 바르트로부터 푸코에 이르는 프랑스의 근래의 인문학 동향과 하버마스로부터 벤야민, 아도르노, 마르쿠제로 집중되는 비판 이론과 콘스탄츠 학파의 수용 이론을 문학과지성의 비평가들은 본격적으로 소개, 수용하고 있었던 것이다. 이 작업은 단순한 학문적 '새것' 추구의 소산이 아니다. 동인들은 유신과 신군부에 의해 강요된 정치적·문화적 폐쇄성을 뚫어내는 단서를 이 서구의 사상들을 통해 찾아내면서 한국 사회에 미만한 속류 자본주의의 모순을 비판적으로 바라보고 그 극복을 위한 계기를 탐색하면서 외국의 이론을 한국의 문학과 정신의 접근에 능동적으로 활용함으로써 우리의 사상적·정신적 근대성을 탐구하고 있었다. 80년대 문화계에 광범하게 확산된 민중-민족 논의의 또 다른 한편에 지식 사회에서 모색되던 다양한 인문주의적 사유들, 그러니까 당대의 이념적 지평에서 제기된 네오마르크시즘·비판 이론·구조주의·해체주의 들이 문지에서 발원했던 것이다. 문지의 동인들이 비평의 도식성에 대해 비판적이었던 것은 이런 지적 개방성에서 달구어진 것이겠지만, 이와 동시에 자본주의의 사물화 현상에 대해서 더욱 비판적이고 문학의 자율성을 보다 뜨겁게 강조한 것도 이런 인문주의적 정신이 활발하게 발휘된 덕분일 것이다.

『문학과지성』이 수행했던 문학 연구 활동 중에서 가장 적극적인 성과로 꼽아야 할 것이 김현과 김윤식이 공동으로 행한 한국 문학사의 편사 작업이다. 1972년 봄호부터 이듬해 겨울호까지 『문학과지성』에 연재되어 후에 단행본 『한국문학사』로 간행(민음사, 1973)된 이 작업은 한글 세대에 의해 이루어진 첫 문학사 서술의 성과로서 백철의 사조사, 조연현의 문단사적 접근법을 탈피하여 문학 작품과 그것을 생산케 한 시대와의 대응 관계 속에서 작품의 역사로 구성했다는 점, 작품의 문학적 성과에 대한 평가 위에서 그것의 정신적·사회적 의미를 연계시켜 서술했다는 점, 근대 문학의 형성을 기존의 최남선-이광수로부터 1세기 이상 소급하여 18세기의 영·정조대로 끌어올렸다는 점에서 획기적인 것이었다. 근대 문학의 계기에 대한 이의는 제기될 수 있겠지만 이후의 문학사 편술에서 시점과 방법론이 여기에서부터 발효되었다는 점에서 이 작업의 의미와 영향이 다시 확인된다. 또한 같은 동인인 김주연이 「문학사와 문학비평」을 통해 독일의 문학사 서술과 비교하며 그 방법론의 수용을 권고하면서 벌인 김현과의 토론은 우리의 논쟁사에서 가장 모범적인 예가 될 것이다. 김현은 이 문학사에 이어 1975년 겨울호부터 「한국문학의 위상」을 장기 연재하면서 문학의 본질에 대해 근본부터 성찰하면서 고전 시대로부터의 한국 문학의 성격을 구조적으로 접근한다. 그는 이 일련의 작업을 통해 우리 문학의 역사를 재검토하면서 문학이 과연 무엇을 할 수 있는가란 문제를 천착한다. 그는 문학이란 써먹기 위해 만들어진 것이 아니며 그 쓸모없음으로써 비체제적이 되어 우리에게 자유로운 꿈을 꿀 수 있게 하고 그 자유로움을 통해 현실의 억압과 교환가치의 타락에서 벗어날 수 있다는 그의 강력한 문학관을 발전시킨다. 실제로 동인들 모두가 문학의 비실용성에서 문학의 가능성을 기대하고 있었고 문학의 현실 참여가 사유와 정서의 급진주의를 이끌어 문학이 이룰 수 있을 자율성을 줄임으로써 오히려 삶과 소외되고 변혁에의 꿈을 좁혀버린다고 생각했다. 문지의 비평가들은 문학적 자율성의 의미를 신뢰하면서 문학의 무용성에서 그 효용성을 발견하고 있었고 창작에 대한 기대와 작품에 대한 평가에서도 이것들이 피워낼 풍요한 꿈과 진지한 성찰, 개성적인 감수성과 자유로운 상상력 등 미학적 항목들에 두고 있었다.

『문학과지성』은 '재수록'이란 독특한 편집을 통해 동인들이 '좋은 문학'이라고 합의한 작품을 선정해서 잡지에 재수록하면서 왜, 어떻게 좋은지를 밝히는 레뷰를 게재했다. 그것은 작가들을 격려하여 그들에게 문학적 자신감을 가지게 했지만 '문지'의 비평가들은 작품의 분석과 비평의 현장 작업을 통해 자신들의 문학론과 비평적 시각을 개진하며 왜 좋은 문학인가를 설명했다. 그러나 그 '좋음'의 기준은 도식화하지 않았고 또 그래서도 안 될 것이었다. 그 좋음은 소재에서 오는 것이 아니며 작가의 의도에서 비롯되는 것도 아니었고 객관화할 수 없는 문학적 효과 곧 감동·호소력·진정성·아름다움 등등의 주관적 소감으로 표현할 수밖에 없는 것들에 기대는 것이다. 그랬기에

'좋은' 작품으로 선정되어 재수록되고 분석되는 문학들은 그 주제가 조세희나 조선작의 뿌리뽑힌 사람들의 사회적 상황일 수도 있고 김원일처럼 유년기에 겪은 전쟁의 체험일 수도 있으며 최인훈·홍성원·이청준 같은 지식인의 고뇌이기도 하고 황동규와 정현종, 오규원과 김광규의 시학이기도 했다. 우리는 그 작품 선정을 위한 토론을 하면서 그의 상상력은 자유롭고 풍요하며 역동적인가, 그의 주제는 독창적이고 개성적이며 진실한가, 그의 문체와 구성은 힘있고 아름다우며 잘 짜여 있는가로 평가했다. 자유와 개성이 그러니까 우리가 가장 중시하는 비평적 덕목이었고 그것을 보장하는 다양성과 개방적인 태도를 우리는 애써 지켰다. 그 평가는 주관적이고 그 결과에는 일관성이 없어 보인다. 그러나 그것이 우리가 바라는 바의 '비체제적인 것'이었고 상투성에 대한 거부였으며 다시 말하지만, 자유와 개성의 문학적 자질이었다. 갖가지 소재의 작품들, 이념과 입장의 상반된 작가들의 수용이 그래서 '문지'에서 가능하게 된 것이고 '문지' 동인들의 그 열린 포용력이 작가들의 상상력과 따뜻하게 만날 수 있었을 것이다. 문지의 비평가들은 목적적이고 도식적인 사유를 싫어하고 역동적이며 풍요한 상상력을 미학적 자질로 받아들였으며 고식적이고 상투적인 문장을 혐오하고 진실하며 아름다운 문체와 형식을 평가했으며 의도가 아니라 효과로, 구호로써가 아니라 감동으로써 작품이 다가오기를, 그럼으로써 우리 문학이 독창적이며 개성적으로 자유롭게 피어나기를 바랐다. 그들은 공감의 비평을 지향하며 문학적 진정성[5]을 바라

---

[5] 주관적이고 정의하기 어려운 '진정성'에 대해 나는 이렇게 적은 바 있다: "오늘의 자본주의와 문화산업 체제에 대항하여 인간의 인간다움을 위한 싸움을 벌이는 정신, 내가 이르는 바의 예술가의 장인 정신."『새로운 글쓰기와 문학의 진정성』, 1997, p. vi.

고 있었던 것이다. 그것은 문학이 정치가 아니라 예술이며 이데올로기가 아니라 정서이고 행동이 아니라 울림이며 강요가 아니라 호소이고 주장이 아니라 교류이며 닫힘이 아니라 열림임을 확인하는 비평적 지향일 것이다. 문지의 비평가와 그 후배들은 문학과 비평의 이런 지향에 동의하는 에콜적 공감대를 형성하고 있는 것이다.

그렇기에 문학과지성의 동인들의 비평 작업에 대한 보고에는 더 많은 속편과 보유가 필요할 것이다. 동인들이 계간 『문학과지성』을 통해 벌인 공동체적 성격을 회고하는 이 글에 이어 '비슷하면서도 서로 다른' '문지' 동인들의 개별적인 분석과 비교도 필요할 것이며[6] 이들이 공동 출자하여 창사한 문학과지성사의 출판 작업을 통해 실현한 비평적 기획과 성과에 대한 진단도 함께해야 할 것이고 글로 쓴 비평만이 아니라 그들의 생애를 통해 현실에 대해 가한 비판적 행위의 성격도 아울러 보아야 할 것이며 1977년 김종철과 함께 합류한 오생근의 비평 활동도 추가되어야 할 것이다. 여기에, 80년대의 무크지 『우리 세대의 문학』과 계간 『문학과사회』의 편집에 참가하여 이제 이미

---

6) 문학과지성사의 제2세대 비평가들은 '문지'의 대표적 문학인들이 회갑을 맞을 때 그의 '깊이 읽기'를 편찬해서 증정해왔다. 소설가 홍성원·김주영·이청준·김원일·박상륭·오정희, 시인 황동규·마종기·정현종·김광규·오규원과 더불어, 증정된 '문지' 비평가들의 '깊이 읽기'는 다음과 같다: 성민엽 엮음, 『김병익 깊이 읽기』(1998), 정과리 엮음, 『김치수 깊이 읽기』(2000), 성민엽 엮음, 『김주연 깊이 읽기』(2001), 김태환 엮음, 『오생근 깊이 읽기』(2006). 김현에 대해서는 그의 전집 16권이 1991~1993년에 걸쳐 간행되었으며 '운영 동인'인 황인철 변호사에게는 간행위원회 엮음, 『'무죄다'라는 말 한마디—황인철 변호사 추모 문집』(1995)과 이석태 외, 『'무죄다'라고 말할 수 있는 용기—인권 변호사 황인철, 그의 삶과 뜻』(1998)이 봉정되었다. 이들은 '문지' 동인들 각자에 대한 종합적인 참고 자료가 될 것이다.

50대에 이른 홍정선·권오룡·정과리·성민엽 등 제2세대 비평가들의 개별적, 동인체적 활동도 보고의 대상이 되어야 할 것이고 박혜경·우찬제·이광호·김태환 등 제3세대의 활동도 눈여겨보아야 할 것이며 30년 동안 단순한 상행위가 아니라 문지적 문학적 정신과 지향을 출판으로 실현하고 있는 작업과 그 성과에 대한 평가, 그 운영을 승계받은 제2대 대표 채호기 시인의 노력에 대한 소개도 이루어져야 할 것이다. 나는 문학과지성의 '편집 동인'이란 특이한 형태가 한 세대 넘게 지속하며 활동해왔을 뿐만 아니라 거기서 일구어진 '문학 공동체'가 제2세대, 제3세대로 전승되어 유장한 '에콜'을 형성하며 한국 문학의 한 틀을 구성하고 있다는 사실 자체가 '문지의 비평적 지향'에 본 모습이 될 것이라고 생각한다. 이에 대한 보고와 평가는 이 어수선한 원고와 달리 새로운 필자에 의해 수행되기를 바란다.

〔계간 『비평』 2008년 가을호〕

자유와 성찰
— '문학과지성'의 지적 지향

돌이켜보면서

내가 문학과지성사 30년의 역사를 정리하는 이 책(『문학과지성사 30년: 1975~2005』)에 기고하기를 끝내 사양하지 못한 것은 회고체로 써도 좋겠다, 아니 그것이 더 필요하겠다는 편집자의 권고를 받아들인 때문이었다. 도서출판 문학과지성사가 창사된 지 어느덧 한 세대가 되었다는 것, 계간 『문학과지성』이 창간된 지 벌써 35년이 되었다는 것은 그 출발부터 참여해온 나로서는 한없는 감회를 느끼지 않을 수 없는 것이었고 그 창간부터 현재에 이르기까지의 이력과 성과, 역사와 의미를 사사(社史)로 정리해두는 것이 그동안의 다난하면서도 역동적이었던 우리 문학사와 지성사를 위해서, 적어도 한 시대의 정신사적 정화(精華)인 지성과 문학의 한 흐름을 주도해왔던 문학과지성사를 위해 반드시 필요한 작업이라고 생각해왔기에, 나는 힘들지만 반드시 해야 할 그 작업을 문학과지성사 측에 간곡하게 당부했었다. 그럼에도, 아니 그렇기 때문에, 내 자신이 문학과지성사의 자기 증명 역사에 내가 글을 쓴다는 것은 마땅치 않게 생각했다. 내 사회 생활의 40년 중 35년을 함께한 '문학과지성'을 내 입으로 말한다는 것은, 설령 그것이 반성이라 하더라도 객관성을 잃은 자기중심적인 것이 되고 말 것이며 거기서 얻은 보람을 아무리 자부한다 하더라도 제 그림을 스스로 자랑하는 일일 수밖에 없을 것이었다. 무엇보다 내가 참여한 일에 대한 사후(事後)적 분석과 그것의 시대적 평가는 내 몫이 아니고 또 아니어야 했다. 나의 이러한 집필 사양은 그러나 편집자들이 '창사 50주년 기념 사사의 자료'가 될 것이라는 설명으로 꺾이고야 말았다. '문학과지성사 30년사'는 나의 세대가 아주 물러난 다음의 '문학과지성사 50년사'를 위한 자료가 될 것이라는 것이었고 그렇기에 그 역사의 참여자로서의 증언만으로 충분하다는 것이었다. '증언,' 그렇다, 나는 끊임없이 이어질 역사를 위해 내가 내 한 생애를 들인 하나의 '사건'에 증언할 의무가 있을 것이다. 그것이 자랑할 만한 것이든 못마땅한 것이든, 만족스러운 것이든 미흡한 것이든, 크든 작든, 어떻든 '문학과지성'은 분명 하나의 역사였고 어쩌면 관심 있는 사람들에게 중요한 역사일 것이고 나는 그 역사의 해명을 위해 증언하지 않으면 안 될 것이었다.

이런 탓으로 나의 이 글은 증언으로서의 회고체라는 편한 형식을 취하게 된다. 그것은 돌이켜보는 것이고 옛일을 되살리는 일이다. 회고라는 것이 무책임할 수도 있는 것은 회상이 분명치 않을 수도 있고 기억이 잘못될 수도 있으며 선후와 경중이 뒤바뀔 수도 있기 때문이다. 그럼에도 그 오류와 혼란까지 포함하여, 그 회고의 형식은 한때의 역사에 대한 관점과 사유, 의지와 지향을 드러내면서 그 역사에 대한 논의와 그 역사의 진술자에 대한 자기 분석까지 가능하도록 문을 열어놓는다. 그래서 자신이 한 일, 자기가 참여한 사건의 일들에 대한 자부와 회한까지도 개인적 회상이란 이유로 허용해주고 사적인 반성과 분석도 주관적 성찰이란 형식으로 용납해준다. 회고문이란 이 매혹적인 형식을 나는 이미 여러 차례 이용한 바 있었다. 김현이 작고하자 나는 「김현과 '문지'」(1990)를 써서 그를 추모하며 그에 얽힌 '문지'를 위한 그의 참여와 활약을 회고했고 황인철이 타계하자 「회상: 황인철과의 40년」(1993)으로 그의 생전의 뜻과 문지와의 끈을 회상했다. 또 나는 책과의 연분을 중심으로 하는 자전적인 글을 연재(『출판저널』, 2000)할 기회를 얻으면서 그를 통해 문지와의 30년을 돌아보고 그 당초부터 지금까지의 관계를 회고했고 그것이 『글 뒤에 숨은 글』(문학동네, 2004)로 간행되었다. 당연하게도, 그 회고의 글들은 모두 '문학과지성'과의 끈질긴 인연을 가장 큰 뼈대로 세우고 있다. 문지의 정신사적 양태를 기술할 이 글 역시 물론 '문지 그룹'과 계간 『문학과지성』, 그리고 도서출판 '문학과지성사'의, 그것도, '지성사적' 자기 면모를 '회고'할 것이어서 나의 앞선 회고의 글들과 달라야 하기도 할 것이고 그럼에도 또 비슷해야 할 것이기도 하며 많은 이야기들은 중복을 피하면서도 다시 말해져야 할 것이다. 이야기는 하나이지만 그 서술은 플롯에 따라 얼마든지 달라질 수 있다는 것을, 그래서 그 플롯이 갖는 의미가 달리 채취될 수 있다는 것을 나는 말하고 있는 듯하다. 이럼으로써 나는 일련의 '문지 관련 회고문들'에서 이미 기술한 것들을 중언부언하는 실례를 독자들에게 변명하면서 되풀이되는 진술을 통해 그 사실의 중요성을 강조하고 있는지 모른다.

4·19 세대

문학과지성의 지적 원천이 '4·19 체험'에 있다는 것은 자타가 공인하고 있을 것이다. 동인들은 스스로 4·19 세대로 자처했고 그것의 문화적 의미 세우기에 가장 적극적이었으며 자신들의 문학과 학문, 지식과 사유가 바로 여기서 출발하고 있음을 기회가 있을 때마다 서슴없이 고백하고 있다. 돌이켜보면, 모든 세대가 자신의 시대가 치른 불행과 비극을 토로하는 우리 세대의 역사에서, 자기 세대에 대한 행운을 확인하고 그에 대한 감사를 표명하고 있는 유일한 세대가 바로 이들 4·19 세대 그리고 그와 겹쳐 쓰이고 있는 '한글 세대'일 것이다. 4·19는 얼마든지 그래도 좋을, 역사적 사건임이 분명하며 그것이 준 지적 자산은 우리의 짐작보다 훨씬 크고 무겁고 중요하며 말 그대로 우리의 정신사에서 '혁명적'인 것이었고 문학과지성은 바로 그 '4·19의 아들'임을 자부하며 선언하고 있는 듯하다.

자주 말해온 것을 되풀이하여 정리하자면 4·19는 두 가지 역사적 의미를 그 세대에 제고시킨다. 하나는 그 정치사적 의미로 우리 민족사에서 최초로 밑으로부터의 혁명을 성취했다는 사실이 우리에게도 민주주의가 가능하다는 것, 역사의 주인은 바로 우리 자신이며 그것은 우리 스스로 만들어가는 것이라는 것, 이제 전쟁의 후유를 극복하고 우리 사회의 근대화를 추구해야 한다는 것, 분단을 극복하고 하나의 민족사를 열어가야 한다는 것 등 숱하게 많은 거대한 역사적 인식을 깨우쳐주었다. 그것은 곧 우리 자신이 이제껏 거의 가져보지 못한 민족적 자신감을 비로소 가져보는 것이었고 이제 패배주의를 벗어나 우리의 미래에 대한 낙관적인 전망을 얻어들인 것이었으며 그럼으로써 정치적 민주화와 사회적 근대화에 희망감을 전시할 수 있는 것이었다. 또 다른 하나는 문화사적 의미로서, 한글 세대의 성인식이 치러지면서 국문자인 한글이 우리의 공용적인 문화어로 선언되었다는 점이다. 나의 학년은 해방되던 해 초등학교에 입학했고 이로부터 한글로 교육받고 모국어로 책을 읽고 글을 쓰며 조국의 언어로 사유를 하게 된 최초의 세대가 되었다. 그것은 우리 문화의 역사에서 처음으로 기표와 기의가 일치하는 언어 생활을 하게 되며 그럼으로써 사유와 표현, 내용과 형식이 일치하는 주체적 문화가 비로소 실질적으로 가능하게 되었다는 사실을 가리킨다. 이 일이야말로 우리 문화사에서 한글 창제 이후 가장 혁명적인 사건일 것이며, 4·19 이후의 정치적 좌절에도 불구하고 4·19가 여전히 찬양되는 것은 그것과 함께 실현된 한글 세대에의 축복 때문일 것이다. 문지 동인들은 자기 세대의 이러한 역사적 특권을 확실하게 인식하고 있었고 그 사유와 감수성 속에 '4·19 세대이자 한글 세대'임을 가장 핵심적인 자산으로 각인하고 있었다. 1960년 이후의 역사는 영광과 오욕, 슬픔과 환희가 점철하고 있었고 그에 대한 평가는 얼마든지 다양할 수 있겠지만, 오늘의 우리가 있기까지의 역사는 4·19 없이는 기술될 수 없을 것이며 우리가 현대의 것으로 호명할 수 있는 모든 것이 4·19의 진전 속에서 그 존재를 드러낼 수 있는 것들이고, 우리 스스로를 긍정하고 혹은 비판할 수 있는 어떤 것들도 4·19와 연관지을 때 분명한 해명과 적절한 의미를 얻게 될 것임을 문지 동인들은 깊이 자각하고 있었고 스스로를 '4·19의 아들'로 자부하는 것도 바로 이러한 자각에서 가능한 것이었다.

나는 여기서 개인적인 소견으로 『사상계』와 실존주의, 그리고 기독교를 이 4·19의 역사에 덧붙여주고 싶다. 『사상계』는 식민지 상태로부터 겨우 해방된, 그러나 전쟁과 가난으로 찌든 50년대의 지식 사회에 보편적인 인간 가치와 현대적 문화 소양을 제공해주었고 거기서 자라난 민주주의와 근대성에 대한 욕구가 4·19의 지적 원천의 하나로 작용했을 것이라고 나는 추측한다. 50년대 중반부터 우리에게 유행처럼 뛰어든 실존주의는 한편으로 전후의 패배주의적 허무주의를 유포시켰겠지만 보다 젊은 세대에게는 선택과 책임이란 휴머니즘적 윤리를 깨우쳐줌으로써 4·19의 열망을 촉구했을 것이다. 기독교는 전후의 우리들에게 부분적으로 왜곡된 형태로 수용되기는 했지만 서구 역사가 발전시켜온 민주적 가치와 체계를 도입하면서 청소년들에게 근대적 문화 체험을 열어주었을 것이다. 문학과지성 동인들은 그 시대의 다른 젊은이들과 마찬가지로 어떤 형태로든 이 세 가지의 지적 원천을 경험하고 있었고 그것을 자신들의 사유와 정서, 지식과 문학 속에서 확인하고 있었다.

4·19가 발발했을 때 김현과 김치수, 김주연은 대학에 갓 입학한 신입생이었고 황인철과 나는 4학년으로 졸업을 앞두고 있었다. 이후 이들은 대학의 선생으로, 신문사의 기자로 혹은 법조계의 판사로 갈려나가고 그들 선후배 간의 첫 사귐도 60년대 중반 이후에 시작되고 있지만 4·19의 역사적 의미에 대한 탐구는 이즈음부터 오히려 본격화되고 있다. 이들은 4·19의 적자(嫡子)로 자처했고 4·19가 정치적으로는 좌절당하고 있는 가운데 오히려 한글 세대의 문학과 정신이 새로이 그 혁명의 의미를 더욱 아름답고 힘있게 피워내고 있음을 자신하고 있었다. 『문학과지성』은 그 탐구와 확인의 자리였고 그것들을

꽃피우는 마당이었다. 『문학과지성』이 자신의 작업으로 지성의 사유법을 제창하면서 역사와 인문학의 방법론을 천착하고 자유로운 문학적 상상력을 중시하는 것은 4·19의 체험에서 비롯된 것이고 한글 세대로서의 주체적 정신에서 자라난 것이다.

'지성'이라는 것

당초 '현대비평'이란 멋진 말을 제호로 사용하려던 것이 문화공보부로부터 거부당해 새 제호를 상의해야 하는 자리에서, 이런저런 어휘들이 툭툭 튀어나오다가 김현이 문득 던진 '문학과지성'에 "그게 좋겠군" 하며 모두가 동의하는 것으로 결정되었다고 나는 회상한 바 있다. 문학비평 하는 친구들이 동인으로 모인 잡지이기에 '문학'이 앞자리를 차지하게 되는 것은 자연스러운 일이지만 '지성'이란 현학적인 어휘가, 그것도 이의 없이 채용된 것은 다소 의외였을지도 모른다. 당시 '지성'이란 어휘가 인문적 종합지의 제호에 사용될 만큼 많이 사용되고는 있었지만 짐작만큼 친숙하거나 대중적인 어휘는 아니었다. 이제 사전을 찾아보니 그것은 "지각을 바탕으로 하여 인식을 형성하는 정신적 기능"이라 했는데 당시의 지식 사회의 경향이나 수준은 아직 '인식을 형성하는 정신적 기능'에 대한 관심으로까지 성숙하지는 못했던 것 같다. '지성'은 지식과 다른 무엇이고 학문과도 또 다른 그 어떤 것이었지만 그에 대한 인식이 뚜렷했던 것은 아니었을 것이다. 어떻든 지성은 지식보다 역동적인 것이고 학문보다 근원적인 것이었다. 60년대 이후 '지성'이란 말로 자각했든 다른 무엇으로 생각했든 이미 '지성적인 사유'에 대한 열망은 지식 사회 전반에 확산되고 있었을 것이다. 문화적 성찰을 위해서나 권력과의 대응 전략을 위해서나 지적, 반성적 사유의 필요성은 폭넓게 공감되고 있었고 그것이 제호에 '지성'을 사용하자는 데 이의 없는 합의를 이끌어냈을 것이다. 나의 경우 후에 「지성과 반지성」에서 지성의 개념과 성격에 대해 내 나름으로 적극적인 의미 부여를 하게 되지만 우리의 계간지를 착수할 때부터 그것을 성찰적인 사유 방식과 태도, 지적 인식의 밑자리로 생각하고 있었을 것이다. 우리는 사고의 자유로움, 열려 있음, 부드러움, 다양성, 객관성, 합리성을 지성적 태도로 받아들이고 있었고 우리 지식 사회에 가장 미흡한 것이 바로 이런 사유 방식이라고 판단하고 있었다. 김현도 바로 이런 생각을 가지고 있었기에 '지성'을 제의했을 것이고 그 공감 때문에 우리도 즉각 동의했을 것이다.

김현이 1970년 7월 초, 나를 찾아와 계간지를 내자고 제의했을 때가 그랬다. 나는 점점 좁아드는 당시의 언론계 분위기에 불만을 가진 젊은 기자였고 그래서 자유롭고 독자적인 고급한 현실적·문화적 논설과 보도를 게재하는 잡지를 편집하고 싶다는 꿈을 가지고 있었다. 언론계는 천관우가 지적하는 바의 '연탄가스로 중독'되어 언론이 마땅히 지녀야 할 독립적인 비판적 정신과 지식인으로서의 지성을 잃어가고 있는 중이었다. 그러니까 내게 희망되는 것은 신문을 대신하는 현실 비판의 독립적 미디어였다. 그런데 김현은 문학지를 말하고 있었고 그것은 내가 바라는 바의 매체와는 성격이 다른 것이었다. 그러나 나는 김현의 제의에 즉각 찬성했다. 내가 꿈꾸는 매체란 말 그대로 그냥 혼자서 꾸는 꿈이어서 현실성이 없는 것이기도 했지만, 문학지를 통해서 현실 비판의 언론 활동이 가능할 것으로 생각되기도 했기 때문이다. 나는 신문의 문화면 기사를 통해 권력의 횡포와 부정한 현실에 대한 비판을 나름의 방식으로 가해오기도 한 참이어서 문학지로도 나의 기도는 가능할 수 있겠다 싶었던 것이고 어쩌면 문학지이기에 권력 기관의 감시의 눈으로부터 오히려 비켜나며 지식인들을 상대로 한 지적인 문체로 보다 진지하고 심각하게 현실 비판을 가할 수 있을 것이기도 했다. 나는 그러니까 언론의 입장에서 계간지를 생각한 것이지만 김현에게는 당시 한창 토론되던 참여문학론이 문제였다. 그는 참여문학파는 『창작과비평』이란 매체를 가지고 왕성하게 자신들의 주장을 펼 수 있지만 순수문학파는 그런 잡지가 없기 때문에 논쟁에서 여간 불리하지 않다는 것이었다. 나 역시 김현의 생각에 동의할 수 있었다. 나는 참여문학이 강조하고 있는 문학의 현실 비판과 그 정신에 공감하고 있었지만 그럼에도 참여문학파들이 보여주는 도식적인 사고와 소박한 행동주의, 회의 없는 자신감에 대해서는 동조할 수 없었기 때문이었다. 김현이 참여문학에 반대한 것은 그 나름의 다른 논리도 작용했겠지만 내가 이해한 그의 순수문학론에의 의지는 참여문학파가 지닌 반지성적 태도에 대한 거부에서 나오는 것이기도 했다. 진단은 이렇게 달랐지만 몰지성의 시대란 판단은 비슷하게 내려지고 있었고 그것이 '계간지 발행'의 즉각적인 합의로 반영되고 있었다. 문학과 현실이란 방향은 다르면서도 '지성의 부재'에 대한 인식은 비슷해서 결국 김현은 '리얼리즘론 별견'이란 부제를 가진 「한국 소설의 가능성」(1970년 가을 창간호)으로, 나는 「지성과 반지성」(1971년 여름호)으로 문학과 현실에서의 지적 인식에 대한 소감을 토로하게 된다.

『문학과지성』의 '지성주의'는 마침내 이 계간지를 통해 적극적으로 표현되기 시작했다. 초기의 에세이들, 가령 노재봉의「한국의 지성 풍토」(1970년 가을호), 리영희의「강요된 권위와 언론 자유」(1971년 가을호), 이홍구의「지성의 불연속성을 넘어」(1971년 겨울호), 서광선의「한국 기독교와 반지성」(1971년 겨울호), 김여수의「지성과 권력」(1971년 겨울호), 김경원의「자유에 대하여」(1972년 가을호) 등 당대 가장 정력적인 사회과학자, 철학자 들의 진지한 에세이들이 바로 '지성'의 문제를 제기하고 있었다. 이런 본격적인 지성론만이 아니라 정치학·경제학 등의 사회과학이나 역사학·철학의 글들도, 가령 정명환의「이광수의 계몽 사상」(1972년 겨울호)의 문학적인 시선이나 이기백의「일제 시대 한국사관 비판」(1971년 봄호)의 사학자의 관점에서나 자신들의 주제 속에서 비이성적이고 반지성적인 현상들을 비판하고 그 극복을 제창하면서 지적 인식 태도를 뜨겁게 환기하고 있었다. 아마 당시의 많은 필자들이 '문학과지성'의 표제를 가진 잡지에서 '지성'의 문제를 함께 고민하며 유신으로 치닫는 이 엄혹한 현실의 변화를 꿈꾸고 있었으리라. 우리의 지성에의 열망은 계간지 간행의 '이번 호를 내면서'에서부터 강하게 드러나고 있는데 편집 동인이 대체로 돌아가며 쓰게 되는 이 '머리글'에서 우리는 당시의 우리 앞에 전개되고 있는 갖가지 현상들에 대한 메타비평적 관점을 제시하고 거기서 우리는 어떻게 바라보고 분석하며 지적 대응을 해야 할 것인가의 고뇌 어린 사유법을 제시하고 있었다.『문학과지성』을 언급할 때마다 인용되는 김현의 창간호 머리글이 우리의 그런 내면을 명쾌하게 드러내고 있다. 그 글은 "한국인의 의식을 참담하게 만드는" 원인으로 "패배주의와 샤머니즘에서 연유하는 정신적 복합체"를 들면서 우리에게 왜 지성적 사유가 부재하게 되었는지를 통렬하게 반성하고 있는 것이다. 김현은 지적 사유의 미숙 혹은 반지성적 태도는 한국 현실의 후진성에서 빚어진 심리적 허무주의에서 비롯된 것이고 그것이 문화·사회·정치 전반에 걸쳐 한국인을 억누르고 있는 억압체가 되고 있기 때문이며, 또 다른 반지성적인 사유의 원천인 샤머니즘은 현실을 객관적으로 파악하고 분석하며 결론을 도출하는 과정을 방해하는 모든 것들로서 식민 지배와 분단의 현실이 정신의 파시즘화를 초래하고 있다는 것이었다.

창간호부터 제기하고 초기의 『문학과지성』에서 되풀이 강조하며 제시되고 있는 지성의 문제는 1975년 말에 창사한 도서출판 '문학과지성사'의 출판 목록에서도 지속되고 있으며 계간 『문학과지성』이 신군부에 의해 강제 폐간된 이후에는 '현대의 지성' 총서와 '문제와 시각' 총서로 오히려 더 강화되고 있다. 그러니까 유신과 제5공화국 체제로 지식 사회와 비판적 여론에 대한 억압과 감시가 더욱 삼엄해지면서 '한국인의 의식을 참담하게 만드는' 반지성적인 태도도 더욱 강화되는데 이즈음에는 그 같은 '반지성적' 억압이 양면으로 이루어지고 있었다. 하나는 물론 자유에 대한 권력의 공포스런 억압이었고, 다른 하나는 그것의 반대편에서 그것에 저항하고 있는 운동권에서 울려오는 양심상의 압박이었다. 앞의 것은 기관의 벌거벗은 힘으로부터 협박을 받는 것이었고, 뒤의 것은 평등의 윤리와 행동의 도덕성으로 무장한 심리적 몽매주의로부터 억압을 당하는 것이었다. 우리의 '지성적인 태도와 사유'는 이처럼 양면으로부터의 반지성주의적 세력에 둘러싸이고 있었다. 어느 선택도, 어떤 판단도, 어떤 행동도 위협이나 비난을 받을 것이었고 우리의 그 좁고 까다로운 입지에서 권력과 저항 세력이 함께 가지고 있는 반지성적 태도에 대해 자유롭게 분석 비판할 여지는 좁아들고 있었다. 이런 딜레마 속에서 우리는 총서 '현대의 지성'을 기획함으로써 외국 지성의 정신과 태도를 끌어들였고 그것으로 우리 자신의 입장을 대변토록 했으며 또 다른 총서 '문제와 시각'을 통해 지적 쟁점에 대한 분석과 비판의 길을 열었다. 우리의 이 같은 '틈새 길'은 물론 충분하지 않았다. 그러나 어느 쪽을 향해서든, 권력에 굴복하지 않고 행동주의의 다급함에 휩쓸리지도 않으면서 비판적 자세와 성찰적 태도를 유지하려고 노력했다는 점만은 부끄러움 없이 회고할 수 있을 것이다.

역사에 대한 방법론적 사유

지성이란 탐구의 주제이기보다는 탐구의 방식을 가리킬 것이다. 그럼에도 우리가 지성의 문제를 이처럼 되풀이 제기하고 논의한 것은 우리 지식 사회의 연구와 사유가 방법론적 성찰이 없는 주장, 객관성이 미흡한 논리의 수준에서 맴돌고 있는 것에 대한 반성적 사유 때문일 것이다. 이런 반성적 사유는 문학 못지않게 빈번하게 『문학과지성』의 지면에 할애된 역사학 분야의 글에서도 마찬가지로 적용된다.

60년대 학계의 가장 중요한 이슈는 근대화론과 한국학이었다. 근대화 문제는 한편으로는 쿠데타로 집권한 박정희 정권이 통치의 명분으로 제시한 한국 경제 개발의 목표로 설정한 것이기도 하지만 4·19 이후 사회과학자들에게 현실학의 과제로서 다급하게 다가온 것이 근대화 논의였다. 무엇이 근대화인가, 우리의 역사에서 근대사란 어떤 것인가, 우리의 근대화를 향한 노력은 무엇이어야 하며 그 목표는 어떤 것인가 등등이 당시 대학과 학계의 가장 중요한 토론 제목이었다. 이 근대화와 연결되면서 사학계에 제시된 과제가 한국학의 설정과 한국사관의 수정 문제였다. 당시만 하더라도 인문과학이나 사회과학의 주제나 역사는 한국의 것이 아니라 서구의 것(가령 대학 커리큘럼에 나오는 정치사는 서구의 정치사였고 철학사 역시 서구의 철학사였으며 우리 자신의 것을 다룰 때 '한국'이란 수식어가 붙을 정도였다)이었기에 대폭적인 수정 작업이 필요했으며 이 작업이 폭넓게 '한국학'이란 이름으로 통괄되었다. 한국사관의 문제는 우리의 역사학이 전근대적인 역사학 수준이거나 아니면 특히 일제 관제 사학의 체제에서 공부한 사학자들과 일본의 조선 사학자들이 편성한 한국사여서 그것은 식민사관의 틀 안에 갇혀 있었다. 이에 대한 반성이 이기백의 『한국사 신론』과 한국사학회에서 편찬한 『한국사의 반성』에서 적극 제기되면서 주체적 민족사관의 수립이 힘있게 제창되고 있었다. 이 민족사관은 일본 사학자들이 주장한 한국사의 정체성론을 비판, 극복하고 주체적 관점으로 한국사를 재구성해야 한다는 것이었다. 이 관점에서 한국의 역사를 다시 들여다보면 지정학적 성격에서 나오는 약소국가 숙명론을 벗어날 뿐 아니라 가령 당쟁과 같은 우리 역사의 부정적 사태도 충분히 긍정적인 재해석을 가할 수 있다. 근대화론을 제기하는 사회과학자들도 그렇지만 특히 한국사의 주체성을 주장하는 국사학자들은 대부분 해방 후에 한국사를 공부하면서 일반사, 정치사, 경제사의 각 분야에 대한 서술을 우리의 시각으로, 우리 민족 주체성의 강경한 인식 위에서 새로이 하게 된다. 60년대야말로 근대화와 주체적 한국사관의 설정이란 두 줄기 큰 학술적 움직임으로 우리의 현실과 역사에 대한 거대한 재창조의 열기로 가득한 시절이었다.

『문학과지성』은 김철준의 「한국사학의 제 문제」를 게재한 그 첫 호부터 한국사에 대한 깊은 관심을 드러내면서 당시 최고의 한국사와 서양사 학자들의 기고를 싣고 있었다. 그러나 그 역사학의 논문은 천관우의 「복원 가야사」(1977 여름, 가을, 겨울)처럼 사실에 대한 연구도 있지만 대체로 정신사와 사학사로 집중되고 있었다. 홍이섭은 한국 근대 정신사를, 이기백은 한국사학의 연구 경향을, 김용섭은 한국 사학사를 다루는 논문들을 발표했고 서양사의 차하순과 양병우는 서양사의 방법론에 의거한 한국사 서술의 문제를 다루었으며 경제학의 김영호와 정치학의 최창규는 개화사를, 경제학의 임종철은 근대화론을, 정치학의 진덕규는 민족주의론을, 경제학의 신용하는 정체성론의 극복을 주제로 기고하고 있다. 한국사에 대한 이 같은 메타비평적 접근은 섬세하게 관찰되어야 한다. 우리는 근대화론이든 한국사론이든 그것이 근대화와 주체적 사관의 명분으로 자유가 억압되고 비판의 힘이 무력화되며 무엇보다 그 학문적 순수성이 쇼비니즘으로 전락하고 권력에 부화하거나 왜곡되어서는 안 된다는 생각을 심각하게 했고 그 노력이 역사학과 사회과학의 메타비평과 비판적 에세이로 표출되는 것이었다. 이러한 우리의 작업은 모순적이었다. 한국학과 한국사의 진전을 촉구해야 한다는 것, 근대성의 본의를 확인하고 우리 사회의 근대화를 도모해야 한다는 것, 그럼에도 불구하고 여기에 잠재해 있어 우리 자신을 옥죌 파시즘적 구조와 그 권력에의 봉사에 물들지 않아야 한다는 것이 그렇다. 거의 모든 일들이 어둠 속에서 음험하게 만들어지고 조작되는 현실 속에서 어떻게 그들에게 이용당하지 않으면서 올바른 학문적 진의를 추구해나갈 것인가. 가령 당시의 박정희 정권은 유신을 선포하면서 '한국적' 민주주의와 민족적 주체성을 강조했다. 이때의 '한국적' '민족적'을 어떻게 이해해야 할 것인가. 이 민감한 문제를 다룬 서양사학자 길현모의 「민족과 문화」를 재수록하면서 『문학과지성』의 '이번 호를 내면서'는 이렇게 그 재수록 이유를 밝히고 있다: "그는 '민족문화의 확립'이란 미명으로 강요되고 있는 오늘의 문화 현상과 그 바닥에 깔린 음험한 손길을 근본적으로 해부하면서 '맹목적인 복고주의'의 허구를 지적하고 '한국적' 사고방식의 위험성을 예리하게 경고하고 있다. 그의 논문은 문화를 어떻게 이해하며 그것의 정당한 발상법이란 무엇인가에 대해 고민하는 자들에게 깊은 통찰법을 제시해줄 것이다"(1974년 겨울호). 현실에 대한 지적 반성을 끊임없이 제기하며 권력의 유혹에 빠지지 않으려는 이 노력은, 민족·민족문화·민족문학이란 누구라도 거부할 수 없는 명제로 파시즘적 사유를 내면화하고 있는 또 다른 세력들과도 대면하면서, 보기보다 결코 쉬운 일일 수가 없었고 예상보다도 훨씬 고뇌스러운 일이었다. 그럼에도 우리는 한국의 역사학 진작을 도모하면서 그 편집에 지적 성찰과 윤리적 결벽성을 유지하는 데 최선을 다했다고 말해도 좋을 것이다.

우리가 한국 역사학에 대해 이처럼 예민했던 것은 우선 4·19에서 얻은 역사 주체성에 대한 진지한 고민에서 시작되는 것이겠지만, 구체적으로는 김치수의 공이 컸다. 그는 대학에서 불문학을 공부하고서도 출판사에 근무하면서 한국사학을 깊이 공부하고 많은 국사학자들과 교류하며 이 방면의 지식을 키웠던 것이고 『문학과지성』에 실릴 많은 역사학 논문들을 얻어온 것이다. 나 역시 신문사의 문화부에서 학술을 담당한 덕분으로 역사학자들을 『문학과지성』에 소개할 수 있었고 신문 기사를 통해 보고해온 한국학의 움직임을 우리 잡지에 반영할 수 있었던 것도 다행한 일이었다. 김현이 김윤식과 공동 집필한 『한국문학사』에서 우리 근대 문학의 기점을 영·정조 시대로 한 세기 이상 소급하는 작업을 한 것도 근대사와 역사학 재편성을 위한 『문학과지성』 편집 동인의 집요한 노력의 성과에 힘입은 결과였을 것이다.

진보적 사유의 수용

문지 동인들의 성향이 당시의 일반 지식 사회보다 개방적이고 진보적이었지만 그 근본이 서구적 자유주의이며 고전적 민주주의이고 그래서 그것이 내포하고 있는 이념적 한계를 벗어나지 않고/못하고 있었다는 점을 인정해야 할 것이다. 문지 동인들은 그 자신들이 엘리트임을 자인하고 있었고 적어도 문화와 지식 사회는 엘리트주의에 기반해야 한다고 생각하고 있었으며 민중과 민중주의의 역사적·현실적 의미를 수긍하면서도 그 유행적 주장에 유혹당하지 않았음도 고백해야 할 것이다. 마르크시즘에 대해서는 처음에는 그리 깊이 알지도 못했으며 그것이 제기하고 있는 무산자계급론이며 혁명의 이론들에 동의하지 않았고 평등의 이념에 대해서도 그 도덕성을 존중하면서도 그것이 가진 도식성에 회의했고 자유주의의 논리 선상에서 사유 재산의 인정을 고집했다. 요컨대 신보는 희망했지만 진보주의에 기대하지는 않았다는 것이 정확한 진단일지 모른다. 문지의 사유가 이렇다는 것을 나는 약점이나 잘못의 부정적인 자책으로 말하는 것이 아니라 그러한 지적 성향이 어려운 시대에 대응하는 전략적 사유의 분명한 한 가지임을 나는 스스럼없이 확인하고 있는 것이다.

가령, 70년대부터 80년대에 이르기까지 '민중'이란 캐치프레이즈가 우리 사회 전반을 휩쓸고 있었고 그 민중주의는 문학만이 아니라 학문의 분야들과 예술의 장르들에 유행으로 번지고 있었지만 『문학과지성』 잡지와 그 도서들에는 예외적으로 그 용어들이 출현할 뿐이다. 가령 「민중사회학 서설」(1978년 가을호)은 민중론을 사회과학에 본격적으로 적용한 첫 논문으로 이후 이 방면에 대한 선구적 작업으로 평가받고 있지만 정작 이 글을 실은 『문학과지성』의 편집진은 이 야심적인 논문에 대해 그리 호의적이지 않았다. 필자 스스로 기고해온 이 글을 게재하면서도 '이번 호를 내면서'는 이 글이 "인간을 지배자와 피지배자로 거리낌 없이 양분하고 그 각각이 선과 악을 표현한다는 식의 주장을 하고 있는데 그것은 〔……〕 지나치게 단순하고 도식적이라는 우리의 회의를 피할 수 없다"고 비판적인 평가를 내리고 있는 것이다. '문제와 시각' 총서의 4집으로 나온 『민중』은 사회학자 유재천이 편집한 것으로 민중에 대한 다양한 글들을 정리하며 그것의 실체를 밝히는 방향으로 목차를 이루고 있어 그것이 현실 변혁의 절대적인 힘으로 신화화할 대상이 아님을 간접적으로 시사하고 있었다. 『문학과지성』이 오히려 더 애용한 것은 '민중'보다 대중, 민중문화 대신 대중문화였고 혹은 적극적인 개념으로 수용하기를 바란 것은 시민과 시민 문화였는데 그것은 사회과학적 내포를 분명히 가지고 있을 뿐 아니라 우리 사회의 발전이 귀착할 자리가 대중과 시민의 것이지 그 정체가 모호한 민중일 수 없음을 예상한 때문이다. 그렇기에 '민중'에 대한 글이 『문학과지성』에 실리거나 문학과지성사에서 그것을 주제로 한 책이 나오는 일은 '예외적'인 일이었다. 이렇다는 것은 당시의 유행적인 어사나 사상이라 하더라도 그것을 그냥 수용한 것이 아니라 음미하고 검토하며 과연 우리의 지적 사유 체계 속에 편입될 수 있는 것인가를 신중하게 고려해왔음을 보여주는 예가 될 것이다.

80년대 후반이었지 싶은 때, 나는 한 글에서 내가 마르크시즘에 무지했었음을 고백한 적이 있었다. 그것은 사실이었다. 4·19 세대의 대학 교육과 사회 교육에서는 마르크시즘이 금기였고 그 영향 아래 그 이념 체계에 대해서는 무식하면서도 거의 공포스런 반인간주의적 체제의 구성으로 생각하고 있었다. 이런 선입견을 벗어나기 시작한 것은 70년대 중반부터였는데, 그것도 마르크스에서가 아니라 네오-마르크시즘의 이해를 통해서였다. 그리고 마르크스 자신의 이해도 그의 정치경제학에 대한 것이 아니라 김학준이 소개한 「마르크스의 경제·정치 수고 논쟁」(『문학과지성』 1976년 봄호)과 정문길의 『소외론 연구』(1977)에서 분석되고 있는 그의 '소외론'을 통한 휴머니스트로서의 청년 마르크스였다. 네오-마르크시즘에 대한 접근은 이보다 빠른 1972년부터 시작되어 미국과 독일에 유학하며 자유롭게 진보적 이념도 소화해낼 수 있었던 김주연에 의해 아도르노의 글이 번역(1972년 가을호; 1978년 가을호)되고 김종호의 글(1974년 겨울호)이 프랑크푸르트 학파의 비판 이론을 소개하며 차봉희의 글(1979년 여름호)이 벤야민의 예술 이론을 분석함으로써 자본주의 체제의 비판 이론으로서 마르크스의 사상을 받아들이게 된다. 1980년대로 들어서면서 마르크시즘은 우리 사상계에 또 하나의 유행이 되었고 그 사상은 우리 지식 사회의 어느 분야의 어느 자리에서나 대화와 주장의 중심축을 이루고 있었다. 그러나 이에 대해서 '문지'는 '민중론'에서와 마찬가지로 여전히 '문지'적이었다. 『자본론』 발간 한 세기를 맞으면서 정치학자 이홍구가 편집한 『마르크시즘 100년』(1984)을 간행했고 2년 후

내가 번역한 유진 런의 『마르크시즘과 모더니즘』(1986), 그리고 90년 대로 넘어와 정치학자 진석용의 『칼 마르크스의 사상』(1992)을 출판 했을 뿐이었다. 문학과지성사가 다루고 있는 마르크스와 마르크시즘 은 우리의 현재적 현실에 적용되어야 할 혁명적 사상과 이념 체계가 아니라 자본주의 체제의 타락을 분석하고 극복할 지적 탐구에 참조될 수 있는 비판적 사상가로서의 마르크스와 마르크시즘이었다. 그러니 까 지성적 사유의 바깥에서 타도 자본주의를 절규하고 있는 마르크스 가 아니라 우리의 사유의 진폭 안에서 자본주의의 비인간화를 냉철하 게 진단하고 있는 휴머니스트적 지성으로서의 마르크스에 문지 동인 들은 매혹되고 있었다.

진보주의에 대한 이 같은 조건적 수용 태도가 문지 동인들의 이념 적 한계이지만 동시에 지적인 신중성이 될 것이고 태도에서는 보수주 의이지만 정신에서는 개방적 진보주의를 이루고 있었으며 과격주의 의 이념을 회피하면서 실제적 진보를 추구하고 있었다고 생각된다. 문학과지성은 아지·프로의 조직이 아니라 지식인들의 사유 서클이었 으며 그것도 문학과지성을 통해 꿈과 실재의 삶을 탐구하기를 바라는 글쓰기 동인들이었다. 나는 '문지'의 이런 입장과 태도, 지향과 선택 이 일방적인 호오와 찬반의 평점으로 마무리되기를 바라지 않는다. 굳이 말하자면, '창비'가 평등을 주조로 하고 문지가 자유를 중심으로 했다는 것, 창비가 경제와 사회과학에 큰 비중을 두었다면 문지가 역 사와 인문학에 더 많은 무게를 주었다는 것, 창비가 현실 참여를 주 도했다면 문지는 문학과 지성의 순수성을 옹호했다는 것, 마침내 김 현이 말하듯이 창비가 실천적 이론에 기여했다면 문지는 이론적 실천 에 노력했다는 것이고 그러한 대비는 나로서는 어둡고 억압적인 시대를 이겨내야 하는 두 가지 상보의 전략으로 생각된다. 나는 그것의 상보적 관계라는 것으로 굳이 균등한 평가가 내려지기를 기대하는 것은 아니지만, 반성하고 회의적이고 혹은 성찰하는 지성적 삶의 형태가 경시당하는 시절은 이제 지나갔고 적어도 지내버려야 한다고 믿고 있다.

제자리로 돌아오면서

『문학과지성』을 창간할 때의 내 나이가 곱으로 셈하고도 남게 지난 이제, 30대 초부터 시작된 나의 '문지적 삶'의 회고는, 회고하는 노년의 특권으로 놓치기도 하고 되풀이하기도 하며 맥락을 잃기도 하고 딴 길로 빠지기도 하면서, 대충 마무리를 짓는다. 나의 마무리는 '문학과지성'이란 이름으로 가리키는 그 모든 것들 — 그것이 잡지든 책이든 혹은 그것들을 만든 동인 그룹이든 그것늘이 풍기는 어떤 분위기든 — 이 독재에서 민주주의로, 후진국에서 중진국으로, 그리고 억압에서 자유로, 빈곤에서 풍요로, 콤플렉스로부터 자부심으로 옮겨가던 지난 30년의 치열한 역사 속에서 아주 좁을 수도 있지만 그럴수록 더욱 진지하게 평가할 수 있는 나름대로의 역사를 만들어왔다고 말하는 것으로 맺어두기로 한다. 그 문지적 억사가 가능했던 것은 우리의 삶과 그것을 싸안은 우리의 당대적 현실을 투철하게 응시하고 관찰하며, 그 의미를 정직하게 성찰하여 찾아내고 혹은 자리매김하며 우리가 정말 생각하고 반성하며 늘이고 줄일 것은 무엇인지를 지적으로 집요하게 반성해온 데서 찾을 수 있을 것이다. 그리고 이런 일을 위해 더 이상 달리 적절할 수 없는, 황인철·김현·김치수·김주연, 그리고 오생근 등 동인들의 우정 어린 사유 공동체가 있다. 이 동인들의 지적인 원천은 분명 4·19에 있지만 그들의 30여 년에 걸친 동참과 공동의 탐색과 노력이 가능했던 것은 그것만으로는 설명될 수 없는 또 다른 요인이 있었을 것이다. 그 요인 자체를 나는 이 시대가 요구하는 정신적 개성들을 잇는 지성적 열정으로 보고 싶다. 그 열정은 시대와 더불어 만들어가는 것이고 사태와 부딪치며 창의적으로 발전하는 것이며 삶과 이 세계에 대한 반성적 태도를 통해 그 가치를 고양시키는 것이다. '문지' 동인들은 그 과정을 거듭하면서 자신의 지적 역량을 키워왔고 동인들과의 연대를 통해 그 의미를 개발해왔다. 그렇다는 것은, 70년대와 80년대 혹은 90년대의 앞선 세기의 고통스런 시절에 역동적인 지성의 발휘가 요구되어온 것처럼, 21세기의 새로운 세기에도 여전히 그것은 절실하게 요구되고 있다는 것을 뜻하는 것이기도 하다. 아마 지적 성찰의 주제와 사유의 방법은 달라지겠지만 '지성'이란 이름으로 수행해야 할 우리의 지적·반성적 사유와 추구는 여전히 계속되어야 할 것이다. 나의 '노파심'은 '영구 지성론'을 향하며 '문학과지성' 주변을 맴돌고 있는 것이다.

〔『문학과지성사 30년: 1975~2005』, 문학과지성사, 2005〕

제 2 부

자연과의 화해, 그 네 모습

　오늘의 문명과 삶의 형태에서 자연과의 화해라는 문제는 다급하기에 다루기 당혹스럽고 매혹적인 만큼 그 실제가 까다로운 주제입니다. 자연이란 다시 볼수록 막연해지고 화해는 깊이 생각할수록 모호해지기 때문입니다. 더구나 이 주제는 오랜 인류사 속에서 한없이 친숙해온 자연에 대해 근대사 이후 인간이 가해온 가혹한 학대와 무분별한 착취를 반성하고 환경의 보전과 생태의 회복으로 관심을 되돌리려는 심리적·물질적 지향을 취하고 있음에도 불구하고, 그 현실은 자연으로부터 획득해온 기왕의 문명적 소득을 오히려 확대하면서 자연과의 관계도 인간에게 유리하게 조정하려는 변치 않는 이기심을 고집하고 있어 자연과의 친애를 추구하려는 우리의 소망을 더욱 혼란스럽게 만들고 있습니다. 저는 이 난감한 문제의 중심을 피해, 제가 잘 아는 한국의 현대 시인·소설가 몇 분들을 통해 우리에게 자연은 무엇이며 그것으로부터 우리는 무엇을 얻어들일 수 있는가를 관찰해봄으로써 자연과의 친화 관계를 어떻게 설정할 수 있을는지의 빌미를 찾아보고자 합니다.

　제가 읽고 소개하는 시인은 황동규와 정현종, 소설가는 이청준과 김원일입니다. 저와도 개인적으로 잘 알고 있는 40년 지기의 이 시인, 작가 들은 오늘의 한국 문학을 대표하는 원로의 문학인들입니다. 이들은 해방 후에 초등학교에 입학하여 같은 세대의 한 비평가가 주목한 "모국어로 사유하고 글을 쓴 최초의 세대"이며 소년 시절에 한국전쟁을 치른 후 대학생이 되면서 학생 혁명에 참여하여 한국의 정치적 민주화를 체질화한 4·19 세대이고 그들의 사회생활이 시작되면서 개시된 산업화 드라이브에 주력이 된 근대화의 세대였습니다. 이들의 세대적 행운을 제가 여기서 지목하는 것은 이러한 문화적·정치적·경제적 변화의 역동적인 흐름 아래 전통에서 현대로 이동하는 사회적 변동으로 말미암아 빚어지는 내면적·정신적·육체적 갈등을 이 세대는 심각하게 겪어야 했고, 그 진통 속에서 자신들의 인간적·사회적 관계를 거듭 반성하고 자연과 세계에 대한 새로운 인식을 추구하지 않을 수 없었다는 점 때문입니다. 오랜 유교 문화로 형성된 가치와 윤리 체계가 와해되고 봉건 사회의 대가족 체제와 전래 풍속이 해체되면서 자연에 대한 전통적 사유와 토착적 애정도 크게 변하지 않을 수 없었습니다. 그리고 자연에 대한 인식의 변화는 곧 한국인의 근대적 인식으로의 진전을 보여주고 있는 것이었습니다.

　전통적인 인식 속에서 자연은 물론 삶의 기반이며 생활의 조건이었고 자연의 생리를 익히고 그 이치에 적응하는 것이 삶의 '자연스런' 도리였습니다. 이 무조건적인 배움과 받아들임의 숙명론적 자연관은 1950년의 한국전쟁을 계기로 극적인 반전에 부닥칩니다. 혹심한 전쟁은 우리 한반도 역사가 살아온 땅과 물, 산과 강 등의 생래의 터전과 그 본래의 모습들을 무자비하게 훼손했습니다. 전쟁으로 말미암은 자연의 철저한 파괴는 곧 삶의 천부의 조건 붕괴와 거기에서 축적된 전통적인 도리의 파탄을 의미합니다. 조물주가 만들어준 자연이 인간에 의해 파괴되었다는 것은 바꾸어 보면 인간에 의해 새로운 자연의 생성도 가능할 수 있겠다는 것이기도 합니다. 이 관찰과 경험으로부터 한국인의 심성은 거대한 변화를 추구합니다. 그들은 산을 헐고 고개를 뚫었으며 들길을 새로 놓고 물길을 바꾸었으며 그래서 자연을 마음대로 고치기 시작했습니다. 더 나아가 자신을 키운 고장에서 달리 낯선 고장으로 옮겨갔고 이 나라에서 눈을 돌려 다른 나라로 떠나갔습니다. 그리고 이 나라에서 자라온 문화와 문명에 이질의 문화와 문명을 접붙이고 과거의 숭상에서 고개를 돌려 미래로의 도전을 기획했습니다. 한국의 산업화, 근대화가 이렇게 점화되어 성장했고 그 결과가 개발도상국으로서 가장 활발한 경제 성장을 이룩하면서 제2차 세계대전 이후에 독립한 나라로서 유일하게 선진국 대열로의 동참을 기도하는 역동적인 변화를 이루게 되었습니다.

이런 외적·내적 변화 속에 제가 소개하는 네 분의 시인·소설가 들은 자신의 사회적·문학적 생애를 열어가면서 근대화의 한 세대 동안에 치러야 했던 인식의 변화와 그에 대한 자신감을 받아들이는 동시에 그와 더불어 삶의 사회-경제적 전환으로 말미암은 갈등과 소외감을 키워야 했습니다. 그들은 한글 세대, 민주화 세대, 근대화 세대로서의 자기 신뢰와 주체 의식, 새로운 문화 개척자로서의 창조적 열망과 열정, 역사 발전의 소명감과 미래에 대한 도전적 의욕 같은 적극적이고 역동적인 성취감을 누리고 있었지만, 그 뒤에는 그것들의 대가로 지불해야 할 고향 상실감, 도시 문명에의 소원감, 조직 사회의 억압감, 새로운 문명 체계에 대한 이질감과 같은 정서적 저항이 도사리고 있었던 것도 사실이었습니다. 이 세대의 시인과 작가들은 사회 변화의 주도 세대로 참여하면서도 동시에 현실을 비판적으로 접근하고 삶의 아픔에 더욱 공감하는 예술 작업 속에서 문명의 반인간적인 시각과 살벌한 현세적 삶에 대한 인식으로 고통스러워했고 그 고통을 극복하는 가장 큰 대안으로서의 자연을 새로이 발견하고 그 미덕에 깊이 각성하며 그 안에서의 삶의 회복과 의식의 여유를 탐구하게 됩니다. 이러한 마음의 움직임을 네 시인·소설가 들이 또렷하게 보여주고 있는 것입니다.

구체적으로 보면 이렇습니다. 네 작가는 다른 대부분의 동세대 문학인들처럼 빈궁하고 후진적인 농촌에서 태어나 자랐고 도시에서 중등과 대학 교육을 받으며 근대적 삶의 풍속에 익숙하게 됩니다. 물론 이들의 사회 활동도 콘크리트로 다져진 도시에서 이루어졌고, 그것도 얼마 후 아파트로, 이어 승용차의 편의로, 또 이어, 컴퓨터로, 인터넷의 사이버 문명으로 급속하게 업그레이드되었습니다. 이런 변화에 몸과 마음을 주어가면서도 그들은 성장기에 즐겼던 것들과의 이질감을 피할 수 없이 느끼게 되고 그들이 버렸던 것, 떠났던 것, 잊었던 것 들에 대한 기억을 다시 떠올리고 그것들로의 돌이킴을 바라며 가난하고 후지고 마땅치 않아하던 유년 시절의 삶을 그리워하게 됩니다. 자연이 다시 찾아오고 자연 속으로 다시 들어가고 그것들의 정서와 체험을 되살리게 됩니다. 장년기에 이른 이들은 근대화를 성취한 오늘의 선진적 문명에 젖어들면서 아이러니컬하게 그들이 버린 세계를 새로이 보듬고 벗어나고자 한 문명을 다시 싸안으며 그 뜻을 누리고 우리의 주제인 자연과의 화해를 도모하게 된 것입니다. 물론 그들이 다시 찾는 자연은 서로 다르고 그들이 그것과 맺는 관계도 다른 형태이지만 이들 모두 그 자연에서 삶의 길과 몸의 힘을 얻는 데서는 공통되고 있습니다.

한국전쟁을 평생의 주제로 삼고 현대의 왜곡된 한국사와 그로 말미암은 가족의 해체를 집요하게 다루어온 김원일은 그의 50대 중반 문득 『아우라지 가는 길』의 장편소설을 발표합니다. 이 장편은 지능이 박약한 자폐아 소년이 시골에서 도시로 나와 갖은 고생을 다한 끝에 그럼에도 끝내 잃지 않은 순결한 마음으로 아우라지 산골로 귀향하여 새로운 삶을 출발하게 되는 현대의 피카레스크입니다. 작가가 소년의 아버지를 통해 설명하는 바에 따르면 이 세계는 식물의 세계와 동물의 세계로 나뉘는데 도시 문명을 가리키는 동물의 세계는 쓰레기가 이산화탄소를 뿜어대며 썩는 냄새로 부패와 악취가 가득한 더러운 삶을 살게 하지만 식물의 세계는 삭아가면서도 산소를 뿜어내는 향기로운 낙엽처럼 깨끗한 삶을 만들어줍니다. 곧 때묻지 않은 자연을 기리키는 이 식물의 세계에서 작가는 "겸손으로 순치"하며 "악덕을 정화"할 것을 강조합니다. 그는 문명으로 타락하고 자본으로 부패하지 않는 농촌으로 돌아가 순수한 생명의 도리에 따름으로써 향기롭고 깨끗한 자연과 더불어 사는 삶이 가장 아름다운 삶의 길이며 그것이야말로 자연과의 화해라고 권고하고 있는 것입니다.

근대화 과정에서의 지식인의 고민과 쇠퇴하는 전통적 삶에 대한 아쉬움을 젊은 날의 소설적 주제로 삼아온 이청준은 집안의 가난과 잇달은 가족들의 죽음으로 고향에 대한 원한을 가지고 있고 그의 문학적 작업을 그 원한에 대한 복수로까지 생각했습니다. 그런 그가 40대가 되어가는 어느 날 소년 시절의 어머니와 함께 걷던 시골의 '눈길'을 회상하고 깊은 감동에 빠지면서 차츰 고향으로 잦은 나들이를 시작합니다. 그러고서 젊은 날의 도시적 병증으로 고통스러웠던 그는 고향의 판소리 가락에서 위로를 받게 되며 그의 유년을 키워준 산과 바다가 지금 앓고 있는 도시적 병증들을 낫게 하는 요양원이 될 것이란 기대를 갖습니다. 그에게 자연이란 곧 고향을 가리키는 것이며 그의 중편소설「귀향 연습」은 잃었던 고향을 되살림으로써 질병에서 벗어나려는 그의 실제의 노력을 그려주고 있습니다. 주인공은 현실의 다급함 때문에 그 치료를 중도에 포기하게 되지만 이청준의 유명한 판소리 소설의 대미를 이루는「다시 태어나는 말」에서 그 '소리'가 고향의 자연 속에서 태어나는 존재론적 말이며 이 말을 통한 해원(解冤)의 절차 속에서 세계에 대한 '용서'의 정신을 배워야 한다는 것을 설명하고 있습니다. 그는 자신의 문체까지도 고향 풍토의 지역적 특성과 어울리는 모습으로 방언화함으로써 자연과의 친화를 문체적 방법론으로까지 극화하고 있었습니다.

  정현종은 자연의 역동적인 생명력에 환한 환희를 느끼고 있는 밝은 시인입니다. 그는 일찍부터 육체의 발랄한 율동에 매혹되었으며 자연의 힘찬 생기를 자유로운 언어로 노래해왔기에 햇빛과 바람, 나무와 거기 사는 벌레 등 우리가 도시에서든 시골에서든 또 어떤 모습으로 무엇을 만나든 그것이 자연의 것이고 생명을 갖춘 것이라면 그는 함께 흥분하고 더불어 도취하는 에피큐리언적 감수성을 발휘해왔습니다. 가령 "청계산 능선을 가는데/어느 지점에서 홀연히/눈앞이 빛 천지다!/진달래꽃 때문이다/천지에 웃음이 가득,/이런 빛 열반이 어디 있느냐/이런 시야가 어디 있느냐"고 황홀해하는 모습이 그의 자연에

도취하는 전형적인 모습을 이룹니다. 그는 자연의 생명력, 그것이 뿜어내는 생명의 숨결들에 자신을 동화시켜 공감하고 환희하며 내적 팽창을 이룹니다. 그의 화해는 자연과의 그 일체감을 통해 극대화한 정서적 환락(歡樂)일 것입니다.

황동규는 스스로 자연 속으로 달려 들어가 거기서 자신의 내면을 초월의 상태로 고양시키는 독특한 아름다움의 경지를 추구합니다. 청년 시절의 서구적 파토스에서 출발하여 막힌 현실에 대한 비판적인 시를 쓰던 그는 죽음에 대한 집요한 탐구의 연작시를 발표한 후 50대로 들면서 서사적 구조에 서정적 정서를 담아내는 '극서정시'의 새로운 시적 방법론을 전개합니다. 이 작업의 대표작인 「몰운대행」에서 그는 일상의 잡답과 삶의 무료에 진력이 나 문득 자동차를 몰고 길을 떠나 몰운대 앞을 흐르는 물을 내려다보며 자연의 한 순간으로 몰입하게 됩니다. 거기서 그는 "꽃가루 하나가 강물 위에 떨어지는 소리가 엿보이는 그런 고요한 절벽" 앞에서 보기와 듣기가 하나로 모이는 극도의 외로움과 황홀함을 한 가지로 느끼며 "시간 뒤에 숨은 시간" 속으로 비약합니다. 그는 여기서 외부의 세계를 자신의 절대 고독의 내면 속으로 끌어들여 '홀로움'이란 절정의 순간을 일구어냄으로써 자연과의 화해를 극화하는 것입니다.

이청준의 해원을 통한 용서와 김원일의 겸손으로 이루는 순화, 정현종의 환희가 일구는 생명의 즐김과 황동규의 황홀한 고독 속에서 다다르는 초월은 그들이 만나는 자연의 다름에서 비롯합니다. 이청준에게 있어 자연은 고향이고 김원일에게는 순결한 세계이며 정현종에게는 생명력의 숨결이고 황동규에게는 초월의 계기입니다. 자연은 물론이 모두일 것이며 이보다 더 넓고 풍요한 정서적 자원을 가지고 있을 것입니다. 그러므로 자연과의 화해의 방식도 더욱 다양하고 활달한 모습으로 열어갈 수 있을 것입니다. 자연에 대한 인식이 넓어질수록, 그 화해의 양상이 갖가지일수록 세계는 더욱 풍부해지고 그 삶은 보다 역동적으로 될 것이 분명합니다. 제가 여기서 예시한 것은 제가 좋아하며 높이 평가하는 네 문학인의 네 가지 개성적인 형태로 전개한 자연과 친화하는 모습일 뿐입니다. 저는 이 한중 문학인 회의에서 이 가능성과 전망들이 활발하게 확대되고 고양될 것으로 믿습니다.

고대 그리스는 자연을 신화화함으로써 경외의 대상을 인간화했고 고대 중국은 황하를 다스리는 능력에 세상을 통치할 권력을 부여했습니다. 서구의 중세는 자연에 인간을 예속시켰지만 계몽주의 이후의 근대사는 자연에 대한 이해를 과학으로 설정하고 그에의 예속을 벗겨내기 시작했습니다. 현대의 문명은 인간을 위한 자연으로 오해함으로써 적대와 착취의 험악한 관계로 발전시켜 공해와 생태계 파괴의 길을 열어놓았습니다. 오늘의 세계는 자연으로부터의 보복과 그 생명력의 고갈 상태에 당면하면서 반성과 친화의 새로운 관계를 모색하고 있는 중입니다. 이렇게 자연과의 관계 설정은 시대에 따라 다르고 인식을 바꿈으로써 삶의 지향과 그 실제의 모습도 변해왔습니다. 시멘트로 덮여 도심의 시궁창이었던 서울의 청계천이 그 시멘트를 걷어내고 원래의 물 흐름으로 잡아줌으로써 시민들의 산책길이 된 데서 자연에 대한 인간의 대면 형태가 생각의 깊이와 앎의 높이에 따라 얼마든지 달라질 수 있음의 실례를 보았습니다.

국민소득이 1만 달러 수준에서 공해에 대한 인식이 제기되고 2만 달러 수준에서 자연 환경 보전의 노력이 시작된다는 말을 들은 적이 있습니다. 저는 이 한중 문학 심포지엄에서 논의되고 있는 자연과의 화해와 그를 위한 문학적 노력이 실제의 우리 삶으로 들어오기를, 사회적 공감과 미래 기획의 자료로 활용되기를 바랍니다. 그래서 자연의 생명력에서 우리가 얻어들이는 용서와 순화, 환희와 고양의 삶을 살아갈 수 있기를 소망합니다.

〔제3차 한중작가회의, 2009. 7〕

오웰의 말손바닥 안에서 헤매기

조지 오웰의 『1984년』은 작가의 도저한 비관적 미래관을 펴는 소설이지만 그에 못지않게 내게 의미심장하게 다가오는 것은 이 소설에 부록으로 붙은 「신어의 원리」라는 일종의 '논문'이다. 소설의 강한 메시지에 밀려 그리 주목받지 못하고는 있지만 나는 이 글에서 언어를 어떻게 조작하여 억압과 통제의 도구로 사용할 수 있는가라는 무척 충격적인 발상을 발견한다. 그 쉬운 예가 가령 이렇다: 'free'란 말에서 '없다'란 뜻만 남겨두고 '자유롭다'란 뜻을 없애버리면 사상과 정치의 '자유'에 대한 인식은 원천적으로 제거되어버린다. 말이 없기 때문에 그것이 지칭하는 실재도 사라지는 것이다. 오웰이 구상하는 독재자의 언어 정책에는 시니피에의 수를 줄일 뿐 아니라 어휘 그 자체의 수까지 줄이는 것도 중요한 방법으로 채용되고 있다. 가령 동사든 형용사든 '아니un'의 접두어를 붙여 '좋다'의 반대말을 '안 좋다'로 통일시켜버리며 '나쁘다'란 말을 없애고, 또는 '덥다' '안 덥다' 외의 '춥다'는 지운다. 이러면 단어의 숫자는 대폭 줄어들며 유사어의 섬세한 차이를 무시하게 되고 그러면 그만큼 우리의 정서와 사유도 단순해질 것이다.

말을 3개 어군으로 나누어 일상어의 A어군에서 이처럼 어휘 조작을 하고 난 후 오웰은 직접적인 정치적 효과를 노리고 만들어지는 B어군을 소개하면서, '나치Nazi'와 그것의 '독일국가사회당'이란 말, 또는 '코민테른Comintern'과 '국제공산당'이란 축약어와 원명을 비교해보고 있다. '국제공산당'이라 했을 때 우리가 연상하는 '보편적 인류애, 이상주의, 마르크스 사상, 파리 코뮌'과 같은 느낌은 '코민테른'으로 바꿔 부르면서 사라져버리고 대신 군대와 같은 투쟁적 단체, 그들의 타협 없는 강경한 강령 따위를 연상시킨다. 『1984년』의 세계에는 이런 약어가 마구 횡행하고 있거니와 더 나쁜 것은 그 시니피앙과 시니피에가 반어적으로 사용되고 있다는 점이다. '평화성'은 전쟁을 담당하는 곳이고 '진리성'은 모든 기록들을 조작하는 일을 하는 것이 그렇다.

1948년에 쓰어진 『1984년』에서 그 '신어'는 2050년에 완성될 것으로 예고하고 있다. 아주 다행히 현실의 세계지도에서 『1984년』의 암울한 체제는 오히려 줄어들었고 스탈린 등의 전제 정권 사회에서도 오웰식 신어의 원리를 효과적으로 이용한 예는 별로 없는 듯하다. 그래서 현대의 언어 현상은 오웰의 예상과는 거꾸로 나아간 것이 분명하다. 그런데도, 곰곰이 따져보면, 그럼에도, 오웰적 악몽이 떠올려지는 현상이 드물지 않음도 쉽사리 부인하기 어렵다. 가령 '동무'란 우리의 아름다운 말이 남북으로 대치된 이후 북의 용법을 피하다가 결국 사라져버렸고, 지금 우리의 '진보' '보수'란 개념도 현실에 대응하는 정책적 지향이라기보다는 도덕적 정당성의 있음과 없음으로 그 자체 가치 판단이 들어간 어휘로 변모해버렸다. '세계화' '환경과 생태' '정보화' '혁신'과 같은, 다양한 내포에도 불구하고 강력하게 발동되는 억압적 구호들, 혹은 '평화지킴이Peacekeeper'가 핵유도탄의 이름이라는 것 등등은 우리의 언어 사용이 『1984년』의 용법으로부터 별로 자유롭지 않음을 보여주는 예가 될 것이다.

오웰의 예측을 가장 또렷하게 배반하는 언어 현상이 말의 엄청난 증가와 그 뜻의 다양한 변주일 것인데 그것은 현대의 사회가 더욱 자유롭고 개명되었으며 새로운 문물이 쏟아져 나오는 발전과 변화의 덕분일 것이다. 늘 보는 신문을 다시 들여다보며 문득 한 세대 전, 아니 십 년 전에 이런 단어는 없었지 싶은 것들을 숱하게 만나게 되는 것이 그렇다. 요즘 내가 보고 있는 앨빈 토플러의 『부의 미래』에서 눈에 띄는 '블로그' 'e-베이' '플래시몹' 혹은 'MP3'나 'GPS'쯤은 이미 상용되는 말인데도 그것들이 나타난 지는 몇 해 되지 않았다. 이 책에 나오는 '프로슈머'(prosumer, 이 책에서는 우리말로 번역되지 않은 채 '프로슈머'로 표기되고 있지만 '생비(生費),' 그러니까 '생산하며 소비하다'란 뜻으로 옮겨지는 것을 보았다)는 저자가 앞선 책에서 만들어낸 말인데 다른 데서도 이 말을 본 것으로 보아 이미 공용어로 채용된 듯하고, 이번 책에서 처음 보는 '동시화산업'(가령 적시 생산 just-in-time처럼 생산 공정, 산품 출하를 적기에 맞추는 것) '금융전염'(IMF 때처럼 연쇄 금융파산이 일어나는 경우)도 이미 신문 용어로 사용되고 있는 듯한데 토플러는 여기에 '효력이 닳아버린 지식'을 가리키는 'obsoledge'란 말을 또 새로 만들어냈다.

내가 뒤늦게 '이메일'을 사용할 수 있기 시작한 때로부터 얼마나 많은 단어들이 생겨났을 것인가를 돌이켜보면 거의 현기증이 날 정도이다. 내가 갖가지 새로 태어나는 과학·정보·경영·금융의 약어와 전문적인 어휘들(오웰의 「신어의 원리」에 나오는 'C어군'이 이것들이다)의 소나기를 속절없이 온몸으로 맞으면서도 오히려 그 뜻을 모르고 용법을 알지 못하기에 그 숱한 '신어'들과 약어·조어 들로부터 내가 무식한 존재로 버림받고 있다는 것이 야속스러울 뿐이다. 휴대전화에서 송수화하는 일 외에는 그 많은 기능들에 내가 속수무책일 수밖에 없는 것 같은 섭섭함이, 내가 알지 못하는 갖가지 문물이 있다는 것, 거꾸로, 이름들은 쉼 없이 불려지는데 나는 그 이름들의 실체를 모르고 있다는 것에서 스며나오는 것이다. 그러니까 내가 긴 세월 동안 보고 당하고 치른 갖가지 경험으로도 끝내 포용되지 않는 세계가 내 주변에 아주 넓게 펼쳐져 있다는 사실이 나를 쓸쓸하게 만든다. 새로운 말들의 홍수 속에서 허우적이면서도 그 물 흐름으로부터 바깥으로 밀쳐지고 있는 내 몰골을 남의 일처럼 보는 안쓰러움을 나는 느끼고 있는 것이다.

아니, 더 깊은 안타까움은 또 다른 데에도 있다. 언어의 능률성, 전자 통신의 기능, 속도의 효과, 광고의 매력을 살리기 위해 자행되는 말의 줄이기, 뒤틀기, 틀리게 쓰기, 오늘의 오웰이라면 더욱 침통하게 비판했을 말의 그 왜곡과 타락들이 알게 모르게 우리 몸 안으로 배어들고 있는 것이 그것이다. 'e-세상' '女 봐라 쭘은 하나의 시니피앙에 두 개의 시니피에를 만들어내는 애교 있는 수법임은 틀림없다. 그러나 말과 글자의 수를 줄이는 갖가지 축약, 바른 말법을 일부러 짓이기고 망가트리는 데서 쾌감을 찾는 문장 비틀기, 잘못 쓰고 부러 틀리게 쓰는 표기는 우리 삶의 품위와 문화의 덕성, 사람과 사람 사이를 이어주는 예의를 그만큼 더럽히고 줄이고 빼버리는 모습을 반영해줄 뿐이다. 우리 내면이 말을 통해 그 형체를 드러내기도 하고, 거꾸로, 말이 우리 내면을 규정해주기도 하는 것이어서 언어를 험하게, 지저분하게, 바르지 못하게 사용한다는 것은 우리의 마음 스스로가 바로 그렇게 험하고 지저분하고 바르지 못하다는 것을 가리킨다. 이렇게, 우리는 시니피앙의 타락을 통해 시니피에의 파손을 겪는 세계에 살고 있는 중이고 그 오염된 홍수에서 내가, 아니 우리 모두가 더럽혀지고 있다는 사실은 우리가 여전히 오웰의 손바닥 안에서 놀고 있다는 것을 뜻할지도 모른다.

30년 전의 이청준 소설 중 '언어사회학 서설'이란 까다로운 부제가 붙은 연작들은 억압된 체제 속에서 진실로부터 괴리된 말의 허황함을 풍자하고 있었다. 그는 오웰의 이런 손바닥 안에서 말의 진정성을 찾고 있었다. '1984년'의 악몽을 넘긴 지도 20여 년이 지난 이제 말의 숫자와 뜻의 규모는 풍성해졌지만 그 품위는 오히려 이를 데 없이 비루하고 용법들은 오염되어버린 가운데 우리는 오웰의 뒤집은 손바닥 안에서 언어의 뒤틀림으로 빠져든 것은 아닐까. 시니피앙과 시니피에의 이 결렬, 그것은 말의 정의(定義) 상실에서 정신의 정의(正義) 상실로 미끄러져드는 지름길임에 틀림없을 듯하다.

〔『볼』 2006년 겨울호〕

검은 잎, 기형도, 그리고 김현

기형도는 내게 시인으로서보다는 먼저 기자로 다가왔다. 그는 당시 중앙일보의 문화부 기자였고 문학을 담당했다. 키 작은 내가 보기에 듬직한 몸피였고 약간 긴 얼굴에 도톰한 살집이 탐스러운 호남형이었다. 구레나룻이 있었는지, 그게 잘 자라면 서구형의 멋진 캐릭터이겠다 싶었는지 기억은 가물서리시만 머리갈은 좀 곱슬기렸고 목소리에는 윤기가 흘렀던 것은 아마도 분명할 것이다. 20여 년 전의 문학과지성사는 신수동 출판단지의, 옛 기숙사 같은 긴 단층 건물의 몇 칸을 차지하고 있었고 나는 넓은 마당 쪽으로 창살을 내리지른 유리창으로 밖을 내다보며 마치 우리에 갇힌 것 같다……라고 대체로 우울한 기분에 젖어 있을 무렵이었다. 기형도가 그 사무실로 나를 가끔 찾아왔다. 그리고 문단에 대해, 출판에 대해, 작품에 대해, 세상에 대해 묻기도 했고 내 말을 메모하는 듯도 했고, 그리고 그보다 더 많이, 내게 어렴풋한 울 밖의 세상 이야기를 전해주기도 했다.

내가 그런 그를 의아하게 여겼던 것은 신문사의 정치부에서 자원하여 문화부로 옮겼다는 점이었다. 기자물을 얼마 동안 먹었던 나로서는 그런 역행을 도대체 이해할 수 없었다. 정치부는 편집국의 꽃이었고 문화부란 그저 무난한 곳이었다. 그런 관행을 잘 알고 있기에, 젊고 세상에 대해 야심 있어 뵈는, 그것도 정외과 출신의 기자가, 모두가 못 가서 안달하는 정치부에서 외려 편집국 변두리의 문화부로 스스로 좌천을 지원한다는 것은 상식으로 받아들일 수 없는 일이었다. 그래서 나는 한번은 그 의아심을 못 참고 왜 그랬느냐고 물어보았다. 그는 시답잖은 표정으로, 정치부란 데가 재미없어서요……라며 말을 돌렸다. 나는 그때만 해도 그가 혹 똘만이 기자로서 왕따 당했거나 무슨 기사 작성에서 면목 없이 실수한 것은 아닐까 하는 의구를 지운 것은 아니었다. 내 생각이 잘못되었음을 깨달은 것은 그가 후에 시인으로 내게 새로이 다가오고 그의 작품을 보고 시집을 내기로 하는 등의, 그와의 관계가 기자에서 시인으로 옮겨갈 즈음부터였다. 그는 정말 정치부만이 아니라 정치를 싫어했고 그쪽에 대한 관심을 별로 챙기지 않았으며 문학에 대한 대화와 의견을 많이 펼쳤고, 그 기사들은 문학적 자질로 깊이 젖어 있었다. 80년대 후반의 그 뜨거운 정치의 계절에도 불구하고 그의 기사들은 정치와 이념의 색깔에 젖지 않고 순수한 문학적·작품적 사태로 서술·평가되고 있었고, 나는 그의 관심이 세속 정치가 아니라 언어와 상상의 세계로 뛰어넘어 있다는 것을 확인했던 것이다.

아마 그즈음이 우리 문학 저널리즘이 가장 활발하던 시절이었던 것으로 회상된다. 한국일보의 김훈을 비롯해 그보다 젊은 박해현, 고종석 등 이제는 작가, 비평가, 에세이스트로 더 왕성한 활동을 하는 젊은 문학 담당 기자들이 당시의 들끓던 문단과 문학을 신문과 잡지에 기사와 해설로, 혹은 탁상 정담과 주석 잡담으로, 기자와 논객으로 또는 토론자와 방청자로, 지극히 활발하게, 쓰고 말하고 듣고 생각하며 주장하고 비난하고 반박하던 때였다. 나만 해도 이미 한물간 글쟁이에 변두리로 밀려난 시청자에 불과했기에 그들의 기사를 읽고 보며 이래저래 놀러 오거나 방문한 기자들의 말을 많이 듣고 또 물었다. 그 기자들 중에 기형도가 가장 자주, 외진 신수동 출판단지로 왔고 믿을 만한 문단 소식을 많이 전해주었고 기사도 제일 활발하게 썼다. 내게는 낯이 선 급진파의 운동 소식을 들으며 그에게서 그들의 분파 간의 차이를 물었고 다른 계간지의 특집 기획이며 베스트셀러 목록, 출판 계획 등의 정보도 얻어들었다. 그즈음 인기 있는 작가나 작품들의 동정도 챙겼고 더러 문단 스캔들 소식도 그에게서 주워들었다. 그는 신문기자였지만 내게는 오히려 그가 세상 소식들의 매체였고 그 이해의 해설자가 되었었다.

기형도를 기자에서 시인으로 내게 되돌려놓은 깃은 그외는 '공시저 관계'밖에 없다고 말한 김현이었다. 그는 왕성한 독서 속에서 기형도의 시를 주목해 보았고 드디어는 그의 시집을 내자는 제의를 했다. 그 결정이 이루어진 후 그는 기형도에게 시집 간행을 권고했고 그도 선뜻 동의했다. 기대에 차고 열에 떠, 그는 아마 여러 달 걸려 시집 원고를 수습하며 뇌고를 했고 진체적인 틀을 구성해서 최종적인 정리를 거의 마쳤을 것이다. 그는 그 진행을 때때로 내게 보고했는데, 시집의 차례도 적어가지고 다닌 듯했고 그럴 만큼 자신의 첫 시집에 정성을 쏟았다. 그러던 어느 새벽 그는 문득 한 극장에서 주검으로 발견되었다. 예고 없는 그의 안타까운 요절이어서 그의 시집 간행은 더욱 빨리 진행되어야 했다. 가을에 낼 예정이었던 그의 유작 시집의 발행을 박해현 등 동료 기자들의 도움을 받아 되도록 당기기로 했고 김현이 그 해설을 스스로 맡기로 했다. 김현은 권말에 실릴 작품론 「영원히 닫힌 빈방의 체험」의 원고를 가져오면서 기형도가 미처 정하지 않았을 시집 제목을 '입 속의 검은 잎'으로 하자고 했다. 기형도의 시에 대해 '그로테스크 리얼리즘'이란 라벨을 붙인 것도 그 글에서의 김현이었다. 기형도의 처녀-유작 시집은 그가 작고한 1989년 3월에서 두 달 후인 5월에 간행되었고 그리고 그 해설을 쓴 김현도 암과의 투병 끝에 그로부터 1년 후인 1990년 6월에 운명했다.

   예감 없이 삶을 마감한 기형도의 시들에서 김현은 죽음의 숱한 예감들을 발견했던 것이고, 그 작품들을 읽고 해설을 쓰면서 아마도 자신의 죽음을 예감했던 듯, 유달리 이런 쪽의 상념들을 진하게 펴며 침울한 문장들을 풀고 있었다. 그즈음 그는 몸에 이상을 느끼며 어머니와 형에게 죽음을 이끌어온 암에 대한 공포로 전율하고 있었을 것이다. 그 두려움 속에서 그는 젊은 시인들의 상상 세계 속으로 뛰어들어가 그 시들이 그리는 정경과 숨긴 꿈을 해부하는 데 집중적인 노력을 기울였고, 그 글들이 유고로 남아 그의 사후 6개월 만인 1990년 12월에 『말들의 풍경』으로 간행되었다. 거기에 수록된 11편의 글들은 모두 1989년과 그 이듬해에 발표되었는데 한꺼번에 집중적으로 쓰여진 그 시인론들이 순서를 기다려 2년 동안 여러 계간지들에 분산 게재되었던 것이다. 『잎 속의 검은 잎』 해설로 쓰여진 「영원히 닫힌 빈방의 체험」은 이 시론집 차례의 마지막 글로 실렸는데, 이 글이 김현의 가장 마지막 글은 아닐지도 모르지만 죽음을 눈앞에 두고 그 운명적인 죽음에 대한 고통스러운 자각과 씨름하던 그의 마지막 시기에 썩어진 것은 분명하다.

그렇다는 것을, 나는 그 글을 다시 읽으며 확연하게 확인하지 않을 수 없었다. 부제 '한 젊은 시인을 위한 진혼가'에 어울리게, 「영원히 닫힌 빈방의 체험」에서 그는, "살아 있으라, 누구든 살아 있으라"라는 기형도 시의 한 행을 제사로 인용하면서 '죽음'에 대한 감상적인 명상, 그러나 절절한 아픔으로 쑤셔대는 진혼의 대사를 풀어놓는다. "그러나 그의 육체를 기억하는 사람들이 다 사라져 없어져버릴 때, 죽은 사람은 다시 죽는다. 그의 사진을 보거나 그의 초상을 보고서도, 그가 누구인지를 기억해내는 사람이 하나도 없게 될 때, 무서워라, 그때에 그는 정말로 없음의 세계로 들어간다. 그 없음의 세계에서 그는 결코 다시 살아날 수 없다. 그 완전한 사라짐이 사실은 세계를 지탱할 힘일는지도 모른다"(김현문학전집 6, 『젊은 시인들의 상상세계/말들의 풍경』, p. 308). 더 길게 인용하고 싶은 구절을, 너무 절절해서 중도에 자르지 않을 수 없는 김현의 진혼문은 기형도의 시를 통해, 그러나 그 자신의 사유로써 끈질기게, 죽음의 문제를 붙들고 싸우며, 그 죽음이 몰고 오는 사라짐의 허망함과 그 소멸을 극복하려는 열망을 뿜어올린다: "그의 시들을 [……] 읽고 기억하게 한다면 그의 육체는 사라졌어도 그는 죽지 않을 수 있다. [……] 그는 빨리 되살아나 그의 육체를 모르는 사람들에게도 그의 육체를 상상할 수 있게 해줄 것이다"(p. 309). 향년을 29년과 48년으로 달리하며 한 해 사이로 이어 간 두 죽음은, '입 속의 검은 잎'이란 충격적인 형해(形骸)의 이미지를 통해 허망한 죽음의 인식에 대한 시와 시인론으로 겹쳐지며 시너지 효과로 증폭한다.

나는 기형도와 막역한 친구인 박해현에게 시 「입 속의 검은 잎」에 나오는 '그 일'과 '그'는 무엇인지, '누구'인지 물었다. 박해현은 기억을 살려 내게 이메일로 알려주었다: "기형도의 그 시는 그가 여름휴가 중 광주 망월동 묘지를 참배하고 온 뒤 쓴 작품입니다. 당시 그는 대구에서 광주에 갔습니다. 그 당시 모든 젊은이들이 그랬듯이, 기형도 역시 5·18 광주에 대한 부채 의식을 지니고 있었기 때문입니다. 그 시에 나오는 대로 광주에 가서 택시를 타고 망월동에 찾아갔다는 얘기를 한 적이 있습니다. 그러니까 그 시에서 '그 일'은 5·18이고 '그'는 시인이 상상한 일종의 전형적 인물이 아닌가 합니다"(원문대로). 유고시로 발표된 이 작품을 보는 내 앞에는 그러니까 세 육체의 죽음이 중첩된다. 5·18 광주에서의 숱한 죽음들, 그 죽음을 허연 이빨이 물고 있는 '검은 잎'의 이미지로 떠올리고 있는 요절 시인의 죽음, 그리고 그 시의 허망한 죽음의 이미지를 자신의 것으로 예감한 비평가의 죽음—나는 이 대목에서 역사와 언어와 사유에서의 죽음의 의미를 짚어본다. 그리고 나도 공감하며 전율한다: "내 입 속에 악착같이 매달린 검은 잎이 나는 두렵다"(「입 속의 검은 잎」).

〔『정거장에서의 충고—기형도 20주기 추모문집』, 문학과지성사, 2009〕

고희의 처녀 시집
— 민병문 형의 『서리풀 공원』 발간을 축하하며

참으로 오랜만에 민병문 형을 만났다. 키는 여전히 작았지만 그에 당치 않게 늠름했고, 머리칼은 새치가 낀 듯했지만 그 색깔은 외려 더 까매진 듯했다. 우리가 처음 만난 것이 1965년 동아일보사의 수습기자 동기생으로 입사하던 때였고 서로 길이 달라진 것이 1970년대 중반이었으니 서른 몇 해 동안 서로 못 보고 지낸 셈이있는데 그는 그 오랜 전날보다 이제 더 민병문다워진 것이었다. 넓지만 빤한 서울 바닥이어서 그가 쓴 기사를 읽기도 하고 이래저래 얽힌 지면들로부터 안부를 듣기도 했을 뿐 아니라 무슨 일인가를 빌미로 하여 더러 전화가 오가며 소식을 나눈 적도 있었다. 그러나 그렇게 그의 동정을 듣고 본다 해서 그를 만난 것은 아닐 것이다. 그러던 얼마 전 그가 책을 낸다고 한번 만나자 해서 그가 잘 내는 점심 식사를 함께하며 근황을 들었고 책이 나온 후 우연히 만난 길에서 내 집 주소를 확인하며 책을 보내주겠다고 얼굴을 마주했다. 그 책을 잘 받았고 그리고 며칠 지난 엊그제 다시 온 전화에서 그는 시집을 낸다고 했다. "아니 시집?" 반문하게 된 것은 서로 다른 마당에서 헤매인 세월의 그 긴 사이에 아득히 늘어선 거리감 때문이었을 것이었다.

나는 며칠 후 '고희 주필의 논설위원실 이야기'란 부제가 붙은 그의 책 『펜과 나침반』(나남)을 쌓인 책더미에서 끌어냈고 뒤적거리며 그의 갖가지 회상과 숱한 사람들의 이야기를 들었으며 그의 글 속에 끼인 내 이름을 발견하고 40년 전의 한때를 돌이켜보기도 했다. 그리고 그가 메일로 보내준 그의 시집 원고들을 찬찬히 읽었다. 아무래도 늙은 나이에 들어서서는, 게다가 그 친구가 글쟁이일 때는 그의 글을 보고 나서야, 그래서 더 이상 숨길 수 없게 된 그의 속얘기를 듣고 속사정을 알 때에야 비로소, 그를 만났다는 생각이 드는 모양이었다. "아니 시집?"이란 내 반문은 그제서야, "그래, 시집!"이란 수긍을 얻어 고개를 끄덕이게 하는 것이다. 나는 다시 그의 『펜과 나침반』을 찾아 약력을 들여다보니 이미 그는 몇 권의 저서를 냈고 몇 차례의 언론상을 탔는데 그 끝에 '현직'으로 '헤럴드경제신문 주필'에 이어 "시인(국제문예)"이 붙어 있었다. 그는 어느 사이, 아니 현직 언론인으로서의 바쁜 틈 사이에도 버젓이, '시인'이 된 것이고 드디어는 이제! '고희 시인'의 첫 시집이 나오게 된 것이다. 한국의 독자들은 풍성한 21세기의 이 문화적인 연대에 고희의 나이로 발간되는 '처녀 시집'을 봉독하는 '고래의 희귀한' 행운을 거두게 된 것이다. 그러니 이 자리는 그 주인공의 자축이기보다는 그 같은 귀중한 장면을 부러운 눈으로 바라보며 귀가 환해지는 '이순(耳順)' 노경의 순수를 공감하게 될 우리의 축하 마당이 되어야 할 것이다.

그러고 보니 그는 소년 시절 저명한 학생 시인이었다. 나는 그가 그렇다는 것을 그와 고등학교 시절에 문학을 한 후배 시인(문단 데뷔로는 선배 시인이겠지만) 김광규로부터 들었음을 기억해냈고 편집국 문화부에서 문학을 담당하는 내 책상 쪽으로 와 시집들을 뒤척거리던 일을 회상할 수 있었다. 『펜과 나침반』에는 소년 시절 문인으로 자신의 운명을 예감하게 되던, 그 뿌듯하게 자랑스러운 시절이 이렇게 회고되고 있었다: "방학을 앞둔 추운 겨울 12월 중순, 서울 신문로 소재 서울고등학교 교정에 아침 조회가 열린다. 당시 호랑이 교장으로 전국에 명성을 드날리시던 김원규 선생님이 단상에서 예의 훈화를 정성껏 하신 뒤 문득 '우리 학교를 빛낸 학생을 표창하겠다'며 내 이름을 마이크 너머로 크게 외쳤다. 〔……〕 단 위에 올라 상장을 받고 교장 선생님이 키 작은 내 팔을 허리 굽혀 높이 치켜 올릴 때 나는 눈물이 났다"(「멧새클럽 태동기」). 그러니까 그는 「고갯마루」로 기억되는 산문을 당시 최고의 학생잡지 『학원』에 투고했고 그것이 '학원문학상'을 수상하게 되어 전교생 앞에서 교장 선생님으로부터 표창을 받은 것이었다. 그는 이 수상으로 그의 "진로는 더욱 공고히 결정되었다"고 쓰고 있다. 그는 문예반 활동을 했고 대학 신문의 기자가 되었고 가장 권위 있는 신문의 민완 경제 담당 기자로 활약했으며 '골수 주필'이 된 것이었다.

그런데 나는, 그가 시인 대신 신문 기자가 되고 논설위원으로 사설과 칼럼을 쓰며 주필까지 되었으니, 더구나 환갑을 넘겨 현장으로부터만이 아니라 전날의 꿈으로부터도 퇴역한 '고희'기 되어서는 순수 시문학이란 것은 오래전에 접어둔 것으로 지레 접어본 것이었다. 그가 50년 전의 열망을 버리지 않고 여전히 시를 썼다는 것, 그리고 드디어는 시단에 데뷔했다는 것, 마침내 모두로부터 물러날 나이를 무릅쓰고 순결한 '처녀' 같은 시집을 간행한다는 것은 겁으로 나를 야단치는 셈이었다. "문학 따위야 벌써 집어치웠으려니" 한 내 잘못된 짐작을 그는 꼬집은 것이고 "지금 이 연배에 시단 데뷔라니!" 싶은 내 섣부른 나이 타령을 야단친 것이며 "세상에, 고희에 처녀 시집이라니"라는 내 탄성에 "아무렴!" 하고 맞장구를 쳐준 것이다. 무서워라, 소년 시절의 예감을 할아버지가 되어서도 다짐하여 시인의 새 길을 찾아 들어서다니! 그런 그의 내면에 깔린 '소년 시인'다운 집요한 꿈이 세월이 바뀌고 늙마가 되어 마음이 변해도 결코 꺾이지 않고 있는 소망을 마침내 그의 시에서 나는 발견했다:

다시 촛농을 모아 불 밝혀봐
아직 내 할일 많이 남았지
서둘러 서둘러 촛불을 켠다

보라색 나팔꽃이 피기 전에
참새가 짹 짹 나오기 전에
밤새 맺힌 이슬 마르기 전에
불끈 떠오르는 햇님보다
더 환하게 주위를 비친 뒤
나, 본래 은은한 불빛으로 돌아가리 ―「촛불 1」

민병문은 그러니까 다른 사람들이 포기할 나이, 하던 일을 손에서 내려놓을 때 새로이 촛농을 모아 촛불을 켜고 "더 환하게 주위를 비춰"고 싶은 것이었다. 그 일을 더욱 "서둘러"야 하는 것은 "살 만큼 살아 짧아진 여생"이어서 "이젠 걷기에도 시간이 없네/친구가 없네,/

낭만이 없네/내 그림자 따라오는 돌담 길밖에" 없는 노년에 이르러 있기 때문일 것이다. 이 '서두름'은 「덕수궁 돌담길」을 걸으면서 "50여 년 전 기억 속에 묻혀서" 재촉하게 되는 것인데 이런 시들을 보면 아무래도 그는 자신이 시를 향해 꿈을 키우던 소년 시절의 그와 60대가 되어 비로소 시인이 되기에 이른 지금의 그가 마주보며 50년의 시간의 의미를 음미하며 그 세월 동안 얻어들인 경험과 쌓아올린 지혜를 두둑이 갖춘 인생의 멘토로서 후생들에게 덕담으로 권고하는 현자의 모습을 드러내지 않을 수 없을 듯하다. 그래서 가령

> 세월이 많다. 마냥 길구나.
> 교육 마치고 취업할 때쯤
> 쏜살 같은 시간의 의미 깨닫는 자,
> 그나마 인생 승리자 되리라
>
> 청년이여, 경험은
> 머리와 다리로 못 사는 보물.
> 노인 지혜에 고개 숙이라,
> 공경하며 배움에 주저 말라 ―「청춘」

에서처럼 젊음들에게 노인의 품위를 배우라고 가르치는 것이다. 그리고 자신의 연배들을 향해 "분수 맞게 취해서/겸손하게 살라 하네"라는 충고와 더불어,

> 흐름 따라 조용히 살면

> 봄볕처럼 살짝 찾아오는 것
> 자기 말 많이 하기보다
> 더 듣고 더 끄덕이는
> 높은 가지 잎새 되라 하네 ——「노년을 위하여」

라는 '나무'의 삶이 되는 지혜를 얹어준다.

  우리는 민병문에게서 50년 전의 그가 꿈꾼 프로급 시인의 모습으로 지금 재현되기를 굳이 바랄 필요는 없을 것이다. 그 나이에 어울리는 열정이 피어오르듯이 이 나이에 자연스러운 지혜가 더 아름답고 혹은 시적일 수 있을 것이다. '고희의 처녀 시집'에서 우리가 바라는 것은 그런 민병문의 언어이고 언론인에서 시인의 직분을 새로이 겹쳐 가진 민병문에게서 보고 싶은 것은 영원히 쇠락할 수 없는 시인다운 꿈과 열정일 것이다. 그런 일을 위해서 시인 민병문의 이번 시집 간행은 더욱 귀중한 정표가 될 것이다.

〔『서리풀 공원』 발문, 온북스, 2008. 11〕

대학로 100, 그 신선한 자유의 유산

 밀리고 당기며 분잡스러운 버스에서 훌쩍 내려서면 눈 앞의 작은 시내가 먼저 닥치고 그 위로 윗녘 염색공장을 거쳐 흘러오는 검푸른 물을 내려보며 몇 걸음 옮기면 2차선의 폭으로 두툼한 시멘트 다리가 나선다. 그 다리의 역시 두터운 시멘트 난간 턱에는 으레 몇몇이 걸터앉아 담배를 피우기도 하고 길 건너 의대 쪽을 실피기도 하는데 그 표정들이 밝고 여유롭다. 그 앞에 선 두 개의 정문 기둥, 거기에 맞닿은 경비실을 개의할 것 없이 그냥 지나쳐 들어서면 벌써부터 보이기 시작한 시원한 공간이 아주 확 트인다. 서울대 문리대 캠퍼스. 왼쪽, 늘어선 나무들 사이로 고래등처럼 가로로 큼직하게 누운 벽면이 보이는 건물이 서울대 중앙도서관, 오른쪽에 두 이께를 펴고 점잖게 고개를 든 형상으로 바로 보고 있는 건물이 서울대 본부, 그리고 바로 앞 맞은편으로 해를 등지고 있어 폭넓은 그림자를 늘여주고 그 앞의 키 큰 나무들 때문에 어둑해진 자리에 널따랗게 묵직한 몸채로 고전적인 포즈를 취하며 서 있는 것이 문리대 본부 건물, 이 ㄷ자 배치 속에

넓고 환하게 드러나는 캠퍼스, 그 마당에는 은행나무와 플라타너스, 라일락 들의 아래와 옆으로 아스팔트 길을 끼고 잔디밭이 말끔하게 널려 있다. 때는 4월, 날씨는 밝고 하늘은 환하며 공기는 이 날씨와 시간과 나무들에 어울려 향기로워야 했다. 젊은이들은 햇빛이 빛나고 있는 넓은 교정의 여기저기 벤치에 앉아서 혹은 잔디밭에 모여, 잡담들을 나누기도 하고 가만히 생각에 잠겨 있기도 하다.

내가 허우적거리며 온 버스 속과 입구의 칙칙한 시궁창 냄새와는 아주 다르게, 전혀 딴 세계처럼 윤기 흐르면서도 품위 있고 조용하면서도 활력 넘치는 이 아름다운 정경이 "대학로(!)"라면 내가 떠올리는 첫 모습이다. 내가 입학하던 해의 4월이 그랬고 그렇게 햇빛을 받아 청명한 봄마다의 날들이 그러했으며 그들이 열기에 떠올려 마침내 종로 거리로 뛰쳐나가던 내 4학년 때의 4·19도 그런 아침에서 시작했다. 쉰 해 넘어 전, 대한민국은 세계에서 바닥의 몇째 번으로 가난한 나라였고 그 서울은 네댓 해 전에 끝난 전쟁의 상처를 아직도 앓고 있는 중이었으며 사람들은 하루하루의 생활을 위해 마구 메마른 아우성을 외쳐야 했던 시절, 그럼에도 이곳에서만은 미라보 다리 아래의 사랑을 읊고 헤겔의 철학을 논하며 영국의 의회정치가 발언되었다. 분명 이것들은 그 시절의 가혹함에서 벗어나 있고 그 현실의 야박스러움에도 어울리지 않을 풍경이었다. 하지만, 그 모습들은 그때의 내게 정겹고도 자연스러운 광경으로 다가오고, 그 소담한 구도가 내 안에 풍요로운 정서를 일구어내며, 가난하면서도 품위 있고 고양되면서도 겸손하며 깊이 번민하고 높이 이해하는 갖가지 장면들의 잇단 연상들을 포개며 그때의 나와 지금의 나 사이에 반 세기 공감의 추억이란 긴 다리로 이어놓는다. 그것들은 추상만도 아니었고 추억일 수만도 없는, 예감이기도 하고 데자뷔일 수도 있는, 기억이기도 하고 꿈이기도 한, 현장이면서 상상인, 가장 깊고 먼, 그러나 아주 따뜻하고 친숙한 이미지들이어서, 내 젊은 시절에는 사유의 앞자리였고 귀가 부드러워진 지금은 내 마음의 밑자리가 되어, 겸손해질 수밖에 없는 내 단출한 생애의 앞과 밑에 빌미를 이루고 있는 것이다.

대학로 100번지. 문화예술위원회와 아르코 극장을 양팔로 거느리고 붉은 벽돌 건물로 지난 시절에 뽐냈던 귀족적 품위와는 다른 모습으로 건장하게 서 있는 아르코 미술관 자리를 맴도는 50여 년의 오래된 추억들을 끌어당겨 마음의 앞자리와 뒷자리의 사단으로 사물화(私物化)하고 있는 나의 방자함을 양해해주기를 바란다. 추억과 이미지는 내 것이지만 그 콘텐츠는 시대적이고 공적인 것이어서 여기에 붙는 상징과 여기서 떠올리는 의미는 결코 나만의 것일 수 없기 때문이다. 그래, 나는 1950년대의 서울대 문리대 풍경에서 자유를, 그 당대의 자유와 시대를 뛰어넘는 영원한 자유를, 이 세계의 근본으로 내게 펼쳐준 형상으로서의 자유와 내가 이 세상의 원천으로 보여주고 싶은 형태로서의 자유를, 나는 보고 느끼고 소망했던 것이다. 나는 4월의 아름다운 날씨에 이 캠퍼스에 처음 입장하여 어린 시절의 미숙과 약소로부터 해방되어 정신적 자유와 현실적 자유를 바라, 찾고 있었고 마지막 학년에는 거리로 뛰쳐나가 억압을 벗어나고 항의에 스스럼이 없는 정치적 자유를 향해 외치는 현장을 바라, 보고 있었다. 이 개인적 자유와 시민적 자유 사이에서 나는 종교적 자유와 사상적 자유를, 그리고 예술적 자유와 사랑의 자유를 찾고, 그리고, 만들고, 바라, 얻고 있었다. 자유의 그 큰 그림은 가난 속에서도 의연하게 늠름함, 이상에의 열정으로 정신이 타오르면서도 젊음의 미덕으로 지켜내는 겸손, 선택받은 자의 도저한 고고 속에서 외면할 수 없는 현실의 아픔에 대한 깊은 공감 등등 서로 엇갈림에도 아름답게 어울려 일구는 조화의 작은 쪽그림들의 몽타주로 구성된 것이었다. 그 4년 동안, 나는 앞으로의 40년을 미리 살고 있었고 이후의 그 긴 세월에도 결코 채울 수 없었던 자유를 그때의 내 식으로 찾고, 믿고, 그리고 있었다. 그것은 대학로의 원래의 모습처럼 소박하면서도 품위 있기를, 가난하면서도 풍요하기를, 짜인 속에서도 해방되어 있기를 바라는 자유에의 소망이었고 그럼에도 결코 내 삶의 이력 안에서는 이루어질 수 없는 꿈이었다.

내 삶의 실의에도 불구하고 '대학로 100'이 빛나는 자유의 자리라는 내 진단에는 어김이 없다. 그것이 나의 사적인 정분을 떼어놓고서, 그리고 나라의 큼직한 주제와 떨어져서, 이 자리가 자유와 암수동체임을 되풀이해두어야 할 까닭이 몇 있다. 먼저 들 것은 여기서 공부하며 추구하고 있는 것이 실용적인 것으로부터 해방되는 자유교양의 학문이었다는 점. 맞은편 앞에는 의과대학이, 옆의 구름다리를 넘어서면 법과대학이 자연계와 인문계의 가장 높은 인기의 중심으로 모여들고들 있었지만 이 '대학 중의 대학' 캠퍼스는 한 학기 5백여 개의 강좌로 동양에서 가장 큰 여자대학교의 총 강좌 수보다 많은 수업을 하면서도 실용적인 학과는 거의 없었다. 실제적인 것들로부터의 거리두기, 현실로부터의 독립, 권력으로부터의 자율, 그래서 오직 그 자체를 위한 탐구와 창조를 모토로 했기에 이 자리는 원천적으로 자유에서 시작하여 그 자유로 되돌아오는 자기 회귀의 외로움으로 운명 지어진 곳이었다. 그들의 대상이 '자유로운 학문 liberal arts'이었기에 당초부터 실제에 쓰여지는 것을 버려버리고 있었고 그 실용성을 마땅치 않아했으며 자유의 귀중성만이 되돌이표로 당겨지는 것이었다. 여기의 젊은이들은 비록 일상의 삶에 허덕거리기도 했고 이곳을 떠나 보다 현실적인 것들 속으로 뛰어들기도 했겠지만, 여기서 추구되는 학문의 추상은 자유였고 이곳에서 자부하는 이상은 그 자유를 위한 자유의 이념적 고귀함이었다. 자유가 그처럼 신념되고 지고한 가치로 껴안아야 하는 것은 그것만이 참된 진리로 이르는 길이라고 믿었기 때문이다. 자유여야만 참으로 갈 수 있고 자유로워야만 진실된 것을 만들어낼 수 있으며 자유로써만이 삶의 진의와 세계의 진상을 밝혀낼 수 있기 때문이다. 50년대의 그 참담한 현실 속에서 '대학로 100'의 젊은 시민들은 이 진실을 품고 있었고 그 자유를 수행하고 있었으며 그것을 자신의 사유와 공부로 실현하고 있었던 것이다.

자유로운 학문이 학문의 자유를 요구하고 그 자유는 필연적으로 정치적·역사적·사상적 자유를 담보하고 있음을 '대학로 100'의 젊은이들은 실제의 역사를 통해 입증해주었다. 쉰 해 전의 이들은 4·19의 당대사적 테마를 실현하는 데 성공한 정치적 자유시민들이었다. 그들은 여기서 우리 민족사에서 처음으로 밑으로부터의 혁명을 성취한 것이고, 그 이상으로 중요한 것은, 이 세대에 의해 비로소 근대 사회와 문화가 형성되기 시작했다는 것이며, 그 못지않게 지목해야 할 것은 이 세대로부터 모국어로 책을 읽고 사유하고 글을 쓴 한글 세대가 개시되었다는 점이다. 정치적 혁명과 사회적 진보 그리고 그것들을 잇는 문자 생활의 변혁이 같은 세대에 의해 이루어졌다는 것은 이 세대의 시대적 행운이지만 그 행운을 우리나라의 역사적 비약으로 끌어올린 것은 실용을 배제한 자유 학문의 역설적 성과로 가늠해야 할 것이다. 그들은 형이상학적 가치로서의 자유를 가장 세속적인 정치적 자유로 전환시키는 계기를 만들었다. 이 현실적 자유는 더욱 진화하여 봉건 체제로부터의 사회적 자유, 후진국 체제로부터의 시민사적 자유, 분단의 대결을 지양할 사상적 자유, 권위를 해체하는 문화적 자유, 삶에서 자신의 운명을 스스로 결정할 주체로서의 개인적 자유를, 앞서거나 뒤따르며 동반시켜 실재화했다. 그 조용하고 나약해 보이던 동숭동 대학로의 젊은이들은 그 태생적 자유로움을 통해 우리 사회 전반에 강고한 공공의 자유를 끌어 세우고 풀어 넓히며 일상의 감각으로부터 형이상의 정신에 이르기까지의 모든 사유에 새로운 원리를 다져준 것이다.

  40년 전 이 땅의 문학판에서는 순수주의와 참여주의의 한바탕 씨름이 벌어졌다. 그 논쟁의 주역들이 이곳 '대학로 100'의 출신들이었다. 주고받은 논리들이 모두 당대의 문화적·현실적 문맥 속에서 마땅한 정당성을 뿜어내는 그 뜨거운 논쟁의 문자판에서 문득 '쓰여짐이 없어야 할 자유'를 주장하는 발언도 끼어들었다. 목적이 없는 창작, 종착이 모호한 추구와 같은 역설이 오히려 예술적 감동을 불러일으키며 작품이 충분히 이럴 수 있을 때 창조의 본의가 피어난다는 것이다. 예술 창조의 무목적성, 이른바 순수주의가 거기서 튀어나온다. 이 쓰임새 없는 쓰임의 예술론의 위와 아래에는 예술 창조의 원천으로서의 자유가 궁극이 되고 기반이 되고 있었다. 해방된 상황, 자유로운 감수성, 자율적인 상상력이 예술 창조의 근본이며 과정이고 성취라는 것은 바로 앞선 세기 비엔나의 분리파의 예술 운동에서만 강조될 것이 아니었다. 현실과의 관계에서 어떤 입장을 취했든 '대학로 100'의 예술가들과 사상가들은 창조의 원천으로서의 자유를 몸으로 삼고 수행의 방법으로 여겼다. 그것은 순수주의이고 예술을 위한 예술이고, 아니 그런 구차한 이름으로 스스로를 좁히는 것이 아닌 그저 예술이고 그냥 창조인 정신적 정황으로서의 예술의 자유였다.

태생에서 자유스러움이고 그 존재가 자유로움이며 그 지향이 자유라는 나의 해석이 지나치게 보일 수 있다 하더라도 70년대의 유신과 더불어 '대학로'에 '대학'이 빠지면서 들이닥친 갖가지의 변화는 자유로움이 훼손당해온 슬픈 퇴화의 역사에 다름아니라는 나의 안타까운 회의가 그리 부정되지는 않을 듯하다. 서울대학이 다른 데로 떠밀려 옮겨가며, 이 대학로를 대학의 유산으로 남겨두려는 이곳 출신들의 노력마저 무위로 돌아가고서는, 반 세기 늠름했던 건물들이 헐리고 그 자리와 운동장이 민간에게 분양되며 거기에 상가가 들어서고 겉보기와 다른 뜨네기 신식 건물들이 세워지고 대학길이 시시껄렁해지는 변모들 속에서 당시의 정치적 정황과 더불어 '대학로 100'이 신조로 삼은 자유가 밀려나며 이 거리에 꽃피웠던 이상의 진면이 변모되기 시작했다. 우선 시민의 권리가 억압당하고 있었고 사상적 자유도 졸아들었으며 예술의 창조적 자유도 이번에는 권력으로부터만이 아니라 이 자리들에 들어선 상가들이 상징하는 자본주의와 상업주의에 의해 밀려나기 시작했다. 자유를 유일한 자산으로 삼는 인문주의는 쇠약해지고 마찬가지로 그 자유학문에 합당한 학생들은 이웃의 법대와 의대로 쏠려가며 쓸모없음의 쓸모가 지닌 거대한 창조의 진의도 흐릿해지고 말았다. 대학 없는 대학로는 자유 없는 발전의 현실을 비유하고 있었다. 그럼에도, 아주 다행히, 우리의 자유는 아주 망가진 것이 아니었다. '대학로 100'의 후배들이 그 한 가닥 희망을 관악으로 옮겨불 피울 수도 있었고 그들이 남긴 '대학로 100'의 자리를 이번에는 학문 대신 예술로 꽃피워낼 수 있었던 것이다. 서울대학교 본관은 서울시 사적으로 지정되어 보존되면서 한국문예진흥원의 사무실로 재활용되었고 그 진흥원은 한국예술위원회로 발전했으며 서울대중앙도서관과 동부연구실이어서 학생들과 교수들이 들락거린 건물의 헐린 자리는 무대예술의 새로운 장으로 활동하는 아르코 극장이 들어섰고 문리대 본부가 있어 그 7, 8강의실에서 우리가 개론 강의를 받던 건물 자리에는 미술관, 이제는 아르코 미술관이 붉은 벽돌의 우람한 건물로 되살아났다. 학문은 옮겨가고 학생들이 떠났지만 그러나 그리 슬프지 않게, 아니 오히려 어쩌면 더욱 흐뭇하게, 그 자리에 예술이 들어오고 예술가들이 들락거리게 된 것이다. 그리고 그 예술은, 그 예술의 창작은 그 앞자리가 자랑해온 자유를 여전히 생명의 원천으로 삼아, 몸 안으로 들이고 그 자양으로 움직이고 자라나는 것이었다. "진리는 나의 빛"이어서 대학의 자유를 그 밑자리로 받치던 서울대 동숭동 캠퍼스는 "예술이 세상을 바꾼다"는 기치로 자유의 열매를 누리는 아르코 예술기관으로 변환하면서 그 존재론적 사연으로서의 자유를 생성과 성숙의 원리로 이어갈 터전으로 뻗고 있는 것이다.

  아마도 대학의 자유와 예술의 자유는 같으면서도 조금은 다를 것이다. 그 둘은 한 집안의 바로 이웃 방처럼, 자유의 한 지붕 아래 한 방에서는 진리의 실체를 밝혀내고 옆의 다른 방에서는 진실의 형태를 만들고 있는 중일 것이다. 그러기에 상아ivory의 그것은 보다 폭넓게 먼눈으로 바라보는 공부방일 것이며 아르스ars의 것은 선택적 형상물을 위한 창작실임에서 그 다름이 드러날 것이다. 그러나 학문의 자유에서는 주체와 대상의 분별이 모호해질 수 있음에 비해 예술의 자유에서는 그 가림이 좀더 또렷할 수 있다는 점은 고려되어야 할 것이다. 학문에서는 옳고 그름이 오직 댈 수 있는 잣대이지만 예술에서는 자본 혹은 상업성, 통속화 또는 대중화, 타락과 외설, 혹은 예술과 기법, 내용과 형식, 그리고 실험과 보수, 전위와 캐넌 등등의 여러 잣대와 개념들이 승강이를 벌이고 있는 것이다. 순수한 상아탑적인 아카데미시즘도 오롯한 길을 걸을 수 없겠지만 예술의 창작이야말로 시대의 변화에 따라 갖가지 항목들의 간섭과 얽음이 숱하게 끼어들어 잡스러워지지 않을 수 없긴 할 것이다. 그럼에도, 아주 많이 양보하여, 대학의 학문들, 그중에도 인문학이 자랑하던 자유주의, 자유 우선주의, 자유 중심주의의 전통이 현대의 예술에도, 음악과 연극과 미술의 다양한 장르에도 마땅히 전승되어야 한다는, 그것만은 결코 버릴 수 없는 불가양의 원칙이란 믿음은 포기될 수 없으리라.

'아르코 미술관 30년'을 맞으며 나는 그리 욕심부리지 않는다. 인문학이 넓혀진 것처럼 예술 특히 미술의 개념도 넓어지고 장르도 복잡해졌으며, 학문 접근 방법이 다양해진 것처럼 예술 창작 기법도 다각적이며 전위적으로 확산되고 있다. 더구나 해체와 통섭의 새로운 기류 앞에서 미술도 경계를 넘기도 하고 겹치기도 하며 뛰어넘기도 하고 그 앞에서 되돌기도 하며 모든 예술 중에도 가장 큰 변용과 가장 심한 곡절을 만들어내고 있는 중이다. 그러면서, 학문에도 실용의 측면이 끼어들듯이 예술도 실용 쪽으로 혹은 실용이 예술 쪽으로 다가가는 경향은 피해야 하기보다는 오히려 바람직하게 끌어들여야 할 현상일지도 모른다. 그럼에도, 아무리 세상이 바뀌고 개념이 재정의된다 하더라도, 인문학 연구가 자유에 기반한 것처럼 예술도 용도와 기법에서의 자유를 누려야 한다는 정의는 물러날 수 없는 예술 창조의 원리일 것이다. 상업성으로 창작의 자유가 오염되는 것, 권력으로 예술의 순수성이 훼손되는 것만은, 학문의 그것보다 더 엄격하고 치열하게, 방비되어야 한다. 없어도 좋을 것이 별로 없는 학문과는 달리 예술이 타락하고 오염되면, 차라리 그게 없는 것이 더 나아 보일 정도로, 치사하고 추잡한 꼴로 세상을 더럽힐 것이기 때문이다. 그 타락과 오염을 막고 극복하게 하는 것이 예술의 자유가 지닌 진의일 것이다. 나는 동숭동 서울대 문리대의 아카데미시즘이 내건 '진리의 빛'을 비추는 자유의 전통이야말로 아르코 미술관이 마땅히 제1의적(第一義的)으로 상속해야 할 "세상을 변화시킬 '대학로 100'의 자산"으로 선언되기를 바란다. 그 자유는 '대학로 100'의 50년 전의 봄에 내가 목격한 겸손과 열정, 가난과 품위, 고고와 섬세, 진한 번뇌와 강한 의지, 그리고 이상주의적임과 인간주의적임 등 맞선 것들을 함께 껴안아 어울리는 그림으로 이루어진 자유이다. 나는 나의 이런 염원이 잘 지켜지기를 바란다. 낙산 아래의 대학로에 내려져 세습된 이 땅의 운명이 스스로에게 짐 지워진 그 자유를 지켜갈 것이며 아르코 미술관의 그 튼튼한 건물의 벽돌들이 바깥에서 불어오는 탁한 오염의 바람을 막아줄 것이고 거기서 자유 창작의 일을 만들어 펴기 위해 한없는 고뇌를 스스로 짊어질 그 영원한 젊은 주인공들이 그 열정을 돋우고 거기서 영글 열매를 피워낼 것이기 때문이다.

〔『미술관 이야기: 대학로 100번지』, 아르코 미술관, 2009〕

디카와 그 불만

지난봄 내게 디카 하나가 생겼다. '생겼다'란 말 그대로, 나는 그 디카를 돈 주고 산 것도 아니고 굳이 필요해서 구하려고 애쓴 것도 아닌데 참한 국산 디지털 카메라 하나가 내 손안에 들어온 것이다. 외국 지사에 나가 있는 사위가 회사 창립 기념일에 같은 계열사 제품인 디카를 선물로 받았는데 딸네는 두 개씩이나 소용이 없다며 내게 인심을 쓴 것이었다. 먼저 그걸 보내도 되겠느냐는 지레 전갈을 받았을 때 나는 좀 떨떠름해했다. 딸은 내게 그리 쓸모 있을 것 같지 않을 것을 주고서 선심을 쓴 듯 생색을 내기도 하겠지만, 무엇보다 내가 디카를 가지고서는 오히려 불편해할 것이 어렴풋하나마 예상되었기 때문이었다. 그럼에도 그것을 받은 것은 기저 주겠다는 것을 거절하는 것도 마땅한 인심이 아니기도 하지만, 안 쓰더라도 없는 것보다는 있는 것이 당연히 나을 것이겠고, 무엇보다 나 스스로도 디카의 용법을 알아두어야겠다고 생각한 탓이었다.

한창때 친구들과 국내외를 함께 여행하면 으레 사진들을 찍어 서로

주고받아왔는데, 몇 해 전부터는 그 사진들을 인터넷으로 보내거나 시디롬으로 만들어주기 시작했다. 컴퓨터로는 겨우 글이나 쓰는 정도로 컴맹인 나는 묻고 시범을 보아가며 사진들을 찾아 들여다보긴 했다. 그러다가, 사진 자체에 대한 관심이 줄어들기도 했지만, 컴퓨터로 사진 보는 일에 들여야 할 절차와 수고가 귀찮아져서 차츰 사진 보는 일에 게을러졌고 그러다가는 아예 보는 법을 잊어버렸고 그래서 더러는 염치없이 인화를 해서 사진으로 만들어달라고 부탁하기까지 했다. 이런 구차한 짓을 그만하기 위해서는 나도 디지털 카메라 사용법을 알아두어야 할 것이고 그러자면 당연히 먼저 디카부터 있어야 할 것이었다.

딸에게 고맙다는 인사를 보내면서 나는 이제야말로 새로운 기술을 적극 접수할 작정을 했다. 디카가 들어오자 둘째사위를 불러 설명을 듣고 실제로 만져보며 찍어보았고 그것을 컴퓨터에 저장하는 방법과 인터넷으로 전송하는 방법도 배웠다. 집 안에서 이것저것 모니터를 보며 셔터를 눌러대다가 며칠 후에는 집 앞 공원으로 아내와 산책 나갈 때 가지고 나가 호수를 배경으로 아내의 얼굴을 찍었고, 얼마 후 친구들을 집으로 초대해 저녁을 함께 먹던 날에는 포즈를 취하게 해서는 자랑스럽게 디카를 들이대기도 했다. 축전지 코드는 휴대전화처럼 늘 꽂아두었고 외출할 때는 윗도리 왼쪽 주머니에 디카를 가볍게 넣고 다니며 '유사시'에 대비하도록 했다.

그런 디카에 대해 불편한 마음을 지우지 못하고 그래서 그걸 챙기지도 않게 되는 데는 몇 주 걸리지 않았다. 친구들과 함께한 자리나 길을 걷다가 혹은 전철 속에서 불쑥 디카를 꺼내 모니터를 움직여가며 셔터를 누르는 일이 머리 허연 영감으로서는 도무지 체면에 맞지 않은 일로 여겨져 좀처럼 주머니에서 꺼내지도 못하더니 얼마 후에는 그게 내 주머니 속에 들어 있다는 사실조차 잊어버리고, 다시 얼마 후에는 공원을 나가면서도 그걸 휴대하는 일은 생각도 않게 되었다. 그것은 늘 코드에 꽂아 축전되고 있지만 가족들이 밖에서 회식하는 좋은 기회에도 가져나가지 않아, 아 참, 가지고 올걸 하고 후회하지만 그 후회도 그 자리에서뿐이었다. 나는 디카에 대한 관심을 잃고 있었고 그 존재마저 잊어버리게 되고 만 것이다. 디카에 대한 나의 이런 홀대는 채신없이 아무 자리에서나 아이들처럼 사진 찍을 비위가 없어서이기도 하지만, 그렇게라도 해서 촬영한 것을 활용하지 못하기 때문이다. 정확히 말하면 촬영한 장면을 그 디카의 모니터로 보기는 하지만 컴퓨터에 넣지도 못하고 인터넷으로 전송하지도 못하며 그러니 저장도, 프린트도 못 하고 디피점으로 인화할 절차도 모르고 있는 것이다. 그러니 찍기만 하고 볼 수도, 보여줄 수도 없다면 그게 무슨 소용이겠는가.

이 소용없음은 디카에 있는 것이 아니라 물론 디카와 이것과 끼워 넣을 컴퓨터에 대한 나의 무능력과 그것을 그대로 방치하고 있는 내 무관심에 그 원인이 있다. 나는 매뉴얼 읽어내는 일이 너무 어려워 자력 습득은 일찌감치 포기했거니와 사위에게 배워둔 그 사용법도 곧 잊어버렸고 그러고는 다시 묻고 배울 생각조차 하지 않았다. 컴퓨터와 IT 등 신종의 갖가지 테크닉들에 대한 나의 거리 두기는 이처럼 모두 나 자신의 책임으로 돌려야 할 일이지만, 나의 그 무지와 무심의 결과를 분명하게 재확인시켜주는 것이 바로 근래의 이 디카이기에 내 원망은 바로 이 요물로 쏠리지 않을 수 없었다. 보통 이하의 지능들도 얼마든 만지작거릴 수 있는 디카에 대해 내가 왜 이처럼 무력감을 느껴야 하는지는 스스로도 잘 납득되지 않는 가운데 이 신종 개발품에 대한 불만은 다른 방향으로 더욱 크게 늘어가기도 했다.

가령, 그건 너무 가벼워서 잘 흔들리고 화면이 안정되게 잡히지 않는다는 것, 더욱이 약간의 수전증이 있는 나 같은 사람에게는 요동이 더 심해 촬영이 잘 안 된다는 것이 우선 그렇다. 그러다 보니, 일행을 모아놓고 "치즈……" 하는 걸쭉한 절차도 없이 찍는지 마는지도 모르게 찰각해버리는 그 무례함도 못마땅했고 그래서 '몰카' 같은 염치없는 짓들이 자행된다는 것도 한심스러워졌다. 찍은 그 자리에서 어떤 모습으로 찍혔는지 볼 수 있다는 것, (물론 말로 듣기만 한 것이지만) 대상의 위치나 화면의 명암도 마음대로 바꿀 수 있다는 것, 필름 없이 1천 장의 사진을 찍을 수 있다는 것 등등의, 전날의 카메라에서는 상상할 수도 없을 기술적 능력과 용량이 대단하다 싶으면서도, 그것에 감탄하기보다는, 그 따위 기술들 때문에 사진 촬영하는 일에서 진지한 마음이 사라지고 그 기술의 남용과 기구의 악용에서 빚어지는 못마땅한 일들이 잘못된 일로 더 크게 생각되곤 했다. 그건 문명의 이기가 만들어낸 문화적 경박스러움으로 타박해야 할 일로 여겨지는 것이었다.

그러니까 전에는 이랬다. 한동안 외국에 문화 교류란 명목으로 여러 문인들이 함께 독일이며 페루를 여행했고 거기서 치른 행사와 관광 중에 "남는 건 사진뿐"이라며 부지런히 사진들을 찍어댔다. 그러니 여행 출발 때는 누구나 카메라와 여유 있게 산 필름 통을 꼭 챙겨야 했고 일정을 마치고 귀국해서는 필름을 디피점에 맡겨 인화해서 나온 사진들을 보고, 더러 잘 나온 사진은 크게 확대해서, 복제를 주문하고 마침내 해단식 비슷한 회식 자리에서 준비해온 사진들을 나눠 주고 이 사람 저 사람들이 찍어준 사진들을 모아 넘겨보며 낄낄거리 고 후훗거리며 사진들과 그 사람들을 촌평하고 여행 에피소드를 늘어 놓곤 하는 것이 으레 치르는 절차였다. 이 사진 교환 행사를 통해 그 여행의 의미가 되살아나고 여행의 기억들이 사진들과 함께 우리의 머 릿속으로 깊숙이 각인될 것이었다. 그런데 디지털 카메라는 인터넷이 든 시디롬이든 혼자서 열어보게 마련이어서 이런 인간적인 사교와 회 고의 기회를 주지 않는다. 사진을 만들어 인터넷으로 보내고 시디롬 으로 바꾸어 전하며 그렇게 받은 것들을 컴퓨터로 다시 열어보는 등 등의 기술적 과정은 번거로워졌음에도 그것으로 나누어야 할 추억과 인정의 교감에는 더욱 인색해진 것이 디카의 효과였다.

　여기에, 너무 쉽게 혹은 값싸게 만들어졌기에, 그 소산도 헐하고 값싸 보인다는 불평도 해볼 만할 것일까. 디카나 컴퓨터의 모니터로 보는 사진, 앨범에 정리된 카메라 사진, 그리고 사진틀에 표구된 은 관사진기로 촬영한 옛날의 흑백사진들을 나란히 놓고 보면 그 비교가 분명해진다. 옛날의 사진관 사진들에서는 명암과 형태들이 두툼한 인 화지에 깊이 박혀 웬만한 세월에도 지워지지 않을 것 같은 항구성, 그러니까 존재의 영원성이 보인다. 가령 만 레이Man Ray 사진전에 서 나는 예술적 아우라 속에서 형상들을 뚫고 각인되어 있는 시선의 깊이를 느끼며 전율한 적이 있었다. 휴대하며 촬영할 수 있는 카메라 사진들도 물론 이런 효과를 가져다줄 것이다. 그 카메라는 내가 들고 다니며 기념 사진이나 찍던, 손안에 잡히던 작은 렌즈의 자동 카메라 가 아니라 몇 겹의 렌즈들로 장치되어 들기도 묵직한 거창한 카메라 일 것이다. 주명덕과 배병우 사진들의 예술적 아름다움은, 모르긴 하지만, 이런 카메라를 통해 창조되었을 것이다. 인터넷 사이트의 갖가지 UCC 사진들은 아마도 디지털 카메라나 휴대전화 카메라로 찍은 것들일 터인데 이것들이 뽐내는 장면들이 멋진 것도 사실이긴 하지만, 그러나 그 멋짐은 모니터에 살짝 얹혀 표면의 것으로만 떠돌 뿐 시선의 깊이와 물질적 무게로 존재 속 깊숙이 투철하고 있는 느낌을 주지 못한다는 품평은 나의 구세대적 선입견 때문일까.

그래, 구세대! 나이가 많은, 그래서 새로운 것에 저항하는, 그러면서 지나간 것에 대한 애착에 붙들려 있는, 낡은 세대이기 때문일 것이다. 나 같은 전 세대들은 두 측면에서 새로운 문명의 이기들에 적응하지 못하는 듯하다. 우선 기술적인 문제. 바로 내가 고백한 디카에 대한 일련의 미숙함은 새로운 용법에 대한 본능적인 두려움 때문에 배우지 않으려 하고 배워도 익숙해지지 않기에 기피하는 데서, 그리고 그렇게 해서 배워본들, 편할 수는 있겠지만 그만한 값어치가 있겠느냐는 불신에서 비롯되는 듯하다. 종래 내가 익혀 사용해온 이용법과는 체계가 다르고 그 다른 체계에 대한 불신과 이해 불가능성, 그것의 경박성이 나를 밀쳐내고 있는 것이다. 나는 그런 이기들을 아주 물리칠 수는 없어 사용하긴 하지만 그 기능과 편리들이 숱한 가운데에서도 나는 내가 이용할 수 있는 것만 두어 가지 골라 이용할 뿐이다.

다른 자리에서도 고백한 바 있지만, 컴퓨터의 그 다양한 기능 중에 내가 쓰는 것은 타자기를 대신한 워드, 그리고 나로서는 매우 용감하게 새로이 길을 터놓은 인터넷 정도인데, 그 타자도 글쓰기 정도여서 도표를 만들거나 편집을 하는 것에는 아예 걸음을 들이지 않고 있고 인터넷도 포털 사이트에서 뉴스를 보고 구글 같은 데서 필요한 정보를 얻고 메일을 보내고 받는 정도이지 그밖에 갖가지 것을 얻고 보고 찾기 위한 서칭은 하지 못(아니) 하고 있다. 그러니까 나는 해야 할 만큼만, 내게 허용되는 만큼만, 익혔을 뿐이고 그 이상은 나아갈 생각도, 용기도, 그리고 필요도(알게 되면 그 필요는 그만큼 더 늘어나긴 하겠지만) 없다. 휴대전화 사용도 이 비슷해서, 나는 오고가는 송수화로만 사용할 뿐이고 문자 메시지는 겨우 내게 온 것만 읽기만 하고 보내지는 못하고 있으며 단축 전화번호를 누군가가 넣어주어 사용하지만 추가하거나 삭제하지 못하고 있다. 그러니 엄지족처럼 그걸로 게임을 한다는 생각은 감히 해볼 수도 없다. 게다가 숫자판이 작아서 둔해진 손가락으로 잘 찍지 못해 ARS를 쓸 때는 다시, 또다시, 걸어야 할 경우가 대부분이다. 어쩌면 6년 동안 사용해온 휴대전화를 개비해야 할 경우 야구 중계를 보기 위해·텔레비전이 나오는 업그레이드품을 구입할지는 모르겠다.

　카메라로 촬영하는 시간의 예술성을 인정하면서 디카로 찍는 사진에 대해서는 의심쩍어하는 내 생각을 앞에서 비치기도 했지만 가령 이런 경우는 어떨 것인가. CD가 처음 나올 때 나는 그 잡음 없고 맑은, 그리고 이용하기 쉽고 보관하기 편한 새 이기에 반했는데 음악학자 서우석은 그 잡음 없음이 음악 연주장의 자연스런 상태가 아니어서 수명이 의외로 짧을지도 모르겠다고 예상했다. 사실이 그리 되었는지 어떤지 모르지만 나는 턴테이블에 레코드를 돌려 듣기보다는, 작은 플레이어에 CD를 꽂아 부담 없이 듣다 끄다 하면서 즐긴다. 그런데 여기서 내가 흥미로워하는 것은 오디오 마니아들은 CD 대신에 지금은 사라져가고 있는 레코드를 수집하는 데 열을 올리고 있다는 것이다.

　모니터 화면보다는 인화지 사진, 컬러사진보다는 흑백사진을 더 고급하게 여기는 경향, 시디롬보다 종이책, 그 인쇄물보다는 옛날의 필사본의 선호, 정교하고 깨끗한 복사화보다는 때에 전 원화를 소장하려는 욕망들처럼, 값싸고 듣기 좋고 보관과 이용이 편한 CD보다는 거칠고 불편하고 귀찮은 레코드로의 선회는 나이 먹은 것들, 전 시대의 것들이 고전적이고 따라서 더 고아한 품위를 가지고 있다는, 아마도 귀족주의적 예술 취향 때문일 것이다. 여기에는 값싼 문화상품이나 사용하기 편한 핸디 용품이란 비천하고 대중적이라는 것, 진짜 예술품이란 비싸게 구하고 보관과 감상에 정성을 들여야 한다는 것, 이런 마음가짐으로 대하는 것이 고상한 예술에 대한 예의고 고급한 예술품에 대한 진정한 향유라는 애착이 들어 있을 것이다. 나는 이 애착이 귀족주의적임을 인정하면서도 그것이 버려야 할 귀족주의인지 지켜야 할 귀족주의인지는 애매해하고 있는데, 사실 예술이란 창조의 측면에서는 귀족주의적이지만 향유의 측면에서는 민주주의적이라고 모순되게 생각하기 때문이다.

　나는 별로 대견할 것도 없는 디카에서 시작했지만, 새로운 기술과 그것에 들려 다가오는 새로운 문명의 이기들은 두 가지 측면에서 저항을 받고 있다는 사실을 내 경험을 통해서 말하고 싶었을 뿐이다. 먼저, 기술의 발전은 혁명적이고 폭발적이지만 그 기술을 이용하는 인간의 적응은 진화적이고 선택적이란 점이다. 혁명과 진화의 시간적 지체, 폭발과 선택 간의 거리가 새로운 기술에 부닥치는 소비자들의 불만들이며 그것이 러다이트를 불러온다. 그 러다이트들은 철도가 놓일 때만이 아니라 인쇄 기술이 도입될 때에도 인쇄물의 경박스러움과 무책임성을 들어 비판했고 지금도 한창 급속하게 성장하고 있는 BT의 기술과 생산품들에 대해서는 위험성과 비윤리성으로, IT에 대해서는 그 쓰레기 정보의 폭증과 기술적 번거로움을 들어 불평을 늘어놓는다.

　새로운 기술들이 생산하는 각종의 예술과 예술 작품들은 오늘의 문화산업을 통해 대중화되는데, 예술 고전주의자들은 이 대중화를 중우화(衆愚化)로 받아들이면서 저항하고, 비싸고 불편한 것을 추구함으로써 고급 취향의 귀족주의적 감수성을 만족시킨다. 이러면서 결국, 과거의 문화사가 그랬던 것처럼, 새로운 기술들이 모두에게 익숙해지고 주류로 정착하며 거기서 태어난 문화산업 상품들에서 예술적 감수성이 피어나면 내가 지금 털어놓는 불만도 맥없이 사위어져, 전 시대의 한갓진 애교로 잊혀져버릴 것이다. 문명이란 이렇게, 역사란 그렇게, 새로운 기술과 그 적응의 불편 속에 진행되는 것이리라. 다만 내가 바라는 것은 새로운 기술보 개밀된 신상품들이, 그것에 적응하지 못하는 사람들에게 거리감을 최소화하는 방법, 그 사용에 불만을 가진 사람들에게는 그 심미감을 높여줄 서비스가 덧붙여지기를 바란다. 가령 휴대전화의 자판을 크게 하고 기능을 단순화하거나 디카에서 흑백사진도 찍을 수 있게 하는 식으로 말이다.

　추기: 이 글의 제목을 본 아내는 전에도 이 비슷한 글로 새로운 기술들에 대한 불평을 늘어놓더니 또 구시렁거리느냐고 놀렸다. 그러는 아내는, 사실은, 완전한 컴맹이고, 아들이 설치해놓아 좀 복잡해진 시스템이긴 하지만, 디지털 TV는 켜고 끄기만 할 뿐 채널 바꾸는 법

을 모르며 오디오는 듣기는 좋아하지만 직접 CD를 넣고 작동시켜본 적이 없다. 그 잔심부름을 도맡아 해야 하는 나의 짜증을 그녀는 오히려 즐기는 편이다.

〔웹진 *Crossroads*, 2008. 1;
재수록, 『과학이 나를 부른다』, 사이언스북스, 2008. 11〕

예술과 과학, 그 만남의 세 모습

　인간의 역사에서 지난 반세기 동안처럼 과학기술과 예술의 만남이 치열하게 이루어진 적은 없을 것이다. 과학기술은 드러나게 혹은 숨어서 문학과 영화, 혹은 시각 예술과 공연 예술 전반에 스스로의 모습을 보이며 그 힘을 발휘해왔다. 그럴 수 있었던 것은 과학과 기술이 20세기의 후반기에 들면서 선사공학으로부터 우주과학, 생명공학으로부터 정보기술에 이르기까지 비약적으로 발전하면서 그 성과를 다른 영역에서와 마찬가지로 예술 속으로도 적극 확산시켜 들어간 때문일 것이며, 예술 역시 과학 못지않게 그 주제와 수법, 인식과 상상력에 이르는 미학적 작업 전반에 걸친 커다란 쇄신과 실험에서 주저 없이 과학기술을 끌어들인 때문이다. 이렇다는 것은 과학과 기술이 그 변화를 과학기술의 내부적 진전만으로 자제하지 않고 우리 삶의 일상 내용과 의식의 전반에 뛰어들어 자극하고 참여하며 함께할 만큼 역동적이면서 사회적 현실과 개인적 생활에 패러다임적 전환을 추동하였다는 것, 예술 역시 이러한 변화들을 과감하게 수용하고 도전적으로 자기 변용을 추구해왔다는 사실을 반증해줄 것이다. 나는 과학과 예술의 이러한 만남의 양상을 세 측면에서 점검해보고 싶다.

할리우드의 영화 예술에서 오늘날 가장 자주 이용되는 소재 중 하나가 가상의 세계에 대한 인간의 모험이다. 그 모험의 세계는 공룡이 지배하던 아득한 과거이기도 하고 어떤 형태의 변화를 마주할지 짐작조차 하기 어려운 앞으로의 몇 세기 후의 미래이기도 하며 그 모험의 대상은 신종 바이러스이기도 하고 로봇이 인간을 통치하는 권력이기도 하며 지구를 향해 쏟아지는 우주의 위협이기도 하다. 이 장르의 영화들은 모두 현대 과학기술의 갖가지 면모들을 거대한 화면에 가득 채운다. 문학은 이들 영화처럼 스펙터클하지 않은 대신 보다 일찍부터 그리고 보다 진지하게, 과학이 우리의 미래에 어떻게 펼쳐지고 그래서 세계는 어떤 모습으로 변할 것인지를 상상해왔다.

미래의 세계와 인간에 대한 예술가들의 상상은 과학기술자의 전망과는 대체로 상반되고 있다. 가령 「블레이드러너」며 「터미네이터」 같은 과학-미래영화들은 사이보그들이 세계를 지배하고 인간은 억압당하거나 축출당하는 음울한 장면을 보여주고 있고 「가타카」는 가짜의 유전인자로 출세를 꾀하는 생명공학의 왜곡된 장래를 그리고 있다. 과학기술자들과 미래학자들은 갖가지의 기술과 발명들로 한없이 늘어나는 생활의 편의와 물질의 풍요, 의료의 혜택을 들어 인류의 진보를 믿으며 희망의 내일을 약속해주고 있는 데 반해, 영화와 문학의 예술가들은 이처럼 불길하고 비관적인 전망을 숨김없이 제시하고 있는 것이다. 이 같은 부정적인 시각은 과학이 세계의 형태를 압도하기 훨씬 전인 19세기 초의 메리 셸리가 『프랑켄슈타인』을 통해 인간이 만든 과학에 의해 인간 스스로가 파멸하리라는 암울한 예언을 한 이후 1930년대 올더스 헉슬리의 『멋진 신세계』와 40년대 조지 오웰의 『1984년』에 이르기까지 끈질긴 전통으로 이어지고 있다. 이 과학-미래소설들은 과학과 기술의 성장과 발전이 문명의 풍요를 만들어내겠지만 정작 인간의 역사는 누추한 모습으로 비극적인 종말을 고할 것이라고 경고하고 있는 것이다.

왜 이런 상반된 시각이 나오는가. 이 흥미로운 질문에 대한 대답이 도식적이지 않기 위해서는 과학과 예술 간의 보다 깊은 대화가 필요할 것인데, 「매트릭스 3」에서 시사되고 있는 자유와 운명의 싸움처럼 미래 전망에 있어서의 예술과 과학의 인식론적 대립은 쉽게 해소될 것 같지는 않다.

그러나 근래의 내가 다른 측면에서 흥미롭게 보고 있는 것은 과학과 기술이 예술 속으로 스며들어가는 삼투 현상에 대해서이다. 나는 원고지에 육필로 쓰던 것에서 컴퓨터의 자판을 두드려 문건을 작성하는 것으로 바꾸면서 글쓰기의 행태와 글의 형태가 과연 변할 것인지, 변한다면 어떻게 변할 것인지에 관심을 가졌었다. 직업적인 문필가들에게서 큰 변화를 짚어보기에는 이를지 모르지만 일반 대중들의 글쓰기, 가령 메일이나 댓글을 들면 그 변화는 잘 보인다. 문장이 짧아지고 가벼워지고 거칠고 속도감 있는 문체로 변하고 있음이 벌써부터 확인되고 있는 것이다. 사실이 이렇다면, 이 현상은 구텐베르크가 인쇄술을 발명한 이후 어휘가 표준화되고 문장이 정확하며 문체가 공용화하는 근대적 문자 생활의 정착 이후 새로이 일어나는 거대한 변화의 전조가 될지도 모른다. 필기도구의 변화와 용지의 비용, 다시 말하면 지식의 창조, 보존, 전수의 경비가 문필 작업의 태도와 방식을 은근히 변화시키고 있음이 확인되는데, 컴퓨터에 의한 새로운 '글 치기' 도구가 문자 행위 속으로 미끄러져 들어와 정착하게 되면 창작 문학의 형태도 적지 않게 변모할 것이 분명하다.

과학기술의 새로운 문물들이 가하는 영향은 문학보다 다른 예술에서 보다 과감하고 도전적이다. 음악에서의 신디사이저를 비롯한 새로운 악기들의 개발과 컴퓨터를 이용한 새로운 음향의 합성·변주·녹음·재현의 기술들이 종래의 음악 연주 개념을 바꾸어놓기도 했거니와, 백남준은 이 단계를 훌쩍 뛰어넘어 전자 기술을 응용한 비디오아트의 새로운 장르를 창조함으로써 세계 예술사의 엄청난 비약을 성취했다. 과학기술의 발전을 가장 효과적으로 도입함으로써 새로운 진전을 이룩한 것은 영화이다. 과학기술에 의해 새로이 개발된 예술 장르인 영화는 그럼에도 과학 문명이 인간 운명에 몰고 올 비정한 힘들을 향해 의혹의 시선을 던지고 있으며, 다시 그럼에도, 그 작품들의 기술적 부문은 바로 첨단의 과학적 조작에 의지하고 있다. 컴퓨터가 생기지 않았다면 미래의 암울한 세계를 이끄는 과학기술 문물에 대한 예술가들의 비판이 덜 강경했을지도 모르지만, 그 비판들은 컴퓨터 기술들이 가능했기에 더욱 날카롭고 강렬할 수 있었던 것이다.

우리는 여기서 단순한 글쓰기로부터 고도의 테크닉을 활용하는 영상 제작에 이르기까지 과학기술들이 그 예술 작품을 즐기는 독자와 관객들이 미처 알아챌 수 없도록 엄청난 힘을, 그러나 아주 슬그머니, 삼투해 들어오는 기지를 발견한다. 과학기술의 첨단적 능력들이 발휘하는 효용성과 능률성은 당연히 예술 작품의 형태와 질을 변화시키고 그 성과를 고조시키며, 더 나아가, 우리의 정서적 내면을 재조정한다. 가령 「괴물」에서 얻을 기술적 재치와 「타짜」에서 느낄 재미의 성격은 과학적 호기심과 본능적 쾌감이란 조금 다른 방향으로 관객의 감수성을 유인할 것이다. 맥루한은 같은 정보도 그 입수 통로가 핫미디어인가 쿨미디어인가에 따라 다른 정서적 반응을 얻는다고 분간했지만, 영화에서 얻는 재미도 과학적 상상력을 유발시키는 것과 전래의 삶의 열정을 확인해주는 것에 우리의 인식과 정서를 다른 방향으로 재조직해줄 것이다.

지난 세기의 전자문명 도입, 컴퓨터와 CD 등의 개발과 확산, 그것들의 생활화가 새로운 예술 장르들을 만들어냈고 과학기술이 제공하는 창작 기법들은 그 작품들을 더욱 정교하고 사실적이고 혹은 환상적이며 상징적으로 만들어냈다. 과학과 기술이 뒤에 숨고 밑에서 움직이며 일구어온 예술에의 이러한 발전과 변화들은 결국 예술의 개념과 방법론 자체까지 수정토록 만들고 그리하여 삶의 감각과 세계에의 인식, 그리고 존재론적 감수성을 변화시킨다. 과학과 기술이 예술을 바꾸었고 그것을 통해 세상과 인간을 바꾼 것이다.

이 변화의 연쇄 고리에 과학의 거대한 위력이 숨어 있다. 그 위력은 현대적 문명에 대한 압도적 영향력을 행사하면서 바로 과학기술의 권력에 대한 예술적 비판까지도 과학기술로 수행토록 함으로써 예술의 기술화에 성공한다. 이것은 결국 예술과 예술적 상상력을 과학적 패러다임으로 귀속시키는 일일지도 모른다. 80년 전의 벤야민은 「기술복제 시대의 예술 작품」에서 '아우라를 상실'한 세계의 예술적 세속성을 지적했는데 지금의 우리는 아마도 그 반성조차 의식하지 못할 과학 편재 시대의 예술 기술화 자리에 와 있는 듯하다. 이런 상황에서, 예술 창작 과정 속으로 휘어 들어오는 과학기술의 침투와 그것의 창작적 수용이 어떻게 예술의 장인 정신과 아름답게 화해하여 상생할 수 있을지 예술가들은 고심해야 할 것이다.

나는 여기서 좀 엉뚱한 에피소드를 소개하고 싶다. 화학자 케쿨레는 벤젠 분자 구조 형태 해명에 몰두하던 어느 날 잠시 졸다가 그 선잠에서 뱀이 자기 꼬리를 물고 있는 꿈을 꾸었고 꿈에서 깨어난 그는 그 분자 구조가 링 상태로 되었음을 깨달았다. 아마 우리의 소설가 박상륭 씨라면 제 꼬리를 물고 있는 뱀의 모습에서 불교적 윤회의 이미지를 발견했을 것이다. 쿼크 이론을 개발하여 1969년 노벨 물리학상을 수상한 머레이 겔만은 케쿨레의 이 일화를 소개한 후 그 자신도 잘못 뱉어낸 말 속에 오히려 진리가 숨어 있음을 확인하게 되었던 과정을 고백하고 나서 바로 그런 과정을 19세기의 헤름홀츠가 말한 '포화' '부화' '해명,' 그리고 여기에 푸앵카레의 '검증'을 덧붙여 진리 발견의 네 단계로 설명하고 있다. 즉 하나의 문제에 대한 모든 관심과 사유의 집중이 포화 상태에 이르면 그것이 어떤 형태로든 문득 부화해서, 하나의 달걀이 어미 품에 오래 안긴 끝에 문득 깨어나듯이, 돌연한 진리 해명의 알을 깨게 되고 그런 후 사후 검증으로써 진리를 확인하게 된다는 것이다.

겔만이 설명하는 과학적 난제의 이 같은 해명 과정은 놀랍게도 예술가들의 창작 과정과 일치하고 있다. 예술가들은 하나의 정확한 이미지를 찾아내기 위해, 조세희 씨가 『난장이가 쏘아올린 작은 공』의 한두 구절을 쓸 때 밤새 네댓 잔의 커피를 마시고 두 갑의 담배를 피워댔던 것처럼, 몇날며칠을 쉼 없이 자신의 내면 속에서 꿈틀거리며 방황하고 싸우고 껴안다가 어느 순간 문득 폭발하듯이 튀어나오는 이미지를 포착하여 언어와 영상으로 형상화함으로써 예술 창조의 극적인 계기에 도달하는 것이다.

1981년도 노벨 화학상 수상자인 로알드 호프만은 몇 권의 시집을 낸 시인이기도 한데 과학적 발견이나 예술적 창작이 "집중력, 객관성, 간결한 표현으로 장인 기질을 발휘하는 창조적 행위"라는 공통성을 지적하면서 그 차이는 다만 "과학이 하나의 답을 찾는 것에 비해 예술은 많은 답이 있는 문제에 몰두하는 것"일 뿐이라고 설명한다. 내게 이런 과학 지식을 가르쳐준 『과학의 정열』(이숙연 옮김, 다빈치, 2001)의 편자 앨리슨 리처드는 "과학자는 창조적인 예술가에 더 가까워, 천직으로 여겨야 한다"고 강조하면서 "초조, 애정, 절망, 매혹"이라는 예술가적 감수성을 과학자들에게 권고하고 있다.

과학자가 예술에서 이 같은 인간다움을 배워오기를 권고한다면 예술가들은 과학으로부터 무엇을 얻어올 것인가. 나는 앞서 과학과의 만남에서 예술가들이 드러내는 부정적 세계 인식을 진단하고 예술에 틈입해와 그 예술을 변형시키는 과학과 기술의 힘에 경탄했고 진리 또는 진실에 도달하는 내면적 과정의 유사성을 주목한 바 있다. 그렇기에 앞으로의 예술가들이 과학과의 만남을 통해 얻어들여야 할 것은 과학적 상상력을 통한 엄격함과 통찰력, 진리에의 진정성과 세계의 무한한 가능성 앞에서의 겸손함이 아닐까 생각한다. 그 과학적 인식과 태도가 과학기술이 창조해내는 세계의 변화에 대한 예술가의 비판적 의지와 사유를 유효하게 만들 것이다. 과학이 예술 속으로 뛰어듦으로써 예술을 기술화하듯이, 예술은 과학의 발견술 heuristics을 수용함으로써 과학의 성취 뒤에 숨은 오만을 폭로할 수 있을 것이기 때문이다.

이럼으로써, 예술적 창조와 과학적 발견의 태어남이 같은 자리에서 출발한다면, 그 결과로 나타날 결론에서 과학자와 예술가는 다시 만나 그 책임을 함께 나누어 가질 수 있을 것이다. 과학이 러다이트를 결코 허용하지 않을 것이고 더구나 과학기술의 위력이 인간의 인식과 사유, 삶의 감각과 실제, 예술 창작의 개념과 수법에 전면적으로 작용할 것이기에 책임의 공유라는 새로운 과제는 과학의 세기에 예술의 운명을 모색하는 예술가들의 틀림없이 고통스러운 책무가 될지도 모른다. 공유해야 할 책임이란 아주 범박하게 말해서 지속 가능한 세계의 보존과 인간주의적 문화의 구성일 것이다. 미래를 향한 과학과 예술의 진정한 만남은 아마도 이 어려운 책무에서 그 입구를 찾아야 할 것이다.

〔『새로 보는 과학기술』 주최 제2회 포럼 '과학기술, 예술을 만나다'
기조강연, 2006. 10. 31; 재수록, 『새로 보는 과학기술』,
한국과학문학재단, 2007. 4〕

역사소설의 현재성

저는 오늘 '역사소설의 현재성'이란 제목으로 역사소설이 과거의 이야기를 하고 있지만 작가가 말하고 싶은 것 혹은 독자가 읽고 싶은 것은 결국 현재에 대한 이야기란 점을 말씀드리고자 합니다. 지난 것을 말함으로써 지금의 사태에 대한 시사를 제공한다는 것은 낯선 일이기는커녕 오히려 사연스리운 화법이기도 할 것입니다. 우리는 자식들에게 우리가 젊었을 적에 겪은 사건들을 이야기하며 자식들이 거기서 무언가 배우기를 바라고 있으며 역사의 교훈을 통해 지금의 어려움을 극복할 방법을 찾아내려 합니다. 지나간 이야기와 지금의 생각을 연결시키는 것은 물론 당연한 지혜일 것입니다. 역사에서 배우라는 권고는 마르크스기 한 말입니다. 저는 이 당연스런 역사적 사건의 현재화를 우리 소설 문학의 성과에서 밝혀보고 싶습니다. 저는 우리 문학에서 역사소설의 동향을 살피면서 그 동향이 우리의 어떤 현재적 사유를 제기하고 그래서 시대적 인식을 표출했는가를 보고자 합니다. 저는 이 설명을 통해 과거와 현재의 관련성과 함께 소설과 현실, 혹은 언어와 사유 간의 관계가 드러날 수 있기를 희망하며 우리가 문학 혹은 언어 그리고 예술이라고 힘주어 말하는 것들이 결국 우리의 현재적 사유와 소망, 의지와 인식을 고양시킨다는 것을 이해할 수 있기를 바랍니다.

제가 '역사소설'이란 흔하지만 이 자리에서는 좀 의외일 수 있는 주제를 선택한 것은 근래의 우리 젊은 문단에서 뜻밖에 새롭게 강한 추세로 등장한 것이 역사소설이란 장르이기 때문입니다. 이 새로운 추세는 세 측면에서 바라보입니다. 우선, 대가와 중견으로부터 30대의 젊은 작가들에 이르기까지 높은 평가를 받아온 일급의 소설가들이 새로이 활발하게 역사소설을 창작하여 발표하고 있다는 점입니다. 이 방면으로 가장 앞선 황석영, 김훈으로부터 40대의 신경숙, 김영하, 30대의 김경욱, 김별아 등이 그런 분으로 나이나 역사에 대한 지식과 관계 없이 도전적인 창작적 의욕을 역사라는 과거의 무대에 펼치는 경향이 나타나고 있는 것입니다. 그리고 그 작품들이 문학적 평가를 높이 받을 정도로 그 품격을 얻고 있다는 점입니다. 우리나라에서는 역사소설 집필은 작가의 노쇠 현상의 결과로 보기도 해왔고 대체로 그 수준이 현대 소설보다 떨어지는 장르로 생각되어왔습니다. 그러나 김훈의 『남한산성』이 2007년 대산문학상 소설 부문 수상작이 되었을 뿐 아니라 황석영의 『심청』으로부터 신경숙의 『리진』이나 김경욱의 『천년의 왕국』이 모두 비평계로부터 높은 주목을 받았고 호의적인 평가를 받았습니다. 셋째로, 독자들의 반응이 적극적이었다는 점을 들 수 있습니다. 『남한산성』이 60만 부, 『리진』이 10만 부 대의 베스트셀러가 되고 있는데 근래 부진을 면하지 못하고 있는 문학 독서계에 이 수준의 판매는 역사소설의 시장성에 새삼 기대를 갖게끔 하고 있는 것입니다. 여기에는 우리 소설계에 팩트와 픽션을 합성한 '팩션'이란 신조어를 퍼뜨리면서 베스트셀러가 된 댄 브라운의 『다빈치 코드』의 영향을 받은 덕도 있을 것입니다.

근년에 새로이 돋아나는 역사소설에 대한 이 같은 경향은 좀 의외로 보이기도 합니다. 대체로 오늘의 젊은이들은 역사에 대한 관심이 그리 크지 않다는 일반적인 경향에, 특히 우리의 경우는 이념이며 체제, 혁명이나 정치경제학 등 큰 이야기에 집중해온 반 세대 전의 경향성에 강하게 반발하여 90년대 이후에는 작은 이야기, 즉 내향적이고 섬세한 인간 이야기가 주도하는 경향을 보여왔습니다. 그러니까 사랑의 상처라든가 성장기의 아픔 등 개인적이며 내면적인, 사소하고 쇄말적인 이야기들이 우리 작가들의 작품들이 드러내고 싶어 하는 문학 세계였고 독자들이 반겨 받아들이는 주제가 되어왔습니다. 그래서 이런 성향의 문학에 아무래도 적절한 여성 작가들, 그러니까 신경숙, 은희경, 김형경 등 내면적이고 섬세한 여성 소설가들의 작품들이 베스트셀러 시장을 이끌어왔습니다. 이런 판에 '역사'란 거대담론의 무대가 될 장르에 문학적 신경이 집중되기 시작한 것입니다.

가령, 그중의 한 작가인 신경숙은 성장기의 자기 이야기, 멀어봤자 아버지 이야기에 한정되었던 이야기에서 '리진'이란 한말의 한 궁녀 이야기를 하며 무대를 백 년 전의 한국과 프랑스로 옮겨놓고 있습니다. 아직 30대 중반에도 이르지 못한 김경욱은 주로 요즘의 신세대들이 즐기는 컴퓨터 게임과 재즈 등 현재적 풍물을 도입하여 도시적인 문제적 세계를 그려왔는데 최근에는 17세기에 남해안으로 표류하여 들어온 네덜란드인 벨테브레가 '천년의 왕국' 조선에 정착하는 과정을 그리고 있습니다. 90년대에 등단한 대표적 작가인 김영하는 종래의 문제적 젊은이의 세계로부터 여러 걸음 물러나 20세기 초 멕시코로 이민 간 우리 조상들의 고생스러운 삶을 찾아보고 있습니다. 김훈은 50대의 장년이지만 활발한 기자 생활로부터 물러나 소설 창작으로 전향한 지 10년 안팎의, 소설가로서의 경력은 그리 길지 않은데 초기부터 이순신 장군을 주인공으로 한 『칼의 노래』와 가락국의 음악인 우륵을 주인공으로 내세운 『현의 노래』 등 역사소설을 써왔습니다만 그의 문학적 성과를 이번의 『남한산성』에서 가장 높여놓았습니다. 이미 『장길산』의 대작으로 한국 문학을 대표하는 작가 황석영도 고전소설의 주인공을 부활시켜, 그러나 전혀 다른 모습과 이야기로 창조한 『심청』을 몇해 전에 발표하여 설화적 인물을 역사의 무대 위로 올려놓았습니다. 이런 일들은 그러니까 젊은 작가들이 이제까지의 자신의 체질과는 다르게 역사에 관심을 키우고 있다는 것, 그들의 역사소설은 전날의 역사소설과 상당히 차별성을 갖는다는 생각을 불러옵니다. 그리고 여기서 제가 얻은 결론은 이 젊은 오늘의 작가들은 역사를 이야기하면서 역시 현재적 의식을 드러내고 있다는 점이었습니다.

소설이 역사를 이야기한다는 것은 문학 이론가들 거의 모두가 동의하고 있는 전제입니다. 하긴 정서적 정황 속에서 표출되는 서정시를 제외하고는, 소설만이 아니라 서사시나 연극 등 시간이 도입된 예술은 모두 이야기를 늘어놓게 마련인데 그 이야기 story가 곧 역사 history인 것입니다. 그러니까 역사를 초월 또는 단절하는 데서 그 예술성을 추구하는 시와는 달리 소설은 이야기를 통해 역사 속으로 뛰어듦으로써 그 의미를 창조해내는 것입니다. 그 이야기들은 과거의 것이 많겠지만 현재의 시제에 속하는 것도 상당할 것이고 경우에 따라서는 미래를 가상한 것일 수도 있으며 실제가 아니라 가상의 것일 수도 있을 것입니다. 그러니까 그것이 어떤 시제이든, 어떤 형태로든, 시간 요소가 개입하여 사태의 흐름을 거느리면 이야기가 되고 이야기인 한 그것은 역사가 되고야 맙니다. 소설은 그 모든 이야기들을, 그래서 그 모든 역사들을 껴안게 되며 이 놀라운 잡식성 때문에 소설은 가장 타락한 예술 장르로 지적되고 있습니다. 다시 말하면 지금의 이야기여서 역사로 보이지 않는 것, 혹은 인간의 이야기가 아니어서 탈역사적으로 보이는 것, 공동체의 것이 아니라 아주 개인적이고 혹은 내면적이어서 '역사 이전'으로 생각되는 것도 근본적으로는 모두 '역사로서의 이야기'란 범주로 소설은 흡수하고 있는 것입니다. 그 역사성은 과거만이 아니라 현재도 포함하고 미래 수용도 가능할 것이며 집단적인 것만이 아니라 개인적인 것, 객관적인 것만이 아니라 내면적인 것, 실제만이 아니라 가상인 것까지 모두 포괄될 수 있을 것으로 우리의 생각을 확장해볼 수 있겠습니다. 사실이 이렇다는 것은 어떤 시제의 역사든 그 모두를 소설을 쓰고 있는 작가 자신의 현재적 시제로 수렴할 수 있다는, 과거든 미래든 실제든 가상이든 그 모든 이야기들을 작가의 현재적 인식으로 귀납시킬 수 있다는 사실을 말해주는 것이기도 할 것입니다.

19세기의 위대한 리얼리즘 작가인 발자크는 소설을 통해 '사회학적 보고서'를 쓰겠다고 호언했습니다. 그 '사회학적 보고서'가 1백여 권으로 짜여진 연작장편소설 『인간 희극』인데 이 소설들은 19세기 전반 산업혁명을 겪으며 귀족사회의 붕괴와 시민사회로의 전환이란 역사적 사건들의 총체적인 모습들을 수용하고 있습니다. 당시에는 '보고서'였지만 그 후의 시각으로 보면 당연히 시민사회화 시대의 역사로서 당대의 역사를 소설 언어로 재현하고 있다는 평가를 내리지 않을 수 없을 것입니다. 그러니까 당대를 그려낸 소설 곧 현대 소설이나 세태소설 모두가 결국 시일이 지나서는 물론이고 그 당시로 보더라도 역사소설이란 것입니다. 우리 문학사에서 최초의 근대 소설인 이광수의『무정』은 지금의 눈으로 보면 1백 년 전의 한국인과 한국 사회의 의식과 풍속, 문화와 사유, 풍경과 모습 들을 보여주고 있지만 그 당대의 눈으로 보더라도 개화기 시대 지식인들의 사유와 정신, 그들 사이의, 그리고 그들 개인과 사회와의 삶의 형태와 이야기를 말해줌으로써 당대의 역사를 쓰고 있었던 것입니다. 당대의 삶과 현실을 그렸음에도 결국 역사소설의 범주로 소속해 들어간다면 아마도 시제를 달리했다 하더라도 그것들이 인간의 이야기를 펼치고 있는 한 그것들도 마찬가지의 역사소설적 성격을 갖지 않을 수 없을 것입니다. 예컨대 조지 오웰의『1984년』이나 올더스 헉슬리의『멋진 신세계』는 미래의 삶을 이야기함으로써 미래역사소설이 되고 복거일의『비명을 찾아서』는 가상의 역사를 상정함으로써 작가 자신이 이름 붙이듯 '대체역사소설'을 구성하고 있습니다. 그러니까 역사는 현재에도 만들어지고 있고 미래에도 만들어질 것이며 현실의 역사만이 아니라 가상 세계의 역사도 상상할 수 있을 것입니다. 인간과 인류가 존재하는 한 역사는 창출되고 시간이 개입하는 한 그 역사는 흐르게 마련이며 그것들을 언어로 수습하는 한 모든 소설은 '역사소설'의 길을 걷지 않을 수 없게 됩니다.

그러나 지금 제가 말씀드리는 역사소설은 소설이란 문학 형식이 본질적으로 소장하고 있는 역사성을 내포한 의미로서가 아니라 국어사전에 풀이된 "구체적으로 역사적 사건이나 인물을 소재로 하여 꾸민 소설"을 가리킵니다. 우리가 쉽게 말하는 '역사소설'이란 장르는 그러나 소설의 역사성과는 달리 대체로 그처럼 무겁게 받아들여지지 않고 있습니다. 하위 장르로서의 역사소설에서 과거의 역사적 사건을 재현한다는 것을 크게 신뢰할 수 없었기 때문입니다. 한편으로는 기록되었거나 구전되었거나 간에 소설 속으로 끼어든 역사적 사건은 그것의 엄격성 때문에 자유로운 상상력을 제한한다는 이유가 있고, 다른 한편으로는 그와 반대로, 과거 사건의 완벽한 재구성이란 불가능하다는 이유에서였습니다. 19세기의 사실주의 문학인들이 월터 스콧의 역사소설을 비난한 것은 후자의 이유에서였습니다. 설화적 인물을 낭만적으로 영웅화함으로써 실제의 사실성을 마구 훼손한다는 것이었습니다.

우리 현대 문학사에서도 역사소설은 문학적인 평가를 그리 높게 받아오지 않았습니다. 그 이유는 여러 가지일 것입니다. 앞서 지적했듯이 역사적 사건이나 인물을 재현하는 것이어서 예술적 상상력을 풍요롭게 발휘하지 못한다는 일반론적인 비판이 있을 것입니다. 역사소설은 순문학과 달리 현실적인 목적이 작용하고 있다는 순수주의적 관점도 이 장르에 대해 호의적이지 않게 만들 것입니다. 작가로 보자면 역사적 사건이나 인물에 대한 남다른 지식과 연구가 있어야 역사소설을 쓸 수 있을 것입니다. 그리고 우리 문단의 경우 순문학을 창작하던 작가가 나이가 많아지고 상상력의 활기가 줄어들면 역사 쪽으로 소재를 옮기는 경향이 많아 그 문학성이 좀 퇴화하는 듯한 인상을 줍니다. 더구나 한때의 우리 역사소설들은 신문연재소설로 발표되었는데 신문소설이란 상업주의적 생산품이 지닌 가령 외설이나 음모 같은 호기심거리에 치중한다는 약점에서 자유로울 수가 없었습니다. 물론 우리 역사소설가들의 역사 의식에 대한 비판도 중요하게 짚어야 할 것입니다. 왕조사든 영웅사든 보수적인 역사관에 의존한 작품이 많고 더구나 야담처럼 실증적인 사실성에서도 의심될 만한 소설도 적지 않았습니다. 그러니까 우리에게 역사소설이란 여러 점에서 취약성이 많았고 그래서 생산된 작품량은 많았지만 문학사적 성과로 꼽히는 역사소설의 숫자는 그리 많지 않았습니다.

그럼에도 우리 역사소설이 그 비중과 성취에 비해 너무 낮게 평가되고 있다는 느낌도 지울 수 없습니다. 1920년대 중반, 그러니까 우리의 근대 문학이 시작된 지 몇 년 안 되어서부터 식민지 시대의 우리 소설가들은 역사소설을 쓰기 시작했고 그 작업은 끈질기게 지속되어 우리 소설 장르에서 가장 중요한 부문의 하나가 되어왔습니다. 그러니까 우리 근대-현대 소설 문학의 명맥이 유지될 수 있었던 데에는 역사소설이 버팀목으로 기여한 바가 매우 컸던 것입니다. 그것은 한국 문학이 식민 통치와 한국전쟁, 가난과 후진의 역사 속에서도 그 생존을 지속할 수 있는 적지 않은 힘을 주었습니다. 이에 못지않게 제가 높이 평가하는 것은 역사소설의 교육적 성과입니다. 우리의 역사학은 근년에 이르러서야 인물사로 관심을 기울이는데 그 이전에는 왕조사, 제도사, 사건사여서 인간과 실생활이 배제된 상당히 공소한 역사학이었습니다. 권력이 누구에서 누구로 옮겨갔는가나 그래서 제도가 어떻게 바뀌었는가, 그 제도의 잘못으로 어떻게 민란이 일어났는가는 알 수 있었지만 우리 민족의 조상들이 어떤 생활의 실제를, 어떤 심정을 가졌던가 하는 가장 기초적이며 실제적인 인간 문제들은 역사학이 아닌 오직 소설가들의 상상력에 의한 역사소설이 그려줄 뿐이었습니다. 실상 우리는 많은 역사적 지식을, 우리 조상들의 일들에 대한 정보를 역사 교과서가 아니라 소설에서 얻어왔고 거기서 깨우쳐 왔습니다. 역사소설이 우리에게 준 국민교육적 효과는 아무리 말해도 지나침이 없을 것입니다.

여기서 더욱 강조하여 마땅히 그 공헌이라고 높이 평가해야 할 성과는 역사소설이 우리에게 민족주의와 민중주의의 사상을 일구고 키워주었다는 점일 것입니다. 이것은 좀더 자세히 시대적 전개와 함께 설명되어야 할 것입니다. 우리 근대 문학사가 개척된 이후 역사소설이 크게 활발했던 시절이 1920~30년대의 식민 통치 시대와 1970~80년대의 산업화 시대였습니다. 앞 시대는 일본의 가혹한 통치 아래 한민족의 존재 자체가 위협받던 시절이었고 뒷시대는 자본주의 정치경제적 체제가 독재 권력과 함께 강화되면서 적극적으로 경제 성장이 진행되던 시절입니다. 우리는 여기서 문학과 시대의 개관적 정황과의 관련성을 확인할 수 있게 되는데, 이 두 시대의 역사소설의 전개 상황을 보면 문학과 그 시대의 현실적 관련성을 짐작하며 역사소설 속에 잠재해 있는 당대의 시대적 인식을 볼 수 있을 것입니다.

1920년대라면 일본 총독 정치 아래 3·1 운동의 실패 후 문화와 교육으로 민족 사론을 기우려는 움직임이 활발하게 전개되고 있었고 최초의 근대 문학 운동이라 할 『창조』가 창간된 1919년 이후 몇 년 사이에 『폐허』 등의 문예지, 종합지 『개벽』, 종합문예지 『조선문단』 등등이 쏟아져 나옵니다. 그리고 1916년에 최초의 근대 소설 『무정』을 처음 발표한 이광수는 20년대 이후 『흙』 『사랑』 『유정』 등 현대 소설들과 함께 격조 높은 역사소설들을 왕성하게 발표하기 시작합니다. 신라의 마지막 태자로 나라가 망하자 금강산으로 들어가버린 슬픈 이야기를 쓴『마의 태자』(1928), 숙부에게 왕권을 찬탈당하고 사약까지 받아야 했던 단종의 비극을 그린『단종애사』(1930), 임란의 구국 영웅『이순신』(1932), 불교를 신라에 들여왔고 그러느라 순교한『이차돈의 사』(1937) 등이 그 대표적인 작품들입니다. 이광수에 이어 우리 근대 문학을 일으키는 데 큰 공헌을 세운 김동인도 이광수에 이어 한말의 흥선대원군과 그 시대를 그린『운현궁의 봄』(1934), 『젊은 그들』(1941), 춘원과 맞선 시각으로『대수양』(1944)을 잇달아 발표합니다. 여기에 가령 박종화, 현진건을 보탤 수 있습니다만, 그 성격과 취의에서 식민지 시대의 역사소설이 지향하는 바를 비슷하게 반영하고 있습니다. 비슷하다는 것은 우선 그 주인공이 영웅적 인간형이라는 점입니다. 왕이고 장군이고 혹은 정치인이고 승려입니다만 권력에서든 지성에서든 그들은 한 시대의 한계를 뛰어넘으려는 위대한 인간적 행적을 기록하고 있는 분들입니다. 두번째로, 그분들이 영웅이지 않을 수 없었던 것은 그들이 처한 정황이 위기 혹은 멸망의 시기였기 때문이며 그 시기가 불행했기에 그들의 행적도 비극적이지 않을 수 없었습니다. 나라가 망한다든가, 왕권을 빼앗긴다든가 전쟁으로 파탄할 처지에 던져져 있다든가 함으로써 구국의 영웅적 행동을 하든가 비극의 화신이 되든가 하지 않을 수 없게 됩니다. 마의태자 혹은 단종이나 홍선대원군 그리고 이순신이 모든 그런 분들의 전형입니다. 이미 아셨겠지만 당시의 우리 역사소설들이 그리고 있는 영웅들의 호출, 그들의 영웅적 활약 혹은 나라와 왕권을 잃은 비극 등등은 모두 식민지 시대의 우리 민족이 나라를 잃고 주체성을 상실하며 그 슬픔

속에서 민족의 해방과 독립을 갈망하는 염원의 표출에 다름아니었던 것입니다. 국권을 상실하여 이민족의 지배를 당하는 쓰라림을 마의태자나 단종의 이야기에 의탁했고 나라를 되찾고 자유와 독립을 얻어 광복하려는 소망이 이순신을 통해 호소되고 있었던 것입니다.

해방 후 이광수가 반민특위에서 친일 행위에 대한 심판을 받을 때 그는 자신의 역사소설들이 "민족 정신을 밀수입하여 포장"한 것이라고 주장했습니다. 저는 이광수의 이 진술을 액면 그대로 받아들입니다. 그가 후에 친일 행위를 한 것은 분명한 사실이지만 1930년대 중반까지 왕성하게 집필해서 발표한 작품들은 현대 소설의 경우 근대적 계몽주의를 펴고 있지만 역사소설에서는 적극적으로 민족 정신, 민족주의를 제시하여 독자들에게 애국애족의 사상을 주입하려고 노력했습니다. 그의 민족주의나 민족사관이 영웅주의적이고 봉건주의를 벗어나지 못했으며 폐쇄적인 민족주의라는 약점은 그의 시대가 안은 한계이기도 하지만 이민족의 지배에 대항하기 위해서는 그처럼 강고한 민족주의적 태도가 요구되기도 했을 것입니다. 춘원의 민족주의적 사관은 그러니까 당시 사상계의 주도적인 흐름을 나름대로 담아내면서 소설로 표현했던 것이고 독자들도 춘원의 영웅상을 보며 그와 같은 구세적 인물을 열망했을 것입니다. 춘원 이광수의 역사소설에 등장하는 인물들은 바로 그 시대가 요청하는 영웅적 인물들이었으며 그런 영웅들이 활동할 무대를 그 소설들은 마련해주었던 것입니다. 이 장르의 소설들이 이처럼 분명한 현실적 목적을 가지고 있기에 많이 읽히고 독자들의 반응이 활발했음에도 문학사에서는 그 평가를 높이 주지는 않고 있습니다.

1970~80년대의 역사소설은 앞 시대의 민족주의적 역사소설과는

판이하게 달라집니다. 이때는 이미 식민 상태를 벗어났을 뿐 아니라 산업화 단계에 들어서고 있으며 근대화를 추진하는 가운데 봉건 체제의 유습을 떨쳐버려야 할 시대적 요청이 제기되고 있었습니다. 그 시대적 요청이란, 왕조사적 역사 인식을 탈피하여 사회사적 접근으로 역사를 관찰해야 한다는 것, 정치적·경제적·문화적 독점 구조를 해체하고 모두가 소외됨이 없는 평등한 존재일 뿐 아니라 동등한 권리를 누릴 수 있어야 한다는 것 등 근대적인 자유와 평등의 이념적 실천이었습니다. 요컨대 70년대 중반 이후 우리 사회와 문화예술계를 휩쓴 민중주의가 우리의 소설 문학계에도 크게 작용했고 이 의식의 흐름 속에서 역사소설의 양상이 근본적으로 변화하게 됩니다. 박경리의 『토지』(1969~1996), 황석영의 『장길산』(1974~1984), 김주영의 『객주』(1979~1983), 홍성원의 『먼동』(1992), 김원일의 『늘푸른소나무』(1993)가 그 대표적인 성과들입니다. 그리고 이 작품들보다 앞서 왕권에 저항한 의적의 무리를 그린 홍명희의 『임꺽정』(1939, 1948)과 간도의 한민족 개척사를 추적한 안수길의 『북간도』(1959~1967) 등 선구적인 업적들이 이 역사소설들에 적극적인 영향을 주었다는 점을 짚어두어야겠습니다.

이 시기의 소설들이 앞 시대의 역사소설과 판이하게 다르다고 지적했습니다만 그것은 여러 점에서 그렇습니다. 우선 외형적으로 보아 이 역사소설들은 규모가 방대해졌습니다. 5부 16권의 『토지』를 비롯하여 이 역사소설들은 10권 안팎의 거작들이었습니다. 이것은 우리 작가들이 단편 위주에 정반대편으로 반발하여 이처럼 대규모의 작품을 생산할 정도로 저력이 매우 커졌다는 사실과 함께 그처럼 긴 길이로 이야기해야 할 만큼 우리에게 쌓인 이야기 혹은 역사가 많다는 사실을 반영해줍니다. 이렇게 규모가 커졌다는 것은 이 역사소설들이 대하소설을 이루고 있음을 말해줍니다. 『토지』는 갑오 동학전쟁부터 해방까지 50년에 걸친 수십 가족의 여러 세대에 걸친 근대사적 삶의 이력들을 추적하고 있고, 홍성원의 『먼동』도 20세기 초 수원의 반상 두어 가문의 세대적 유전(流轉)을 그리고 있으며, 김원일의 『늘푸른 소나무』도 식민 통치 초기의 한 소년의 생애를 따르고 있습니다. 황석영의 『장길산』은 홍명희의 『임꺽정』과 비슷한 구조로 조선 시대 후기의 의적들의 집단적 저항을 그리고 있고, 김주영은 한말의 도부상 무리들의 떠돌이 삶을 묘사하고 있습니다. 이렇다는 것은 개인의 영웅적인 행위나 생애로 집중하지 않고 여러 집안이거나 집단으로 그리고 세대에 걸쳐 진행되고 있다는 것, 주인공들이 복수여서 하나의 줄거리가 아니라 많은 사람들의 착잡한 삶의 궤적들을 이야기하고 있다는 것, 그 신분이 왕이나 지도자가 아니라 평민이거나 천민 혹은 노비가 대부분이라는 것, 구세적 영웅이기보다는 체제의 거역자이고 고통스러운 삶을 힘겹게 살고 있는 보통 사람들이라는 것 등이 근본적으로 달라진 내용들입니다. 이것은 역사가 한 사람의 영웅이나 지도자가 아니라 이름없는 숱한 민중에 의해 만들어진다는 것, 역사는 권력이나 전쟁보다는 삶과 문화, 심성과 사회 관계의 근본적인 구조의 변화라는 시각으로 보아야 한다는 것, 그것도 하나의 에피소드가 아니라 집단적 역사, 총체사, 사회사로 보아야 한다는 사관의 근본적인 변화를 반영하고 있습니다.

바로 이 시기가 우리 모두 지금도 생생하게 기억하고 있는 '민중시대'입니다. 민중이란 역사의 실질적인 주체임에도 그 존재성이 박탈된 사람들, 정치적·경제적·문화적 권리로부터 소외된 집단들을 가리킵니다. 급격한 산업화로 경제는 성장하고 있지만 그 성장의 혜택이 자본에 독과점되고 노동자와 빈민의 삶은 상대적 빈곤감으로 더욱 가혹해지며 혹은 독재 권력으로 정치 참여가 배제되고 문화예술도 소수의 엘리트에게만 편중되어 삶의 의미와 보람을 갖지 못하고 좌절하고 있다는, 현실적 부조리에 대한 광범한 인식과 저항감이 이 민중주의를 배태하여 한 시대의 정신으로 표출된 것입니다. 부당한 현실에 대한 인식과 그 변혁을 향한 저항이 문학에서 민중문학으로, 역사소설에서는 대하 역사소설로 발현된 것입니다. 이는 우리 국민이 산업 사회로 성장하면서 함께 현실 인식이 성장했고 급격한 발전이 동반한 악덕과 모순이 심각해졌으며 거기에 정치적 독재와 문화적 엘리트주의에 대한 불만이 고조됨으로써 민중주의가 뜨겁게 호소되고 공감되었던 것이고 그 민중주의의 호소력이 70년대적 역사소설을 불러온 것으로 볼 수 있을 것입니다. 이 역사소설들은 당시 한국 문학의 귀중한 성과로 평가받았을 뿐 아니라 식민지 통치기의 역사소설과는 달리 지금도 우리 문학의 대표적인 자산으로 인정되고 있습니다.

1990년대 이후 한국 사회는 우리 모두가 확인하듯이 다시 크게 변모합니다. 동서독이 통합되고 소비에트 체제가 붕괴되는 세계 체제의 변화 속에서 30년에 이르는 군부 통치가 해체되고 시민 민주주의가 확보되고 자유와 평등의 이념들이 현실로 수행되기 시작합니다. 한편 컴퓨터가 보급되며 인터넷이 확장되고 IT산업이 성장하면서 포스트모던적인 사회문화적 풍조가 번져갔습니다. 요컨대 자유롭고 풍요로워졌으며 개방되고 부드러워졌습니다. 혁명 혹은 변혁이란 구호 대신 개혁과 운동이 제창되었고 정치경제학이며 체제란 주제는 환경이며 인권으로 옮겨갔고 이념과 역사의 거대 담론은 사랑과 인격 같은 미시 담론으로 바꾸었습니다. 우리 예술들도 전반적으로 현격한 변화를 이룩합니다. 전통적인 아우라를 지닌 예술에서 일상과 거리에서 만나는 예술로, 장인적 의식으로 예술적 완벽성을 기하던 창작에서 서로 참여하며 즐기는 공동의 작업으로, 하나의 장르의 고집에서 경계를 넘고 서로 섞이고 일탈하는 잡종(하이브리드) 혹은 혼융(퓨전)의 형태로, 그래서 창조에서 향유로, 또 그래서 근대주의에서 탈근대주의로, 옮겨가기 시작한 것입니다. 이런 변화 속에서 우리는 새로운 세대에 의한 역사소설들을 읽게 됩니다. 물론 그 소설들도 달라지고 있었습니다.

앞 세대의 역사소설들과 우선 외형적으로 달라진 것은 그것들이 단권짜리의 평범한 규모급으로 작아졌다는 점입니다. 이것은 소설은 여러 세대, 여러 인물 들의 민중적 삶의 전모가 담겨야 한다는 선입관에서 벗어나 역사의 한 단면, 역사적 인물의 한 편모를 그려보겠다는 소설적 의도로의 변화를 보여줍니다. 『심청』이니 『리진』은 그 주인공의 이력만을 쫓을 뿐 시대나 사회 전반을 그리겠다는 야심을 버리고 있고 김훈의 『남한산성』 역시 병자호란 전반이 아니라 조선 국왕이 청에게 투항할 것인가 계속 저항할 것인가 고민하는 조정의 고민을 파고들 뿐입니다. 이에 이어 현저하게 달라진 것은 주인공들의 내면이 작가의 서술에 가장 중요한 부면이 되고 있다는 점입니다. 『남한산성』에서 두드러진 역사의 내면화는 김훈의 또 다른 역사소설인 『칼의 노래』에서도 주조를 이루는데 이 소설은 왜군과의 전쟁보다는 전투를 앞둔 이순신 장군의 내면을 더 깊이 천착하고 있습니다. 생김새로부터 풍속까지 모두가 다른 조선 땅에 상륙하여 귀화하게 되는 김경욱의 『천년의 왕국』의 네덜란드인 벨테브레의 묘사도 의외의 사태에 부닥친 인간의 내면을 묵시록적 문체로 서술하고 있습니다. 신경숙의 『리진』도 백인 혹은 프랑스 사회에 처음 발을 딛게 된 한국 여인의 처지를 그 객관적인 정황보다는 그 정황에 처한 인간적 내면의 모습으로 그리고 있습니다. 작가들이 인물들의 사회적 존재로서 객관적 상황과의 대결을 중시하기보다 인격적 존재로서 이질 문화에 대면한 낯선 처지와 거기서 비롯된 선택의 내면적 고민에 더 치중하고 있음은 종래의 역사소설과는 현저하게 다른 태도입니다. 그것은 작가가 역사에서 사건이 아니라 인간을, 사실보다는 진실을 보고자 한다는 것을 뜻합니다. 여기에 이 역사소설들의 무대가 이국의 땅과 문화란 점이 주목됩니다. 『천년의 왕국』은 한국 땅을 밟는 서구인이고 『리진』은 한국에 와 있던 프랑스 외교관과 결혼을 하여 프랑스로 이주했다가 돌아옵니다. 김영하의 『검은 꽃』은 개인이라기보다는 집단이 주인공이 되고 그중에는 영웅적인 인물도 있지만, 그 무대는 백여 년 전에 배를 타고 이민을 가 이역만리 낯선 땅에서 고달픈 삶을 개척했던 멕시코입니다. 『심청』은 설화에서는 인당수에 뛰어들었다가 용왕이 구해주어 조선 땅에 돌아와 아버지를 만나는 이야기이지만 황석영은 중국인에게 구출되어 몸을 파는 여인이 되었고 거기서 사업을 해 성공해서 류구로 확장하고 일본 규슈에 자리 잡으며 고향 땅과도 끈을 잇는, 그래서 동아시아를 무대로 활동하는 여인으로 심청을 설정하고 있습니다. 그러니까 요즘의 역사소설은 지리적으로 국경을 넘어 확장되고 있고 그래서 다른 인종, 다른 언어와 풍속, 다른 문화와 접촉하고 교류하고 있는 것입니다. 이 양상은 오늘의 한국인들이 폐쇄성에서 벗어나 스스로를 열어가며 이민, 이주, 무역, 거래를 통해 다른 나라의 땅과 사람과 문화들과 어울리고 세계에 도전하며 개척하고 그들과 더불어 살려는 적극적인 개방적 자세의 한 모습을 보여줍니다. 식민지 시대의 폐쇄적인 민족주의가 오늘에 이르러 완전히 반전하고 있음을 이 소설들은 설명해주고 있는 것입니다.

저는 거칠게 3세대에 이르는 우리 역사소설의 변화 과정을 개관해보았습니다. 다시 정리한다면, 그것은 소설의 주인공이 영웅—집단—개인으로 변모하는 과정이고 그 자세는 구국—저항—고민으로 내면화되는 태도의 변화를 보여주며 외부에 대해서는 대항적—비판적—개방적으로 진전해가는 모습이고 이념적으로는 민족주의—민중주의—민주주의의 전개 과정을 확인시켜줍니다. 그동안 우리 사회는 식민치하—산업화—포스트모던으로 발전해왔으며 외세 강압과 독재 권력을 지나 권력 해체를 통한 민주화 과정으로 들어서고 있습니다. 이렇게 정리해보면, 역사소설들이 그리고 있는 이념과 정신, 인간과 행동은 그 시대가 요청하는 바틀에 정밀하게 대응하고 있다는 것, 혹은 거꾸로 말하면 한 시대가 품고 있는 의식적·무의식적 소망과 의지를 역사소설 더 넓게 말하면 문학과 예술이 반영해주고 있음을 확인하게 됩니다. 그러니까 식민지 시대에는 나라를 구하는 영웅의 외세 대항적인 민족주의를 역사소설의 뼈대로 설정했고 산업화 시대의 역사소설들은 소외 집단들이 민중주의적 관점으로 자기 인식을 하며 권력과 자본을 비판하여 저항하기를 권유하였으며 오늘의 역사소설은 민주주의 체제 속에서 세계로 개방하고 외국과 문화를 교류하는 개인으로서 내면적인 자유를 추구해야 한다는 인식을 드러내고 있습니다. 우리의 역사소설들은 그 시대마다 그 사회의 성격을 반영하면서 우리가 무엇을 꿈꾸고 어떤 생각을 하고 있는가를 충실하게 드러내주고 혹은 호소하고 있음을 이렇게 확인하게 됩니다. 결국 시제를 어디로 설정하든 그것은 당대의 이야기이며 당대의 정신과 의지를 드러내주고 있습니다. E. H. 카가 말한 것처럼 역사란 현재와의 대화란 진실을 여기서 다시 확인하면서 역사소설이 제시하는 과거의 이야기를 통해 오늘의 우리가 무엇을 욕망하고 꿈꾸고 있는가를 성찰할 수 있기를 바랍니다.

〔카이스트 경영대학원 특강, 2007. 11. 27〕

독서 문화의 변화와 창의적 읽기

독서대학 '르네 21'의 개교를 축하드리며 이 독특한 사회교육 과정을 통해 보다 높은 지적 생활을 열어가는 수강생 여러분들의 새로운 출발에 격려를 보냅니다. 갖가지 형태의 문화 재교육 과정들 가운데 책을 통해 인문적 소양을 넓힐 계기를 마련해주는 '독서대학'의 출현에 우리 문화의 보다 성숙해지고 있는 면모와 보다 품위 있는 삶을 희구하는 시민들의 긍지에 감동을 느꼈다고 말씀드리는 것이 저의 솔직한 감회일 것입니다. 한국출판인회의가 독서 운동을 펴고 있는 것은 그 모임의 성격에서 자연스레 도출될 수 있는 일이지만 성공회가 이 작업에 적극 나서고 있는 것은 정말 뜻깊은 일이 아닐 수 없습니다. 교단이 교회를 나와 시민들의 사회로 뛰어들고 있다는 것, 성경을 통한 예배 의식이 아니라 비종교적 도서를 통해 내면 성찰의 기회를 만드는 데 앞장서고 있다는 것이 제가 먼저 말씀드린 우리 문화의 성숙한 면모와 품위 있는 삶을 보여주는 뚜렷한 증례가 될 것이기 때문입니다. 제가 '독서 문화의 변화'라고 했을 때 지금의 상황과 비교하는 시점은 제가 처음 사회생활을 시작하며 접촉하던 1960년대 중반인데, 지금부터 40여 년 전의 우리 문화 현장에서는 교회가 이런 사회 운동을 한다는 것은 상상조차 하기 어려운 것이었습니다. 저는 우선 여기서 금석지감을 느끼지 않을 수 없습니다.

한 달여 전 저는 소설가 김유정 선생의 탄생 1백주년 기념 행사로 5월에 열리는 심포지엄에 논문을 발표해달라는 청을 받았습니다. 30여 년 전에 제가 김유정론을 쓴 적이 있는데 그 인연으로 제가 불린 것이었습니다. 저는 즐거이 수락하고 오랜만에 김유정의 자료들을 모으며 그의 작품들을 다시 읽기 시작했습니다. 그런데 그의 전집에 수록된 서지에서 김유정에 관한 비평적인 글들이 420편 정도이고 석사와 박사학위 논문이 230편이라는 목록을 보고는 놀라고 말았습니다. 제가 김유정론을 쓸 때는 관련 비평들이 별로 없어 두어 권의 한국 문학사에 나온 짤막한 김유정 평가를 참조하는 정도였습니다. 그런데 제가 한눈 팔고 있던 그동안, 불과 4년간의 창작 활동기에 소설 31편, 수필 기타 잡문 모두 20편밖에 되지 않는 글을 발표한 식민지 시대의 이 작가에 대해 이렇게 많은 분석과 비평의 글들이 나왔다는 것은 경이로운 일이 아닐 수 없었습니다. 그만큼 우리나라의 전공 인구가 많아졌다는 것, 그들의 연구와 집필이 그처럼 왕성하다는 것, 우리 잡지와 출판이 그토록 역동적이라는 것 들을 이 사실은 알려주고 있는 것이었습니다. 저는 그 목록들의 제목을 훑고 제가 읽은 김유정 소설들을 짚어가며 제가 새로이 쓸 여지가 있을 것인가 따져보았습니다. 고민 끝에, 제 게으른 성정으로 보아, 제가 비집고 들어가 논의를 전개할 새로운 자리가 없다는 결론에 이르고 말았습니다. 저는 심포지엄 주관처에 깊이 사과하고 제 이름을 철회하지 않을 수 없었습니다. 그러면서 저는 우리 출판 문화, 독서 상황이 얼마나 달라졌는가를 다각적으로 생각하게 되었습니다. 저는 정말 놀라고야 말았습니다. 변했고 성장했고 복잡해졌고 다양해졌습니다. 오늘 제가 드리는 말씀들은 바로 이 변하고 성장하고 복잡해지고 다양해진 우리의 독서 문화에 대한 것입니다.

독서 문화의 변화는 우선 그 양적 팽창에서 발견됩니다. 1960년대 중반의 우리나라 출판물은 신간 발행 종수가 한 해 2천 종도 못 되었습니다. 미국의 미래학자 토플러에 따르면 인쇄 기술이 발명된 1500년대에 유럽 전체에서 발행되는 신간이 1년에 1천 종 정도이며 그래서 대학이 10만 권 장서의 도서관을 채우려면 1백 년이 걸렸다는 것인데 이런 식으로 하자면 신간만으로 60년대의 우리 나라 도서관을 채우자면 50년이 걸릴 겁니다. 그러나 지난해 우리나라의 신간 발행 종수는 4만 종이 넘습니다. 그러니까 도서관 소장 도서를 채우는 데는 2년 반으로 충분한 것입니다. 우리 서점은 모든 분야의 갖가지 주제들을 담은 숱한 책들로 가득한데 이처럼 엄청난 양의 책이 발행되고 있다는 사실은 40년 전의 저라면 도저히 예상할 수 없었던 일입니다.

60년대의 우리 사회에는 책이 지식 전달의 주종이었습니다. 텔레비전이 있었지만 흑백의 이 새로운 미디어는 으레 '바보 상자'란 악명으로 찍혀 있었습니다. 뉴스 외에는 드라마와 쇼가 중심 프로그램이었고 그것만 보면 시간은 잘 흘러갔지만 머리는 멍청해지게 마련이었지요. 우리나라만이 아니라 미디어 학자들도 서슴없이 TV를 '이디엇 박스idiot box'라고 했으니까요. 그런데 이제 텔레비전은 컬러가 되었고 디지털이 되고 있으며 그 채널도 몇 백 개가 되었습니다만, 아무도 그걸 바보 상자라고 부르지 않게 되었습니다. 오히려 여기서 보고 들은 소식과 정보, 이야기와 장면들이 시청인들의 화제가 될 뿐 아니라 지식인들, 문필가들, 예술인들의 토론 주제가 되고 정치인과 유명인사들의 출입처가 되고 있습니다. 가장 총명한 젊은이들은 방송사의 기자와 PD가 되고 싶어 하고 문학과 예술 작품들이 방송의 전파를 타려고 하며 시청자들은 여기서 가장 최신의, 가장 유용한 정보를 얻으려고 합니다. 텔레비전의 발전과 그 프로그램들의 고품질화는 우리의 문화와 지식의 소통에 책 이상으로 중요한 비중과 신뢰를 가지게 되었습니다.

 60년대에는 전혀 생각할 수 없었던 컴퓨터와 그것을 통해 이루어지는 인터넷을 여기서 당연히 주목해야 할 것입니다. 이 새로운 문명의 기기와 소통 채널은 도입된 지 20년도 안 되었지만 의외의 힘으로 거의 모든 가정에 필수품 정도로 보급되었습니다만, 이것은 기존의 다른 어떤 정보 매체에 못지 않은 지식과 정보의 생산과 유통을 담당하고 있습니다. 저는 한 해 전 한 번역 도서를 내면서 50여 명의 인명 사전을 만들어야 했는데 60년대라면 도서관에 박혀 백과사전류의 데스크북을 쌓아놓고 며칠 걸렸을 작업을 인터넷을 통해 이틀 만에 해치웠습니다. 저 스스로 제가 낯설어하는 인터넷의 그 엄청난 능력과 빠른 속도에 거의 질려버릴 정도였습니다. 이제 우리는 책 없는 지식 유통을 생각할 수 없듯이 텔레비전과 컴퓨터 없는 지식의 생산과 소통을 상상할 수 없는 시대를 살고 있습니다. 이 엄청난 변화가 불과 한 세대 동안에 이루어진 것입니다.

 그 한 세대 동안에 우리의 지식과 사유에 내적 변화가 전개되어왔다는 사실도 환기되어야 할 것입니다. 우선 60년대에는 없거나 아주

사소했지만 지금은 중심적 과목이 되고 있는 것이 이른바 IT, BT, CT의 3T입니다. 정보공학과 생명공학, 문화공학 등 세 가지 테크닉은 산업으로부터 사회와 가정생활의 세부에 이르기까지 깊이 우리 안으로 파고들면서 직간접으로 우리의 정보와 지식 세계의 주류로 작동하고 있습니다. 이 정보와 지식의 기초로서 우리의 인식과 사유의 틀이 바뀌어왔다는 사실도 지적되어야겠습니다. 60년대의 우리는 자유주의와 보수주의로 사고의 패러다임이 고착되어 있었습니다만, 70년대와 80년대에는 민중주의와 사회주의 혹은 진보주의가 주도했고 90년대 이후 이 양대 조류와 더불어 중도주의, 실용주의가 끼어들었다는 것, 발전 단계로 보면 산업화 이전 시대, 산업화 시대, 후기 산업화 시대, 혹은 전근대주의, 근대주의, 탈근대주의로 옮겨왔습니다. 철학적으로는 실존주의에서 구조주의로, 거기서 해체주의로 변해왔고 정치적으로 유신 시절, 신군부 시절, 민주화 시절, 국민의 정부, 참여정부를 거쳐 실용주의 정부로 바뀌어왔습니다. 정말 40년의 역사라고는 도저히 생각할 수 없는 변화들을, 긴전과 후퇴, 하락과 상승, 유신과 혁명과 개혁, 이탈과 귀환 등등의 숨가쁜 변화들을 치러왔습니다. 이런 모든 것들이 우리의 책들과 그 속에 담긴 성찰과 주장을 통해 스며들고 드러나며 우리의 의식과 인식을 움직여왔습니다.

우리의 의식과 인식은 이런 큰 틀에서만 바뀐 것이 아니었습니다. 형이상학으로부터 기술에 이르는 모든 학문과 정신의 원천과 출처가 매우 다양해졌다는 점을 주목해야 할 것입니다. 우리의 지적 원천은 중국과 일본, 미국과 서구로부터 더 넓어져 소련과 동구권, 오늘의 중국과 중동 등 범세계적인 진폭으로 확대되었고 철저한 이념적 금기의 영역이었던 마르크시즘이나 거리가 너무 멀어 소원했던 남미와 아프리카로까지 번져갔으며 과학 연구진은 남극에 기지를 만들었고 등산가가 아니라도 히말라야 산맥으로 트레킹을 하게 되었습니다. 정말 세계화는 우리나라 사람들이 생각으로 몸으로, 그리고 돈벌이와 돈쓰기로, 호기심과 취향으로 실현하고 있는 것입니다. 이런 다양한 지적 원천이 우리 학문과 사유를 다양하게 만들어주고 있습니다. 그것은 학문적 인맥을 중시해서 그 맥락을 지켜가는 일본에 비해, 우리의 경우 가령 사회학을 하는 한 학과 안에도 국내파와 해외파, 그 해외파가 미국계, 서구계, 일본계가 혼재함으로써 학문과 경향의 선택 가능성이 범지구적으로 확장되어 있기에 그 연구와 주장의 역동성이 더욱 기대되고 있습니다. 이 역동성은 학자와 저자가 한문 세대와 일본어 세대에서 한글 세대, 번역 세대로 점진하는 현상, 청년·중년·장년으로부터 실버 세대에 이르기까지 모든 연령층으로 연장되는 장면으로 드러나기도 합니다. 40년 전의 저는 60대 이상의 필자를 만나본 적이 없습니다만, 지금은 예컨대 70대 후반의 박완서 선생이 베스트셀러 작가가 되고 비슷한 또래의 시인 고은 씨와 비평가 김윤식, 철학자 박이문 등 실버 세대들이 여전히 왕성한 필력으로 한 해에 몇 권의 저서를 내는 열정적인 저자로 꼽히고 있습니다. 세대별로, 지적 원천으로, 접근 분야로 이렇게 다양하고 도전적이며 보편적인 활동을 보이는 현상은 앞으로 더욱 활기차게 계속되겠지만 이전에는 그런 당당한 사례는 없었고 지금 시대에서야 비로소 시작되는 것입니다. 우리가 이런 시대에 살고 있다는 것이 얼마나 다행인가 하는 행복감이 칠십줄에 들어선 제게 다가오는 감동적인 소감입니다.

  그 다행스러움은 책읽기의 일상적 차원에서도 느끼는 감정입니다. 우리의 경제 발전이 가져온 소득 증가는 책 사기나 텔레비전과 인터넷 사용에 부담스러울 정도가 아니며 그만큼 지식 획득의 경비 부담율이 상대적으로 낮아졌기에 마음놓고 책과 각종 미디어를 활용할 수 있게 되었습니다. 자료는 있는데 시간이 부족하다는 말도 핑계에 불과해지고 있습니다. 갖가지 생활 기구의 기계화와 편의화가 우리의 노동 시간을 대폭 줄여주었고 그만큼 여가 시간이 많아졌는데 거기에 주 5일 근무는 더 많은 자유 시간을 우리에게 주고 있습니다. 하다못해 전에는 만원 버스로 출근해서 차 안에서의 독서란 먼 선진국에서나 볼 부러운 일로만 여겨졌는데, 이제는 바로 우리 지하철 안으로 그 기회들이 들어와 있고 게다가 승용차 안에서는 CD나 카세트로 듣고, 아니 와이브로로 텔레비전을 볼 수 있게 되었습니다. 다방도 조용한 카페로, 그것도 북카페가 우후죽순처럼 생겨날 지경이고 80년대만 해도 그처럼 인색하던 신문도 근래에는 토요일마다 서평 특집을 내고 있으며 여러 종의 서평지가 간행되고 텔레비전이 도서를 소개하고 몇 개의 인터넷 서점을 통해 우리는 최신의 신간 도서 정보를 얻고 앉아서 구입할 수 있게 되었습니다. 그 인터넷은 사이버 미디어로 모든 자료들에 신속하게 접속시켜주며 때로는 쌍방향으로 소통되기도 합니다. 오늘 아침의 한 신문은 종이책과 비종이책의 장점을 결합한 '디지로그 북'의 개발이 이루어지고 있다고 보도했는데 앞으로의 우리는 아날로그와 디지털의 도서 자료 외에 그 둘의 장점과 기능을 합한 제3의 도서 형태를 만날 수 있게 될 것입니다.

정말 우리는 혁명의 시대에 살고 있는 중인 듯합니다. 15세기의 인쇄활자 발명으로 오늘날의 책의 개념이 생겨나고 그로부터 거대한 지적 혁명이 추동되어온 이후 여러 차례 정치·경제·사회와 더불어 문화의 혁명적인 사태들이 돌발했지만 20세기 후반의 컴퓨터와 인터넷의 개발이야말로 인류사의 새로운 혁명적 도약을 예비하고 있음은 분명합니다. 제가 이 혁명성의 거시적인 양상에 대해서 사족을 붙일 필요는 없을 것입니다. 다만 저로서는 컴퓨터의 사용으로 '글쓰기'에서 '글 치기'로 아주 사소하게 보이는 필기 방법의 변화의 의미만 잠시 살피겠습니다. 저는 1980년대 말경에 자습하여 컴퓨터로 글쓰기를 시작하였습니다. 제 자신이 컴맹이었고 타이프라이터를 이용해본 적도 없어, 저의 더듬거리는 컴퓨터의 글쓰기가 기왕의 만년필이나 볼펜으로 원고지에 글쓰던 일과 어떻게 달라지는지 매우 관심이 컸습니다. 저는 그때, 자판기로 글자를 치는 작업이 펜으로 글씨를 눌러 쓰는 일보다 속도는 빠르고 힘은 덜 들기 때문에 문체가 내면적이며 길어질 것으로 예상했습니다. 아마 그런 경향도 있었겠지요. 그러나 젊은 세대들이 컴퓨터로 쓰는 문장들은 제 예상과는 달리, 대체로 객관적이고 길이가 짧아지고 축약이 심했습니다. 그래서 기성세대의 글이 무겁고 어려운 것에 비해 그들은 가볍고 쉬웠습니다. 그들 스스로 자기들의 문체가 이렇게 되고 있다고 자각하고 있었습니다. 여기서 제 생각은 좀더 확대되었습니다. 우리 조상들이 먹을 갈아 붓으로 글을 쓸 때, 더구나 종이가 귀했기 때문에 파지를 내지 않도록, 글을 쓰기 전이나 한 자 한 자 써 가면서, 미리 틀을 짜고 어휘를 생각하고 문장을 맞추어 신중하게 써내려갔을 것입니다. 기자로 일할 때 저는 만년필이나 볼펜으로 기사를 썼는데 몇 줄 쓰다가 마음에 들지 않으면 원고지를 죽 찢어 뭉쳐 휴지통에 버리고, 또 몇 자 적어나가다가 틀리면 다시 죽 찢어 휴지통에 버리는 일이 버릇이었습니다. 이제 저는 컴퓨터로만 글을 쓰는데, 저는 자판기에 찍기 때문에 '친다'고 합니다만, 몇 자 치다가 쓱 지우고 다시 치고, 또 어휘나 구절을 고치려면 무얼 찢고 새로 쓰고 할 여지도 없고 그냥 마우스나 커서를 움직이는 것으로 아무 흔적도 없이 지우고 고칩니다. 그러니까 글을 쓰는 물질적·시간적·정력적 비용이 제 할아버지 세대보다 훨씬 싸게 먹히는 겁니다. 한자로 붓글씨를 쓰던 우리 할아버지 연배가 아니라 대나무나 벽돌에 글씨를 써야 했던 오래전의 글쓰기에 비하면 지식의 비용이 얼마나 가벼워졌는지 짐작하기조차 어려울 것입니다. 글쓰기의 비용이 많이 들고 적게 들고, 쓰고 고치고의 노력이 어렵고 편하고는 단순히 경제적인 문제나 편의적인 정도로만 그치는 것이 아니라 지식의 무게, 사유의 깊이, 정신의 부피에 연관됩니다. 가벼운 글쓰기와 무거운 글쓰기, 어렵게 책 읽기와 쉽게 책 읽기의 변화가 앞으로 우리의 문자 생활과 지식 경영에 얼마나, 어떤 영향을 줄지는 세심하게 관찰해보아야 할 것입니다. 여기서는, 인쇄문화의 개발로 오늘날의 종이책이 보급되면서 글쓰기에서 표준어가 요구되었다는 것, 글쓴이 혼자만 아는 문장이 아니라 남들이 보고 이해할 수 있는 논리적인 글을 써야 하는 문체적 변화를 불러왔다는 사실을 간단한 예로 들어, 컴퓨터의 글쓰기가 이끌 문체 변화와 독서 방법의 변형에 주목해야 할 것을 환기드립니다.

독서 방법이라 했지만, 우리에게 독서라면 으레 책을 읽는 일이고 그 책은 종이에 인쇄된 문자를 가리키는 것이었습니다. 그런데 이제 컴퓨터에 의한 혁명적 사태의 하나로 펼쳐지고 있는 것이 종이책으로부터 전자도서로의 변화입니다. 전자도서란 CD를 대표로 하는 모니터로 읽는 책인데 그것은 종이로 만들어지지 않고 전자로 입력되는 것입니다. 보관과 휴대가 편하고 용량이 크며 하이퍼텍스트식으로 읽고 참조하기 좋으며 쌍방향으로 텍스트에 접근할 수 있는, 형태와 이용 방법의 실제와 가능성에서 엄청 달라진 책입니다. 그러나 오늘의 우리에게는 종이책에 비해 불편한 점도 있어, 누워 편하게 보기도 어렵고 밑줄 치며 메모할 수도 없는 약점들이 있고 우선 책의 듬직한 물질성을 갖지 못하고 있습니다. 그럼에도, 레코드가 CD로 옮겨가듯이, 혹은 자전거가 자동차로 바뀌어가듯이, 종이책에서 전자책으로 옮겨갈 가능성이 높습니다. 이럴 경우, 지식의 유통과 생산 방식이 변할 터인데 그것들이 어떻게 변화할 것인지는 이런 전자기기에 대한 상상력이 부족한 저로서는 잘 짐작되지 않습니다. 또 지금 우리의 현안으로 제시되고 있는 독서의 형태와 방법, 효과와 기능은 어찌 될 것인지 예상하기가 저로서는 어렵습니다. 아니 변하지 않을 것도 있겠지만 의외의 변화들이 도둑처럼 조용히 스며들지도 모릅니다. 가령 지식과 정보를 전달하는 매체는 여전히 문자가 가장 큰 비중을 차지할 것이고 신뢰도도 가장 큰 것이 사실이지만 오늘날 소리나 이미지로(하긴, 컴퓨터 문자도 활자가 아닌 이미지입니다만), 전달되는 정도가 점점 커지고 있는 현상, 그래서 종이책 대신 CD의 이용이 점점 활발해지고 있다는 사실을 살펴보면 소리없이 은근히, 그러나 기습적으로 휩쓸어오는 그 변화의 진폭과 속도를 짐작할 수 있을 것입니다. 저는 문학과지성사를 운영하면서 황순원 전집을 발간했는데, 처음의 세로 조판으로 나온 이후 15년 사이에 가로 조판으로, 활자 조판에서 컴퓨터 조판으로, 그리고 글자 크기를 키우는 새 조판 등 세 번을 바꾸어야 했습니다. 길지 않은 시간 동안에 독서 관행이 달라졌고 제작 기술 과정이 바뀌면서 자연스레 기술의 변화에 순응했고 그럼으로써 새로운 패러다임의 문화 체계에 적응한 것입니다.

저는 지금 독서를 둘러싼 그 대상과 방법, 환경과 조건 등 모든 것이 바뀌고 그것도 혁명적으로 바뀌고 있다는 말씀을 드리고 있는 중입니다. 이것은 인류가 문자를 발명한 사건, 그 문자를 인쇄하여 전달한 사건에 이은 제3의 문화사적 변혁입니다. 문자의 발명으로 문화의 역사가 시작되고 책의 발명으로 근대의 문화가 출발했다면 컴퓨터의 발명으로 어떤 문화가 새로이 시작될 것인가의 거시적인 문제는 저로서는 감당할 수 없는 질문입니다. 더구나 지금 우리는 한 패러다임의 문화에서 새로운 패러다임의 문화로 옮겨가는 중이고 그 변화의 가운데에서 적응과 불응의 갈등에 시달려야 한다는 어려움이 있습니다. 기차의 발명에 반대하던 러다이트 운동처럼, 기술의 변화, 그래서 초래된 패러다임의 변화에서 야기된 저항에 우리가 굳이 동조할 필요는 없을 것입니다만, 이런 변화에 순조롭게 적응하고 효과적으로 대응하기 위한 방법과 태도는 고려해두어야 할 것입니다. 지금 제가 말씀드린 독서 문화의 여러 변화에서 우리가 염두에 두어야 할 몇 가지 문제점들이 있습니다.

　우선 제가 지적해야 할 일은 정보 혹은 지식의 생산과 유통의 양이 너무 많다는 점입니다. 지식 폭발이라고 해야 할 이 현상 속에는 쓸모없는 것들, 쓰레기 같은 것들, 해로운 것들이 압도하고 있습니다. 인터넷으로 유통되는 정보의 9할이 쓰레기란 말도 있습니다만, 세계적으로 엄청난 정보가 쏟아지고 있음에도, 신뢰하거나 이용하거나 보관할 값어치 있는 것들은 의외로 적습니다. 지나침이 모자람과 같다고 하는데, 그 많은 정보들의 홍수가 오히려 우리를 지치게 하고 바벨의 탑처럼 혼란스럽게 만들 것입니다. 그 혼란은 출처와 맥락의 혼

잡에 얽혀 오해와 편애와 무지를 가져올 것입니다. 또 글쓰기의 경비 저렴을 말씀드렸습니다만, 그 때문에 글 읽기도 그 비용이 저렴하고 그 경제적 저렴은 정신과 사유의 값을 깎아내리기도 할 것입니다. 언어의 타락, 에티켓의 상실, 진지한 사고의 주변화가 그런 현상들인데, 근년에 키치 문화의 기승, 혹은 문학의 위기란 말이 자주 제기되는 것도 이런 일련의 현상들에서 비롯된 것입니다. 그리고 새삼스러운 일이 아니지만 사유와 행위의 획일화, 유행화도 더 심해질 것이란 지적도 해두어야 할 것입니다. 이것들은 대중사회가 출현하면서 나타난 현상으로 모든 사회학자들이 비판적으로 짚어두는 문제들이지만 컴퓨터와 이를 통한 전자 지식 매체의 확대는 이런 경향을 더욱 키우고 격화할 것입니다.

　이렇게 우려되는 부정적 양상에 맞서 지식 생산을 더욱 효율화하고 우리의 독서 생활을 능동화하기 위해 우리 사회가 해야 할 몇 가지 일이 있습니다. 우선 지식의 생산과 정보를 관리하는 일입니다. 어떤 책이 얼마나 나왔는가를 정확히 파악하고 그것들을 어떻게 잘 유통시킬 것인가의 방법과 시설을 활성화해야 할 것입니다. 유신 시절에 금서를 지정하여 지식의 표출을 통제하던 것과 같은 일은 없어야 할 것이며 도서관이며 정보 센터를 많이 만들어 시민들이 쉽고 편하게 접근하여 이용할 수 있게 되어야 할 것입니다. 숱한 지식과 정보들을 선별할 기제도 마련되어야 할 것입니다. 정보지, 서평지가 활발하게 공급되고 서지 작업이 축적되어야 할 것이며 평가 작업에 적극적이어야 할 것입니다. 여기에는 신문과 출판, 도서관과 대학, 학자와 전문기관만이 아니라 일반 시민들, 독서인들의 참여가 전제되어야 합니다. 지금 개교하고 있는 '르네 21'의 출현이 그 독서인들의 참여에 대표적인 사례가 될 것입니다. 저작권 보호와 저작 윤리의 문제도 이제 본격적으로 적용되어야 합니다. 근년에 이르러 학자들의 논문들에서 저질러지는 표절·도용·중복 게재 등 학문적 권위를 훼손하는 갖가지 사건들은 학계만이 아니라 정계로까지 파급되고 있는데 이는 우리가 저작 윤리에 얼마나 무책임하며 도덕적 해이에 빠졌는가를 보여주는 예가 될 것입니다. 인터넷을 통해 이용할 수 있는 자료가 엄청 많기에 이 저술 윤리의 문제는 인터넷 에티켓과 함께 앞으로 우리가 중시하여 계몽해야 할 중요한 과제가 될 것입니다. 이런 일련의 지식과 정보의 생산-유통은 국가와 대학, 민간과 시민들이 함께 참여해서 고쳐나가야 할 과제일 것입니다.

전자도서의 읽기든 영상물의 보기든 우리가 전래의 종이책 읽기와 다를 수 없는 측면도 있습니다. 가령 정독과 다독, 속독과 완독의 필요성과 상보성은 컴퓨터 시대에도 여전히 유효할 것이며 때로는 건너뛰어 읽기나 요약문 읽기도 오늘날처럼 바쁘고 번잡한 시절에는 오히려 유용한 독서법이 될 것이며 실용서 읽기가 더욱 요구될수록 저는 인문교양 도서의 읽기가 중시되어야 한다고 생각하고 있습니다. 이런 문제들은 새삼스러운 태도 변화를 요청하는 것은 아닐 것입니다. 지나는 길에 말씀드린다면 어린이 독서에서 문학책의 번안본 읽기는 신중해야 한다는 점입니다. 근래 고전이나 현대의 유명 소설들을 청소년용이나 어린이용으로 요약 혹은 번안한 책들이 많이 나오는데 문학은 이야기 줄거리보다 묘사법과 그 문장이 더 중요해서 번안 도서로는 이런 원저자의 문학성을 발견하기 어렵습니다. 저는 『로빈슨 크루소』를 어렸을 때 동화로 읽고 기구한 이야기에 재미를 붙였습니다만, 어른이 된 후 원작을 보고 이 소설 속에 산업화 시대의 영국 중산층

이 가진 세계관과 깊은 인생의 태도들이 담겨 있음을 발견하고 놀랐습니다. 그러고는 다시는 번안본을 보고 그 작품을 다 읽은 것으로 생각하지 않기로 했습니다.

이제, 독서 문화의 거대한 변화 속에서 우리는 어떻게 책읽기를 할 것인가란 결론에 이르렀습니다. 물론 사람들마다 자기에게 알맞는 독서 자세가 있고 적절한 독서 수준이 있으며 효율적인 독서 방법이 있을 것입니다. 저마다 가진 이 독서 방식을 여러분들이 흐트러트리지 않기를 저는 바랍니다. 제 한 친구는 책을 무척 빨리 읽고 그 요지를 정확히 짚어내는 장기를 가졌고 또 다른 한 친구는 책을 느리게 읽지만 그 맥락을 머릿속에 잘 담아두는 장점을 가지고 있어 두 사람의 대조적인 방법이 자신의 직분과 잘 어울리는 효율성을 발휘하는 것을 보고 일률적인 독서법이 없다는 사실을 확인한 바 있습니다. 이런 전제 아래 제가 '창의적인 읽기'라고 이름 붙인 독서 방법을 설명드리겠습니다. 물론 전혀 새로운 것도 아니고 반드시 생산적인 것도 아닙니다. 저는 다만 오늘날과 같은 정보와 도서의 홍수 속에서 우리가 어떻게 책을 보는 것이 효율적일 것인가, 현대의 번잡한 생활 속에서 독서의 의미와 효과를 살리는 방법은 어떤 것일까를 정리해본 것에 불과합니다. 그것은 다음 다섯 가지입니다.

선택적 읽기: 출판된 도서와 정보의 홍수 속에서 필연적으로 우리의 읽기는 선택적일 수밖에 없습니다. 우리가 부지런히 1주에 한 권씩 읽는다 하더라도 1년 동안 50권밖에 소화하지 못할 것이며 그것은 우리나라 신간의 1천분의 1을 조금 넘습니다. 그러므로 우리는 책을 선택하지 않을 수 없게 되는데, 그 선택은 내가 책에서 무엇을 얻어내기를 바라는가, 내가 이해하고 받아들이며 혹은 좋아하는 수준은

어느 정도인가, 사회와 현실을 잘 인식하기 위해서는 어떤 것을 보아야 할 것인가 등등의 고려에서 이루어질 것입니다. 그것은 도서에 관한 정보도 많아야 하지만 그 정보의 이용 방법과 높은 신뢰 수준의 축적을 요구합니다. 이 선택의 기술은 곧 독자의 책읽기 능력을 반영하는 것이어서 서로 가역 관계를 이룰 것인데, 어떻든 이것은 책읽기 행위의 실제적 의식화가 되는 것이며 독서 효과를 올리는 유효한 길이 될 것입니다.

비판적 읽기: 책들이 숱하게 나오고 같은 저자나 비슷한 주제의 책들이 그러나 성향과 수준은 달리하는 경우가 꽤 많기 때문에 그 책에 대한 기대지평을 잘 살려야 할 것입니다. 이 책은 무엇을 어떤 관점에서 다루었으며 그 방향은 어떠한 것인가에 대한 사전 인식을 가져야 하고 책을 읽으면서 자신의 생각과 책의 내용, 흐름, 주장을 음미하면서 보아야 한다는 것입니다. 책에 대한 사전 지식을 갖는 방법은 독서의 양이 쌓이면서 스스로에게 축적되기도 하고 서평이나 소개의 글을 통해 얻어들일 수도 있을 것입니다. 책을 읽으면서 가질 비평적 안목은 실제에 있어 책 혹은 저자와의 '대화'를 가리킬 것인데, 책읽기는 이 대화를 통해 인식의 소통을 넓히며 책에 대한 평가와 신뢰를 높일 것입니다. 그러니까 이것은 책읽기의 내면적 의식화가 될 것입니다.

능동적 읽기: 책을 읽다 보면 그 읽기 자체로 끝낼 수도 있지만 거기서 제기되거나 연관된 사항들을 관련시키거나 비교, 대조해가며 읽는다면 읽기의 성과는 훨씬 커질 것입니다. 책들은 인용이나 각주, 서지를 적어 관련 참조 사항을 안내하고 있는데 이를 따라 독서의 폭을 확장해나간다면 여기서 들이는 읽기의 효과는 입체적이 될 것입니

다. 저는 최근 채플린의 『나의 자서전』을 보았는데 이 천재적 예술가의 전기에 감동되어 그가 만든 영화의 DVD 7장을 구해 보았습니다. 이럼으로써 채플린에 대한 저의 이해는 더 발랄해졌습니다. 책을 수동적으로 읽기로만 그치는 것이 아니라 그 책에 덤벼들어 그 앞과 뒤, 옆으로 크기와 넓이를 키우는 이 능동적 읽기는 작품이란 저자의 쓰기로 완성되는 것이 아니라 독자의 소화로써 완성된다는 이른바 수용이론을 실제화하는 것으로, 이럼으로써 우리가 독서를 통해 얻는 책과 지식의 질과 양, 그 의미는 배가될 것입니다.

집중적 읽기: 일본의 노벨상 수상 작가 오에 겐자부로의 자전적 에세이에서 자신은 한 가지 주제로 집중해서 책을 읽는 버릇이 있다는 고백을 본 적이 있습니다. 가령 도스토예프스키라면, 그의 작품 모두, 그에 관한 전기나 그의 아내 혹은 친구들의 회고록, 연구자들과 비평가들의 작품론들을 집중적으로 추려 읽는다는 것이지요. 매주 한 권씩 소화해서 3년 동안 읽어낸다면 150권 이상의 도스토예프스키를 읽어낼 수 있을 것입니다. 아무리 세계적인 문제성을 가진 도스토예프스키라 하더라도 150권이면 그의 전모를 망라해서 알 수 있는 정도가 될 것입니다. 저는 이 때늦은 발견에 무릎을 치며 아차, 했습니다. 그 좋은 방법에 미처 생각이 미치지 못해 대중없이 산발적으로 책을 읽었고 그래서 어떤 주제에 대해서도 제대로 틀을 갖추지 못했기 때문입니다. 오에는 3년 동안에 하나의 주제를 마스터했고 이러기를 30년 동안 했다면 적어도 10개의 주제에 대해 막힘없이 자기 주견을 피력할 수 있을 것입니다. 저는 이런 집중적 읽기를 여러분들에게 권함으로써 제가 못한 아쉬움을 달래고 싶습니다.

생산적 읽기: 아주 가벼운 읽을거리로 시간을 보내기 위해 책을 보

는 경우라 하더라도 그 책읽기가 결코 소비적이란 말을 저는 쓰고 싶지 않습니다. 곧 잊어버릴 독서도 내면의 피로를 푸는 데 도움되며 사고의 신진대사에 필요한 일이기 때문입니다. 그런데 좀더 적극적으로 삶의 의미 확대를 위해 책읽기를 한다면 그 생산성은 더욱 높아질 것입니다. 가령 책을 읽고 흔히 권장하듯이 독후감을 쓴다든가, 책과 그것을 연극이나 영화로 만든 것을 보며 비교한다든가, 그 책과 그것을 둘러싼 현실과 역사에 대한 비판적 시각을 사유해본다든가 해서 구슬을 꿰듯 일관된 사유로 통합한다면 독서의 성과는 최대화할 것입니다. 그러니까 책읽기를 읽기의 일로만 마치지 않고 쓰기, 생각하기, 따져보기, 현실화하기로 확대, 발전한다면 그 시너지 효과는 한없이 커질 것입니다. 롯데백화점의 창업주는 젊은 시절에 읽은 『젊은 베르테르의 슬픔』에 감동해서 상호를 '롯데'로 붙였다는데 읽기의 생산적 효과가 가장 성공적으로 외면화한 예의 하나가 될 것입니다.

저는 상식적인 수준에서, 여러분들이 이미 알고 있는 것, 실행하고 있는 것들을 드러내 '창의적인 책읽기'란 말로 정리했습니다. 이 '창의적'이란 말을 '적극적' '참여적'이란 말로 바꾸어도 좋습니다. 제게 중요한 것은 책읽기의 의미이고 그 의미를 능동적이고 선택적이며 집중적이고 생산적으로 만들어내기를 바랄 뿐입니다. 책 자체는 수명이 있어 문학과 철학은 영원하지만 사회과학은 30년을 넘기 힘들고 공학과 기술 책은 5년을 넘기기 힘들 터인데 컴퓨터 안내 책자는 몇 달에 불과할 수도 있습니다. 이처럼 책의 수명이 점점 짧아지고 그 실용성의 내용도 달라지고 있지만, 그럼에도 책읽기의 의미만은 변함없이 집요하리라 믿습니다. 그러니까 책의 수명은 있지만 책읽기의 수명은 영구적이란 말이지요. 시대가 변하고 독서의 수단과 물질이 바뀌고 그 내용이 달라지더라도 책 읽는 행위, 거기서 거두어들일 의미와 효과, 그 생산성을 높이기 위한 독서 방법의 요체는 여전할 것입니다. 여러분들이 '독서대학'에서 익혀야 할 일은 바로 이 점이라는 사실을 기억해두시기 바랍니다.

   감사합니다.

〔독서대학 '르네 21' 개교기념 특강, 2008. 3. 7〕

한국 도서의 한자 표기와 조판 체제에 대하여

'동아시아 책의 교류 2005'란 주제를 보면서, 그리고 그에 관련된 자료들을 훑어보면서 '21세기 북로드'를 개척하자는 주최측의 의지에 저는 참신한 문화적 비전을 발견하였습니다. 근년 세계사적 차원에서 '동아시아'의 지리적 위상이 새롭게 조명되면서 서구나 미국, 중남미나 동남아와는 또 다른 정치경제적, 문화사회적 지역 개념이 중시되기 시작하고 있기는 하지만 20세기 초부터 일본 제국주의가 '대동아경영권'을 제창한 바가 있기 때문에 그 개념은 새로이 할 수 있고 또 그래야 하지만 그 지역적 특수성의 인식이 그리 새로운 것은 아니었습니다. '교류'란 아름다운 말은 지역 간 혹은 국가 간의 모임이 있을 때마다 그 필요성이 역설되는 어휘이기도 하고 그런 말이 없이도 정치로부터 스포츠로, 가전 제품의 경제에서 영화의 문화에 이르기까지 실제로 오고가고 영향을 주고받고 있는 것이어서 으레 제창되는 선언적 의미 이상으로 신선한 것은 아니었습니다. '2005'란 연대도 그것이 21세기로 넘어온 지 이미 여러 해가 되었기에, 그리고 새로운 세기의 특징적 모습이라 할 수 있는 생명공학이며 정보통신, 인공두뇌의 실용 혹은 실제화가 지난 세기의 후기 즈음부터 가동하고 있었기에 새삼스러운 의미로 느껴지지 않습니다.

그럼에도 '동아시아 책의 교류 2005'란 표제를 읽으면서 저는 왜 '참신한 문화적 비전'을 느낄 수 있었을까요. 왕융(王勇) 교수의 '북로드'란 말을 발견하면서 저는 '실크로드'에 대응할 수 있는 동아시아의 문화적 전망을 예감했던 것입니다. 베이징으로부터 베니스에 이르는 아시아 대륙을 횡단하는 대상(隊商)의 행로가 동서양의 세계를 소통시켜주었습니다. 그들이 낙타의 등에 싣고 운반한 상품들에는 비단류와 함께 종이가 있었을 것이며 아마도 책도 들어 있었을 것입니다. 그리고 베이징에서 한반도를 거쳐 일본 열도에 이르는 물품의 전파에는 책들과 함께 비단도 들어 있었을 것입니다. 그러나 베이징에서 서쪽으로 옮겨간 것은 비단으로 통칭되었고 베이징에서 동쪽으로 이동한 것의 가장 값진 것은 책이었습니다. 경제와 문화가 이렇게 다른 방향으로 이동한 것이지요. 물론 고대에는 서역에서 불경이 당나라로 전달되었고 근세에는 서구의 기독교 문물이 청나라로, 그래서 우리 한국에도 전파되어 들어왔습니다. 중국의 도자기가 근대의 서양에 가장 호사스러운 사치품이 되었고 일본의 그림들이 19세기의 서양 그림에 영향을 주기도 했습니다. 그리고 20세기에는 동서양의 세계가 갈등하고 대결하며 투쟁하고 제휴하는 역사로 점철되었습니다.

'동아시아 책의 교류 2005'는 바로 이런 동서 교섭의 역사와 경제 및 문화의 역사를 배경으로 하여 가능해진 '북로드의 비전'을 제시하고 있습니다. 동아시아는 한문과 유교의 문화를 바탕으로 한 지구상의 가장 중요한 문화권 중 하나입니다. 그것을 이 21세기의 시점에서 다시 확인하고 디지털 시대에 한자 문화권이 어떻게 스스로의 위상을 발견하고 현대 문화에서의 자신의 독특한 역할을 확보할 것인가의 문제의식을 이 주제는 함축하고 있습니다. '북로드의 비전'은 그 발견과 확인의 과제를 바로 책을 통해서 하자는 제의를 품고 있습니다. 전쟁과 빈곤의 가혹한 전세기 역사 속에서, 동아시아의 여러 나라는 선진을 향한 개발과 성장의 가장 모범적인 모델로 지목되어왔고 이런 모델이 가능한 원인이 무엇인가를 서구와 미국의 학자들은 분석하였으며 그래서 전에는 부정적인 요소로 보였던 유교 문화와 한자 문명을 적극적인 긍정적 요인으로 이해하기 시작하였습니다. 그러니까 동아시아의 현재를 평가하는 문제의 가장 깊은 바닥에는 바로 그 긍정적인 요인들을 내장하고 있는 '책의 문화'가 도사려 있는 것입니다. '북로드의 비전'은 바로 이런 맥락에서 동아시아의 책의 역사와 그 본질을 다시 확인하고 발견하며 그 의미를 개척하자는 의지를 보여주고 있습니다.

저는 이 의지가 바로 '책의 도시'에서 발원하고 있다는 점에서 각별한 의미를 찾고 있습니다. 이 '출판 도시'는 근 20년 전에 마치 몽상가와 같은 꿈을 안은 몇몇 이상주의적인 출판인들이 구상하여 더할 수 없는 열정과 아이디어로 숱한 어려움과 갖가지 문제들을 극복한 끝에 마침내 성취한 도서 문화의 복합 단지입니다. 아직도 그 건축과 개발이 완성되지 않았지만 동양에서는 도대체 처음 보는, 도서를 위한 문화 지대이고 서구에서도 그 예를 볼 수 없는 인공적인 출판도시 개발이었습니다. 그러니까 이 출판도시는 책이 지도를 바꾸고 그래서 세상을 변화시킨다는 신념을 현실화한 세계 유일한, 냉소적인 의미가 아니라 바로 말 그대로의 적극적인 의미에서의 '인공 낙원'일 것입니다. 그리고 도시에서 길이 시작된다는 진실을 받아들인다면, '북로드'의 그 '길'이 이 출판도시에서 출발할 것도 분명합니다. 이 도시가 도서 문화의 허브가 된다면, 파주에서 황해를 건너 중국으로, 동해를 거쳐 일본으로, 북한을 넘어 시베리아로, 남해 바다 뱃길을 저어 대만과 베트남으로, 사면팔방으로 뻗쳐나가는 방사선의 길을 만들어갈 것입니다. 동아시아에서의 도서 문화의 허브가 19세기까지는 베이징이었고 20세기에는 도쿄였다면 21세기는 한반도의 한가운데, 서울의 근교에 있는 이 파주의 '북시티'가 되기를 바란다는 것은 제가 단순히 한국인이기 때문만은 아닐 것입니다. 출판도시를 창조해온 그 이상주의적 열정이 아시아의 출판 문화의 중심을 건설하고 도서 문화의 현재를 통해 미래를 열어가려는 거대한 기획을 실현해나갈 수 있다고 믿기 때문입니다.

제가 정작 이 자리에서 여러분들에게 설명을 드리고 혹은 그 실정을 듣고 싶은 것은 동아시아의 책의 교류란 주제에서 좀 비켜나, 한자 문화권의 동아시아 여러 나라에서 근대 문학이 성장하면서 한자 표기 혹은 책의 형태가 어떻게 변했고, 왜 그렇게 되었는가라는 한갓진 문제입니다. 구체적으로 말씀드리면, 우리나라에서 근대 문학의 시에서는 한자가 병용되기는 했지만 소설 문학에서는 거의 당초부터 한글 전용으로 문장이 이루어졌고 북한은 해방 후부터 모든 책에 한글 전용을 실시했는데 일본은 시와 소설에 지금에도 한자가 병용되고 있고, 베트남은 알파벳으로, 몽골은 키릴 문자로 표기하는 것으로 알고 있습니다. 중국도 백화문으로 바뀌었으며 현재는 한자도 간자를 사용하고 있습니다. 제가 궁금하게 여기는 것은 같은 한자 문화권이라 하더라도 언어가 다르기 때문에, 마치 서양에서 라틴어가 서양 제국의 민족어로 분화되듯이, 한자의 사용이 달라질 것은 당연한 일인데, 어떤 나라에서는 한자가 표기에서 배제되고 어떤 문화에서는 서구어로 대신하게 되며 또 다른 지역에서는 왜 한자가 병용되는가 하는 것입니다. 여기서 더 나아가면, 한자 표기의 변형이 글쓰기의 문체에 어떤 영향을 주었을 것인가라는 문제가 다시 제기될 것입니다. 이에 대한 저의 궁금증은 10여 년 전 한일문학교류 행사를 주관하면서 떠올랐지만 저 자신이 중국어는 물론 일본어도 모르고 이 문제를 깊이 파고들 여유가 없어 언제든 국제 세미나의 주제로 제기해서 알아보고 싶다는 희망만으로 접어두지 않을 수 없었습니다. 제가 지금 여러분들에게 말씀드리려고 하는 것은 우리나라의 근대 문학에서 어떻게 한자 표기가 변화되었는지 그 글쓰기의 체제가 언제 변모했는지의 경과에 대해서입니다. 왜 이렇게 되었는지, 정확히 언제부터인지에 대한 책임 있는 실증적 분석을 지금의 저로서는 감당할 수 없습니다. 그러나 한국에서의 이러한 변화는 '책의 헌재와 미래'의 허브로서의 한국 도서가 가진 역할을 인식하는 데 좋은 참조가 될 수 있으리라 믿습니다.

한국의 근대 문학이 언제 시작되었는가의 기점 문제가 한국 근대사의 출발 시점 문제와 함께 우리의 문화사적 문제의식으로 제기된 것은 1960년대였습니다. 우리 사회를 근대화해야 한다는 현실적 과제와 더불어 근대화란 정말 무엇인가의 질문 속에 바로 근대사의 기점 문제가 자연스럽게 제시된 것이었고, 여기에는 우리 역사와 문화를 일본의 잘못된 식민사관으로부터 주체적 역사관으로 수정해야 한다는 강력한 의식이 병행하고 있었습니다. 어떻든 이 근대 문학의 기점 문제가 제기되면서 설정된 연대가 학자들과 비평가에 따라 다양하게 제출되었지만, 그 연대 설정에는 한글 표기에 대한 실제적 인식이 어떠했는가가 중요한 기준으로 작용했습니다. 그러니까 우리가 우리의 근대 문학이라 부르는 것에는 우리 문자인 한글이 사용되어야 한다는 것이었습니다(바로 이런 이유로 한국의 한문 문학은 한국 문학의 자산에서 제외되기도 했습니다). 우리말을 표기하는 한글의 사용이 한국 문학의 정의에 첫번째 기준으로 적용되었다는 것은, 문학이 문자를 매개로 한 예술이기에 당연하고 또 자연스러운 일이기도 하지만, 우리의 경우에는 나라를 잃고 식민지 체제 속에서 근대 문학을 수용해야 했던 우리 민족의 문화적 정체성에 대한 강한 자의식, 곧 문화적 민족주의의 요체로서 한글이 지닌 상징성을 드러내주는 이중적 의미를 품는 것이기도 합니다.

한글은 세계의 문화사에서 드물게도, 어쩌면 유일하게도, 그 창제자와 창제 연대가 밝혀진 문자입니다. 세종대왕이 집현전(集賢殿) 학자들에게 우리 백성들이 쓸 수 있는 문자를 만들도록 지시하였고 정인지·성삼문 등의 당대 최고의 학자들이 오랜 연구를 통해 마침내 한글을 창제하여 국문자의 원리와 용법을 설명한 『훈민정음(訓民正音)』을 발표한 것이 1446년이었습니다. 원래 세종대왕이 이 문자를 만든 것은 공용 문자로 사용한 문화 문자로서의 한자가 어렵고 평민들이 사용하기 힘들기 때문에 일반 백성과 여성 등 교육받지 못한 사람들이 쉽게 글을 쓰고 기록할 수 있도록 하자는 의도였습니다. 28자, 현재는 24자의 자모로 이루어진 이 한글은 매우 과학적으로 구성되어서 배우기 아주 쉽다는 장점과 당시의 한문 문화권에서는 생각하기 힘든 표음문자였다는 특성을 가지고 있습니다. 실제로 한글은 한문을 못 쓰는 백성들과 여성들에 의해 그 맥락이 유지될 수 있었습니다. 그런데 이 문화 문자의 등급에 오르지 못한 이 한글 문자가 오늘날에 이르러 오히려 한국 문화의 기반이 되는 거대한 역설적 역사를 이룩하게 됩니다. 그 과정은 이렇습니다.

한문이 문화적 글쓰기의 공용 문자를 이루는 가운데 그래도 한글이 문학적 서술의 용도로 사용될 수 있었던 것은 참으로 다행스러운 일이었습니다. 근대에 이르기까지 한글이 문학적 표기체로 사용되는 데는 크게 세 가지 길이 있었습니다. 하나는 선비들이 가사와 시조, 그리고 고전 소설 등 우리말과 가락으로 써야 가능한 한국 문학의 고전적 장르로 작품을 창작할 때 한글을 병용하지 않을 수 없었다는 점입니다. 아마 이것은 한글을 국문자로 인식한 탓도 있지만, 작품 창작을 하면서 마땅히 요구되는 시니피앙과 시니피에의 일치를 위해서는 자연스레 한자와 함께 한글 표기가 요구되었기 때문일 것입니다. 조선 시대 이후의 한국의 전통문학사 연구는 이렇게 한글로 창작된 문학을 주류로 서술하고 있습니다. 두번째는, 양반들의 부인과 딸들이 자신들의 정서와 한(恨)을 표현하는 글과, 혹은 가족과 나누는 편지에 한글을 사용했다는 점입니다. 이러한 여성들의 한글 작품들이 내간(內簡) 등 내방(內房)문학을 비롯한 여성문학의 성과를 이루고 있습니다. 마지막으로 종교적 경전에 한글을 사용했다는 점입니다. 조선 시대 후기에는 유학 외의 종교는 금지된 가운데 서구의 기독교와 한국의 자생적인 동학이 그 금지의 틈새와 저변층들 속으로 틈입하여 전파되고 있었습니다. 이 두 종교는 선교의 대상을 우선 아녀자와 무지한 서민층으로 설정했고 그들에게 경전을 전하기 위해서는 그 경전들이 한글로 표기되어야 했던 것입니다.

무식한 백성과 아녀자를 위한 문자인 한글은 그러나 나라를 빼앗기고 식민 통치를 받으면서 우리 국문자로 그 지위가 상승되었고 한글을 지키고 그것으로 문자 생활을 한다는 것은 곧 우리 민족의 전통과 체통을 이어가는 거의 유일한 끈으로 인식되었습니다. 20세기 초의 선진적인 학자들이 한글을 연구하며 체계를 세우고 국어사전을 만들고 한글날을 제정하는 데 열정적이었다는 것이 이러한 흐름의 한 예로 볼 수 있을 것입니다. 해방이 되어 북한은 곧바로 한글 전용을 실시했지만, 남한에서는 한글 전용론이 문화권과 정치권에서 제창되는 가운데 실제에서는 한자 혼용이 유지되면서 조금씩 한글 사용의 비중이 높아지는 추세를 보여왔습니다. 그러던 혼용 상태가 마침내 한글 전용으로 변하고 그것이 일반 도서의 전반으로 파급된 것은 대체로 1980년대부터였습니다. 신문 · 잡지 · 도서 들은 매체와 글의 성격에 따라 비중은 다르지만 한자와 한글을 병용해왔지만 60년대부터 중고등학교에서 한자 교육을 폐지하면서 한글 전용 표기의 추세가 더욱 커졌고 70년대에 창간된 월간지 『뿌리깊은나무』가 모든 글을 한글로 전용화하고 이에 따른 한글 문체를 필자들에게 권고하면서 대중 매체에도 본격적인 한글 전용이 번지기 시작합니다. 이 변화는 매우 급격해져서 1980년대 후반에 거의 모든 문학 잡지와 문학 도서의 글들이 한글로만 표기되었고 굳이 필요한 한자는 다른 외국어와 마찬가지로 괄호 속으로 처리되었는데 이처럼 소리 없는 거대한 문화적 변화는 완고한 일간 신문과 그들이 발행하는 종합지에도 수용되고야 말았습니다. 현재는 모든 도서의 문자 표기는 한글로 전용되고 있다고 보아도 좋을 것입니다. 왜 이처럼 급작스럽게 거의 모든 문자 매체가 한글 전용으로 변화되었는지 그 원인에 대해 분명한 설명을 하기는 어렵습니다. 아까 말씀드린 대로 학교 교육에서 한자 교육이 대폭 축소되었다는 것에, 우리 문화와 문자에 대한 자부심이 고조되었다는 숨은 이유도 생각할 수 있겠고 한 번 일기 시작한 한글 전용의 추세에 어떤 매체도 저항하기 힘들었을 것이란 현실도 고려할 수 있지만 분명한 사연을 현재로서는 단정적으로 말하기는 힘듭니다.

일반 매체가 한글 전용을 채택한 것은 20년 미만이라 하더라도 소설 문학은 20세기의 초인 그 근대적 시작부터 한글을 전용했다는 점이 특이합니다. 그것은 가령 시는 근래에 이르기까지 한자를 병용했다는 점, 일본의 소설들이 한자를 병용하고 있다는 점과 비교해서 매우 흥미로운 점입니다. 우리 근대 문학의 첫 작품으로 공인되고 있는 이광수의 『무정』과 김동인의 초기 작품들도 모두 한글로 표기되고 있고, 그것이 소설 문학의 전통이 되어 한두 예를 빼고는 이 전통이 그대로 준수되고 있습니다. 왜 근대 문학의 첫 소설가들은 한자 문화의 세례를 받았음에도 그들의 소설 창작에서는 한자를 병용하지 않고 처음부터 한글 전용을 택했을까. 아마 이 작가들의 기록을 면밀하게 검토하면 그 선택의 이유를 추측할 수 있겠지만 지금의 저로서는 다만 문화사적 맥락에서 이렇게 짐작해봅니다. 우선 근대 소설의 독자가 바로 앞서 유행된 신소설의 독자임을 염두에 두고 신소설이 사용한 한글 전용을 그대로 습용했을 가능성입니다. 근대 초에 이른바 '육전(六錢)소설'이라 해서 저변층의 시정인들을 상대로 한 대중적 소설책이 유행했는데, 작가들은 그 소설 독자들을 흡수하기 위해 한글을 전용했을 가능성이 높습니다. 둘째로는, 기독교의 영향입니다. 이광수나 김동인은 서구의 기독교가 가장 폭넓게 전파된 평안도의 기독교 집안 출신이거나 그 영향 속에서 성장했습니다. 그 기독교는 앞서 말씀드린 대로 한글로 번역된 성경을 신자들에게 읽혔습니다. 이때 사용된 한글은 문화적 저변 토속 집단의 문자이기보다 오히려 선진된 문명 세계의 문자로 인식되었을 것이고 소설가들은 한글 사용에 별다른 억압감이 없었을 것입니다. 여기에는 나라를 잃은 지식인들의 절망이 모국어를 표기할 한글의 사용에서 민족문화의 지속적인 정체성을 찾게 된 이유도 분명히 존재했을 것입니다. 또 하나, 문명어로서 표현해야 할 관념이나 사상은 여타의 문장에서는 한자 표현을 요구했을 것이지만, 묘사로써 이야기를 이끌어가는 소설에서는 한자를 사용하지 않더라도 메시지 전달에 어려움이 없었을 것입니다. 더구나 근대의 소설가들은 상투적인 한문 문체에서 벗어나 구어체 혹은 구체언어를 사용하는 데서 전시대의 문학과 달라야 한다고 생각했던 것입니다.

여러 형태의 글쓰기 중에 소설만이 한글 전용을 채택해왔다는 특이성은 80년대 이후부터 물론 휘발되기 시작했습니다. 시와 비평의 문학 장르만이 아니라 신문과 잡지의 시사적 기사에도, 그리고 학문적인 연구 논문에도 점차 한자는 사라지고 있었습니다. 그와 함께 한글 전용에서 비롯된 새로운 한글 문체가 생성되기 시작하고 있었습니다. 우리나라의 문체는 한문 문체, 일본어 문체를 거쳐 60년대부터 한글 문체가 형성되고 있었는데 1960년의 4·19 세대로부터 의식된 한글 문체의 특징이 이후의 문학에 일반화되고 있습니다. 해방 이후에 교육받기 시작한 이 4·19 세대는 한문에는 약했고 일본어는 모르기 때문에 자신의 모국어로써 사유하고 글을 써야 하는 '한글 세대'가 되었던 것입니다. 이들이 개발한 한글 문체는 수동태 문체, 동명사형(動名詞形) 어휘 구사 등 서구어의 부축을 받아가면서, 한자 어휘의 한글화, 관념어의 구체어화, 한자의 격식 대신 한글의 자유로움, 문장

흐름의 여유 등 여러 형태로 알게 모르게 진행되어왔습니다. 그 결과로 분명해진 것은 한문 또는 일어로 상실되어왔던 시니피앙과 시니피에의 일체라는 문화 어문의 원칙이 이제 우리의 언어 생활에 확실하게 확보되었다는 점입니다. 이 점을 평가하면서 저로서는 일본의 경우 한자의 병용에 대한 반성이 없는지, 일본 문자의 전용에 대한 욕구가 없는지 궁금하고 중국에서 표의문자를 표음화하는 데 따르는 문제가 없는지 알고 싶습니다.

또 하나 제가 설명드리고 싶은 것은 글쓰기의 표기 문제에 이은 그것의 조판 체제 문제입니다. 일본이나 중국의 책들은 대체로 세로쓰기로 이루어진 것으로 알고 있는데 같은 한자 문화에서 출발하여 같은 음절문자를 이루고 있음에도 한국의 글쓰기와 책 만들기는 대체로 가로쓰기를 택하고 있습니다. 왜 우리나라만 가로쓰기일까, 자못 궁금하고 흥미로운 점입니다. 저는 오래전 가로쓰기가 왜 좋은가라는 질문을 놓고 친구들과 토론을 한 적이 있습니다. 눈이 가로로 두 개가 있기 때문에 책을 읽는 데 생리적으로 능률성이 높다는 주장도 나왔고 페이지당 글자 수가 세로쓰기보다 가로쓰기가 20퍼센트 이상 더 들어간다는 경제성도 제시되었습니다. 대부분의 책이 가로쓰기라면 그 체제에 따르는 것이 자연스러울 뿐 아니라 글쓰기도 책읽기의 관습을 따르는 것이 효율적이라는 평가도 나왔습니다. 아마 능률성, 경제성, 효율성, 혹은 미관(美觀)까지 포함해서 이런 장점들이 있는 것이 분명한데 일본과 중국은 왜 가로쓰기를 하지 않을까 하는 것이 저의 자연스러운 질문이었습니다.

우리나라의 책도 물론 한 세대 전만 해도 세로쓰기가 주류였습니다. 신문과 잡지는 물론 일반 도서와 함께 소설집과 시집도 세로쓰기였습니다. 유일하게 문교부에서 발행한 각급 학교 교과서만은 가로쓰기였습니다. 당시의 문교부에서 학생들에게 제공할 교과서를 왜 가로쓰기로 했는지는 저로서는 알 수 없지만 결과적으로는 매우 현명한 선택이었습니다. 우리 출판 문화에서 가로쓰기가 시작된 것은 이 가로쓰기 교과서로 교육받은 세대가 성인 사회로 진입하여 활동하기 시작하면서부터일 것입니다. 제 기억으로 가로쓰기를 본격적으로 시작한 잡지는 1966년 창간된 계간 『창작과비평』이며 이어 1970년에 나온 계간 『문학과지성』 역시 가로쓰기를 채택했고 문학과지성 편집동인들의 공동 비평집인 1972년의 『현대한국문학의 이론』도 당시의 도서로서는 드물게 가로쓰기로 편집되었습니다. 그리고 이즈음부터 책들은 조금씩 가로쓰기로 옮겨가기 시작했고 1980년대로 들어서면서는 거의 웬만한 문학 도서들이 가로쓰기를 채택했고 90년대로 넘으면서 일반 잡지들과 함께 신문까지 가로쓰기 체제로 대폭적인 변혁을 하게 되었습니다. 이제 서점에서 세로쓰기의 책을 발견하기란 거의 불가능할 정도가 되었습니다.
　당초 어디에서 연원하여 세로쓰기에서 가로쓰기로 책의 체제가 바뀌었든 간에 문자의 기계화 문제에 이르러 이러한 전환은 매우 훌륭한 디지털 시대의 대비가 되었습니다. 타자기든 오늘날의 컴퓨터이든 알파벳의 26자보다 2자 적은 24자의 자모로 이루어진 한글은 기계화에 무척 적절한 형태와 체제를 갖추고 있었고 그것의 가로쓰기는 이러한 기계화로의 변화에 아무런 장애를 주지 않았던 것입니다. 오히려 한글의 독특한 장점이 십분 발휘될 수 있는 잠재력이 이 컴퓨터 시대에 발현될 수 있었던 것입니다. 한국인들이 인터넷의 사용으로부터 휴대전화의 문자사서함 이용에 이르기까지 첨단적인 디지털 기기를 능숙하게 활용할 수 있었던 것은 한글 자체의 특성과 함께 가로쓰기의 장점이 크게 작용했을 것으로 짐작됩니다. 무식한 백성들을 위해 쉽게 사용될 수 있도록 만들어진 한글이 오늘날의 첨단적인 글쓰기 기계화에 가장 적절한 자질을 갖추게 되었다는 것은 참으로 축복받을 운명의 아이러니일 것입니다.

저의 이 발제는 체험적인 진술입니다. 해방되던 1945년에 초등학교에 입학했던 저는 제가 지금 말씀드린 우리나라 문자 생활의 변화와 더불어 성장하였고 지식 사회의 일원으로 참여하며 활동해왔습니다. 한글 세대로서 제가 이런 생애를 살 수 있었던 것은 매우 큰 행운이라고 생각하고 있거니와 이 행운은 앞으로 저의 후세대에 더 크게 내려질 것으로 기대하고 있습니다. 한글의 장점을 최대한 활용할 수 있었던 세대, 한글의 특성을 최상의 도서 문자로 이용할 수 있는 세대가 바로 저와 저의 후세대일 것입니다. 제가 앞에서 '책의 도시'가 동아시아 도서 문화의 허브가 될 수 있다고 생각한 것은 이렇게 보면 단순히 지리적 우연성에만 있는 것은 아니었습니다. 문자를 어떻게 현대화시키고 과학화하여 도서의 문화에 활용할 수 있는가의 가장 유리한 지점에 한국의 문자가 있고 한국의 도서가 있는 것이며 그렇다면, 우리의 '허브'로서의 자신감은 지정학적 조건을 넘어 21세기 디지털 문화의 핵심적 자산을 이룰 것입니다.

이 심포지엄을 보면서 제가 가지고 있는 또 하나의 기대는 이 심포지엄이 처음이어서 3개의 문화권 4개의 대표들이 참석하지만 다음에는 몽골과 베트남만이 아니라 북한도 참여하고 혹은 동남아의 화교 문화권도 참여하여 한자 문화권의 오늘을 서로 비교하고 그것의 문화사적 성격과 의미를 탐색하며 내일을 향해 더불어 구상하도록 확장되어야 한다는 것과, 이번에는 북디자인이지만 주제를 더욱 넓히고 깊이하여 제가 궁금하게 여긴 한자 표기의 변화와 이에 따른 문체적 변용을 비롯한 내적 문제들에 대해서까지 본격적인 설명과 토론으로 심화되어야 한다는 점입니다. 이 첫번째 심포지엄은 물론 그것들을 향한 첫걸음일 것입니다.

감사합니다.

〔출판도시문화재단 주최 심포지엄, '동아시아 책의 교류 2005'
주제 발표, 2005. 10〕

제 3 부

도스토예프스키 읽기[*]

예상보다 빨리, 자유롭고 한가한 시간들이 늘어서게 되었다. 꼭이 해야 할 일이 있는 것도 아니고 딱히 써야 할 글에 매달릴 것도 없었다. 그것들이 백지처럼 너무 훤하게 널려 있고 그래서 나는 앞으로의 나의 시간들에 어떤 일거리를 주어야 하지 않을까 생각했다. 그것을 나는 도스토예프스키 읽기로 설정했다. 내 앞에는 도서출판 열린책들에서 나온 25권의 전집이 놓여 있다. 이제부터 나는 그 1권부터 차례대로 차근차근 읽어보기로 한다.

대학 시절, 그리고 군대 시절에 나는 도스토예프스키에 매혹당하고 있었다. 『죄와 벌』은 아마 잘 모르는 채 고등학생 때 읽었을 것이고 대학 2학년이었을 즈음 정음사판의 『카라마조프 가의 형제들』을 읽으

---

[*] 이 글에서는 해당 도서의 서지사항은 출간된 형태의 표기를 따르되, 본문 안에서 발췌·인용과 서술을 할 경우는 국립국어원 〈외래어표기법〉에 준하여 인명, 지명 등을 표기하기로 한다―편집자.

며 기독교를 버리고 젊음의 번뇌와 어울려 깊은 고통과 삶의 진의를 아프게 느끼고 있었다. 군대에서 좀 한가한 시간을 얻을 수 있었던 졸병 시절 황동규로부터 빌린 영역판 『악령』과 『백치』를 읽었다. 사전을 찾지 않은 채, 그러나 무척 아껴가며 읽는 것이었지만 이 독서는 세계와 인간에 대한 깊은 열망을 열어주었다. 그렇게 네 권의 책으로 나는 도스토예프스키의 애독자라고 자처하며 그에 관한 글을 두어 번은 썼다.

신문 기자 때 정음사판의 8권짜리 전집을 기증받았다. 나는 새해 연휴 때마다 이 책의 한 권이라도 읽겠다고 꺼내놓았지만 몇 쪽만 보다가 연휴를 마치곤 했고 그 후 출판사를 하면서는 그 전집을 읽을 시간적 여유가 없었다. 출판사로부터 물러나면서 이제 도스토예프스키를 읽을 수 있는 한가한 시간을 가지게 되었다고 좋아했지만 정작 그 책으로 들어갈 즈음 나는 인하대 초빙교수로 근무하게 되었다. 나의 도스토예프스키 독서는 그래서 또 미루어졌다. 다만 이 기간 중에 열린책들로부터 25권의 전집을 증정받은 것이 뜻깊었다. 나는 이 전집을 사겠다고 주문을 했는데 그 사실을 알게 된 열린책들의 홍지웅 사장이 그냥 주겠다는 것이다. 그럴 수는 없다고 했더니 후에 도스토예프스키에 대한 글을 한 편 써달라고 했다. 그래서 그 글을 썼지만 어디 실리지는 않았고 내 산문집에만 수록하였다.

인하대 초빙교수의 임용 기간이 끝나면서 이 봄부터 나는 한가해지게 되었다. 내게 글 청탁이 오는 것도 아니고 달리 할 일이 있는 것도 아니어서 이제야말로 도스토예프스키 전집을 읽을 때가 되었다고 생각하게 되었다. 그래서 책장의 전집을 둘러보고, 미련하지만 기왕이면 1권부터 번호순으로 차례차례 읽어볼 작정을 했다. 그리고 가능한 대로 그 소감을 적어두기로 했다. 나의 「도스토예프스키 읽기」는 이렇게 이루어지는 것이다. 〔2005. 3. 7〕

제1권 『분신 외』, 석영중 외 옮김

전집의 제1권에는 중편 「가난한 사람들」과 「분신─뻬쩨르부르그 서사시」 두 편이 실려 있다. 연보에 의하면 「가난한 사람들」은 도스토예프스키가 25세 되던 1843년 1월 『페테르부르크 선집』에 발표했고 「분신」 역시 같은 해 2월 『조국』에 수록된 것이다. 말 그대로 그의 데뷔작들.

「가난한 사람들」, 이항재 옮김

유명한 이야기이지만, 도스토예프스키가 쓴 이 작품의 원고를 친구인 그리고르비치에게 주었고 그 친구는 『페테르부트크 선집』을 준비 중이던 네크라소프와 함께 읽고서는 너무 감동하고 흥분한 나머지 이튿날 벨린스키에게 쫓아가 "새로운 고골이 나타났다"고 외쳤고 벨린스키도 "독창적이고 범상치 않은 재능"에 아낌없는 찬사를 보냈다고 한다(해설 「문학적 빈곤에 관한 짤막한 고찰」). 그럴 만큼, 20대의 청년으로서는 도저히 믿기지 않는 인간의 복잡한 내면이 풍요한 문체로 열리고 있다. 젊은 20대 처녀와 40대 중반의 말단 공무원 간에 오간 사랑의 서간문체 소설인데, 서간문체 소설이란 이미 확보된 장르이기에 새삼스러울 것이 없지만 그 안에 액자소설풍의 노트가 끼어 있는 게 특이하다.

주제는 가난한 애인 간의 서로서로에게의 애틋한 돌봄이고 결국 돈 많은 남자에게 여인이 결혼함으로써 4월부터 9월까지의 편지 연애는 끝난다. 사람들이 이렇게 궁핍할 수 있을까가 우선 든 생각이고 그러면서 바르바라 도브로셀로바의 세심한 고백, 마카르 알렉세예비치의 열정과 가난한 자부심을 느끼게 된다. 그런데 이런 인물들은 도스토예프스키의 다른 작품 인물들의 원형으로 보이기도 하지만 가령 톨스토이에서도 보았음직한 개성이기도 해서 이런 모습들이 러시아의 전통적인 인간형이 아닐까 하는 짐작도 든다. 신앙심 깊고 겸손하면서도 열정에 타오르는 사람들, 그럼에도 "돈이 없을 땐 사람이 불행해지는 게 당연"(p. 214)하다는 사실을 확인하지 않을 수 없는 것, 그게 러시아 혁명의 숨은 힘이 아니었을까.

도스토예프스키의 풍요한 비유법이 내게는 참 흥미로웠다. 그는 어떻게 그 젊은 나이 적부터 삶의 물정에 통달할 수 있었을까. 가령 다음과 같은 서술: "이런 광경 앞에서 이따금 자신이 몹시 작아지고, 마치 누군가에게 호기심 많은 코를 한방 얻어맞은 것 같다는 기분이 들기도 하고, 물보다 조용히, 풀보다 낮게 천천히 자기 길을 가며 모든 걸 포기하는 기분이 들 때도 있습니다!"(p. 193).

이 소설의 격은 높고 속은 깊으며 주인공들은 가난하지만 그 작가는 풍성하다.

「분신」, 석영중 옮김

「가난한 사람들」에 충격적인 감동을 받았던 당대의 비평가들은 다음 작품 「분신」을 읽고 매우 비판적으로 도스토예프스키에 대한 회의를 표했다는데, 과연 그럴 만하다. 코믹 터치로 하급 관리 골랴드킨의 내적 파멸을 그리고 있는 이 소설에서 골랴드킨은 어느 날 원수를 갚아야겠다며 뛰어다니고 시장에서 고가품들을 흥정하고 사무실에서 자기와 똑같이 생긴, 이름마저 같은 사람을 대한다. 그런데 그의 원수가 누구인지, 흥정해놓은 고가품들을 어떻게 처리했는지 아무런 진행이 없고 자신의 분신과 같은 또 다른 골랴드킨에 사람들은 왜 당혹해하지 않는지 설명되지 않는다. 그 분위기는 오히려 카프카나 혹은 최인훈의 「구운몽」을 닮아 있지만 전반적인 수준은 일관성도 없고 작가 자신이 무엇을 쓰고 있는지 분명한 설정을 못 하고 있는 듯하다.

그럼에도, 역자의 해설에서도 지적되고 있지만, 소심하고 자의식이 강한 인물의 내면을 뛰어나게 묘사하고 있다는 점, 도스토예프스키의 대작에 나오는 한 인물의 분신적인 존재에 대한 전조라는 점에서는 주목할 필요가 있겠다. 그는 한 인간의 아류가 있음을 이때 분명히 알고 있었던 듯하다.

제2권 『뻬쩨르부르그 연대기』, 이항재 옮김

이 책에는 네 편의 중편들이 수록되어 있다. 「쁘로하르친씨」 「아홉 통의 편지로 된 소설」 「뻬쩨르부르그 연대기」 「여주인 1·2부」가 그것인데 해설에 의하면 도스토예프스키가 사상 문제로 구속되기 전에 발표된 것으로 「가난한 사람들」 이후의 그의 문학적 모색을 보여주는 작품들이다. 당시의 비평계는 「가난한 사람들」에 비해 너무 떨어진다는 비판이었고 해설자 이항재도 이후의 도스토예프스키 작품을 이해하는 단서로서의 의미만을 인정한다는 투였는데 이 사실에 동의하면서도 그 나름으로의 도스토예프스키적인 문학성을 보여주고 있다는 점에 나는 주목하고 싶다.

「쁘로하르친씨」는 가난한 관리의 죽음을 다루고 있는데 그가 죽자 이불 속에서 엄청난 돈이 나왔다는 특이한 이야기는 사실은 당시 신문에도 소개된 실화였고 다른 작가에게도 이런 모티프가 보였다니 도스토예프스키만의 독특한 주제는 아니었을 것이다. 그러나 「가난한 사람들」에 이은, 그의 돈에 대한 집요한 관심은 여전히 주목할 만할 것이다. 도스토예프스키는 20대 중반에도 여전히 돈에 시달렸던 것일까, 사회주의적 이상을 가지고 있음에도 전시대적 수전노의 인간상에 상당한 매력을 느끼고 있었던 것은 무슨 이유일까라는 생각이 일어나는 것도 그 때문이다.

「아홉 통의 편지로 된 소설」은 두 친구 간에 오간 편지를 통해 두 사람 사이에 번지는 의혹과 비난이 끝내 결렬로 이어지는 이야기인데, 그 두 사람의 아내는 각각 남편의 친구를 사랑하고 있었다는 아이러니로 마친다. 편지에서 상대에게 우정과 예의를 다하면서도 신랄하게 비난하고 욕하는 것은 그들의 일반적인 문체인지, 아니면 도스토예프스키의 그것인지, 혹은 이 소설의 수법인지 모르겠지만, 인간의 이중적인 모습이 적나라하게 표현되고 있음이 신선하다.

「뻬쩨르부르그 연대기」는 해설자에 의하면 러시아의 전집에도 수록되지 않은 것을 찾아내 이번의 한국어판 전집에 넣었다는 것인데 이 글은 소설이기보다는 에세이, 굳이 소설이라면 김승옥이나 최인훈이 시도한 에세이소설이라고 할 수밖에 없는 산문이다. 페테르부르크라는 도시에 대한 정감 깊은 스케치인데 "화를 내고 있는" 한 도시에 대한 이처럼 생동하는 묘사를 보기란 쉽지 않을 것이다. "이곳에서는 어디를 가도 현재의 이 순간, 그리고 현재의 이상이 보이고 들리고 느껴진다. 〔……〕 많은 것이 캐리커처의 소재가 될 수 있다. 하지만 모든 것이 삶이요 움직임이다"(p. 128)라고 도스토예프스키는 쓰고 있지만 그의 이제까지의 모든 작품, 그리고 앞으로 읽을 많은 작품들이 이 페테르부르크를 무대로 하고 있는데, 우리의 작가들이 자신의 작품 무대에 지역적 특성, 그 고유명사를 찾아내지 않는 것은 크게 반성해야 할 일이다. 이 산문에 "'선한 마음' 외에는 아무것도 가진 게 없다. 우리 시대에 선한 마음을 간직하고 있다는 것이 얼마나 놀라운 일이냐는 듯한"(p. 99) 인간에 대한 아이러니한 묘사도 세상의 엄청난 진실을 폭로하고 있다. 이 비슷한 아이러니를 이만교의 작품에서 본 기억이 난다. 도시인의 평범한 인생살이 마지막에 대해 "디킨스적인 매력"이 느껴진다 해서, 찾아보니 디킨스가 도스토예프스키보다 9살 연상이다. 도스토예프스키의 20대에 30대의 디킨스가 러시아에 활발히 읽혔다는 것인지. 「가난한 사람들」에서 오역이 분명할 "자동차 모터 돌리는"(페이지를 못 찾았다) 대목이 연상된다.

마지막의 「여주인」은 가난하고 고독한 지식인, 어쩌면 『죄와 벌』의 라스콜리니코프 같은 인물이 하숙집 여주인으로부터 실연당하는 이야기인데 그 여인 역시 가난한 평민 여자이지만 『악령』이나 『카라마조프 가의 형제들』에 나오는 열정적이면서 변덕스러운 여성을 연상시킨다. 이런 타입의 여성은 도스토예프스키적 인물인지 러시아적 인물인지 여전히 알 수 없지만 그의 20대 초기작에 원형으로 나타나고 있음이 여기서 보인다. 책만 읽던 주인공 오르디노프가 문득 거리에서 숱한 사람들과 건물들을 보면서 "책 속의 행간에서 느꼈던 것과 같은 것과 마찬가지로, 지금 자신 앞에 선명하게 펼쳐진 모든 세계의 그림을 이해할 수 있었다"(p. 155)는 대목, 그리고 "첫날밤의 노을은 외로운 아가씨의 가슴속에 최초로 사랑이 싹터 부끄러움으로 얼굴이 빨개지는 듯한 색깔이었고, 다음날의 노을은 아름다운 여인이 자신의 소녀 때의 부끄러움을 잊고 사랑의 불길이 맹렬하게 타오르는 듯한 노을이었어요"(p. 253)라고 말하는 카체리나의 말은 절묘한 울림을 가져온다. 카체리나의 남자 무린이 간질 발작을 일으키는 장면 (p. 193)은 이미 이때 그가 간질에 대해 알고 있었다는 이야기가 되는지.

제3권 『백야 외』, 석영중 외 옮김

「남의 아내와 침대 밑 남편」「약한 마음」「뿔준꼬프」「정직한 도둑」「크리스마스 트리와 결혼식」「백야」「꼬마 영웅」 등 7편의 중단편이 수록되었다. 「백야」는 젊었을 때 마리아 셸이 주연하는 영화로 본 것 같은데 줄거리는 생각나지 않지만 하얀 거리와 하얀 하늘이 인상적이었던 것으로 기억된다. 「꼬마 영웅」은 전형적인 성장소설의 에피소드를 갖고 있다.

「백야」 외에는 그 이름도 모르던 이 중단편들에서 우선 한없는 요설이 한 특징을 이룬다. 「가난한 사람들」의 그 집요한 지문을 통해 진행되는 내적 사유와는 전혀 달리 여기서는 대화로만 전개되고 있고 그것도 한없이 계속될 것 같은 대화는 문득 두어 줄로 간략하게 덧없는 결말로 끝난다. 그 시끄러운 대화는 반복되고 우회되며 반문하고 역행하여 마치 베케트의 부조리극처럼 내용 없이 전개된다. 그건 또 마치, 간질 환자의 우회문체를 연상시킨다. 그렇다면 도스토예프스키는 간질 발작을 일으키기 전부터 간질 환자적 우회문체를 사용했다는 것이 될 것이다. 어떤 것이 맞는 말일까.

특이한 것은 이 소설들 속에 나오는 사랑이라는 것. 그 사랑은 친구 간에도, 이성 간에도, 노소 간에도 나오는데 그것이 우리가 흔히 말하는 이성적 사랑만이 아니라는 것이다. 「약한 마음」의 두 친구는 동거할 뿐만 아니라 동성애적 표현들과 장면들이 나오고 「백야」에는 사랑이 남매 간의 우의 혹은 동성 간의 우정처럼 드러나기도 한다. 그러니까 여기서 사랑이란 이성 간의 애정이란 가장 좁은 개념에서부터 동성 간의 우정, 형제 간의 우의, 그리고 인간 간의 보편적인 사랑으로 나타난다. 여기에는 이성 간이지만 실연의 슬픔도 없고 동성 간에 질투를 느끼는 것도 아니며 불륜에 대한 탄핵도 보이지 않는다. 그러면서도 열정과 헌신으로 감싸여 있다. 이런 사랑을 무엇이라 부를 수 있을 것인지. 에로스적 사랑이라면 너무 좁고 아가페적 사랑이라면 열기가 너무 많다. 「백야」가 바로 이런 사랑을 대표적으로 보여주고 있는데, 그게 러시아적 사랑인지 도스토예프스키적 사랑인지 혹은 북방적 사랑인지 동방의 정교도적 사랑인지 짐작되지 않는다.

"아름다운 밤이었다. 우리가 젊을 때에만 만날 수 있는 그런 밤이었다."—「백야」의 이 첫말은 참 아름다운 구절이다. 이렇게 아름다운 밤에 만나는 사람이라면, 애정과 우정, 우의와 인간애가 함께하는 사랑의 감정을 만끽할 수 있지 않을까.

제4권 『네또츠카 네즈바노바』, 박재만 옮김

도스토예프스키가 1849년 『조국 수기』에 연재 중에 체포되는 바람에 미완으로 끝난 소설. 우선 인간 이해에 특출한 묘사의 한 예로, 화자의 어머니와 재혼한 예피모프의 인간형: "그의 주기적인 정신착란 상태, 말하자면 적어도 페테르부르크에서는 자기가 첫째가는 바이올리니스트라는 것, 하지만 운명에 의해 박해를 받아 모욕을 당하고 있으며 갖가지 음모 때문에 자신을 알아주지 않고 무명의 신세로 남아 있다는 부동(不動)의 생각은 아마 이때부터 시작되었던 것 같다. 특히 운명의 박해를 받아서 자기가 그런 신세가 되었다는 생각은 그에게 만족감을 주기까지 하였다. 왜냐하면 그는, 스스로 모욕받고 억압당한 사람이라 생각하면서 이것을 입 밖에 소리내어 하소연하거나 남몰래 자신을 위안하는 한편, 인정받지 못한 자신의 위엄을 존경하는 성격을 가진 사람들 중 하나였기 때문이다"(pp. 44~45).

헛된 자부심이 과신한 재능에 대하여: "이 모든 성급함과 열중, 초조함이란 사라져버린 재능을 생각할 때 일어나는 무의식적인 절망과 다를 바 없다는 것, 그리고 결국에는 재능 자체도 원래 그렇게 위대한 것이 아니었고 그 대부분은 현혹과 허황된 자신감, 원초적인 자기만족, 그리고 자신의 천재성에 대한 끊임없는 공상이 낳은 환상에서 기인한 것이었음을 그는 분명히 알게 되었다"(p. 25).

화자가 아홉 살 반 이후에 갑작스런 기억을 하기 시작하며 성장의 계기를 얻는 장면: "자신을 갑자기 인식하기 시작한 이후로 나는 빠르게, 예기치 못할 정도로 빠르게 성장을 했으며, 아이에게 전혀 맞지 않는 많은 인상들이 내게는 왠지 매우 이해하기 쉬운 것으로 보였다. 모든 것이 내 눈앞에서는 분명하게 보이게 되었고 모든 것이 빠르게 이해되기 시작했다. 스스로를 잘 이해하기 시작한 이후로 시간은 내 머릿속에 날카롭고 슬픈 인상을 남겨놓았다. 이 인상은 그후 날마다 계속되었고 날이 갈수록 커져갔다. 그것은 부모와 함께 살던 시기 전체에, 그리고 내 어린 시절 전체에 어둡고 이상한 색조를 드리웠다"(p. 49).

도스토예프스키의 소설이 드러내는 '사랑'의 기묘한 두 장면: 우선 자신의 계부에 대한 아홉 살짜리의 사랑: "이때부터 내 마음속에서는 아버지에 대한 끝없는 사랑이, 하지만 전혀 아이답지 않은 기묘한 사랑이 시작되었다. 만일 이 사랑에 대해 내가 내리는 정의가 어린아이로서는 다소 우스꽝스러운 것이 아니라면 나는 이것을 차라리 연민의 감정, '모성'의 감정이라고 말하고 싶다. 아버지는 언제나 내게 너무나 불쌍하고 너무도 시련에 시달리고 있으며 너무도 억눌리고 있는 수난자로 보여서, 그를 열심히 사랑하지 않는다거나 그를 위로하지 않는 것, 그에게 응석을 부리지 않거나 그를 위해 온 힘을 다해 노력하지 않는다는 것은 내게는 두렵고 부자연스런 일로 보였다"(pp. 52~52).
이번에는 자기를 돌보아주는 공작의 제 또래 딸 카차에 대한 사랑: "나는 카차에 대한 사랑에 빠졌던 것이다. 그렇다, 이것은 사랑이었다. 진정한 사랑, 눈물과 기쁨이 섞인 사랑, 열정적인 사랑이었다"(p. 166). 그리고 열 살짜리 두 소녀 간의 에로틱한 열애(p. 200).

도스토예프스키의 『네또츠카 네즈바노바』는 그의 최초의 장편소설이지만, 그럼에도 미완의 작품이다. 페트라셰프스키 사건으로 체포됨으로써 그의 야심작은 중도에 그칠 수밖에 없었고 그 후의 개작, 편집에도 불구하고 끝내 완성되지 않았다. 그러나 이 미완의 소설에서 그의 후기의 대작에서 완성되는 인물들의 원형이 발견되고 도스토예프스키 소설의 가장 탁월한 장점으로 평가받는 인간의 복합적인 성격과 인간관계의 미묘한 심리적 갈등의 서술을 볼 수 있다.

아마 이 소설은 미완인 채라 하더라도 7개 장으로 구성된, 세 중편의 연작으로 볼 수 있다. 제1부는 화자가 두 살 때 어머니와 재혼한 예피모프에 대한 관찰과 화자인 네토츠카의 애정이고, 제2부는 어머니와 계부의 죽음으로 H공작네 집에 입양되어 만나는 공작의 제 또래 딸 카차와의 애정 진술이며, 제3부는 공작네 집에 의탁한 후 알렉산드라 미하일로브나와 그녀 남편과의 사이에 드러난 우정과 인간관계인데, 3부가 미완인 채 끝나기에 이야기는 이후 어떻게 진전될 것인지는 알 수 없게 되어버린다.

이 메모의 앞에서 계부의 인간상, 그에 대한 애정의 대목을 인용했고 카차와의 사랑을 옮기기도 했지만 도스토예프스키의 인물들이 얽혀들며 보이는 애정과 증오, 변덕과 충심, 헌신과 반목은 너무나 현란해서 3부의 마지막 어지러운 대화들에서처럼 이해가 안 될 정도이다. 이런 장면들은 오래전에 읽은 『백치』에서도 기억되는데 그것은 이미 20대의 도스토예프스키에서 발견되는 것이다. 카차나 알렉산드라 미하일로브나라는 상반된 여성상도 그의 대작들에서 만나게 되는 도스토예프스키의 전형적인 여성상들이다. 그러니까 이 소설의 미완은 그의 후기작들에서 인물이나 사건이나 관계 모두에서 완성되는 것이다. 아직 준비되지 않은 것은 가령 『악령』이나 『카라마조프 가의 형제들』에서 제시되는 사상과 구원의 정신들인 것 같다. 어떻든 매우 흥미로운 이 소설은 어린 네토츠카가 "나는 삶을 시작하기도 전에 이미 삶 속에서 많은 것을 깨달았다"(p. 225)고 했듯이, 본격적인 소설 세계가 시작되기도 전에 이미 그의 소설의 많을 것을 깨닫게 한다.

제5권 『아저씨의 꿈』, 박종서 옮김

제목을 볼 때는 러시아 시골의 전형적인 농부가 꾸는 소망의 꿈이 아닐까 싶었는데 정작 소설은 지방 상류층 사교계의 허황한 탐욕과 위선을 폭로한 풍자이다. 시베리아 유형에서 돌아온 도스토예프스키의 재기작으로 1859년에 발표된 이 소설부터 그의 중기 시대가 열린다고 해설은 설명하고 있다.

읽으면서 무대가 한정되어 있고 등장인물들의 요설이 한없이 계속되면서 극적인 사건이 이어지고 있어 희곡 작품으로 써도 좋겠다는 생각이 들었는데, 실제로 도스토예프스키는 희곡을 생각했던 적이 있었고 이 작품을 대본으로 하여 연극으로 공연된 적이 있었던가 보았다. 그의 초기작에도 대화로만 계속되는 작품이 있었는데, 그 대화는 두 사람 간의 갈등이었지만 이 소설에서는 사건의 전개를 운반하는 기능을 맡고 있다. 그 사건이란, 농노 4천 명의 토지 소유자이지만 정신도 갈피를 못 잡고 의안에 의족에 가짜 머리칼과 수염을 단 공작이 작은 도시에 나타나자 딸을 그에게 시집보내려는 마리야 알렉산드로브나 부인의 음모로 일어난 일련의 사태, 그리고 도시 사교계 부인들이 둘러싼 가운데 그것이 실패로 끝나는 것을 가리키는데, 이 시끌벅적한 코믹 스토리는 셰익스피어의 희극을 보는 듯싶기도 하고 고골의 「검찰관」을 연상시키기도 하면서 도스토예프스키의 『백치』 장면들을 예감시켜주기도 한다.

소설 자체는 하루 동안의 사건을 짜임새 있게 다루었고 도스토예프스키의 입심을 유감없이 발휘해주고 있지만 아직 그의 본령을 보여주는 정신의 깊이에는 이르지 못하고 있다는 것도 분명해 보인다.

제6권 『스쩨빤치꼬보 마을 사람들』, 변현태 옮김

『아저씨의 꿈』과 같은 해인 1859년에, 그러나 그보다는 반년 늦게 발표된, 그러니까 시베리아 유형에서 돌아온 도스토예프스키의 재 데뷔 장편소설이다. 그런데 대화가 압도하고 장면 변경이 많지 않아 역시 희곡 작품으로 읽힐 수도 있는 이 소설은 그러나 소설이란 장르가 자부할 수 있는 많은 이야기가 들어 있고 무엇보다 이보다 9년 후에 연재되기 시작하는 『백치』의 선례를 보여주고 있다는 느낌이다. 이름을 기억할 수 없는, 그래서 그 인물의 성격과 출신을 착각하게 만드는 많은 인물들의 등장과 돌연한 사태의 제기, 숱하게 쏟아져 나오는 요설들이 그렇지만, 무엇보다 등장인물들의 유사성에서 그렇다. 로스타네프 아저씨는 뮈시킨을 닮아 있고 위선적인 현학적 요설가인 포마 포미치는 도스토예프스키의 또다른 전형을 보여주는 것 같다.

로스타네프 아저씨의 부름으로 스체판치코보 마을의 아저씨네 집에 온 친척 조카의 1인칭 시선으로 잡히는 이 소설의 이야기는 하루 반 동안의 진행이고 아저씨가 용기를 내 나스첸카에게 구혼을 하여 마침내 해피엔딩으로 끝나는데 여기에 포마 포미치를 비롯하여 갖가지 인물들, 성을 갈아달라고 조르는 하인으로부터 이웃의 귀족에 이르기까지 풍성한 인물들의 잔치가 벌어진다. 그러나 인물들, 문체들은 풍요하지만 『아저씨의 꿈』처럼 아직 당시 지방 상류층의 풍속을 묘사해주는 수준으로부터 멀리 나아가지는 않고 있다. 한 가지 흥미로운 점은 아저씨를 찾아간 조카의 1인칭 시점으로 서술되고 있지만 그의 다른 소설의 1인칭 화자들이 이야기의 전달자로만 멈추고 있는 것에 비해 이 인물은 사건의 진행에 상당히 개입하고 있다는 점이다.

제7, 8권 『상처받은 사람들』, 윤우섭 옮김

 * 나타샤의 알료샤에 대한 사랑: "나 자신도, 내가 정신이 나갔고 지나칠 정도로 사랑하고 있다는 것을 알아요…… 나는 다른 이들이 책망할 만큼 그를 사랑해요…… 심지어 우리들이 가장 행복했던 순간에도 그는 나에게 오직 고통만을 가져다줄 것이라고 예견했어요. 하지만 지금 그로 인해 받는 고통조차도 행복이라고 한다면 내가 무엇을 해야 할까요. 〔……〕 어쨌든 나는 그의 노예가, 가장 자발적인 노예가 된다는 것이 기뻐요. 그의 모든 것을, 모든 것을 견뎌내겠어요. 그가 나와 함께만 있는다면, 내가 그를 볼 수만 있다면! 설사 그가 다른 사람을 사랑한다 하더라도, 내가 있는 곳에서 일이 벌어진다면, 내가 거기에 함께 있기만 한다면……"(7: 84~85). 이 운명적인 열애, 이 철저한 절망적인 사랑!
 * 나(이반 페트로비치)가 나타샤를 단념하며: "나의 모든 행복은 이 순간에 전부 소멸해버렸고 삶이 파괴되어버렸다. 나는 뼈저리게 그것을 느껴야 했다……/ 이것이 내 행복의 전부이다. 내 사랑은 그렇게 끝나고 말았다"(7: 102)—단념의 개운함을 돋우는 문장.

* 간질 예감: "내가 불가사의한 공포라 부르는 정신 상태"(7: 104). "엘레나가 갑자기 기괴한 비명과 함께 땅바닥에 쓰러져서 무서운 발작을 일으켰다. 그녀의 얼굴은 일그러져 있었다. 간질 발작을 일으킨 것이다"(7: 232)—간질 발작에 대한 첫 묘사.

* 엘레나: "모든 인간에 대한 혐오와 닫혀버린 마음에도 불구하고 그녀의 선량하고 부드러운 마음이 밖으로 드러난 것이었다"(7: 281)—복잡한 인간 존재에 대한 서술.

* 내가 넬리에게: "여기 또 다른 사랑스럽고 용서받지 못한 존재, 불행하고 모욕당하고 버려진 존재가 있다는 것을 알아다오"(8: 329)—상처받은 인간 존재에 대한 인식.

* 넬리에 대한 묘사: "이 병들고 피로에 지치고 모욕당한 영혼이 가진 비밀"(8: 505)—상처받은 인간 존재.

* 넬리의 엄마가 넬리에게 주는 당부: "가난하게 살아라. 평생을 가난하게 살거라. 누가 부르든지, 또 찾아오든지, 그들에게는 가지 말아라. 네가 그곳에 가면 부자로 살고 좋은 옷도 입겠지만, 그들은 잔인하고 악독하단다"(8: 621)—여기서의 '그들'은 그녀들을 버린 공작을 가리키지만, '가난하게 살기, 차라리 거지로 살기'의 당부는 돈에 대한 보복이면서 자기들에게 상처를 준 세상에 대한 원한을 보인다.

『상처받은 사람들』은 시베리아 유형에서 페테르부르크로 돌아온 도스토예프스키의 두번째 장편소설로 1861년에 발표되었다. 비평가들은 이 소설이 구성에서 일관성을 유지하지 못하고 있고 멜로적인 요소도 남발되고 있다는 등등의 이유를 들어 실패작으로 평가하는 듯하지만 나로서는 앞서 발표한 장편소설 『스쩨빤치꼬보 마을 사람들』이 풍속적인 묘사로 그친 것에 비해 이 소설은 도스토예프스키적 인간형을 본격적으로 드러내기 시작한 작품으로 주목하고 싶다. 그 인간형이란 "병들고 피로에 지치고 모욕당한 영혼"(8: 621)이다. 그는 바로 이런 인간이야말로 이 세계를 정직하고 근원적으로 살고 있는 사람들이며 그들을 위로하는 것이 사랑과 믿음의 존재이유라고 보고 있다.

소설은 작가인 나 이반 페트로비치가 사귀는 나탈리가 공작 아들 알료샤에게로 사랑을 옮기면서 벌어지는 일련의 사태이다. 공작은 재산을 노려 카차에게 아들을 결혼시키려고 획책하며 알료사의 집안을 탄압한다. 그 음모를 직감하고 나탈리는 알료샤를 양보하고 아버지의 용서를 받는다. 그 용서에는 내가 우연히 데려와 보호해주는 고아 넬리의 고통스러운 회상이 작용하는데 그녀의 엄마와 할아버지가 나탈리와 그의 아버지 경우와 같아서 나탈리 아버지의 딸에 대한 사랑을 되살려주게 되는 것이다. 여기서 상처받은 사람들은 나탈리와 넬리, 그리고 넬리의 어머니가 될 것이다. 그런데 넬리가 공작의 법적 딸이라는 사실이 밝혀진다는 것은 우연의 멜로드라마이지만, 죄인이 예수의 죽음을 통해 구제되는 것처럼 상처받은 넬리가 나탈리 부녀의 관계를 회복시켜준다는 것에서 상처, 고통, 고난받은 사람들 간의 공감이야말로 인간이 기댈 수 있는 사랑과 구원의 방식이란 사실을 지시해주고 있다. 아마 『죄와 벌』에서 『카라마조프 가의 형제들』에 이르는 후기의 대표작들에 등장하는 인물들의 원형을 이 작품에서 볼 수 있겠다.

이 소설에서 자주 강조되는 '고결한 자존심'은 무엇보다 도스토예프스키적 인물들에서 보여지는 전율할 정도로 고귀한 인간 정신의 표현인 것 같다. 사랑하는 이를 떠나보내면서도 당당하겠다는 것, 아무리

가난해도 차라리 거지가 될망정 굴복하지 않겠다는 것, 비열한 것들에 더 이상 참을 수 없는 혐오감을 폭발하는 것, 비록 참담할 정도로 가난하지만 그것으로 모욕당할 수는 없다는 것 등등 곳곳에서 보여지는 도스토예프스키의 '고결한 자존심'은 그가 고통받는 인간 존재에 대해 가질 수 있는 유일한 위안으로 보인다.

이 소설에서 화자가 작가 자신과 상당히 유사한 모습으로 등장하고 있다는 점도 흥미롭지만 러시아인, 적어도 도스토예프스키가 말하는 '사랑'의 복잡한 모습도 주목된다. 그가 말하는 사랑은 흔하게 말하는 이성 간의 사랑만이 아니라 부녀 혹은 남매 간의 사랑도 포함되고 있다는 점은 앞서서도 느낀 바 있지만, 연적 간에, 질투도 비난도 없는 특이한 사랑을 포함하고 있다. 가령 알료샤와 나 이반은 나탈리를 중심으로 한 연적 관계이고 나탈리와 카차는 알료샤를 사이에 둔 경쟁 관계이지만, 그들은 서로를 사랑하고 존중하며 서로를 위해 스스로를 희생한다. 이 사랑의 모습은 결코 범상한 것이 아니지만 그럴 수 있겠다는, 적어도 도스토예프스키의 인물들 사이에서는 충분히 가능하겠다는 이해가 들기도 한다.

제9권 『죽음의 집의 기록』, 이덕형 옮김

1860년 9월부터 1862년 1월까지 연재한 이 소설은 도스토예프스키 자신의 형무소 생활에 대한 기록이다. 그의 깊은 인간 통찰도 여기서 본격적으로 심화된 것 같고 삶과 사건에 대한 깊은 이해도 이로부터 치열해진 것 같다. 형무소 수형 생활의 갖가지 모습에 대한 세심한 관찰들. 가령 목욕 장면이라든가 크리스마스 맞이 장면 같은 것들에 대한 묘사는 그가 아니면 불가능할 정도로 치밀하고 세밀하며 진하다. 그가 이 형무소와 간질 발작으로 입원한 병원에서 만난 많은 사람들에 대한 이해는 인간이 얼마나 복잡하고 역설적인 존재인가를 깨우쳐주는 설명으로 일관되어 있다. 도스토예프스키는 형무소에서 절망만 한 것이 아니라 그 절망을 숱한 사람들과 공유하면서 인간과 삶의 진상을 캐내는 힘들지만 행복한 작업을 하고 있었다. 소설의 편집자가 말한 "그들 중에서도 인생의 수수께끼를 풀 수 있는 사람들은 거의가 시베리아에 남아서 만족스럽게 뿌리를 내린다. 그 결과 그들은 풍부하고 감미로운 열매를 얻게"(p. 14) 되는 예를 그 스스로 만들어낸 것이다.

* "그렇다! 인간은 불멸이다! 인간은 모든 것에 익숙해질 수 있는 존재이며 나는 이것이 인간에 대한 가장 훌륭한 정의라고 생각한다"(p. 27)—어떤 험악한 일에도 살아남을 수 있는 인간 존재에 대한 경탄!
* "이곳의 대부분의 죄수들은 [······] 음산하며 시기를 잘하고 무섭도록 허세를 부리며 오만하고 화를 잘 낼 뿐만 아니라 지나칠 정도로 형식주의자들이었다. 아무것에도 놀라지 않는 능력이 최상의 미덕이었다"(p. 32).
* "돈은 주조된 자유"(p. 42)—이 간결한 정의!
* '유로지비'(p. 72의 옮긴이 주)—성자 바보에 대한 명칭으로 러시아 정교의 전통. 도스토예프스키를 비롯한 러시아의 소설과 민담에서 전형적으로 출현하는 성자적 존재.

* "보드카 반병을 마시는 데 필요한 25코페이카를 뺏기 위해 사람을 살해하기도 하지만, 내키지 않으면 수십만 루블을 가진 사람도 그냥 내버려두는 것이다"(p. 210)—역설적이고 불가해한 인간 존재에 대한 이 통찰.

* pp. 215~16에서, 마찬가지로 모순과 죄악, 절망의 심연에 대한 도스토예프스키의 투시를 보라.

* "[병든 독수리를] 이왕 죽을 거라면 감옥 밖에서 죽게 하자"(p. 466)—이 도저한 자유에의 열망!

* "[귀족은] 근본적으로 민중과 합치될 수 없다. 모든 것은 단지 시각적인 기만일 뿐이고 그 이상 아무것도 아니다"(p. 478)—적어도 인간의 내면에서 귀족과 상스러운 사람과의 구분인 경우 옳은 지적일 것이다.

제10권 『지하로부터의 수기』, 계동준 옮김

* "자주 그러한 것에 모순되는 엄청나게 많은 요소들이 내 자신 속에 들어 있음을 스스로 인정하곤 했다. 이런 모순적인 요소들이 내 안에서 그렇게 꿈틀거리고 있음을 느꼈다"(p. 14)—인간의 모순적인 존재성에 대한 분명한 인식.

* "40년 이상을 산다는 것은 추잡스럽고 몰염치하며 비도덕적인 짓이다! 도대체 누가 40년 이상을 살고 있단 말인가"(p. 15)—그런데 나는 70년 가까이 살고 있으니 얼마나 비도덕적인가!

* "선한 일에 대해, 그리고 이 모든 '아름답고 숭고한 것'에 관해 의

식하면 의식할수록 나는 더욱더 악의 구렁텅이로 빠져들었고 그곳에서 헤어날 수 없게 되었다"(pp. 18~19)—모순덩어리로서의 인간의 운명.

* "아마도 나는 이때 내 특유의 쾌락을 찾으려 했을 것이다. 물론 절망의 쾌락을 말한다. 절망 같은 것에도 가장 열렬한 쾌락들이 있다"(p. 21)—이 절망적인 것에의 탐닉! 유미주의의 극단은 이것이 아닐까.

* "모든 것은 권태, 바로 그 권태 때문이었다. 무력감이 억누른다. 의식의 직접적이며 당연하고 솔직한 결말은 정말 이 무기력이다"(pp. 33~34)—실존주의에 앞선 실존적 각성.

* "이성은 인간의 사유 능력만을 만족시켜줄 뿐이다. 반면 욕구라는 것은 삶의 모든 국면들의 표현이다. 다시 말해서 모든 삶의 이성과 모든 당혹감을 포함하는 표현인 것이다"(p. 53)—그렇다, 이성은 사유 능력에만 작용한다. 인간 전체에 대해서는 욕망, 열정이 작용할 것이디.

* "아마도 평안 하나만을 인간이 좋아하고 있지 않을 수도 있는 건 아닐까? 아마도 그는 그만큼이나 고통을 좋아하는 것은 아닐까? 아마도 고통은 그에게 평안만큼이나 유익한 것이 아닐까? 그런데 인간은 때때로 고통을 대단히 좋아한다. 정열에 가까울 정도로"(p. 63)—그렇다, 반면(反面)의 것에 대한 인간의 열정을 인식해두어야 한다.

* "나는 인간이 진정한 고통을, 즉 파괴와 혼돈을 결코 거부하지 않을 것이라고 확신한다. 왜냐하면 고통은 의식의 유일한 원인이기 때문이다"(p. 64)—유일한 것은 아닐지도 모르지만 가장 중요하고 치열한 의식의 근원일 것은 분명하다.

* "급기야는 자기 자신에게도 비밀로 하는 몇 가지 일들이 있다"(p. 71). 그리고 같은 쪽의 각주에서 하이네: "진실하고자 하는 염원에도 불구하고 어느 한 인간도 자신에 관하여 진실을 말할 수는 없다"—사실이다. 자신에게도 말할 수 없는 것들, 말하고 싶지 않은 것들이 얼마나 많은가.

* "나는 우리 시대의 진보적인 인간들에 걸맞게 병적으로 진보적이었다"(p. 80)—진보적인 행태는 어디서나 병적인가.

* "아무도 나를 닮지 않았으며 나 또한 누구도 닮지 않았다는 사실이었다. '나는 오직 혼자이고, 그들은 모두 같아'라고 생각했고 심사숙고하기 시작했다"(p. 81)—자폐적 사유.

* "물론 더 아픈 쪽은 나였다. 그가 더 강했던 것이다. 그러나 그것은 문제가 아니었다. 문제가 되는 것은 내가 목적을 달성했으며 내 긍지를 지켰다는 것이다"(p. 98)—더 큰 희생이 있다 하더라도 긍지, 명예를 지키는 것을 더욱 중요하게 여기는 자존심.

* "사랑이 있다면 너는 행복 없이도 살 수 있어. 슬플 때에도 삶은 좋은 것이지"(p. 159)—사랑이라면 어떤 행복도 희생할 수 있음.

* "내게 사랑이란 학대와 도덕적인 우월을 의미하기 때문"(p. 214); "여자들은 어떤 파멸에 빠지더라도 그것으로부터의 부활과 구원, 그리고 모든 재생의 기회를 사랑 안에서 찾기 때문이지"(p. 215)—도스토예프스키식의 사랑.

* "모욕—그것은 결국 정화시키는 것이지. 그것은 가장 신랄하고 고통스러운 의식이다. 〔……〕 모욕은 그녀를 고양시키고 정화시킬 것이다"(pp. 218~19)—신랄한 자학을 통해 얻어내는 구원.

1864년에 발표되기 시작한 『지하로부터의 수기』는 소설이기보다는 도스토예프스키의 인간관을 토로하는 차라리 에세이로 읽힌다. 그러나 그 인간관은 자학과 모욕을 통해 구원을 찾는 비틀어진, 아이러니한 관점이다. 그는 인간의 극히 복합적인 성향을 꿰뚫어보고 있고 역설을 통해 진실을 찾아가는 어려운 모색을 하고 있다. 그 관점과 모색은 실존주의적인 어둠과 인간 존재의 비의로 감싸여 있다. 조셉 프랭크가 카뮈를 연구하기 위해 참고하려고 본 도스토예프스키에 탐닉하기 시작했고 그에 관한 방대한 전기를 집필하기 시작한 것도 이런 연유 때문일 것이다. 19세기의 시대에 이런 인간관, 존재론적 고뇌가 있었다는 것은 놀랍다.

제11권 『악어 외』, 박혜경 옮김

이 책에는 내가 그 제목도 듣지 못한 도스토예프스키의 작품 세 편이 수록되었다. 처음 것은 중편급의 소설 「악몽 같은 이야기」, 두번째 것은 그의 서구 여행 에세이로 보아야 할 「여름 인상에 대한 겨울 메모」, 세번째 것이 미완성의 중편 「악어」이다. 연보에 의하면 「악몽 같은 이야기」는 1862년에 발표된 것이고 「여름 인상에 대한 겨울 메모」는 이듬해 『시대』지에 연재되었고 「악어」는 그보다 2년 후인 1865년 「기이한 사건 혹은 아케이드에서의 돌발 사건」이란 이름으로 『세기』지에 연재되다가 이 잡지의 폐간으로 중단되어 그 이후에도 완성되지 않은 작품이다.

「악몽 같은 이야기」는 미묘한 작품이다. 고급 관리가 상관의 집들이에 갔다가 돌아오는 길에 우연히 말단 부하 직원의 결혼식을 보고 좋은 뜻을 가지고 참석했다가 점점 난감한 처지에 빠지게 되는 전말이다. 미묘하다는 것은, 좋은 의도에도 불구하고 부자연스러운 자리로 몰리는 경우가 이 소설에서는 자의식과 자연스러움의 엇갈림으로 빚어지고 있음을 면밀하게 포착해내고 있기 때문이다. 가령 주인공이 자신의 신분과 도덕적 의도에도 불구하고 그것들이 어울릴 수 없는 자리에서 내심 끝없이 갈등을 일으키며 그래서 위태해진 위신을 세우려고 노력할수록 그의 태도는 점점 우스꽝스러워지는 것이 그렇다. 결국 그는 신혼부부가 잘 침대에서 곯아떨어지는 추태를 보이고야 만다. 만회하려고 들면 들수록 곤혹스러워지는 이 인물의 갈등으로 얽힌 독백을 통해 드러나는 인간 내면의 투철한 묘사는 과연 도스토예프스키답다는 독후감을 남겨준다.

「여름 인상에 대한 겨울 메모」는 그가 처음으로 베를린, 파리, 런던 등 서구 여행을 한 뒤에 쓴 에세이지만 정확히는 서구의 풍조에 대한 러시아주의자의 비평기라 할 수 있겠다. 가령 서구의 "부르주아는 이상한 사람들이다. 돈이야말로 최고의 미덕이고 인간의 의무라고 솔직히 선언하고 있으면서도 가장 고상한 척 행동하기를 지독히도 좋아하고 있으니 말이다"(p. 190)라고 야유하면서, "1백만 프랑이 없는 사람은 무엇인가? 1백만 프랑이 없는 사람은 하고 싶은 것은 무엇이나 하는 사람이 아니라, 하고 싶은 모든 것에 부림을 당하는 사람이다"(p. 194)라고 정곡을 찌르고 있다. 19세기 최고의 문명 도시라고 우리가 알고 있는 파리에 대해서도 그는 비아냥거린다: "멜로드라마 없이 파리 시민들은 살 수가 없다. 부르주아가 살아 있는 동안 멜로드라마는 사라지지 않을 것이다"(p. 233). 그들에게는 "고상한 것이 필요하고 설명할 수 없을 정도로 우아한 것이 필요하고 감상적인 것이 필요한데, 멜로드라마가 이 모든 것을 포함하고 있는 것이다"(앞 인용문의 바로 앞). 신기하게도 그와 동시대에 산 마르크스가 전혀 인용되지 않으면서 부르주아 사회의 통속성을 예리하게 파악하고 있다는 것이 흥미롭다.

「악어」는 일종의 풍자소설이다. 적당히 지적인 월급쟁이가 유럽 여행을 앞두고 아케이드에 구경갔다가 거기에 전시해놓은 악어에게 먹혀 뱃속에 갇힌 이야기이다. 물론 이 인물은 악어 뱃속에서 죽지 않고 비스듬히 누워 바깥 사람들과 대화를 하며 여기서 겪고 혹은 생각한 것들을 보고하겠다고 벼르고 있고 악어 주인은 이 악어를 이용해 돈을 벌겠다고 나서고 있는데 신문은 전혀 엉뚱한 이야기를 보도하고 있다. 희극적이고 코믹한 이 소설이 도스토예프스키에 의해 더 진행되어 완성되었다 하더라도 중요한 작품이 되기는 어려웠겠지만 그가 이런 특이한 소설적 상황을 만들어놓고 무엇을 이야기했을지를 상상해보는 것노 흥미롭다. 도스토예프스키는 악어 뱃속에 사람이 들어가 바깥 사람들과 대화를 한다는 기이한 이야깃거리에도 불구하고 조금도 흥분하지 않고 시침을 뚝 떼며 이야기하는 것이 거물답다는 느낌을 안겨주고는 있다.

제12권 『노름꾼』, 이재필 옮김

자주 언급되는 이 소설을 읽기는 물론 이번이 처음이다. 그러나 1866년의 『죄와 벌』과 같은 시기에 씌어진 이 소설에서 낯익은 도스토예프스키적 인물들이 나오고 우리가 알고 있는 도스토예프스키 자신의 얼굴이 보인다. 낯익은 얼굴이란 『백치』에서 보이는 변덕스럽고 자존심 강하며 거세고 예민한 여성인데 이 소설에서는 나스타시아 필리포브나이고 그녀는 도스토예프스키가 첫째와 둘째 부인 사이에 연애를 했고 함께 스위스로 여행했던 수슬로바의 소설적 재현이다. 도박에 미쳐 가진 돈을 탕진하고 아는 사람들에게 돈을 빌리고 자신의 저작물까지 담보로 하여 편집자에게 선금을 지급받았던 도스토예프스키 자신의 얼굴은 이 작품에서 장군의 가정교사로 독일에 와서 미친 듯이 룰렛에 몰입하여 거금을 따기도 하는 알렉세이 이바노비치로 나타난다. 작가는 이 소설 속에서 '기록' '수기'라고도 쓰는데 그게 그리 잘못된 것은 아닐 듯하다.

그런데 도박에 광적으로 빠져드는 심리와 사랑하면서도 돈 때문에 일그러질 자존심을 지키기 위해 증오로 반전하는 심리는 어쩌면 같은 도스토예프스키적 성격일지도 모른다. 가령, "전혀 자존심을 내세우지 않았는데도 별안간 모험에 대한 강렬한 열망이 나를 사로잡아버렸다는 것이다. 어쩌면 내 영혼은 수많은 느낌들을 거쳐 왔으면서도 그것들에 의해 충만되는 것이 아니라 자극만을 받은 채 완전히 진이 빠질 때까지 더 많은 느낌들, 더욱더 강렬한 느낌들을 요구하고 있는지도 모르겠다"(p. 237)라는 것과 "열광적이고 또 냉소적인 친구, 그 모순된 것들을 동시에 겸비할 수 있는 러시아 사람"(p. 287)에서 드러나고 있다. 도착한 지 하루 만에 룰렛에서 돈을 땄고 그리고 오후에는 그 돈만이 아니라 가지고 있던 모든 재산을 잃어버리는 장군의 도박에의 광적인 집착, 그리고 알렉세이가 블랑슈에게 5만 프랑을 만들어주기 위해 뛰어든 도박장에서 정신을 잃을 정도로 엄청나게 돈을 따고 있는 장면의 묘사는 일품이다. "내가 모욕을 당하면서도 그녀에게 맹종하지"(p. 41) 않을 수 없는 복합적인 성격의 도스토예프스키적 인간형들이 이 노름과 사랑의 이야기에서 본격적으로 개성화되기 시작하는 것이다. 그런데 블랑슈가 알렉세이와 파리에서 결혼했고(p. 268) 다시 장군과 결혼(p. 276)한다는 이야기는 뭔가 잘못된 것 같다. 작자의 혼란인지 역자의 오역인지.

제13, 14권 『죄와 벌』, 홍대화 옮김

이 전집의 13, 14권 『죄와 벌』은 1천 쪽이 넘는다. 고등학교 시절에 보았던 한 권짜리는 그러니까 축약본이 아니었을까. 그때는 지루하기도 하고 무슨 이야기인지도 생각할 겨를이 없었는데 이 소설은 긴 내면 독백이든, 장황한 행위 묘사든 의외로 재미있고 긴장된다. 가령 라스콜리니코프가 선딩포 노파를 죽이러 가는 길, 전당포에서 그녀를 살해하고서 문밖의 사람들이 사라지기를 기다리는 동안의 내면 독백, 그리고 살해 장면, 전당포에서 사건을 일으키고 다음 날 시내를 배회하며 장물을 처리하기까지의 행동들은 한 치의 틈이 없이 치밀하고 생생하다. 러시아의 다른 작가들도 그렇겠지만 도스토예프스키는 특히, 글쓰기를 힘들어하지 않고 한없이, 줄기차게 써내려간 것 같다. 라스콜리니코프의 어머니가 아들에게 보낸 편지가 근 10페이지에 이른다는 것도 그렇다는 것을 보여주는 예의 하나일 것이다.

 * "극빈은 죄악입니다. 〔……〕 극빈 상태에 이르면 자기가 먼저 자신을 모욕하려 드니까요. 그래서 술집이 있는 겁니다"(13:29)라고,

인도 여행에서 나도 느꼈던 소감을 말하고 있는 마르멜라도프는 아내의 양말까지 팔아 술을 마시는 인물이고 그의 가족을 먹여살리기 위해 딸 소냐는 결국 몸을 파는 창녀가 된다. 그가 끊임없이 술을 마시는 것은 "즐거움에 목마르지 않고 슬픔과 눈물에 목마르"(13: 49)기 때문이다. 이 자학적인 심리는 도스토예프스키적 인간의 내면이다.

* 라스콜리니코프는 전당포 노파 자매를 살해하고 거리를 배회하면서 "모든 일은 허구이고 상대적이며 하나같이 모두 형식일 뿐"(13: 180)이라고 규정한다. 왜 그렇지 않겠는가. 지나고 나면 그 치열하고 심각했던 사건이 멍한 형해처럼 보이는 것을. 그렇기 때문에 그는 "자기 자신을 가위로 도려낸 것만 같은 느낌"(13: 220)이 든다. 가위로 도려낸 존재임을 느낀다는 것, 그 이상으로 현대인의 소외감을 잘 표현할 수 있을까.

* "사형선고를 받은 어떤 사람이 죽기 한 시간 전에 이런 말을 했다던가, 생각했다던가. 겨우 자기 두 발을 디딜 수 있는 높은 절벽 위의 좁은 장소에서 심연, 대양, 영원한 암흑, 영원한 고독과 영원한 폭풍에 둘러싸여 살아야 한다고 할지라도, 그리고 평생 천년 동안, 아니 영원히 1아르신밖에 안 되는 공간에 서 있어야 한다고 할지라도, 그래도 지금 죽는 것보다는 사는 편이 더 낫겠다고 했다지! 살 수만 있다면, 살 수만, 살 수만 있다면! 어떻게 살든, 살 수 있기만 하다면……! 그만한 진실이 어디 있겠나! 그래, 이건 정말 대단한 진실이 아닌가! 인간은 비열하다……"(13: 302~03) 이런 격정적인 갈구 속에서 라스콜리니코프는 마르멜라도프의 죽음을 보고 그의 미망인에게 장례를 치를 돈을 모두 털어준 후 "사형선고를 받았다가 느닷없이 뜻밖의 사면을 받은 사람이 느낀 것과 비슷한" 강렬한 삶의 감각, "이 새롭고도

무한한 감정이 가득차 있음"(13: 355)을 느낀다.

　* 소냐가 라스콜리니코프에게 준 질책: "어떻게 그런 일이 내 결정에 따라 이루어질 수 있지요? 누구는 살아야 하고 누구는 죽어야 한다고 심판할 권리를 누가 내게 주었나요?"(14: 788)

　"나는 다만 '이'를 죽인 것뿐이야, 소냐. 무익하고 추하고 해로운 '이' 말이야."

　"인간은 '이'가 아니예요!"(14: 803)

　* 라스콜리니코프가 소냐의 발에 입맞춤: "그는 갑자기 온몸을 굽혀 땅에 엎드리더니 그녀의 발에 키스했다. 소냐는 공포에 질려, 마치 미친 사람을 피하듯이 그에게서 물러났다." "나는 당신에게 절한 것이 아니라 온 인류의 고통에 절을 한 거요"(14: 618)—고통에 대한 이 갈망. 그는 자신은 크나큰 죄인이라고 외치는 소냐에게 다시 말한다: "내가 그렇게 말한 건 당신의 수치와 죄 때문이 아니라 당신의 위대한 고통 때문이야"(14: 619). 아주 진한 글씨로 다시 써야 할 **위대한 고통**을 도스토예프스키는 구원의 표지로 삼았다. 그 고통의 이해가 입맞춤이다. 소냐는 그에게 간청한다: "우리 함께 고통을 짊어지러 가요. 함께 십자가를 지고 가요……!"(14: 815)

　* 라스콜리니코프가 회상하는 소냐의 다음의 당부는 죄와 고통, 구원의 삼각형을 뛰어나게 설명해준다: "네거리에 가서 사람들에게 절을 하고 대지에 키스하세요. 당신은 대지 앞에 죄를 지었으니까요. 그리고 세상의 모든 사람들에게 소리내어 말하세요. '내가 죽였습니다'라고요"(14: 1015).

　* 그리고서 사랑과 운명: "라스콜리니코프는 그 순간 소냐가 이제부터 영원히 그와 함께 있으리라는 것을, 운명이 그를 어디로 이끌든

지 세상 끝까지라도 그의 뒤를 따르리라는 것을 한순간에 느끼고 깨닫게 되었다"(14: 1016).

이렇게 『죄와 벌』의 대단원은 이루어진다.

이전의 작품에서도 도스토예프스키는 자신이 소설가임을, 중요한 소설가임을 입증해주었다. 그러나 『죄와 벌』에 이르러서 그는 러시아의 정신사, 아니 기독교의 구원사의 차원으로 비약했다. 어떻게 그런 일이 가능할까. 박경리가 『토지』에서, 조정래가 『태백산맥』에서 돌연히 문학적 비약을 하듯이 도스토예프스키는 『죄와 벌』에서 인간의 실존과 그 구원의 예언자로 돌변한다. 어떻게 이런 일이 있을 수 있는가. 작가란 존재의 끝없는 신비를 다시 느낀다.

제15, 16권 『백치』, 김근식 옮김

E. H. 카는 『백치』야말로 '러시아 윤리의 이상'이라고 강조했지만, 내가 젊은 시절 군대 졸병으로 근무하면서 영문판으로 읽을 때는 가장 가슴 아픈 비극으로 다가왔었다. 더 이상 순진무구할 수 없는 뮈시킨 공작의 직관과 통찰력, 사랑과 헌신, 그럼에도 다시 간질 발작으로 백치가 되어야 하는 운명에서 나는 이 세계의 구원받을 수 없는 비극을 느꼈던 것인지도 모르겠다. 이번의 1천 2백 페이지가 넘는 번역판을 보면서 40여 년 전에 거칠게 읽으면서 남은 기억을 다시 확인하고 내가 그것들을 어떻게 고스란히 바르게 기억할 수 있는지 신기하게 여긴 끝에 나온 설명은, 내 젊은 시절을 그 비극에 너무 아프게 담그었던 것이 아닐까 하는 것이었다.

나는 순진하고 순결하며 겸손한 사람이 오히려 더 지혜롭고 통찰력이 강한 사람일 수 있다는 것을 바로 뮈시킨 공작에게서 발견한다. 그는 바보임을 자처하고 실제로 세상 경험이 별로 없는 사람이지만 인간의 내면과 욕망을 곧바로 투시하며 사태의 의미를 정확하게 직감한다. 그는 소설 속에서 많은 사교계 인물들과 이른바 유식한 사람들 속에서 그들이야말로 얼마나 통속적이고 상식적인 인물들인가를 깨우쳐 주면서, 세계란 참으로 투명하며 아름다울 수 있음을 그의 이런 지혜로 솔직하게 드러낸다. 그것이 어린아이들에 대한 그의 사랑과 고통에 대한 공감에서 표현된다. 스위스에서 돌아온 날 예판친 가족들과 이야기하면서 그가 털어놓은 경험담들이 바로 이런 이야기들이다.

놀라운 것은 이 순진한 사람이 운명에 대한 정확한 예감을 가지고 있다는 점이다. 나스타샤 필리포브나와 로고진을 보며 그녀가 로고진에 의해 칼로 살해될 것이라는 것을 본능적으로 예감하는 것으로부터 자신이 예판친의 사교 모임에서 꽃병을 깰지도 모른다고 우려한 대로 결국 그 사고를 저지르고 만나는 깃이 그렇다. 이런 예감의 현실화는 도스토예프스키의 서사 능력의 뛰어남을 의미하는 것이기도 하겠지만, 한 인간형의 완벽한 완성으로 보이기도 한다.

* "그의 영혼은 얼마나 경련을 일으켰겠는가"(p. 49). 이 전율적인 직절한 표현.

* "저 빛이야말로 나의 새로운 자연이다. 3분 후면 나는 저 빛과 융합될 것이다"(p. 125)—사형대에 오른 인간의 마지막 빛. 도스토예프스키 자신의 경험을 드러내는 이 서술은 죽음을 당하는 인간의 가장 뛰어난 각성, 섬광과도 같은 직관.

* "불과 5분 전에 그 상점의 유리창 앞에 자기가 서 있던 것이 진짜 현실이었을까. 허상이 보였던 것이 아니었을까, 무언가 혼동한 것이 아니었을까"(p. 462)—뮈시킨이 발작을 예감하며 거리를 헤매는 동안 느낀 자의식. 이 특이한 자의식은 40여 년 전에 읽을 때도 내게 강렬한 인상으로 남아 있었다.

* "'그렇다, 이 순간을 위해 나의 모든 생을 내줄 수 있다!'라고 말할 수 있었다면, 물론 그 순간은 그의 전 생애만큼의 가치가 있는 것이다"(p. 465)—발작을 일으키기 전의 생에 대한 순간적인 열망! 나는 젊은 시절 이 구절을 잘 이해하지 못했다. 그런데 지금쯤은 알 것 같기도 하다. 비록 내가 뇌출혈로 발작을 하며 쓰러지면서도 이런 순간적인 열망을 깨우치진 못했지만.

* "그래요 공작, 당신이 황금 세기에도 들어본 적이 없는 소박함과 순진함을 보여주면서, 어떤 때는 돌연히 예리한 심리 관찰로 화살처럼 사람을 깊숙이 꿰뚫어볼 때가 있어요"(p. 633)—켈레르가 뮈시킨에게 한 이 지적은 바로 내가 하고 싶은 말이다.

* "현실적이면 현실적일수록 때로는 거짓처럼 보이지요"(p. 765)—정말, 그렇다.

* 괴물에 대한 이폴리트의 묘사(pp. 790~91)—누군가가 이 묘사대로 만들어보았더니 바로 전갈의 실제 모습 그대로라던 것, 그 사실성에 놀랐다는 것.

뮈시킨은 『카라마조프 가의 형제들』에서 알료샤로 등장할 것이다. 나는 이 인물을 얼른 보고 싶다.

제17, 18, 19권 『악령』, 김연경 옮김

내가 도스토예프스키의 소설 중 가장 현실감 있게, 그러나 전율하면서 읽은 것이 『악령』이다. 그랬기에, 이 소설은 40여 년 전의 군대 시절 영역판으로 처음 읽었지만 그 줄거리와 장면들이 가장 생생하게 남을 수 있었던 것이고 80년대였는지 내가 젊은이들에게 읽기를 권한 책으로 이 소설을 꼽은 것도 그래서였다. 19세기 제정 러시아의 사상적·정서적 혼란이 가장 격렬하게 갈등하던 시절의 젊은이들이 부닥친 극단적인 사유와 행동, 치열한 허무감과 구원에의 열정이 더없이 강렬하게 드러나는 이 소설은 마치 지난 우리의 70년대와 80년대 정황에서 그 현실적 모습으로 재현되는 듯했다.

이 소설의 초점은 스타브로긴과 정치적 급진파 표트르, 신은 죽었다고 외치는 관념주의자 키릴로프, 러시아 민족과 종교에서 구원을 찾는 샤토프의 네 사람을 중심으로 하고 있는데, 주목할 것은 스타브로긴의 어느 측면을 다른 세 사람이 극단화시키고 있다는 것, 그럼에도 스타브로긴은 더할 수 없이, 파탄하지 않을 수 없는 허무주의자라는 점이다. 표트르는 살인과 방화를 통해 민중의 혼란상을 불질러 체제를 전복하려는 무정부주의적 야심을 세우고 그 중심에 스타브로긴을 우두머리로 추대하고 있으며 그 소요의 사태를 샤토프가 배신자여서 죽여야 한다는 것으로, 그리고 실제로 그를 죽임으로써 도발하며 그 살인죄를 자살 예찬자 키릴로프에게 씌운다. 실제 1860년대 말의 네차예프 사건에서 소설적 형상화를 이룬 이 사건은 곧바로 폭로되고 스타브로긴 자신도 이 사건과 관련없이 자살하고 마는데, 이 일련의 사태들을 통해서 도스토예프스키는 그 후의 러시아 혁명을 예감시키는 정치적 소요를 그리고 있고 니체가 외친 "신은 죽었다"라는 진실을 키릴로프를 통해 먼저 제창하며 슬라브주의를 통해 사랑의 진의를 찾는 샤토프는 인간의 죽음을 예언하고 있다. 이 모두가 초인적 인격을 지닌 스타브로긴으로부터 왜곡된 형태로 발현되었다는 것, 그리고 「찌혼의 암자에서」를 통해 고백되듯이 그 자신은 자신의 타락을 통해 구원을 향한 내면 실험을 했으며 결국 자살로 귀결되고야 만다는 과정이 주저 없이 노출되고 있다. 20대의 나는 이 중에도 키릴로프와 샤토프의 무신론적 인간애와 유신론적 파토스에 감동했었고, 40대의 나는 표트르의 정치적 래디컬리즘에 대한 비판에 공감했는데, 이제 나는 이런 감정들을 다시 반추하면서 세계의 갖가지 관념들이 이 소설 속에 극단적으로 정형화되고 있음을 발견한다. 이런 점에서 도스토예프스키의 작품 중 가장 뛰어난 소설이 『악령』이라고 믿겨진다.

다음은 밑줄친 몇몇 장면들:

* 키릴로프가 말하는 인간이 자살하지 못하는 두 가지 이유:

고통: "[산만한 바위가 머리 위에 매달려 있다면] 고통스러울까 봐 두려워할 것입니다. [……] 모든 사람들이 고통스럽지 않다는 것을 알면서도 모든 사람들이 고통스러울까 봐 매우 두려워할 겁니다"(17: 228).

미지: "저 세계입니다."

"다시 말해서 벌을 말하는 건가요?"

"그건 아무래도 좋아요. 저 세계, 오직 저 세계입니다."

"삶은 고통이고 삶은 공포이며 인간은 불행합니다. 지금은 모든 것이 고통이고 공포입니다. 지금 인간은 고통과 공포를 사랑하기 때문에 삶을 사랑합니다. 그리고 그렇게 해왔지요. 지금 삶은 고통과 공포의 대가로 주어진 것이며, 바로 여기에 모든 기만이 있는 겁니다. 지금 인간은 아직 그 인간이 아닙니다. 행복하고 오만한 새로운 인간이 나타날 겁니다. 고통과 공포를 극복하는 사람, 바로 그 사람이 신이 되는 겁니다. 그러면 그 신은 존재하지 않게 되는 거죠"(17: 228~29).

 * 키릴로프의 '인-신론' : "지고의 자유를 원하는 사람은 모두 감히 자살을 할 수 있어야 하는 겁니다. 감히 자살을 할 수 있는 사람은 기만의 비밀을 알게 된 것입니다. 더 이상은 자유가 없습니다. 바로 여기에 모든 것이 있고 더 이상은 아무것도 없으니까요. 감히 자신을 죽일 수 있는 사람, 바로 그가 신입니다."

 "오직 공포를 죽이기 위해서 자살하는 사람만이 즉각 신이 되는 겁니다"(17: 230).

 * 키릴로프의 세계관(스타브로긴과의 대화) : "당신은 미래의 영원한 삶을 믿게 되었군요?"

 "아니오. 미래의 영원한 삶이 아니라 이곳의 영원한 삶을 믿어요. 어느 한 순간들이 있는데 당신이 그 순간들에 이르면 갑자기 시간이 멈추고 영원해지는 겁니다."

 "묵시록에서 천사는 더 이상 시간이 존재하지 않으리라고 맹세하더군요."

 "알고 있습니다. 그곳이라면 분명히 그럴 테지요. 명확하고 정확하니까. 모든 인간이 행복을 획득하면 시간은 더 이상 존재하지 않을 겁니다. 그럴 필요가 없으니까요. 매우 그럴듯한 생각입니다."

 "그럼 그걸 어디다가 감추죠?"

"어디에도 감추지 않아요. 시간은 물체가 아니라 관념이니까요, 머릿속에서 꺼져버리게 되는 겁니다"(18: 471).

* 샤토프의 민족-신(스타브로긴과의 대화): "오히려 민족을 신까지 끌어올리는 겁니다. 〔……〕 민족, 이것은 신의 육신입니다. 모든 민족은, 자신의 특수한 신을 갖고 있으면서 어떤 화해도 하지 않고 세계의 다른 모든 신들을 배제하는 동안만, 오직 그때까지만 민족입니다. 즉, 자신의 신으로 승리하고 나머지 모든 신들을 세계에서 쫓아낼 거라고 믿는 그 순간에만, 창세기부터 모든 사람들은 적어도 조금이나마 두드러졌으며, 인류의 선두에 서 있었던 위대한 민족들은 모두 그렇게 믿어왔습니다"(18: 501).

* 스타브로긴의 허무(샤토프의 지적): "당신이 그때 왜 그토록 치욕적이고 저열하게 결혼했는지 아십니까? 바로 치욕과 터무니없음이 그 순간 천재성에까지 이르렀기 때문입니다! 〔……〕 당신은 고통을 향한 열정 때문에, 양심을 갉아먹으려는 열정 때문에, 도덕적인 열정 때문에 결혼한 겁니다. 〔……〕 건전한 상식에의 도전이 그토록 유혹적이었던 겁니다"(18: 507~08).

* 표트르가 내세우려는 스타브로긴: "어쨌거나 혼돈은 시작될 겁니다! 이 세계에서 아직 보지도 못한 그런 동요가 시작될 겁니다…… 러시아는 안개에 휩싸이고 대지는 옛 신들을 부르며 통곡하겠죠…… 어쨌거나 바로 그때 우리는 내보내는 겁니다…… 한데, 누구냐?"

"그래, 누구요?"

"이반 왕자죠."

"누—누구라고요?"

"이반 왕자라니까요. 당신, 당신말입니다"(18: 843).

* 갓난아기에 대한 샤토프의 예찬: "위대한 기쁨 〔……〕 새로운 존재의 출현이라는 신비. 설명할 수 없는 위대한 신비죠."
"두 인간이 있었는데 갑자기 세 번째 인간이, 더할 나위없이 완전 무결한 새로운 정신이 생겨난 겁니다. 이건 인간의 손으로는 어쩔 수 없는 거예요. 새로운 사상, 새로운 사랑, 끔찍하기까지 하군요…… 세상에 이보다 더 높은 건 아무것도 없어요!"(19: 1188)

* 키릴로프가 표트르에게: "나에겐 신이 없다는 것보다 더 높은 관념은 없다. 나를 위해서 인류의 역사가 존재한다, 인간은 자기 자신을 죽이지 않고 살기 위해서 신을 고안해냈다, 오직 이뿐이다. 여기에 지금까지의 전 세계 역사가 전부 들어 있는 것이다"(19: 1237).
"난 3년 동안 내 신성의 자질을 찾아 헤맨 결과 그것을 발견했다. 내 신성의 자질은—자유의지(역문에는 '자의지'라고 되어 있지만 문맥으로 보아 '자유의지'로 읽힌다—필자)다! 이것이야말로 내가 주요한 지점에서 불복종과 나의 새롭고 섬뜩한 자유를 보여줄 수 있는 유일한 수단이다, 왜냐하면 사유는 섬뜩한 것이기 때문에. 난 불복종과 나의 새롭고 끔찍한 자유를 보여주기 위해 자살한다"(19: 1241).

* 스타브로긴의 절망(치혼의 진단): "이 서류는 죽도록 상처를 입은 마음의 요구로부터 곧바로 나오고 있는 것입니다."〔……〕
"그래요, 이것은 참회이고 당신을 이겨버린 참회의 자연스러운 요구입니다"(19: 1406).

다시, 도스토예프스키로

되돌아가서 찾아보니, 나의 '도스토예프스키 읽기'는 2005년 3월에 시작되었다. 그리고 미처 반년이 되기 전에 이 읽기는 중단되었다. 내가 한국문화예술위원회에 나가 일을 하게 되었고 그 근무 중에 도스토예프스키 전집을 읽는 일은 유예되었다. 이때까지 내가 읽은 것은 19권이었고 그 소감을 적은 것이 2백자 원고지로 154장 정도였다. 그러고서 3년. 작년 7월에 나는 공직에서 물러났지만 전기류 등으로 한가한 독서를 하는 대신 도스토예프스키 읽기는 기억만 해두고 있었다. 이제 그 도스토예프스키로 다시 돌아가기로 한다. 끊겼던 도스토예프스키의 세계로 젖어가는 일이 새삼스러워지고 더구나 그 읽기의 소감을 적는 일에 결이 달라지겠지만, 당초부터 나는 이 읽고 쓰기에 체통을 갖춘다든가 까다로운 틀을 만들기로 하지 않았고 다만 마음대로의 읽기를 통해 '자유 독서'의 즐거움을 누리기로 했던 것이 아닌가. 그래서 부담 없는 마음으로 다시 도스토예프스키를 손에 든다.

〔2008. 7. 26〕

제20권 『영원한 남편 외』, 정명자 외 옮김

『영원한 남편』 정명자 옮김

바흐친이 그의 소설론에서 예를 들어 도스토예프스키의 『영원한 남편』을 분석한 글을 보면서 나는 이유 없이 이 작품이 단편일 것으로 짐작했다. 그런데 정작, 길지는 않지만 장편이었다.

이 소설은 재혼한 도스토예프스키 부부가 유럽으로 떠나 제네바에서 궁핍하게 지낼 때인 1870년 즈음에 씌어진 것으로 그의 『백치』와 『악령』 사이에 낀 일종의 중간기의 소품으로 평가되고 있다. 역자가 해설에서 거푸 지적하듯이 이 소설이 그 앞뒤에 창작된 다른 소설들에 비해 "비교적 분량이 짧고 그 내용도 비교적 평이하며 단순한 스타일"(p. 511)인 것은 사실이다. 그렇게 간이역 같은 소설임에도 '여전히 도스토예프스키적'임을 나는 다시 느낀다. 그의 집요한 문체, 착잡한 심리적 전개에 대한 섬세한 추적, 어떤 한 장면에서의 현미경적인 묘사와 그럼에도 어떤 다른 중요한 이야기에서의 대담한 축약, 몽환적인 장면의 연출에서 특히 그렇다. 그것은 처음 주인공 벨차니노프의 불면에 대한 끈질긴 서술, 파벨 파블로비치를 알아보면서 가지게 되는 그에 대한 착잡한 의문, 한밤중 이 두 적수의 대결 혹은 두 사람의 자흘레비닌 집 방문과 그에 대비되는 딸 리자의 열병 끝의 죽음, 그리고 벨차니노프가 자기 방으로 들어와 공격하는 파블로비치를 오히려 되잡아 묶어 방에 가두기까지의 꿈 같은 장면들에서 잘 드러난다. 그러니까 도스토예프스키가 작은 주제를 그다운 테크닉으로 엮어 만든 소품이다.

여기서 '영원한 남편'이란 무엇을 가리키는 것인가. 서술에서, 대화에서 파블로비치가 벨차니노프로부터 여러 차례 '영원한 남편'으로 규정당하고 마지막 장이 이 제목으로 나오지만 정작 그 '영원한 남편'은 어떤 남자인지 설명을 받지 않고 있다. 소설 속에서만 보자면 아내의 불륜을 운명으로 받아들이면서 그녀에 대한 사랑을 물리지 않는 남편, 혹은 아내의 정부에 대한 질투를 통해 그녀에의 사랑을 확인하는 남편일 것 같긴 하다. 권말에 붙은 G. M 프리들렌제로의 「온순함과 자만심의 변증법」에 의하면 이 '영원한 남편'은 몰리에르 시대 때부터 유럽 희극에 자주 등장하는 "질투심 많은 남편, 보는 사람으로 하여금 웃음을 자아내고 무시당하는 그런 남편의 형상"(p. 546)이다. 이 소설은 그 형상이 운명적인 것임을 암시하고 있는데 파블로비치의 첫 아내가 벨차니노프만이 아니라 젊은 장교에게서도 오쟁이를 졌는데 재혼한 아내에게도 다른 젊은 남자가 출현하고 있어 그 신세가 되풀이되고 있음을 암시하고 있다. 파블로비치는 그렇게 아내의 배신을 당하고 있을 뿐 아니라 그녀의 정부로부터 무시당하는 꼴을 보이고 있는데 그 어리석음으로 자흘레비닌의 딸들의 놀림까지 받아야 한다. 도스토예프스키는 그러나 그 배신당함, 어리석음을 비극으로 발전시키지 않고 술래잡기 놀이처럼 소극(笑劇)으로 처리하고 있는데 이것이 이 소설의 소품다움이 될 것이다.

이 소설의 재미난 몇 대목들:

* "잠을 이루지 못하는 밤, 대개는 한밤중에 생각과 감각이 변화하고 심지어 분열하는 현상은 대체로 '깊이 생각하고 깊이 느끼는' 사람들 중에 흔히 나타나는 일이라는 것, 평생토록 가지고 있던 굳건한 신념이 때로는 밤과 불면증의 멜랑콜리한 분위기 아래 삽시간에 변해 버리는 일이 일어나기도 한다는 것이다. 그런가 하면 뚜렷한 이유 없이 느닷없이 일생일대의 결심이 굳혀지기도 한다는 것이다"(p. 18)— 주인공 벨차니노프가 불면증과 불안에 병적으로 시달리는 내면적 정황을 10여 쪽에 걸쳐 서술하고 있는데 내가 놀란 것은 구체적인 사연을 적지 않은 채 이렇게 심리적 분위기를 묘사할 수 있는 그 끈질김

이었다. 도스토예프스키도 앓았을 이 번뇌의 고통을 나도 겪은 적이 있었지만 이렇게 반투명의 정황 묘사를 할 수 있는 것은 도스토예프스키밖에 없을 것이다.

＊ "적당한 순간을 잡아 그는 갑자기 문고리를 빼고 문을 밀어젖혔고, 하마터면 모자에 상장을 단 신사와 정면 충돌할 뻔하였다" (p. 48)—벨차니노프가 한밤 창밖으로 '모자에 상장을 단' 신사가 자기 방으로 올 것이란 상상을 하며 머릿속으로 그의 진행을 헤아리다 순간에 맞추어 문을 연 것이 정확하게 들어맞는 장면은 마치 추리소설적 기법 같은 묘사다. 가끔 우리도 그런 적이 있지 않은가, 머릿속으로 셈하면서 타인의 어느 순간에 일치시켜보려는 일. 그런데 나는 이 장면을 보면서 주인공이 환상 속에서 배회하든가 그의 상대역과 동일인의 분열이 아닐까 생각했는데 내 추측은 전혀 맞지 않았다. 나는 도스토예프스키의 환상을 사실로 읽기도 하고 사실을 환상으로 받아들이려고도 했다. 왜 나는 그에게 그렇게 되는지.

＊ "또 어떤 때는 나의 예전의 행복한 생활을 보았거나 그 생활과 관련을 갖고 있는 사람들 중 아무라도 한 사람을 만나서 꼭 껴안아보고 싶은 충동이 들기도 합니다. 이건 다만 실컷 울음을 터뜨려보고 싶은 마음 때문이지요"(p. 63)—자기 아내와 불륜을 저지른 남자와도, 아내의 죽음으로 서러워진 마음을 울음으로 달래고 싶은 마음.

＊ "그는 도리어 어떻게 그에게, 벨차니노프에게 그러한 어리석은 연애 사건이 가능했는지 도무지 이해할 수가 없었다! 이 연애 사건에 관한 모든 추억은 그에게 수치감을 느끼게 했다. 그는 수치감으로 인해 눈물이 날 만큼 얼굴을 붉혔고 양심의 가책을 받았다"(p. 68)—지난 일은 항상 그리움과 아름다움으로 채색되는 것은 아니다. 오히려

부끄럽고 민망하며 지우고 싶은 일이 더 많을지 모른다.

* "벨차니노프는 그러한 여성의 유형이 실제로 존재한다고 확신하고 있었다. 그러면서 다른 한편으로는 그러한 여자들에게 어울리는 남편의 유형, 즉 이러한 여인의 유형에 어울리는 것을 유일한 사명으로 태어난 남편의 유형도 존재한다는 것을 확신하고 있었다. 그의 견해에 의하면, 그러한 남편들의 본질은 말하자면 '영원한 남편,' 아니면 다르게 말해서 평생토록 오직 남편이 되기만 할 뿐 그 이상은 아무것도 아닌 사람이 되기 위한 것에 있다는 것이다"(p. 72)—남편이 되 사랑 대신 배신을 받는 운명으로 태어난 남자, 그것이 '영원한 남편'의 정의인 모양이다.

* 그 '영원한 남편'인 파블로비치는 죽은 아내의 정부 벨차니노프와 술을 마시기도 하면서 "당신은 뭘 드시겠습니까"라고 질문받자 "당신이라니, 우리라고 말씀하세요. 같이 마십시다"라고 함께하기를 권한다(p. 120). 연적에 대한 이러한 우의는 도스토예프스키의 초기작부터 나오는 모티프인데, 나는 그것이 그의 독자적인 정서인지, 러시아인의 공통된 정서인지, 여전히 모르고 있다.

* 연적과의 그 공감은 다시 이렇게 강화된다: "그러더니 갑자기 그는 자신의 어깨 정도까지 오는 파벨 파블로비치에게 몸을 굽혀 술냄새가 진동하는 그의 입술에 입을 맞추었다"(p. 134). 이 행위는 바로 앞에서(p. 133) 파블로비치가 그에게 "한 가지 또다른 소원"으로 "나에게 키스해주세요"라는 요청에 벨차니노프가 응한 것인데 키스를 받은 파블로비치는 "그러니 당신이야말로 지금의 나에게 어떤 친구가 되었는지 아시겠습니까"고 묻는다. 남자들 간의 이 내통!

* "나는 '영원한 남편'입니다!" 파블로비치는 자기 자신을 비웃는

듯한 비굴한 미소를 띠며 이렇게 말했다"(p. 238)―스스로 말하는 '영원한 남편'의 운명.

* "드디어 그는 꿈이 아닌 현실에서 악몽을 꾸고 있는 것 같은 느낌에 빠져들었다. 그는 꿈 속에서 이것은 단지 악몽에 불과하며 결코 현실이 아니라는 것을 충분히 의식하고 있었음에도 불구하고, 자기 주변을 무수히 둘러싸고 있는 환영을 쫓을 수가 없었다. 환영은 모두가 낯익은 것이었다"(p. 272).

* 파블로비치에 대한 벨차니노프의 생각: "어젯밤 그자가 나에 대한 사랑을 고백하고 총결산을 합시다라고 했을 때 그는 과연 나를 사랑하고 있었을까? 그래, 미워했기 때문에 사랑했던 거야. 이런 사랑이야말로 가장 강한 사랑인 것이다……"(p. 285). 애증의 복합심리!

* "그래, 나를 자기와 억지로 입맞춤하게 하고서 얼마나 기뻐 날뛰었느냐 말이야! 단지 그 당시엔 그자도 이 일을 어떤 식으로 끝맺음히 될지를 모르고 있었던 거지. 포옹을 할 것이냐, 아니면 칼로 찌르게 될 것이냐를 말이지. 그런데 실세로는 그 두 가지가 모두 결과로 나타났으니 그 이상 좋은 일은 없을 것이다. 그것이 가장 자연스러운 최상의 해결책이니까 말이야"(p. 287)―애증의 복합이 결정적으로 드러나는 장면.

* "파벨 파블로비치! 덜 떨어진 자에게 있어 자연은 다정한 어머니가 아니라 일종의 계모가 되는 법이지. 자연은 덜 떨어진 자를 낳아서 그를 불쌍하게 여기는 것이 아니라 오히려 벌을 주는데 그것도 당연한 일이라 하겠지"(p. 288)―자연은 모두에게 다정한 어머니가 아니다. 그에게도 서자는 있다.

후기 단편들

전집 제20권에는 『영원한 남편』에 이어 1870년대에 발표된 그의 『작가 일기』에 수록된 5편의 중단편이 실려 있다. 그러니까 『악령』과 『카라마조프 가의 형제들』 사이에 발표된 그의 말기작들인데 독립된 작품이라기보다 '작가 일기'의 꾸밈없이 솔직한 스타일로 씌어진 것이며 그래서 작품의 완벽성보다는 그의 그 즈음의 사유와 정서의 소설적 표현으로 보는 것이 옳을 것이다. 「보보끄」는 묘지에서 혼령들이 제멋대로 지껄인 것들을 모은 것이고 「예수의 크리스마스 트리에 초대된 아이」는 추위와 굶주림으로 죽은 아이에 대한 조사이며, 「농부 마레이」는 무지하지만 정직하고 세월의 힘을 느끼게 하는 민중의 덕성을 예찬하는 것이고 「백살의 노파」는 역시 그만큼 늙어 자상해진 한 노인의 죽음을 보여주고 있으며, 중편 길이의 「온순한 여자」는 자존심과 그에 대한 저항감이 부른 중년 남자와 십대 아내의 파탄의 전말을 고백하고 있고 「우스운 사람의 꿈」은 죽음에 대한 성찰을 기록하고 있다. 이 중단편들은 주제도 다 다르고 그 기법도 다양한데, 뛰어나게 유창한 번역을 한 박현섭은 이 작품들에서 20세기 모더니즘이 시도한 의식의 흐름 수법을 발견하기도 하고 프로이트의 정신분석학을 찾아내기도 하는데 충분히 그럴 만하다. 여기에 덧붙이고 싶은 내 소감은 이렇다. 톨스토이와 도스토예프스키는 거의 상반되다시피 한 세계관과 창작 방법론을 제시하고 있고 나는 단연 도스토예프스키 쪽에 기울어 있었는데, 두 사람 다 인간의 운명적인 열정을 가지고 세계와 인물들을 보고 있다는 공통점에도 불구하고 역시 상반된 운명적 속성을 가지고 있음을 피할 수 없이 느낀다. 도스토예프스키는 그 운명이 열정적이지만 그 열정에는 선병질적인 것, 경련적인 것, 씨름하는 듯 대결적인 것이지만 톨스토이의 운명적 열정은 세계의 거대한, 보편적인 흐름과 그 기구함, 덧없음, 무자비함을 수용하는 슬픔이 도사려 있는 듯하다. 그 둘은 도시적인 것과 자연적인 것, 지적인 것과 지혜로운 것, 젊음과 노년 혹은 기독교적인 것과 범신적인 것의 대조를 보인다. 나는 그의 후기 중단편들을 보면서 톨스토이를 떠올렸는데 왜 그래야 했는지, 잘 모르겠으면서도 자연스럽게 여겨지기도 한다.

이 중단편들에서 재미난 대목들:

* 「보보끄」의 화자는 자칭 소설가인데 그가 출판사로부터 작품을 거절당하는 이유가 문체 때문이라고 한다. 그 문체는 "변화가 지나쳐. 지리멸렬이라고. 자르고 또 자르고, 삽입문을 만들고 그 삽입문 속에 또 삽입문. 그뿐인가, 괄호를 쳐서 거기다가 또 무언가를 집어넣지. 그리고는 또 자르고 자르니 이런 도대체가……"(pp. 322~23)란 평을 받는다. 사실 이런 문체는 도스토예프스키 문체의 특성이기도 하다. 옛날 대학 시절 정신과 의사 최신해가 쓴 도스토예프스키에 관한 글을 보았는데 도스토예프스키의 문장이 '간질성 문장'이라고 분석해서 재미나게 여긴 적이 있었다. 그 지적을 도스토예프스키 자신을 통해 다시 본다.

* "인생은 고난과 괴로움으로 가득한데 그 보상은 적다오…… 나는 결국 평안을 얻고 싶었오. 할 수 있다면 여기서 모든 것을 누리고 싶소……"(「보보끄」, p. 340). 그렇다, 그것은 나이들수록 더욱 느끼는 소망이다.

* "하지만 오로지 신만은 이 일자 무식한 러시아 농노——당시에는

자신의 자유의 가능성을 기대하지도 못했을뿐더러 짐작조차도 못하던—의 가슴을 채우고 있는 깊고도 고상한 인간의 감정을, 그리고 섬세하고 여성스럽기까지 한 그 부드러운 마음을 저 높은 곳에서 보고 있었을 것이다. 이것이야말로 콘스탄친 악사코프가 우리 민중의 높은 교양에 대해 말했을 때 염두에 두었던 것이 아니었을까?"(「농부 마레이」, p. 374). 언제나 진실! 그러나 이 진실은 양면성을 가지고 있다. 민중 자신이 보이는 지혜와 무지의 양면성, 그것을 예찬하는 지식인의 감동과 허영의 양면성.

* "하지만 알다시피, 사상을 말로 표현해버리면 지극히 바보스럽게 들린다. 스스로 부끄럽게 되고 만다. 왜냐고? 이유는 없다. 다만 우리 모두가 쓰레기들이며 진실을 견뎌내지 못하기 때문이겠지"(「온순한 여자」, p. 422). 우리가 쓰레기이기 때문이다. 그리고 사상과 진실은 드러나는 것이지 언표되는 것은 아니다.

* 그녀가 자살한 것은, "나의 사랑이 두려웠던 것일까"(「온순한 여자」, p. 464). 그럴 수 있다. 소설에서는 남편과의 자존심 대결 끝이었지만 실제의 삶에서도, 사랑은 받을 준비가 되어 있는 사람에게 자연스러운 운명으로 다가오는 것이며 그렇지 못하면 그것을 감당할 수 없어 죽음이나 파탄 혹은 허영이나 허망으로 해소시켜버릴 수도 있는 것이다.

* 자신의 자살을 실행할 만반의 준비가 된 사람이 하찮은 거지 소녀의 애걸을 거절한 것 때문에 그 결행이 유보된다. 자신이 왜 그 소녀를 거절했을까를 반문하며 고민하기 위해 그는 자살의 실행을 미루어버린 것이다(「우스운 사람의 꿈」, p. 482).

* "아마도 꿈을 추진하는 힘은 이성이 아니라 욕망이고, 두뇌가 아

니라 가슴인 모양이다"(「우스운 사람의 꿈」, p. 484). 이 소설의 주인공은 꿈속에서 죽음의 경험을 하는데, 그 사실성은 내가 알 수 없지만 도스토예프스키 자신은 그런, 죽음의 꿈을 꾸어보지 않았을까. 어떻든 문학 작품 속에서 죽음의 꿈에 대한 서술은 처음 본다. 그리고 이 소설은 이렇게 그 경험을 고백한다: "별안간 나는 죽었구나, 완전히 숨이 끊어졌구나 하는 생각에 강한 충격을 받는다. 〔……〕 눈도 보이지 않고 움직이지도 못하면서 그렇게 느끼고 생각한다"(p. 486).

제21, 22권 『미성년』, 이상룡 옮김

『미성년』은 『악령』(1872)과 『카라마조프 가의 형제들』(1879) 사이의 1875년에 발표된 장편이지만 도스토예프스키의 대작 소설 명단에는 끼지 못하고 나 자신도 그 이름은 알아왔지만 이것이 어떤 소설이란 사전 지식은 전혀 갖지 못했다. 1천 2백 페이지가 넘는 이 긴 소설을 다 보고 나서야 그것이 아래로 밀리는 까닭을 짐작할 수 있었다. 『미성년』은 일관된 주제를 갖지도 못했고 구성도 산만하며 인물의 성격도 모호하다. '미성년'이란 제목에서 느낄 수 있는 성장소설적 성격도 갖지 않았고 작가가 이 작품을 통해 무엇을 말하려는지 분명하게 다가오는 것도 아니다. 이 소설은 사건의 폭발을 예고하면서도 그 폭발을 계속 지연시켰고 화제를 요약하면서도 이야기는 더욱 늘어뜨렸으며 화자의 '이념 실천' 선언은 강력했지만 그 실행은 슬그머니 사라져버리고 작가가 당초에 독자에게 예상시킨 화제는 의외의 추리소설적 사건으로 옮겨가 소설의 성격을 변질시켜버리고 그 사건의 결과도 폭발적인 것은 아니게 야릇해져버린다. 요컨대 이 소설은 소설적으로 실패했고 사상적으로 미숙해져버린 것이다.

화자이며 주인공인 아르카지 마카르 돌고르키는 아버지가 하인 마카르비치 돌고르키로 되어 있지만 실제로는 베르실로프의 서자로 고등학교를 졸업하고 '로스차일드'가 되겠다는 '이념'으로 뭉친 스물한 살의 청년이다. 그가 아버지 베르실로프와 사교계에 끼면서 이런저런 일들에 휘말리고 그러면서 그의 어머니와 특히 아버지를 새로이 인식하게 되고 아내를 정부에게 빼앗긴 마카르비치의 죽음을 목도하며 카체리나 니콜라예브나에 대한 사랑을 느끼고 아버지와의 경쟁 끝에 한바탕의 일을 치른 뒤 평정을 되찾아 대학 진학을 준비하게 된다는, 구체적인 사건들을 요약하기 힘든 줄거리로 이야기는 진행된다. 그러니까 그 이야기가 산만하고 그 인물들이 혼란스럽고 그런 것에 비해 결말은 희미하게 되어버린 것이다.

그럼에도, 흥미로운 몇 가지 점이 발견된다. 이야기가 다른 이야기로 가지치기를 하는 도스토예프스키적 수법은 여전히 활발하다는 점이 우선인데, 그렇다는 것은 그가 한없는 이야기꾼임을 말해준다. 여기서 나온 또 다른 소설적 기법은, 이것이 이야기이며 독자를 향해 말하고 있는 중임을 확인시키는, 이른바 '낯설게 하기'적 수법이 자주 나온다는 점이다. 가령, "독자들에게 요약해서 말하겠다"든가, "뒤에 다시 말해주겠거니와 우선……" 하는 식으로 자신이 독자를 향해 의도적인 술회를 하고 있음을 강조하고 있다. 특히 이 소설의 마지막은 흥미롭게도, 지금까지의 기록을 아무개에게 보내 읽혔고 그로부터 다음과 같은 논평의 글을 받았다며 타인 명의의 독후감을 스스로 쓰고 있다. 화자와 서술자, 담론과 그 독자 간의 거리를 환기해줌으로써 작가는 이것이 여전히 소설이며 작가는 이것이 소설임을 독자에게 밝히고 있음을 보여준다.

내가 이 소설의 모티프에서 보다 중요하게 생각하는 것은 이 소설에서 『까라마조프 씨네 형제들』의 전조가 발견된다는 점이다. 마카르 비치는 임종에 즈음해서 자신이 방랑하며 보고 겪은 많은 이야기들을 하고 있는데 그 모습이 다음에 내가 볼 『까라마조프 씨네 형제들』의 조시마 장로를 연상시킨다는 점이다. 두 사람은 인생에 달관한 지혜를 보이면서 세상의 진실들에 대한 긴 이야기들을 늘어놓는데 그 면모가 비슷하다. 그리고 베르실로프가 카체리나 니콜라예브나를 사랑했는데 그의 서자인 화자가 이 여인에게 매혹당하고 있었다는 점에서 역시 카라마조프의 부자가 한 여인을 두고 경쟁하는 모티프를 연상시킨다. 그러고 보면 베르실로프가 '이중의 인격'으로 한편의 구원을 향한 갈망이 있고 다른 한편 욕정을 향한 욕망이 있었던 것은 카라마조프 형제들의 여러 성격을 함께 가지고 있는 모습일 수도 있을 것 같다. 베르실로프를 통해 러시아저 신의 추구, 러시아 민족주의적 정신의 찬양을 보기도 하는데 이것들은 『까라마조프 씨네 형제들』에서 보다 정련되어 나타날 것이다. 무엇보다, "지난 세기에 영국 의회에서 있었던 일인데, 대제사장과 빌라도 앞에서 행해진 그리스도의 재판의 전과정을 조사하기 위해 법률가로 구성된 특별위원회가 구성되었다는 거야 〔……〕 글쎄, 배심원들은 유죄 선고를 내리지 않을 수 없었다지 않니"(21: 602)의 발언이 주목된다. 이 발언은 이반이 알료샤에게 말해주는 대제사장 재판 이야기의 예고편임이 분명하다. 도스토예프스키는 이때부터 대제사장의 재판을 생각하고 있었음에 틀림없다.

아마 이런 점 때문에, 나는 이 『미성년』을 보면서 이것이 『까라마조프 씨네 형제들』을 위한 준비작이 아닌가 하는 생각이 끈질기게 들었을 것이다. 도스토예프스키는 이 작품의 실패를 통해 위대한 카라마조프 일가의 창조에 성공한 것이 아닌가.

다음, 포스트잇을 붙여 메모해둔 대목들:

* "분명히 그 길이 파멸로 가는 것인 줄 알면서도, 그녀(어머니)는 그곳으로 끌려들어갈 수밖에 없는 운명을 가지고 있었다"(21: 32)—'운명'이란 것의 피할 수 없는 '운명적인' 힘!
* "이 세상에는 세 부류의 건달들이 있습니다. 한 부류는 그저 겉멋에 빠져 자신의 비열한 행동을 더없는 미덕이라고 착각하고 있는 사람들이죠. 그 다음은 그래도 수치를 느낄 줄 아는 건달들인데 그들은 자신의 비열한 행동을 부끄럽게 느끼고 있는 사람들입니다. 마지막으로 진짜 건달들……"(21: 127)—공자의 '삼인행(三人行)'을 연상시킨다.
* "이런 일들은 말하자면 사랑 속의 미움 la haine dans l'amour 같은 것으로서, 서로가 서로에게 지니고 있는 애정 때문에 자존심의 상처를 받아 생기는 일로서……"(21: 154). 말 그대로의 애증, 운명적인 자존심!
* "로스차일드처럼 부유해지고 싶다. 단지 부자가 되는 것이 목적이 아니라 로스차일드와 같은 부유한 저명 인사가 되고자 하는 것이다"(21: 175). "어떻게 보면 나는 돈이 필요하지 않은 것일 수도 있다. 〔……〕 내게 필요한 것은 강한 힘으로 얻어지는 것, 강한 힘 없이는 절대로 얻을 수 없는 것이다. 그것은 바로 고독하지만 내적인 안정이 깃들어 있는 인식이다! 이것이 바로 전 세계 인간이 그토록

얻으려고 힘쓰는, 가장 완전한 의미의 자유의 정의인 것이다! 자유! 나는 드디어 이 위대한 말을 쓰고야 말았다"(21: 200).

* "네 어머니가 지니고 있는 성격적 특성은 온순함, 순종, 겸손 그러면서 동시에 억셈, 강한 의지, 진정으로 강한 의지로 표현될 수 있다. 그리고 그녀는 내가 이 세상에서 만난 여성 중 가장 뛰어난 여자였다"(21: 282). 베르실로프가 아내에 대해 한 말.

* "페테르부르크의 이른 아침을 포함해 그 모든 아침은 하나도 예외 없이 인간을 맑은 정신으로 돌아가게 하는 힘을 가지고 있다. 어쩌면 불타는 듯한 밤의 망상은 아침의 광선, 냉기와 더불어 증발하듯이 어디론가 자취도 없이 사라지고 마는 경구가 있다"(21: 303)—모든 세상의 아침이 그렇듯이! 이 신선한 묘사.

* " '내게 고귀한 것은 진실의 비천한 어둠보다/내 마음을 고양시켜주는 거짓이로다' "(21: 409). 단순한 거짓은 아니다. 역설적인 진실!

* "도처에서 권리의 평등화가 이루어지면서 동시에 명예심의 감소, 이에 따른 의무감의 감소가 생겼습니다. 이기주의가 이전의 공동체적 이념과 자리를 바꿨고, 모든 것이 개인의 개별적인 자유로 분해되어 버리고 말았습니다"(21: 482). 이 사회철학적인 발언은 옳다. 인간의 가치는 가치 비하의 상반된 현상을 동반하게 마련이다.

* "그러면서도 그러한 상황에서 나는 이상할 정도로 뭔가 쾌감을 맛보곤 했다. 그러나 그 쾌감은 고통을 통해서 생긴 것이었다"(21: 622).

* "완전히 성장한 청년의 가슴속에 갑자기 어린아이의 마음이 솟아오른 것이다. 다시 말해 내 가슴의 밑바탕에는 어린아이와 같은 마음

이 완전히 절반을 차지한 채 아직도 살아 있었던 것이다"(21: 641)—
어린아이와 같은 마음을 여전히 가질 수 있다는 것은 복 받는 일!

　* "누가 [……] 더 참을 수 없을 정도로 나를 모욕하게 되면 내 가슴속에는 그 모욕에 언제나 피동적으로 순종하려는, 오히려 한 걸음 더 나아가서 나를 모욕하는 사람의 기대를 충족시켜주려는 욕망이 참을 수 없이 솟아오르는 것이었다. '당신이 나를 모욕하면 나는 더욱 심한 모욕을 나 자신에게 주지요'"(22: 730). 도스토예프스키적 자존심, 그 자학의 자존심.

　* "늙은이라는 것은 그저 행복한 기분에 싸여서 이 세상에서 물러나야 해. 그런데 불평을 잔뜩 늘어놓으며 불만을 품고 죽음을 맞는다면 그것은 커다란 죄지"(22: 782)—내가 배워 익혀야 할 지혜.

　* "비밀이 무엇이냐고? 모든 것이 비밀이지. 이 세상 모든 일에 하느님의 비밀이 숨어 있지. 한 그루의 나무, 한 포기의 풀에도 바로 그 비밀이 숨겨져 있는 게다. 조그마한 새가 지저귀는 것이나 밤하늘에 수없이 많은 별들이 반짝이는 것이나 모두 다 똑같이 이 비밀스런 섭리에 의해 이루어지는 거야. 바로 저 세상에서 인간의 영혼을 기다리고 있는 그 기운 속에 가장 커다란 비밀이 담겨 있는 것이지!"(22: 783). 이 세계의 비의!

　* "열정적으로 이야기를 계속하고 있었지만, 마치 어딘가 하늘 한 구석을 보고 이야기하는 것 같았다"(22: 786). 먼 시선을 묘사하는 멋진 구절.

　* 마카르 이바노비치의 이야기: 한 병사가 군대를 마치고 귀향해서 술에 절어 지내다가 강도질까지 하고 재판을 받게 되었다. 그의 변호사는 그의 범죄에 증거가 없음을 주장하자 그가 일어서서 변호사의

말을 막고 자신이 말하겠다며 모든 사실을 숨김없이 자인했다. 배심원들은 회의를 열고 피고는 무죄로 공포했고 모두가 좋아했다. 석방된 그는 자유로워졌지만 영문을 알 수 없었고 닷새 후 목을 매 자살해버렸다(22: 843~46). 이 이야기는 이청준의 「벌레 이야기」를 연상시키는 인간의 아이러니를 환기시켜준다.

　* "아, 돌고르키. 아시겠지요. 누구에게나 내면에는 자신만의 추억이 깃들어 있는 겁니다"(22: 967). 분명히 그렇다. 나의 추억은 나밖에 또 누가 공유할 수 있겠는가. 인간은 혼자 살고 혼자 죽어가는 것이다!

　* '러시아 귀족의 우수'(22: 1025)—번쩍 뜨이는 어휘다. 러시아적 귀족적 우수. 도스토예프스키의 슬라브주의가 그것이다. 가령 『토지』의 최참판에서 '이조 양반의 우수'를 볼 수 있었던 것 같은데 이런 표현은 없었다.

　* "러시아에서는 이 세상 아무 데에도 없고, 그 어떤 나라에도 일찍이 이뤄내지 못한 최고의 문화적 양식이, 인간의 존재 상황에 대해서 고민하고 온 인류의 괴로움을 공유하려는 경향이 몇 세기에 걸쳐서 정립되어 왔다. 바로 이것이 러시아인의 전형적인 특성을 이루었는데 러시아 민족의 최고 문화층이 바로 그런 점을 일관되게 지켜왔고 나도 그런 전형에 속하는 영광을 누리게 된 거야"(22: 1032). '러시아 귀족의 우수'에 대한 최상의 자부.

　* "당신은 아무런 죄도 없는 죄인이었을 뿐입니다. 죄도 없는데 죄인이 되는 일이 흔히 있다는 것을 당신도 아시지요? 그것은 가장 용서할 수 없는 죄여서 거의 언제나 벌을 받는 것입니다"(22: 1129).

　* '또 하나의 자기'(22: 1208)—이는 베르실로프의 자기 규정이지

만, 이 소설 혹은 도스토예프스키 소설의 인물들이 끊임없이 드러내는 자기 존재 양상이다.

　＊ "새로운 시대란 항상 그런 방황하는 젊은 영혼들에 의해서 창조되기 때문입니다"(22: 1246). 내가 정말 써먹고 싶었던 구절이다.

제23, 24, 25권 『까라마조프 씨네 형제들』, 이대우 옮김

『미성년』에서 『까라마조프 씨네 형제들』로 옮겨오면서 비로소 도스토예프스키의 본령으로 다시 돌아왔다는 느낌이 든다. 그러나 이 『까라마조프 씨네 형제들』은 한창때 내가 보던 것과 좀 달리 다가온다. 우선 그 제목이 옛날 내가 대학 2학년 시절엔가 보았을 때는 『카라마조프 가의 형제들』이었고 지금도 그 제목이 더 익숙하다. 그리고 정음사판 세계문학전집의 그 소설은 한 권 반으로 기억되는데 이 '열린책들'판은 모두 3권으로 1천 770쪽 정도로 훨씬 길다. 그것이 판형과 활자가 달라서만은 아닐 것이며 어쩌면 번역 원본이 달라서인지 모르겠다는 생각이 든다. 정음사판의 역자는 당시 이대 교수였던 영문학자 이근섭 씨로 기억되는데 후에 보니 연세대 교수인 영문학자 이상섭 교수의 형이고 그렇다면 그 소설은 영역판에서 옮겼을 것이고 러시아어에서의 영역자는 더러 지루하거나 필요하지 않다 싶은 것은 뺐을 수도 있을 것이다. 예컨대 이대우의 번역판에서 제1권은 '어느 집안의 내력'으로 카라마조프 집안의 내력을 기록하면서 그 마지막 절은 '장로들'로서 러시아 교회에서의 장로의 역사와 내력을 서술하고 있는데, 이 대목은 오래전의 것이어서 내 기억력을 믿지 않고 있지만 이근섭 번역판에서는 본 것 같지가 않다. 물론 전혀 자신없는 내 판단이다.

어떻든 나는 근 50년 만에 다시 『까라마조프 씨네 형제들』의 세계로 들어가는데 한꺼번에 길게 쓸 수는 없을 듯하며 그때그때 읽은 대로 메모하기로 한다. 그렇게 하면 내가 읽고 느끼거나 생각한 대목들에서 좀더 자세하게 쓸 수 있을 것이다.

* 소설은 '작가로부터'에서 시작하는데 그 첫문장이 "나의 주인공 알렉세이 표도르비치 카라마조프의 일대기를 집필하면서"로 되어 있고 그 뒤에도 이 글이 알렉세이의 전기임을 두어 차례 분명히 적고 있다. 그러니까 도스토예프스키는 알료샤의 전기 집필을 목표로 하고 있으며 그 집안의 '형제들' 이야기는 그를 위한 서장임을 밝히고 있는 것이다. 그는 정말 알료샤를 주인공으로 구원받은 영원한 인간형을 그리려고 했는데 그가 실제로 그럴 수 있었다면 알료샤의 모습은 어떠한 형상이었을까. 혹은 누구였든지, 도스토예프스키라 하더라도, 아니 그였기 때문에, 구원받은 인간상으로서의 알료샤를 그려낼 수 없는 것이고 그의 죽음은 그래서 온 것이라는 아주 오래전에 본 글대로 그것은 운명적이었을까. 알료샤의 인간상은 인간의 몫이 아니라 하나님의 아들 예수의 몫이었을지도 모른다.

* 알료샤는 네 살 때 죽은 어머니에 대한 아릿한 기억을 가지고 있다. 그것은 "어느 조용한 여름 저녁, 활짝 열어제친 창문, 비스듬이 흘러드는 저녁 햇살(비스듬한 햇살이 무엇보다 분명히 기억되는데)을 기억했다"(23: 44)고 하는데 그 '비스듬한 햇살'이란 어사가 참으로 절묘하다. 도스토예프스키는 이런 점에서 '시인'이다.

* 소설의 앞부분에서 도스토예프스키의 착각이 보인다. 알료샤의 어머니는 결혼한 첫해에 이반을 낳고 3년 후에 둘째 알료샤를 낳았다고 했는데(23: 35) 두어 쪽 뒤에서 이 사건이 일어날 "당시 알료샤는 겨우 스무 살(그의 형 이반은 스물네 살, 이복형 드미트리는 스물여덟 살이었다)"이라고 적고 있다(23: 43). 그리고 다시 이 사건 당시 알료샤는 열아홉 살이라고 한다.

* "어디서든 모습을 나타내든 그는 모든 사람들로부터 사랑을 받았으며"(23: 46)로 시작되는 알료샤에 대한 긴 묘사는 아마도 도스토예프스키의 구원적인 인간상일 것이다. 그것은 직관적인 형상화이며 순수하고 겸손하며 진지하되 명랑한 모습이다. 나는 전날 그에게서 "비둘기처럼 순결하고 뱀처럼 지혜롭다"는 성서의 구절을 떠올린 적이 있는데 거기에 수줍음과 밝음을 더 보태야 할 것이다. 이 인간상은 『악령』에서 샤토프와 키릴로프에 분산되어 나타나지만 『백치』에서는 뮈시킨으로 먼저 나타난 바 있다. 도스토예프키에게는 가장 아름다운 인간상의 전형이 있고 그 인간상은 내가 그리는 이상형이기도 하다.

* "공상을 할 때는 흔히 인류에 대한 지극한 봉사 정신에 빠져들기도 하고, 만일 갑자기 그럴 필요가 생긴다면 사람들을 위해 실제로 십자가를 걸머지겠다고 생각하지만, 나는 단 이틀도 같은 방에서 어떤 사람하고든 함께 지낼 수 없으며, 이것은 내가 경험을 통해 알고 있는 바이다. 〔……〕 그래서 개별적 인간을 증오하면 할수록 인류에 대한 나의 보편적 사랑은 한층 타오르게 된다는 그런 이야기"(23: 128). 조시마 장로가 한 의사의 말로 인용하고 있는 이 말은 관념의 허위 혹은 자기기만의 인간 본성에 대한 날카로운 지적이다. 그러나 이 위선이 반드시 악덕에서 나온 것일까. 조시마 장로는 이념적인 발

언의 허위를 짚고 있지만 사유와 현실 간의 운명적인 배치(背馳)를 언급하는 정신의 진상으로 읽히기도 한다.

* "장로는 드미트리 표도르비치 앞에 무릎을 꿇더니 그의 발을 향해 이마가 땅에 닿도록 머리를 완전히 조아리며 분명히 의식적으로 절을 했다"(23: 165). 조시마 장로는 드미트리의 얼굴에서 곧 닥쳐올 환란을 예감하고 깊은 절로 사의를 전한다. 조시마 장로는 물론 점쟁이가 아니다. 그러나 세계의 본원(本源)을 뚫은 사람은 운명을 직감하게 되고 그 운명으로 재난을 당해야 하는 사람에게 깊은 공감을 느끼게 된다. 이 장면은 그 예감을 보여주는 것으로 도스토예프스키가 비범한 것은 그 예감에 그 스스로 통해 있다는 점이다.

* 알료샤가 형 이반에 대해: "그는 어쩌면 고뇌를 찾고 있을지도 몰라"/"그의 영혼은 폭풍우 같다고. 그의 이성은 포로가 되어 있어. 그의 사상은 위대하지만 아직 해결의 실마리를 풀지 못하고 있는 거야"(23: 181). 그렇다, 고뇌의 추구자도 있다. 세계는 그들에 의해 의미가 만들어진다.

* 드미트리의 자학: "[……] 그러나 운명의 판결은 완결되어 가치 있는 사람은 제자리에 남게 하지만 가치 없는 사람은 영원히 뒷골목으로, 더러운 자신의 뒷골목으로, 자신이 좋아하는 자신만의 뒷골목으로 꼬리를 감추고 그곳에서 진흙과 악취 속에 파묻혀 만족해하며 기꺼이 파멸해가는 법이지"(23: 259). 겪지 않았던가, 젊은 시절 자신의 운명을 저주하듯 비난하며 뒷골목으로 헤매던 그 음울하고 원죄처럼 괴로워하던 때를. 드미트리도 자존심과 파탄에의 열정 속에서 뒷골목을 헤매며 젊음을 고뇌하고 있다.

* 다시 자존심: "이 모든 것은 당신의 자존심에서 비롯되는 것입니

다. 오, 거기에는 많은 굴욕과 자기비하가 따르겠지만, 그 모든 것은 자존심 때문에 비롯되는 것입니다…… 나는 너무나 젊었고, 너무나 강렬하게 당신을 사랑했습니다"(23: 426). 이반이 형의 약혼녀 카체리나에게 한 말이지만 도스토예프스키의 소설 인물들이 거의 가지고 있는 자존심의 문제를 이 구절은 꺼내고 있다. 그렇다면, 그에게 있어 자존심이란 인간됨의 징표가 아닐까. 곧 그것을 버린다는 것은 인간됨의 가치를 포기하는 것이지 않을 수 없게 된다.

  * "이 점을 알아둬라. 너무나 좋아하면서도 그녀 곁을 떠나는 게 이토록 홀가분하다는 것을"(23: 517). 이반이 알료샤에게 자신이 사랑하는 형의 약혼녀 카체리나 이바노브나를 더 이상 만나지 않겠다고 선언한 후 한 말. 그 사랑이 운명적일 때, 그래서 그 여인이 '팜므 파탈'일 때 사랑의 결별로써 자유로움을 얻어낼 수 있을 것이다.

  * "신이 존재하지 않는다면 고안해내야만 할 거다"(23: 522). '대심문관'을 열기 전에 이반이 알료샤에게 신의 존재 문제에 대해 말하며. 리처드 도킨스의 '만들어낸 신'을 도스토예프스키는 130년 전에 짚어냈다. 이반은 여기서 나아가, "난 신을 받아들이지 않겠다는 게 아니야. 난 그가 창조한 세계를, 신의 그 세계를 받아들이지 않겠다는 거야"(23: 524)라고 말한다. 그러나 나는 여기서, 신은 받아들이지 않되 그가 만든 세계를 받아들인다. 예수의 신은 부인하지만 그에게서 비롯된 기독교적 세계와 그 문화(!)는 인정하고 평가한다. 신을 인정하지 않으면서 그가 만든 세계를 인정한다는 것은 역설인가? 진실은 그 같은 역설의 세계 속에서 뜨겁게 피어난다.

  * 이반의 '아이 예찬' : 아이들은 왜 사랑받아야 하는가의 따뜻한 아이 예찬이 첫째, 둘째, 셋째 하며 계속된다(23: 529~30). 이 예찬

은 냉철한 이반에게는 익숙지 않은 모습이지만 도스토예프스키에게는 아주 진하게 익숙한 모습이다. 그는 곳곳에서 아이들의 순진함, 그들의 지혜로움, 그들의 자존심, 그들의 상처난 명예심을 묘사한다. 그리고 이런 이야기까지 한다: "한 강도가 한 집에 잠입해 일가족을 몰살시켰고 한꺼번에 여러 아이들을 찔러 죽였는데 감옥에 갇혀서는 이상하게 아이들을 좋아했고 아이들 바라보는 것으로 일과를 삼았다. 그 자는 어느 조그만 소년을 자기 창살 밑으로 불러서는 깊은 우정을 나누었다 한다"(23: 530). 도스토예프스키는 또 다음의 유명한 장면을 소개한다: 한 아이가 돌을 잘못 던져 장군의 개 한 마리의 다리를 다치게 했다. 다음 날 장군은 그 소년을 벗겨 도망치게 하고 사냥개들을 풀어 그 소년을 쫓게 하여 그 엄마 앞에서 물어죽이도록 했다(23: 541). 그 잔혹함!

* 이반의 서사시 '대심문관'(23: 555~81): 우리가 읽을 수 있는 가장 심오한 종교적 아포리아. 나는 이 이야기를 제대로 이해할 수 없고 그 뜻을 제대로 세울 수 없다. 다만 깊이 남은 질문: 예수는 이 어리석은 세계를 인정하는 것인가. 공포스런 자유와 안락한 구속에서 무엇을 선택할 수 있을까. 이것은 실존의 문제이며 어쩌면 단독자로서의 개인과 군중의 집합체 간의 갈림길일 수도 있을 것이다. "자유로운 선택보다는 평안, 심지어는 죽음이 인간에게 더 소중하다는 사실을 당신은 잊었는가?"(23: 568). 예수가 십자가에서 내려오지 않고 죽음을 맞아들인 것은 "인간을 기적의 노예로 만들고 싶지 않았기 때문이며, 기적에 의한 신앙이 아닌 자유로운 신앙을 열망했기 때문이오. 당신은 인간을 영원히 공포에 떨게 할 권세 앞에서 드러날 예속적인 노예들의 환희가 아니라 자유로운 사랑을 열망했던 거요. 그

러나 당신은 사람들을 너무 과대 평가하고 말았소"(23: 571). 인간에 대한 신뢰와 불신, 도스토예프스키는 결국 이 갈등 속에서 헤맨 것은 아닐까.

대심문관은 다시 찾아온 예수에게 화형하겠다고 선언한다(23: 581). 침묵을 지키는 노인에게 그는 "입술에 조용히 입을 맞춘다. 그리고 말한다. '어서 나가시오. 그리고 다시는 찾아오지 마시오…… 앞으로 절대 찾아와선 안 되오. 절대, 절대.' 노인은 그를 '어둠이 깔린 도시의 광장'으로 내보내는 거야"(23: 586). 그래서 세계는 다시 인간의 세속으로 보장받는다.

'대심문관'에 대한 한 가지 덧붙임: 대학 시절 읽은 최문환 교수의 『민족주의의 전개 과정』에 도스토예프스키의 이 '대심문관' 해석이 삽입되어 있다. 그것이 어떤 내용이었는지는 기억되지 않지만 사회학자가 어떻게 기독교의 근원적인 질문을 그의 민족주의론에 인용했는지 그 당시에도 궁금해했었다. 최 교수가 교양 독서로 『카라마조프 가의 형제들』을 당연히 읽었겠지만 민족주의론에 도입한 것은 지금도 의아스럽다.

* "난 앞으로 그에게 닥칠 위대한 고통을 향해 절했다"(23: 633) : 알료샤가 드미트리에게 "땅에 대고 절한" 사유에 대해. 그는 타인에게 닥칠 운명을 예감했고 그것도 '위대한 고통'으로 예감하고 최상의 경의를 표했다. 운명을 감지할 수 있다는 것은 그가 예언자가 아님에도 가능할 것이고 그 운명을 '위대한 고통'이라고 표현한 것은 삶과 세계에 대한 근원적인 공감을 직관으로 가진 사람이기 때문에 나올 수 있는 말일 것이다.

* "인생이 너에게 많은 불행을 안겨주겠지만 그로 인해 행복해질

것이고 인생을 축복할 것이며 결국 다른 사람들의 인생도 축복하게 될 터이니"(24: 634) : 조시마 장로가 알료샤에게 보낸 예언. 타인을 축복할 수 있는 사람은 자신의 불행을 숱하게 겪고 그것에서 스스로의 행복을 발견할 수 있는 사람일 것이다.

* "왜 그렇게 날짜를 계산하는 건가요? 온갖 행복을 맛보는 데에 인간에겐 하루면 충분할 텐데"(24: 643) : 조시마가 어렸을 때 숨을 거둔 형이 남긴 말. 그래, 행복의 갖가지를 즐기는 데 하루로 충분할지도 모른다.

* "사실 내가 무슨 자격으로 나와 다름없이 하느님의 형상과 닮은 다른 인간의 봉사를 받는 것일까요?"(24: 663) : 그래, 내가 20대 번민의 시절, 나 때문에 눈물 흘리는 사람을 보며 내가 무슨 권리로 그를 괴롭힐 수 있는 것일까, 라고 반문하며 나를 신문했다. 여러 날 후 나는 "없다!"라고 외치게 되었고, 그때부터 나는 세상과 인간에 대해 긍정의 시선을 줄 수 있었다. 조시마는 나의 이런 질문을 150년 앞서 던졌던 것이다.

* "모든 사람들은 자신의 죄 이외에도 만인에 대해, 그리고 만사에 대해 죄인이라는 당신의 말씀"(24: 674) : 홉스의 '만인 대 만인의 공포'가 무신론적이라면 조시마의 이 말은 유신론자의 원죄적 규정이리라.

* "내게 천국이 찾아오리란 것을, 내가 고백하는 순간 천국이 오리란 것을 알고 있습니다. 지옥 속을 14년이나 헤맸지요. 이젠 고통받고 싶습니다. 고통을 받아들이며 살고 싶습니다"(24: 686) : 조시마 장로에게 한 고백. 고백자는 흠모하는 여인을 죽이고 완전범죄로 만든 후 천연스레 잘 지내면서도 내면적인 죄악감에 시달려 사회적 헌신을 하면서도 끝내 죄를 고백하지 않다 조시마 장로에게 그 자초지

종을 고해한다. 진실을 숨김으로써 감당해야 할 고통이 아마 지옥임을, 그것으로 죄의 대가를 치르고 있음을 이 구절은 보여주는데, 여기서 이청준의「벌레 이야기」의 용서의 문제가 다시 떠오른다.

* "그는 연약한 한 젊은이로서 대지에 몸을 던졌지만 한평생 확신으로 가득 찬 투사가 되어 일어났으며, 그 환희의 순간에 돌연 그것을 인식하고 느꼈던 것이다. 그 후로 알료샤는 한평생 그 순간을 결코 잊을 수 없었다. '그때 누군가 내 영혼 속에 찾아왔던 거야.' 그는 나중에 확신에 가득 찬 목소리로 이렇게 말하곤 했다……"(24: 808) : '위대한 각성의 순간,' 그리고 그 잊을 수 없는 기억! '종말론'을 발견하던 날, 그리고 '타인에게 고통을 줄 수 없음'을 확신하게 되던 날.

* "아무래도 좋아. 어떤 일이 벌어진다 해도 상관없어. 그것이 비록 한순간일지라도 난 온 세상을 바칠 수 있어"(24: 980). 드미트리가 그루센카의 뒤를 따르며. 사랑과 쾌락의 한 순간을 위해 온 평생을 바칠 수 있음. 그것은 열정이며 위험한 열정이고 행복이며 불행한 행복이리라.

* "이 세상에 산다는 것이 얼마나 멋진 일인지 모르겠어요. 비록 우리들이 추악하긴 하지만, 이 세상에 산다는 것은 참으로 멋진 일이잖아요"(24: 983). 그렇다, 그루센카의 이 감탄은 역설을 통해 진실의 감동을 불러일으킨다. 우리는 졸렬하지만 그래도 이 세상을 살고 있다는 것은 참으로 멋진(!) 일이다.

* "다시 말해서 나는 고결함에 대한 갈망으로 한평생 고통을 받아온 것입니다. 즉 등불을, 디오게네스의 등불을 든 고결함의 수난자, 탐구자였던 것입니다. 그러면서도 나는 우리 모두와 마찬가지로 한평생 비열한 짓만 해왔습니다"(24: 1031). 때로는 고결하면서도 비열할 수가,

또 때로는 고결하기 위해 비열할 수도 있다. 고결함을 모르고 비열하지 않은 것과 어느 것이 더 나은지, 더 고결한지. 어떻든 드미트리의 이 도스토예프스키적 역설은 인간의 분명한 진상 중 하나이다.

* "모두가 옷을 입고 있는데 자기만 옷을 벗고 있었고, 이상하게도 옷을 벗고 나니 그들 앞에서 죄인이 된 기분이 들었다. 게다가 중요한 사실은 정말 그들보다 천한 사람이 되어 이제는 그들이 이미 자신을 멸시할 권리를 가지고 있다는 데 동의하고 있다는 점이었다"(24: 1077). 드미트리가 옷을 벗기우고 조사를 받을 때 느끼는 이 '수치스러움'은 유신 시절 남산에 끌려가 고문과 취조를 당하기 전 먼저 옷을 모두 벗기울 때 느끼는 심정과 같을 것이다. 그때 어찌 나는 남산에서 그런 '수치'를 당하지 않을 수 있었는지, 지금 돌이켜보아도 아찔하다.

* "단지 당신들의 처벌에 대한 공포 때문이 아니었습니다! 그것은 수치심 때문이었습니다"(24: 1083). 도스토예프스키가 가장 자주 쓰는 말 중 하나는 '수치'였다. 그는 인간됨의 품위를 버려야 할 때, 고상한 정신에 상처가 날 때 모두 '수치'라고 했다. 그것은 '양심'과 다르고 '명예'와도 다르다. 거기에는 찢기지 않으려는 강렬한 열망이 자리잡고 있다.

* "사람은 비열한 인간으로 사는 것도 불가능한 노릇이지만, 비열한 인간으로 죽는 것도 불가능한 법입니다"(24: 1101). 수치를 수치로 받아들이지 못하는 것, 그것이 비열일 것이다. 명예롭게 살다 명예롭게 죽기, 고상하게 살다 고상하게 죽기—도스토예프스키는 드미트리를 통해 이처럼 '정직하게 죽어야 할'(24: 1101) 것을 권고하고 있다.

* 알료샤가 이반에게: "나는 신이 질서를 위해서…… 세계 질서나

그 밖의 것들을 위해서 필요하다는 사실을 인정해요…… 만일 신이 존재하지 않는다면 만들어내기라도 해야겠지요"(25: 1215). '필요하다'는 것과 '존재한다'는 것은 다르다. 그것의 불일치가 세계를 얼마나 고통스럽게 만드는가. 그러나 필요하기에 '만들어내기라도' 해야 한다는 이 역설은 알료샤의 것이기에 절실하게 다가온다.

* 변덕스러운 리자가 알료샤에게 말한다: "나는 누군가가 나를 몹시 괴롭히고 나와 결혼한 다음, 다시 나를 괴롭히고 속이고 내 곁을 떠나 버리기를 바래요. 나는 행복해지고 싶지 않거든요!"(25: 1279). 도스토예프스키적 여인. 그리고 그다운 아이러니. "행복해지고 싶지 않다"는 열망이 그에게는 가능할 뿐 아니라 오히려 도스토예프스키답기까지 하다.

* "하나의 형상, 즉 어떤 물체나 사건이 나타나거든. 그래서 나는 인식을 하고, 이어서 어떤 생각을 품게 되는 거야"(25: 1297). 드미트리의 이 사유의 절차는 허버트 리드의 사고를 연상시킨다. 『도상과 사상』에서 그는 이미지가 먼저 있고 그에 따라 사상이 생겨난다고 보는 그의 미학 이론을 전개하고 있다.

* "우리들은 쇠사슬에 묶일 것이고, 자유를 잃게 될 거야. 하지만 그때, 그 위대한 비애 속에 우리들은 인간이 살아가는 동안 반드시 필요한 기쁨 속에서 다시 태어날 거야. 하느님도 존재하겠지. 기쁨을 주시는 분은 하느님이시고 그건 그분의 위대한 특권이니까"(25: 1304). 드미트리의 이 열광 속에서는 신은 강한 현존감으로 다가온다. 이렇다면, 그 '위대한 비애 속'에서는 신이 존재해야 한다!

* "전에는 그 뇌쇄적인 각선미만이 나를 고통에 빠뜨렸던 거야. 하지만 지금은 그 여자의 영혼을 내 영혼에 받아들이게 되었어. 그 여

자를 통해 인간이 된 것이지!"(25: 1311). 욕망이 사랑으로 전화되었을 때, 드미트리의 각성.

* "이제 너는 나를 부활시킨 거야"(25: 1318). 드미트리는 알료샤와의 대화를 통해 자신의 부활을 인식한다. 알료샤는 모두에게, 탐욕스러운 아버지나 열정의 드미트리, 냉철한 이반, 복수에 불타는 카체리나, 순정의 그루셴카, 변덕스러운 리자 등 모두에게 신뢰와 사랑을 받고 있다. 도스토예프스키에게 가장 이상적인 인물인 알료샤의 이런 주변으로부터의 존중은 어디에서 솟은 것일까. 아아, 그것은 타고난 인품, 전생에서부터 지고 온 고결한 인격일까. 그를 생각하면, 인간의 품위, 혹은 인간의 구원받을 수 있는 자질은 당초부터 예정된 것이 아닐까 하는 생각이 든다.

* 그 알료샤는 운명의 예감과 더불어 사태의 진상을 직관할 수 있기까지 하다: "형은 아버지를 살해하지 않았어요. 그건 형이 아니예요!"(25: 1328).

* 이반과 카체리나: "그 두 사람은 서로에게 매혹된 원수와도 같았다"(25: 1367). 도스토예프스키식 아이러니. '위대한 고통' 같은.

* 이반에게 나타난 악령이 하는 말: "인간은 소화 불량이나 그 밖의 질병을 앓으면서 꿈을 꿀 때에는, 특히 악몽을 꿀 때에는 예술적 환상, 복잡한 현실, 어떤 사건들, 구체적인 묘사와 줄거리가 담긴 그 사건들의 총체적 세계를 때때로 보게 되지. 인간의 고상한 정신적 발현으로부터 조끼의 마지막 단추에 이르기까지 말이야"(25: 1413). 혼몽 상태의 사유의 배회, 혹은 상상력의 비밀. 아마 도스토예프스키 자신이 이런 혼몽 상태에 자주 빠지지 않았을까.

* "카차는 자신의 자존심을 회복하기 위해서, 자신의 상처 입은 자

존심을 위해서 그처럼 광적인 사랑을 미차에게 쏟아 부었던 것이다. 그런 사랑은 어떤 의미에서는 참된 사랑이라기보다는 일종의 복수에 가까운 법이다"(25: 1527). 자존심을 위한 사랑, 복수를 위한 사랑도 가능할 것이다. 특히 도스토예프스키의 여인들에게는.

* 드미트리의 변호인 페추코비치의 변론 속에서: "내가 지금 심리 분석을 해본 것은 인간의 심리란 마음대로 자유로이 분석할 수 있다는 것을 보여주고 싶었기 때문입니다. 문제는 그것을 다루는 능력에 달려 있습니다. 심리라는 것은 가장 성실한 사람마저도 부지불식간에 소설가로 만들 우려가 있습니다"(25: 1607). 실제로 드미트리에 대한 그의 분석은 검사 키릴로비치와 전혀 상반된 이야기를 만들어내고 있다. 소설에 대한 도스토예프스키의 이 규정도 사건에 대한 내면적 분석에서 태어나고 있음을 정확히 드러낸 것이다.

* "아버지들이여, 그 자식을 노엽게 하지 말지어다"(25: 1641). 역주에는 「에베소서」 6장 4절이라고 적혀 있다. 이 소설의 배경이 되는 1860, 70년대 러시아가 아들이 아버지를 부인하는, 그러니까 투르게네프의 『아버지와 아들』의 시대를 반영하고 있는데 언제나 있을 수 있는 '친부 살해'의 모티프는 사실상 오늘날, 아날로그를 전복하여 디지털로 전환해가는 현대에 더 치열한 것이 아닐까.

* "천성은 문으로 내쫓으면 창문으로 들어온다"(25: 1645). 러시아 속담인지. 그러나 DNA의 발견으로 이 속담은 더욱 사실적이다.

* "나는 내 머리에서 칼을 부러트리겠습니다"(25: 1657). 드미트리의 최후 진술에서 나온 말. 항명과 분노를 포기하겠다는 절묘한 표현.

* "어린 시절에 간직했던 그 아름답고 신성한 추억이 단 하나만이라도 여러분의 마음속에 남게 된다면 그 추억은 언젠가 여러분의 영

혼을 구원하는 역할을 하게 될 겁니다"(25: 1710). 알료샤가 소년들에게 주는 연설에서. '아름답고 신성한 추억'을 요즘의 나는 자주 떠올린다. 그것이 노년이 향유해낼 수 있는 특권일지도 모른다······

나는 이제 드디어 도스토예프스키 전집의 마지막 장을 덮는다. 나는 작품을 분석한 것도 아니고 그의 사상을 음미한 것도 아니다. 다만 보면서 떠오른 생각들, 짚고 싶은 관련들을 메모처럼 적어본 것이다. 그러니 이것들이 나의 어떤 생각들의 숨은 원천이 될 수는 있을지도 모르지만 어떤 체계적인 글의 재료가 되거나 논의 조직화로 발전하지는 않을 것이다. 이렇게 보고, 편하게 적는 것으로 이 '읽기'는 자족하는 것이다.

〔『본질과 현상』 2008년 겨울호, 2009년 봄호, 여름호〕

토마스 만 읽기

토마스 만은 내게 상당히 친숙한 이름임에도 실제로는 잘 모르는 작가였다. 대학 시절 정음사판 세계문학전집으로 번역된 『선택된 인간』을 읽고 거기에 제시된 원죄와 구원이란 내 젊은 시절의 고민의 주제로부터 깊은 감명을 받았지만 「토니오 크뢰거」와 「베니스에서의 죽음」의 두 중편에서는 이렇다 할 인상적인 독후감을 얻지 못했다. 그의 대표작으로 꼽혀온 『부덴브로크 가의 사람들』을 읽어보려 했지만 그 악문의 번역으로는 도저히 파고들 수가 없어 두어 번의 시도로만 그치고 말았다. 문학과지성사에서 '작가론 총서'를 만들 때도 토마스 만 편이 있어 그의 작품들에 대한 글들과 그 자신의 에세이들을 보았는데도 다시 그의 대작으로 들어갈 엄두를 내지 못하고 있었다. 강의나 글에서 루카치가 리얼리즘의 대표적 작가로 토마스 만을 들고 있음을 자주 써댔고 20세기 독일의 최대의 작가라고 기회 있을 때마다 역설했지만 정작 나는 실감 없이 그런 말을 했던 것이다. 나는 그 이름을 별로 쓰지 않는 헤르만 헤세의 대표작들을 보고 감동에 빠졌음을 기억하면서 내 무책임을 부끄러워하면서도 토마스 만과의 상면을 피하고 있었고 김원일이 토마스 만에 매료되어 그 때문에 작가가 되고 싶었다고 하는 말을 듣고 오히려 그런 그를 신기하게 여길 정도였다. 요컨대 토마스 만은 내게 풍문으로 존재했고 정작 그의 존재는 나의 내면에서는 허상이었을 뿐이었다. 그러던 근래 나는 일련의 전기들을 보는 가운데 로만 카르스트의 『토마스 만』(책세상, 원당희 옮김, 1997)을 읽었다. '지성과 신비의 아이러니스트'란 부제로 나온 이 전기를 내가 사서 손에 잡고 읽기 시작한 것은 만에 대한 나의 이런 부채 때문이었을 것이다. 그리고 이 책을 선택한 건 잘한 일이었다. 만의 생애와 그의 작품들에 대해 상당한 균형 감각을 가지고 추적하고 있고 작가의 현실과 내면의 연계와 대조가 유기적으로 잘 되었으며, 번역도 가끔 어색한 데도 있지만 어떻든 읽어낼 수 있는 정도여서 두 권 합해 1천 페이지가 넘는 두께로 묘사되고 있는 만의 모습을 가까이 볼 수 있었다.

이 책에 따르면 그는 세속적인 삶에 어떤 슬픔이나 고통이 없었지만 끊임없이 대작을 썼고 그럴 만큼 세계와 인간에 대한 고민이 치열했던 것인데, 작품을 읽지 않고는 그런 그의 주제와 고민이 무엇이며 어떤 형태로 그를 괴롭혔는지 물론 잘 이해되지 않았다. 그는 20대에 쓴 『부덴브로크 가의 사람들』로 40대에 노벨 문학상을 수상했는데 그럴 수 있었던 그 작품이 정작 무엇을 이야기하고 있는지 나는 알지 못했다. 더구나 그는 그 작품이 수상작이란 데 미흡해하며 스스로 대표작으로 천거한 『마의 산』을 비롯하여 『파우스트 박사』며 『요셉과 그의 형제들』 등 대작들을 발표했지만 나는 그 어떤 것도 읽어보지 못했다. 그는 젊은 나이에 세계적인 작가로 평가되었고 그의 작품들도 잘 팔렸을 뿐 아니라 비평계와 사회 각계로부터 최상의 명예를 얻고 있었는데 무엇이 그를 이처럼 20세기 최대의 작가로 만들었는지 나로서는 실감할 수 없었다. 그는 나치를 비판했고 제2차 세계대전 중에 미국으로 피신했으며 그 때문에 국내 잔류 작가들과의 논쟁도 했던가본데 비정치적이면서도 가능했던 그의 정치적 선택의 지혜는 어떻게 얻은 것인가도 궁금했다. 요컨대 나는 도스토예프스키와 카뮈에서 한 발 더 나아가 토마스 만을 알고 싶었다. 그래서 인터넷에 들어가 그의 작품들을 뒤졌는데 당연하지만 의외로 그의 작품 거의 모두가 역간되었다. 거기서 나는 우선 『부덴브로크 가의 사람들』『마의 산』『파우스트 박사』등 그의 3대 거작을 구입했다. 그리고 도스토예프스키를 읽던 방식으로 그것들을 차례차례 볼 작정이다. 나의 '토마스 만' 읽기는 어쩌면 이 세 권만으로 끝나지 않을지도 모르겠다.

〔2009. 3. 17〕

『부덴브로크 가의 사람들』1, 2권, 홍성창 옮김, 민음사, 2001

연보에 의하면 토마스 만의 첫 장편소설인 이 작품은 그가 22세 때부터 쓰기 시작해서 25세인 1900년에 완성했고 1901년에 간행되었다. 카르스트의 전기에는 피셔 출판사 편집장이 젊은 작가의 작품이 너무 길다고 작가에게 반으로 줄여달라고 요구했지만 만은 그것을 거절했으며 발행인 피셔가 작가의 희망대로 하라고 지시해서 두 권으로 간행했다고 한다. 어쩌면 지루할 수 있는, 그래서 신인 작가로서는 모험일 수 있는 긴 장편을 간행했는데 의외의 호평 속에서 대중적인 인기도 크게 모아 작가에게는 고액의 인세를 지급해주었고 출판사에게도 큰 자산이 되었다 한다. 작가의 오기도 볼 만하지만 발행인의 자신감도 존경스럽다.

소설은 뤼벡의 유력한 농산물 교역 상사인 부덴브로크 가의 3대에 걸친 가족사이다. 토마스 요한 부덴브로크의 소년 시절부터 시작되는 이 소설은 그의 할아버지, 그리고 아버지에 이어 그와 그의 누이동생 안토니, 남동생 크리스챤을 중심으로 전개되다가 그의 죽음 이후에 역시 14세의 어린 나이에 장티푸스로 숨을 거두는 아들 하노의 죽음으로 40여 년간 진행된 한 가문의 종말로 끝난다. 실질적인 주인공은 그러니까 토마스와 그의 누이 안토니로 오빠는 견실하고 균형 잡힌 부르주아의 삶을 살고 누이동생은 집안의 명예와 가족 간의 유대를 존중하는 가족주의의 전형을 보여주고 있다. 오래전의 1960년대 초에 본 로스토의 『경제 발전의 제단계』 한 쪽의 각주에 이 소설을 인용하면서 경제 발전 단계에 따라 1대는 경제적 부의 축적, 2대는 그 재부 위에서의 정치적 권력 추구, 3대는 예술에의 지향으로 세대 간의 전이를 전형화시켰던 것이 인상적으로 남았는데, 이 소설에서는 2대가 시의원으로 활동하지만 그의 위상은 부르주아 상인으로 충실했고 아들 하노는 육체적으로 취약하고 현실적으로 미숙했지만 음악에의 열정을 타고났으나 어린 나이로 숨을 거두고 있다. 어떻든 이들 세대의 전형 변화는 유력한 시대 전환의 형태를 보일 것이다.

한 가문의 영화와 쇠멸, 그 세대적 변화가 이 소설에서는 사회적 변화에 따르기보다는 인간 세상의 영고성쇠를 반영하는 듯하다. 1848년의 프랑스 혁명이 짧게 묘사되고 안토니가 잠시 사랑에 빠지는 의대생 모르텐 슈바르츠코프를 통해 사회주의 사상이 소개되고 있지만 부덴브로크 상사의 운명은 그같은 사회적 진통과 관련 없이 개인의 운명으로 밀려나고 있다. 토마스 부덴브로크는 유능하고 절제하며 세심하고 권위를 갖고 있지만 어쩔 수 없는 손재를 당하고 자신이 조금씩 무력해지고 있음을 깨달아야 했다. 거기에는 마르크스주의나 노동 운동, 새로운 진보적인 변혁이 개입하지 않고 있고 다만 누이동생 안토니의 두 차례에 걸친 이혼, 그로 말미암은 재산 손실, 동생 크리스찬의 무능과 무책임으로 인한 자산 분할로 집안의 쇠약이 부채질 당한다. 물론 음악가 게르다와의 결혼과 두 부부의 명예에 걸맞는 가옥 신축이 재산을 축내기도 했다. 이렇게 한 가문이 시름시름 쇠퇴해서 해체되어가는 과정이 이 소설의 중심 기둥인데 그것이 사회적 배경에서라기보다 세월의 흐름이 가져다주는 피할 수 없는 인간만사의 동양적 운명감으로 다가오는 것이 이 소설의 특성이다. 나는 불과 20대의 청년이 어떻게 이런 허망감에 젖게 되었는지, 그것도 '벨 에포크'의 낙관적인 시절에 시대의 지루함을 느끼게 되었는지 신기할 따름이다.

그 신기함, 그러니까 작가의 재능에 대한 놀라움은 그가 묘사에서 열정을 발휘하기보다 노련한 치밀성으로 사태의 추이를 묘파하고 있다는 점으로 다시 발전한다. 가령 만은 주인공들의 일련의 죽음의 장면들을 그리는데 그 인물들에 따라, 그러니까 아버지 부덴브로크의 경우는 죽어가는 사람의 의식의 내면으로, 딸 안토니 부덴브로크는 치통에서 시작되는 죽음으로의 객관적 전이 과정의 추적으로, 손자인 하노의 경우는 장티푸스란 질병의 발전 양상에 대한 의학적 서술로 달리 그려내고 있다. 가족의 극적인 해체도, 가령 첫 남편의 사기, 둘째 남편의 추태, 사위의 범죄도 그처럼 다른 형태로 진행되고 있음을 그 묘사를 달리하며 양상의 다름을 드러내고 있다. 그런데 이 작품의 서두에서보다 후반으로 진행되면서 그 수법이 보다 원숙해지고 그 문체도 내면화되고 있음을 보면 작가가 이 소설을 쓰면서 그 집필 중에도 부단히 발전하고 있음을 느낀다. 그는 쓰면서 성장하고 있었던 것이다.

나는 이 소설을 보면서 내 느낌을 키워주는 여러 군데를 표시해두었다. 이제 그 여러 군데를 찾아본다:

* "디트리히 라텐캄프가 겔마크와 인연을 맺은 것은 어쩔 수 없는 필연이었으며 그러므로 그의 몰락은 어쩌면 운명적인 것이라고……" (1: 30). 서두에서 부덴브로크 가족이 한담으로 이야기하는 이웃들의 소식을 전하며 이미 자신들의 미래의 운명을 예언하고 있는 듯하다. 기독교도인 그들에게도 "어쩔 수 없는 필연이 운명임"을 수락하고 있는 것이다.

* "사슬의 흰 고리처럼"(1: 210). 운명의 연쇄성. 나이 들어 돌이켜볼수록 우연이었던 듯싶은 것들이 연쇄의 고리로 이어지면서 종내에는 필연의 운명으로 굳어지는 것을……

* 부덴브로크 가문의 맏딸 토니(=안토니)가 결혼하면서 그녀의 아버지는 지참금을 7만 마르크로 제시했고 사위 그륀리히는 적다고 불평함으로써 8만 마르크로 결정된다. 결혼 지참금이 이렇게 흥정되는 것을 처음 알았고 그것도 "겨우"(1: 213)란 부사를 통해 흥정이 성공적이었음을 드러내주고 있다. 여기에 당연히 "상인다운 계산적인 시선"(1: 212)이 바라본다.

* 토니의 사촌 클로딜테는 "돈 한푼 없는 자기와 결혼하겠다는 사람은 세상 천지에 아무 데도 없으리라는 것을 알고 있었다"(1: 237).

부르주아 사회에서는 돈 없이는 결혼조차 희망할 수 없음도 여기서 처음 알았다. 품위와 명예로 치장된 사회의 장식들이 결국 돈이었다!

* 토니가 두번째 남편의 추태와 욕설을 보고 들은 후 이혼하겠다고 하자 그녀의 오빠 요한 부덴브로크는 동생의 결정을 만류하면서 "그 일에 대해 정치적인 관점에서 보기를"(1: 504) 권한다. 그 정치는 사회적 체면과 가문의 체통을 가리킨다. 그가 하녀에게 달겨들다 발각된 후 그 장면을 비난하는 아내에게 퍼부운 욕설은 "지옥으로나 꺼져라, 이 추잡한 암캐야"(1: 521)였다. 이 욕설이 그처럼 심각한 것인지.

* 서구 부르주아 사회에서의 존경받는 이미지: 아버지, 할아버지, 증조할아버지의 존경할 만한 인물 됨됨이와, "그 자신의 사업적 공적인 성공은 차치하고도 그는 백년 정도 된 시민적 명예의 대변자였다. 물론 그가 활용하는 경쾌하고 고상하고 매력적인 방법이 그가 성공하는 데 가장 중요한 역할을 했을 것이다. 그를 두드러지게 만드는 요소는 학식을 갖춘 동료 시민들 중에서 그가 상당히 높은 정도의 교양을 갖추었다는 점에 있었다"(2: 29). 건강한 부르주아 사회의 풍경들.

* "종종 행복이며 번성이라는 피상적이고 가시적이고 구체적인 징조와 상징은 사실은 만사가 하강 국면에 들어설 때 비로소 나타난다는 것을"(2: 55) "삶과 역사에서 알게 되었다"(2: 55)고 톰(=토마스)은 말한다. 그는 외면상 가장 번창한 시절에 피로를 느끼며 그 번성의 안에서 추락의 기미를 예감하고 있다. 위험이란 항상 그 정점에 있을 때 느끼는 것이다.

* 나약하고 수줍고 무기력한 하노, 그러나 피아노를 연주하며 음악에 몰입하면서는 "슬픈 듯하고 거의 고통스러운 미소, 이루 말로 표현할 수 없는 환희의 미소가 그의 입가에 어렸다"(2: 156). 그러나

그의 아버지 토마스 부덴브로크의 희망은 "자식을 대외적으로 강력한 추진력을 갖춘, 힘과 정복욕이 있는 진정한 부덴브로크, 실제적으로 사고하는 강건한 남자로 만드는 것이었다"(2: 158).

* 영사 부인이 죽음에 맞닥트리며 운명과 싸우는 모습에 대한 토마스 만의 묘사는 집요하고 치밀하다. "죽음에 직면한 이 환자는 머리 끝부터 발끝까지 끔찍한 불안, 말할 수 없는 고통, 피할 수 없는 고독감과 절망감으로 가득 찼다. 그녀의 눈, 애원하고 하소연하며 무언가를 찾는 듯한 이 불쌍한 눈은 베개 위에서 사각거리는 소리를 내며 머리를 돌릴 때 간혹 가슴이 찢어지는 듯한 표정을 지으며 닫혔다가 눈동자의 조그만 실핏줄들에 핏발이 벌겋게 설 정도로 다시 크게 열리는 것이었다. 그래도 그녀는 의식을 잃지 않았다"(2: 234). 그리고 한쪽을 넘기자 이렇게 반전된다: "그런 다음 다시 죽음과의 사투가 시작되었다. 그것이 죽음과의 사투였던가? 아니다, 이젠 죽음 편에 서서 삶과 사투를 벌이고 있었다. '가고 싶어⋯⋯' 숨가쁜 소리였다. '안 되겠어. 잠들게 해줘! 여러분, 자비를 베풀어주세요! 잠들게 해 줘요'"(2: 235). 옆에서 지켜본 나의 아버지의 말년에, 당신께서는 세상을 버리지 않으려던 노력을 포기하고 오히려 왜 세상이 자신을 놓아주지 않는가 하고 신음 속에서 한탄하셨다. 지금 우리는 죽기를 바라지 않지만 죽음에 당도해서는 어서 죽음이 자기를 데려가기를 소망하게 된다는 것! 토마스 만은 그 젊은 나이에 이 역설을 어떻게 알았을까.

* 톰과 크리스챤은 어머니의 죽음을 당하고서 재산 분배에서 시작하여 형제 간의 오랜 불만을 내세우며 설전을 벌인다. "아무런 주제도 없는 파멸적이고 무가치하고 통탄할 만한 설전이었다. 말로 서로를

모욕하고 피를 흘리게까지 하는 설전이었다"(2: 252). 지금 그처럼 선량하고 우애 있고 무욕의 아이들로 보이는 자식들이 언젠가는 이렇게 서로 모욕하고 피를 흘리게 하는 설전을 벌일지도 모른다는 것!

* 어머니가 죽자 자식들이 재산을 분배한 후 가족들이 살아온 집을 처분한다. "일이 이렇게 된 것이 운명의 장난"(2: 274)이라는 것. 한 가족이 오래 살던 집을 남에게 팔아버린다는 것은 그 집안의 멸망을 의미한다는 사실. 그렇다면 우리 사회가 아파트 거주 체제로 바뀌면서 전통적인 가문의 개념도 사라져버리고 만 것이 될 것이다.

* 죽음에 대한 토마스 만의 성찰: "죽음이란 무엇이었던가? 그에 대한 대답은 빈약한 말로도 요란스러운 말로도 나타나지 않았다. 그는 그것을 마음속으로 느끼고 가슴 깊이 소유했다. 죽음이란 축복이었다. 다만 은총의 순간에만 그 깊이를 잴 수 있을 정도로 깊디깊은 축복이었다. 죽음이란 말할 수 없이 고통스러운 미로를 헤매다가 제 길을 찾아 귀향하는 것이었다"(2: 350). 기독교적 고뇌 속에서 우러나온 죽음론일 것이다.

* 소년 하노가 음악에 경도되었다가 깨어나며: "아름다움이란 얼마나 사람의 마음을 아프게 하고, 치욕과 동경 어린 절망감에 얼마나 깊이 내동댕이치는가. 그리고 일상 생활에서 필요한 용기와 유용성을 얼마나 갉아먹는가를 다시 새삼스럽게 느꼈다"(2: 412).

이렇게, 1백 년간 품위 있고 위세 좋게 살아온 부덴브로크 가문이 음악에 대한 경도에 이어 장티푸스를 맞으며 끝내 사라지고 만다!

『마의 산』, 홍성영 옮김, 을유문화사, 2008

『마의 산』이란 제목은 그 스스로 신비로움을 싸안고 있다. 마적인, 요술적인, 악마스런 산! 그것은 어디에 있는 산이고 어떤 산이며 거기에서 무슨 일이 벌어졌을까. 파우스트도 연상이 되고 중세적인 분위기도 떠오르며 알프스만이 아니라 히말라야까지 신비로움으로 떠올려주는 것이었다. 더구나 이 제목의 작품은 토마스 만의 것이며 1929년에 노벨상을 받자 그 자신은 수상작으로 알린 『부덴브로크 가의 사람들』보다 『마의 산』을 대표작으로 꼽았기에 이 소설에 대한 기대는 그만큼 더 커지지 않을 수 없었다. 『부덴브로크 가의 사람들』을 통해 토마스 만에 익숙해지면서 나는 이 거작에 도전해보기로 했다. 그리고 끝까지 그것에 많은 시간을 들였다. 하루라도 손에서 놓은 적이 없었지만 그 읽기는 찔끔찔끔 아주 조금씩 진행되었고 그래서 많은 날이 소요되었다. 이랬다는 것은 이 소설이 힘들여 읽히기도 하지만 그만큼 집중력의 요구가 컸었고 책은 1천 3백 쪽의 방대한 규모였지만 사건의 진행은 완만했음을 말해주는 것이기도 하다.

요컨대 이 소설은 내가 기대한 만큼은 아니었다. 아마 나의 취향이 아닌지도 모르겠다. 당초 단편으로 구상되었던 것이 장편으로 늘어난 구조적 불균형도 보인다. 7년의 시간을 품고 있는 이 소설의 서사 진행이 점묘법직으로 몇몇 대목에 긴 서술을 들이고 있고 그래서 시간의 흐름을 부자연스럽게 만든다. 처음 한스 카스토르프가 사촌 요아힘을 면회하기 위해 다보스의 베르크호프 요양원을 방문하여 보낸 6개월간의 이야기가 전체의 4분의 3가량 차지하며 거기서 진행되는 사건은 자연스러운 흐름을 갖는다. 그러나 한스가 폐결핵으로 더 치료받는 6년여의 시간은 압축되었다기보다 소홀해지고 산만해져버린다. 이러면서 몇 군데 강력한 이미지로 구성된 장면들이 나타나긴 한다. 한스 카스토르프가 쇼샤 부인과 밀담하며 애정을 고백하는 장면, 눈밭을 누비며 알프스 산속에서 스스로 실종되다시피 하다 가까스로 요양원으로 돌아오는 장면, 이탈리아 출신의 인문학자 세템브리니와 가톨릭주의자 나프타의 결투 장면, 쇼샤와 함께 나타나 거물의 행세를 보이다 자살하는 페퍼코른이 크게 술을 사며 하룻저녁의 파티를 벌이는 장면 등등은 치열하며 섬세하고 드라마틱하고 초월적이다. 이 거대한 장면들이 『마의 산』의 무기력한 줄거리를 이겨낸다.

아마도 '마의 산'의 이미지를 통해 토마스 만이 드러내고 싶었던 것은 고립되어 죽음을 상대해야 하는 자리에서 시간의 독특한 모습, 세속적인 삶과 다른 질감과 양감으로 흐르며 그래서 인간의 모습과 세상의 일들이 다른 차원에서 돋보이고 혹은 희미해지는 양상이었을지도 모른다. 그래서 철학적일 수도 있고 종교적일 수도 있으며 내면적이고 예감적이기도 한 것이다. 이 점에서 어느 대목은 최인훈을 떠올리기도 하는데 그 대목은 오히려 관념적이고 독학자적이기도 하며 세템브리니와 나프타의 잦은 논쟁은 내 독법으로 잘 읽히지 않기도 했다. 이 소설의 여러 가지 구성상의 특색들이나 수법들 특히 암시들에 대해서는 이 작품의 집필 기간이 13년에 걸친 장기간이었다는 것, 집필 중간에 제1차 세계대전이 끼어 있었다는 사실을 고려해야 잘 이해될 것이다.

다음은 이 긴 소설을 보며 접어둔 장면들:

* 한스 카스토르프가 다보스의 요양원에 도착하여 사촌 요아힘의

마중을 받으며 3주간 머물 예정이란 말을 하자 요아힘은 말한다. "이곳 사람들은 세상 사람들의 시간을 중요하게 생각하지 않아. 너는 도저히 믿을 수 없겠지만 말이야. 이들에게는 3주가 하루와 같은 거야. 〔……〕여기서는 자신의 개념이 바뀌게 돼"(1: 21).

* 요아힘은 카스토르프가 "이곳의 시간은 무척 빨리 지나가겠지?"라고 묻자 이렇게 대답한다: "빠르다고도 느리다고도 할 수 있어. 도무지 시간이 흘러가지 않는다고 할 수 있어. 시간이라는 게 전혀 없고, 생활이라는 것도 없어. 그래, 그건 생활이 아니야"(1: 34). 병과 싸우며 요양하는 것이 왜 생활이 아닌지 더 보아야 할 것이다. 그러나 '마의 산'에서의 삶이 여느 삶과 다르다는 것, 그 삶의 다름이 시간의 개념을 바꾼다는 것은 미리 예감해두어야 할 이 소설의 주제일지도 모른다.

* 카스토르프가 소년 시절 할아버지의 죽음을 맞아들이며: "고인이 된 할아버지가 그토록 낯설게, 그러니까 엄밀히 말하면 할아버지로서가 아니라 죽음이 실제의 몸 대신에 끼워놓은 실물 크기의 밀랍 인형으로 생각된 것은 죽음이 지닌 이러한 속성과 관계가 있었다. 〔……〕 어린 한스 카스토르프는 밀랍처럼 누렇고 매끄러우며 실물 크기로 죽음의 형상을 이루고 있는 치즈처럼 굳은 물질, 이전의 할아버지의 얼굴과 손을 바라보았다. 이때 파리 한 마리가 꼼짝도 않는 이마에 내려앉아 주둥이를 이리저리 움직이기 시작했다"(1: 59). 마지막 구절의 이 리얼리티.

* 환자들이 왜 이처럼 명랑하고 신이 나 있느냐는 카스토르프의 질문에 요아힘이 한 대답: "그들 모두가 무척 자유롭기 때문이야. 말하자면 젊은 사람들이라 이들에게 시간 같은 건 중요하지 않아. 그리고

언제 죽을지 모르는 운명이라 그래. 나는 때때로 병과 죽음이란 결코 심각한 게 아니라 오히려 일종의 빈둥거림이란 생각이 들곤 해. 심각함이란 엄밀히 말하면 저 아래 생활에나 있는 거야"(1: 103).

* 요아힘과 카스토르프의 시간에 대한 토론: "1분이란 초침이 한 바퀴 도는 데 걸리는 만큼의 시간이야." "하지만 초침이 한 바퀴 도는 시간은 경우에 따라 다르다는 거야. 우리의 느낌으로는 말이야! 그리고 실제로…… 내 말은 실제로 말하자면…… 시간이란 운동이야. 공간 운동 말이야. 그렇지 않나? 우리는 시간을 공간으로 재는 거야. 하지만 이는 공간을 시간으로 재려는 거나 마찬가지야. 〔……〕 함부르크에서 다보스까지 오는 데 스무 시간이 걸려. 그래 기차를 타고 말이야. 하지만 걸어서 오면 얼마나 걸리겠나? 그런데 마음속으로는 1초도 안 걸리지?" 카스토르프는 시간에 대해 계속 형이상학적인 논리를 전개한다: "우리는 시간이 흘러간다고 말하지. 하지만 시간을 잴 수 있으려면…… 잠깐 기다리게! 측정할 수 있기 위해서는 시간이 균등하게 흘러가야 해. 시간이 균등하게 흘러간다고 대체 어디에 쓰여 있단 말이야? 우리의 의식으로는 그렇지 않아. 그렇다고 가정하는 것은 단지 질서 때문이지. 우리의 시간 단위는 단지 약속에 불과한 거야" (1: 131). 그렇다면 시간이란 우리 의식 속에서 꿈틀거리며 살아 움직이는 것이다.

* 한스 카스토르프는 요양원에 함께 기거하고 있는 이탈리아의 문필가 세템브리니에게 건강에 대해 말한다: "병이 있는데 우둔하다는 게 정말 이상합니다. 우둔하면서도 아프다는 게 정말 특이하다는 생각이 듭니다. 이 두 가지가 함께 존재하는 것은 세상에서 어쩌면 가장 비참하다고 생각됩니다"(1: 188). 도스토예프스키의 경우 열병에서

나아갈 때 그 청량한 상태에서 다가오는 시선의 투명함, 사유의 정밀함, 받아들임의 정겨움을 말하고 있었다. 나는 후자의 말에 참으로 경도된 적이 있었는데 토마스 만의 이 논의는 그처럼 선명하지 않다.

* 한스 카스토르프의 세템브리니에 대한 인물 평: "그는 현존하는 모든 것에 딴지를 거는 거야. 이런 태도에는 늘 무언가 황폐한 면이 있어"(1: 198). 세템브리니의 이런 인상은 지식인의 전형적인 모습이 아닐까.

* "내용이 풍부하고 재미있는 경우는 시간과 나날이 짧게 생각되고 훌쩍 지나가는 것처럼 여겨지지만, 시간 단위를 아주 크게 하여 생각해보면 그럴 경우 시간의 흐름에 폭, 무게 및 부피가 주어진다. 그리하여 사건이 풍부한 세월은 바람이 불면 휙 날아갈 것 같은 빈약하고 내용이 없으며 가벼운 세월보다 훨씬 더 천천히 지나간다. 그러므로 우리가 지루하다고 말하는 현상은 생활의 단조로움으로 인한 시간의 병적인 단축 현상이다"(1: 202~03). 누구에 의해서든 시간이란 물리적인 균등한 흐름이 아니라 그 시용자의 주체적인 감정적 흐름임을 확인시켜주고 있다.

* 세템브리니의 말: "음악은 아주 독특하게 활기에 찬 분할법을 통해 시간의 흐름에 눈뜨게 해주고 정신을 부여하며 이를 귀중한 것으로 만들어줍니다. 음악은 시간을 일깨워주고 우리가 시간을 극히 섬세하게 향유하도록 일깨워줍니다. 음악은 일깨워줍니다. 그런 한에는 음악이 윤리적입니다"(1: 222). 음악, 그 시간성의 예술의 본질. 그렇다면 미술 그 공간성의 예술은 공간의 공허를 분할하여 섬세하게 향유케 하는 것이고 문학은 사물의 존재를 분할하여 그것을 극히 섬세하게 향유토록 일깨워주는 것!

* 한스 카스토르프가 학생 시절 남학생 프리비슬라프에게 연필을 빌리며 애틋한 애정을 느낀다: "이처럼 히페와 내밀한 관계를 맺는 것만으로도 그는 몽롱하고 들뜬 기분을 느꼈다"(1: 238). 만의 동성애적 감성을 보여주기도 하지만 소년 시절에 어쩌면, 그리고 나도, 느낄 수 있는 내밀하고 소중한 감정.

* "한스 카스토르프는 쇼샤 부인의 팔을 골똘히 바라보면서 꿈결같은 생각에 사로잡혔다. 여자들은 참 옷을 잘 입는구나! 〔……〕 세계 어디를 가나 여자들은 우리의 동경 어린 욕망을 불러일으키기 위해 그런 일을 하는 것이다. 아, 인생은 아름다운 것이다! 인생이 아름다운 것은 여자들이 유혹적으로 옷을 입는 것과 같은 그러한 자명한 사실 때문이다"(1: 249). 무뚝뚝한 독일식의, 토마스 만다운 에로티시즘.

* "아름다운 문체가 아름다운 행위를 낳는다고 말해야 했을지도 모릅니다"(1: 307). 세템브리니의 이 말을 액면대로 받아들일 수 있을까. 아름다운 문체는 정신과 행동, 꿈과 현실이 어긋나는 데서 비롯된 고뇌, 혹은 억압에서 태어난 것임은 분명하다.

* '마의 산' 베르크호프의 요양원에서 퇴원한 한 남자는 "체온계를 입에 물고 누어서 지낼 뿐 다른 것에는 도무지 관심이 없었다." 그는 어머니와 아내에게 말한다: "그게 어떤 것인지 알려면 저 위에서 살아보아야 해요. 이 아래에는 기본 개념이 결여되어 있어요." 그는 어머니의 권고로 다시 위의 요양원으로 돌아왔다. 그는 "고향"으로 돌아온 것이다(1: 383).

* 세템브리니의 말: "고대인의 신앙심으로는 성스러운 것이란 왕왕 외설적인과 같았습니다. 이들은 죽음을 존중할 줄 알았습니다. 죽음

은 삶의 요람이자 갱신의 모태로서 존경할 만한 것이었습니다. 삶과 떼어놓고 보면 죽음은 유령이자 역겨운 몰골, 그리고 더욱 고약한 것이 되고 맙니다"(1: 385). 황동규의 연작시 『풍장』이 드러내는 '죽음 속의 삶' 혹은 '삶 속의 죽음.'

＊ 정신분석에 대한 세템브리니의 해석: "정신분석은 계몽과 문명의 도구로는 좋은 것입니다. 그것이 우둔한 확신을 뒤흔들고 자연스러운 편견을 해소하고 권위를 뒤엎는 경우에는 좋은 것입니다. 다른 말로 하면 해방시키고 순화하며 교화해서 노예가 자유를 얻도록 해줄 때는 좋습니다. 반면에 생명의 근원을 손상시키는 경우 아주 나쁜 것입니다. 정신분석은 죽음처럼 아주 역겨운 것일 수도 있습니다"(1: 428).

＊ "이 사람들(＝러시아 사람들)이 시간을 무관심하게 대하는 것이 이들의 땅덩어리가 엄청 넓다는 것과 관련이 있음을 쉽게 생각할 수 있습니다. 공간이 넓은 곳에서는 시간도 많은 법입니다"(1: 467). 의외의 추리지만 결과론적 해석으로는 그럴 것 같기도 하다. 나폴레옹 혹은 히틀러의 러시아 친공 실패, 중국의 '만만디'를 보라.

＊ 세템브리니는 '진보촉진연맹'으로부터 청탁을 받는데 '고통의 사회학'(1: 472~73)이란 주제의 총서이다. "인간의 고통을 온갖 종류와 항목별로 면밀하고도 철저하게 체계적으로 분석하는 작업"이다. 흥미로운 아이디어!

＊ "생명은 죽음"(1: 520). 생명도 산화작용으로 지속되는 것이고 죽음도 산화작용으로 부패하기 때문이다. "생명이 곧 산화작용"이란 사실은 "다른 말로 얼버무릴 수 없는" 진실이다. 그러나 같은 산화작용임에도, 생명과 죽음의 그 자리는 전혀, 완벽하게 상반되고 있는 진실이다. "생명이 비록 물질은 아니지만 쾌감과 혐오감을 일으킬 정

도로 관능적이고 자기 자신을 느끼고 민감하게 된 물질의 후안무치이며, 존재의 음탕한 형식이다. 그것은 만물의 순결한 냉기 속에서 은밀하게 꼼지락거리며 움직이는 것이고 음탕하고 불결하게 몰래 영양을 섭취하고 배설하는 것이며 성분과 속성을 알 수 없는 나쁜 물질과 탄산가스를 내뿜으며 호흡하는 것이다. 〔……〕 그것이 형태를 얻고 고귀한 모습을 띠어 아름다움이 되었지만 이와 동시에 관능과 욕망의 화신이기도 했다"(1: 528). 다시 읽어도, 롤랑 바르트를 연상시키는 '존재의 음탕한 형식'이란 표현은 멋있고 뜻깊다.

* 그리고 "병은 생명의 음탕한 형태였다"(1: 543). 이 언술 이하는 생략.

* "죽음이라는 것이 문제가 될 때, 죽은 자에게 말을 걸거나 그에 관해 말할 때는 라틴어가 제격이야. 그런 경우에는 라틴어가 공용어인 셈이지. 그래야 죽음에 얼마나 특별한 의미가 있는지 깨닫게 되지"(1: 558). 서양의 라틴어는 우리의 한문에 정확히 대응하는 듯하다.

* 사육제의 가면 속에서 한스 카스토르프와 클라브디아 쇼샤의 밀어는 특이하고 재미있다. 그들은 사육제가 허용하는 화법에 힘입어 돌연 '너'라는 관계로 격변한다(1: 641). '관계'의 흥미로운 전환이다.

* "위대한 도덕가는 덕이 있는 사람이 아니라 악을 두루 모험하는 사람이라고. 즉 비참한 것 앞에 그리스도 정신으로 무릎을 꿇는 것을 가르쳐주는 사악한 인간이자 위대한 죄인이라고"(1: 647) 쇼샤는 말한다.

* 마침내 카스토르프의 고백: "나는 늘 너를 사랑해왔어. 너는 나의 자기이고 삶이자 꿈이며 나의 운명이자 소망이며 나의 영원한 욕망이기 때문이지"(1: 650). 계속되는 그의 고백: "사랑이란…… 육

체, 사랑, 죽음 이 셋은 원래 하나야. 육체는 병과 쾌락이고 육체야 말로 죽음을 낳기 때문이지. 그래, 사랑과 죽음, 이 둘은 다 육체적 인 것으로 거기에 이 둘의 공포와 위대한 마술이 있지"(1: 651). 토마스 만의 근원적인 비관적 세계관.

* "시간은 활동적이고 동사적인 속성을 갖고 있어. 그것은 '낳는' 힘을 지닌다. 그런 시간은 무엇을 낳을까? 변화를 낳는 것이다! 지금이 당시가 아니고, 이곳이 저곳이 아닌 것은 이 두 개 사이에 운동이 있기 때문이다"(2: 9). 토마스 만의 『마의 산』이 거느린 주제는 이 시간의 문제가 아닐까. 그가 예민하게 느끼는 시간에 대한 감수성은 19세기에서 20세기로 바뀌고 전쟁이 발발하며 그래서 선대와 후대 간의 분명한 변별을 예감케 한, 이 시간의 '활동성'에서 빚어진 것일지도 모른다.

* "시대의 비밀과 계율은 자아의 해방과 발전이 아닙니다. 시대가 필요로 하고, 요구하며, 실현시키려고 하는 것, 그것은 바로 테러입니다"(2: 113)라는 나프타의 단언은 히틀러의 출현을 암시하는 것일까.

* "그리고 실제로 죽음은 삶에 대립되는 독자적인 힘, 적대적인 원칙, 커다란 유혹이 됩니다. 죽음은 음란한 욕망의 나라입니다. [……] 죽음은 분해되어 해체되기 때문이며 죽음은 해방이기 때문이라고 대답하겠습니다. 하지만 죽음은 사악한 것으로부터의 해방이 아니라 사악한 해방입니다. 죽음은 윤리와 도덕을 해체하고 기율과 절도로부터 해방하여 음란한 욕망을 품게 하는 자유를 줍니다"(2: 135). '사악한 것으로부터의 해방이 아니라 사악한 해방'이란 지적의 적확성!

* "세템브리니는 인체를 신이 머무는 참된 신전이라고까지 찬미하기에 이르렀다. 이에 대해 나프타는 이러한 신체 조직이란 우리와 영

원 사이에 쳐져 있는 커튼에 불과하다고 설명했다"(2: 215). 육체에 대한 영원히 상반된 관점.

* "숨막힐 정도로 거센 돌풍이 눈보라를 사납게 휘몰아쳐 그것이 아래에서 위로, 골짜기 바닥에서 공중으로 회오리치게 했으며 미친 듯이 서로 뒤섞여 소용돌이치게 했다. 이는 더는 눈이 내리는 것이 아니라 하얀 암흑의 혼돈이었고 아수라장이었으며 상궤를 벗어난 세계의 놀랄 만한 일탈이었다"(2: 248). 내가 이것 때문에, 이 '하얀 암흑의 혼돈' 때문에, '놀랄 만한 세계의 일탈' 때문에 '폭설'에 감동하는 것인지. 한스 카스토르프도 이 일탈에, "황량한 침묵의 세계, 어마어마한 세계, 아무것도 보증해주지 않는 세계"(2: 264)에 점점 빠져들며 자신의 길을 잃는다.

* "죽음은 하나의 위대한 힘이다. 죽음 앞에서 우리는 모자를 벗고 발끝으로 걸으며 살금살금 앞으로 나아간다. 죽음은 과거 위엄을 나타내는 장식 깃을 달고 있으며 인간 자신은 죽음에 경의를 표하여 엄숙하게 검은 옷을 입는다. 이성은 죽음 앞에서는 속수무책이다. 이성이란 덕에 지나지 않지만 죽음은 자유이자 방종한 모험이고 무형식이자 색욕이기 때문이다"(2: 294). 눈에 갇혀 환상 속에서 한없이 방만한 사유로 빠져들면서 꿈꾸는 죽음에의 모색.

* 신학을 공부하여 신부가 되려다 만 나프타의 "무신론이란 지극히 가톨릭적이고 더욱더 가톨릭적이 되기 위해 신을 삭제한 것 같다"(2: 332)는 말을 어떻게 해석해야 할까.

* 병원의 베렌스 고문관은 "나는 죽음을 알고 있으며 오래전부터 죽음의 하수인으로 일하고 있는데 사람들이 죽음을 과대평가한다는 내 말을 믿어주십시오"(2: 37)라고 말하는데 사실 우리가 죽음을 '과

대평가한다는 지적은 정확할지도 모른다.

* "물질의 세계에는 삶과 죽음이 모두 공히 내포되어 있습니다. 모든 물질이 약이 되기도 하고 독이 되기도 합니다. 따라서 약리학과 독물학은 본래 동일한 것으로 독으로 병을 낫게 하기도 하고 생명을 지켜준다는 물질이 경우에 따라서는 단 한 번의 경련 발작으로 졸지에 목숨을 앗아가기도 합니다"(2: 452)라는 페퍼코른의 지적은 박상륭의 한 구절을 떠올리게 한다.

* "사랑이란 아무리 경건한 사랑이라 해도 비육체적일 수 없으며 아무리 육체적인 사랑이라 해도 불경스러울 수 없기 때문이다. 삶에 대한 교활한 친근성으로 나타나든, 최고의 열정으로 나타나든 간에 사랑은 언제나 사랑 그 자체이다"(2: 496). 진실이다.

* 폭포 앞에 서서 "물거품과 굉음을 수반한 영원의 파국을 지켜보았다"(2: 537). 그래, 나는 지상의 가장 큰 이과수 폭포 앞에서 이 경험을 했다.

『파우스트 박사』, 김해생 옮김, 필맥, 2007

나는 이 소설에 대해서도 소문으로만 알고 있다. 대학 시절 황동규는 어디서 보았는지 여기서 제시된 12음계 음악의 창안을 놓고 토마스 만과 쇤베르크 간에 논쟁이 벌어졌다는 이야기를 했었다. 내가 본 만의 전기에도 이 이야기가 나오면서 만이 쇤베르크에게 사과했다는 결과를 적는데 이 소설의 끝에는 짧게 "22장에 묘사한 작곡 기법, 12음계법 또는 음렬작법이라 부르는 그 기법은 사실은 현대의 작곡가이자 음악 이론가인 아르놀트 쇤베르크의 지적 재산이며 내가 임의로……"(2: 381)라며 그 저작권을 쇤베르크에 넘기고 있다.

내가 이 소설에 대해 가지고 있는 사전 지식은 이것뿐이었다. 괴테의『파우스트』와 연관할 수 있는 것 말고는 그러니까 문학적 예비가 없이 이 소설을 읽기 시작했는데, 정작 내게 필요한 것은 문학적 예비가 아니라 음악적 예비였다. 한 뛰어난 천재, 신학을 공부하다 작곡으로 인생을 거는 아드리안 레버퀸의 생애를 '전기'로 다루겠다는 화자의 서술을 이해하는 데는 무엇보다 음악에 대한 광범하고 전문적인 지식이 필요했다. 작곡가에 대한 이해, 악기에 대한 기술적 터득, 작곡법에 대한 전문적 교육이 없으면 이 소설에 대한 완벽한 수용은 어려울 것이다. 때문에 나는 이 거작을 제대로 이해할 수 없었고 이해 못 할 뿐 아니라 이해를 못 하기에 겅중겅중 읽기도 했으며 모른 채 넘어가기도 했고 그래서 지루하게 읽었다기보다 보아넘긴 셈이었다.

그럼에도 레버퀸이 어쩌다 끌려들어간 사창가, 그때는 그냥 뛰쳐나왔지만 결국 그녀에게 다시 찾아갔고 여기서 성병을 옮아왔다는 것, 이 때문에 악마와 계약을 하여 음악 작곡으로 자신의 생애를 던진다는 것, 그와 형수 사이에 태어난, 한없이 귀엽고 총명한 아이가 자기 집으로 데려온 지 석 달 만에 병으로 죽는 이야기들에는 토마스 만다운 비극적 열정들을 느끼게 한다. 고전적인 문체와 수법을 가진 만은 요즘 같으면 한없이 노골적이고 치열하게 강조하며 그렸을 그 불륜이나 탈선적인 행위들에 대해 암시적인 서술로만 슬쩍 건너뛰며 그의 삶에 결정적인 역할을 하도록 분배하기 때문에 읽고 난 한참 후 그 결정적인 대목들을 다시 생각하며 전율하게 된다. 만의 치열성은 이렇게, 전혀 치열하지 않게 묘사된 부분에서 튀어나온다.

파우스트의 설화, 남매 간의 불륜을 품은 그레고르 교황의 이야기는 전형적인 유럽 문화사의 중심적인 모티프일 것이다. 악마와의 계약, 죄를 통한 구원이 곧 유럽의, 그 세계를 받치고 있는 기독교의 주제이기 때문에 이 소설은 유럽 정신사의 중요한 한 면모일 것이며 그것이 음악을 통해 서술되기 때문에 우리의 이해는 한계적일 수밖에 없다. 그러니까 『파우스트 박사』는 유럽인을 위한 유럽의 문학이고 우리는 그 편린을 통해 서구와 독일의 정신사와 예술사를 배우는 것이다.

다음의 메모들도 그 배움의 몇 구절들이다:

* "나는 거기서 올림포스의 그리스 문화가 주도했던, 지하세계의 신에게 올리는 제식(祭式)에 표출된 충만한 생동감을 느꼈으며 훗날 학생들에게 문화란 원래 무서운 어둠의 존재들을 신의 반열에 올려 숭배하는, 말하자면 그들을 달래는 경건한 행위라고 설명하곤 했다" (1: 18) 음악가 아드리안 레버퀸의 생애로 들어가는 서문에서 토마스 만이 밝히는 문화의 본의에 대해 그것을 '검은 제식'이라고 한 것은 여러 가지를 생각하게 한다. 문화란 것이 악마의 소산이란 것, 종교의 반대편에 서 있는 것이라는 것, 그것은 죄에서 솟아난다는 것 등등. 이 진단은 내게 뜻밖의 전율을 일으킨다. 나는 그것을 '하얀 제식'으로 생각해왔던 것이 아니었을까.

* "나는 어쩔 수 없이 독일군의 패배를 원할 수밖에 없다"(1: 50). 작품 안에서 화자가 독일군의 패배를 원하는 것은 그의 친구 레버퀸의 음악이 살아남아 향유될 수 있기를 바라서이다. 그러나 이 『파우스트 박사』의 집필이 진행된 것이 제2차 세계대전 중이고 만이 미국

에 망명 중일 때였기에 나치의 파멸을 충분히 원하고 있었음도 분명하다. 자기 조국을 사랑하면서도 그 정권이 망하기를 바라는 것, 그 불행한 모순을 나는 1975년에 경험했다.

* "니콜라우스 삼촌의 가게방은 우리 소년들 눈에 수백 가지 형태의 아름다운 소리가 침묵으로 펼쳐놓는 천국 같았으니, 독자들은 그 마술과도 같은 매력을 이해할 수 있으리라!"(1: 69). 어린 시절 한눈에 휘황한 세계의 전시를 통해 경이감을 느낄 수 있다면 행복하리. 그것이 악기의 소리이거나 그림의 색채이거나 책의 문자들이거나. 어른들은 소년들에게 이런 장관을 통해 감동으로 전율하게 해주어야 한다.

* 레버퀸은 자기가 운명적으로 빠져들 음악에 대해 두려움으로 도망치려 했다. "그는 그 말 뒤에 숨어서 음악을 피했던 것이다. 오랫동안 자신의 운명을 피해 숨은 채 어떤 예감에 휩싸여 완고하게 버텼다"(1: 71). 그랬기에 운명(!)이고 그럴 것이기에 그것으로부터 도망치지 않으면 안 되는 것이다.

* "그와 관련된 것은 항상 이렇게 '들켜야' 했다. 꼬투리를 잡고 깜짝 놀라게 만들고 꼼짝 못하게 해야 비로소 비밀을 털어놓았다. 그러면 그는 얼굴을 붉혔고 닦달을 한 사람은 그것을 진작 눈치 채지 못한 데 대해 어이없어하며 자기 이마를 때렸다"(1: 74). 이 장면에서 천재적인 두뇌를 가진 레버퀸이 굳이 숨기고자 했지만 '들켜버린' 것이 그의 종교성이지만, 자신의 장점, 재능, 미덕은 가능한 한 숨겨야 하고 그럼에도 결국 그것은 발각나버리고 만다. 이 대목을 보면서 미당 서정주 선생이 내게 하신 말씀이 생각난다: "자기에게 가장 중요한 것은 속주머니에 깊이 숨겨두고 별로 아끼지 않는 것들을 겉주머니에 넣어 값싸게 내놓을 것이니까……"

＊ "모든 것이 관계일 뿐이야. 굳이 이름을 원한다면 '모호성'이라고 나 할까"(1: 76). 음과 음의 화음을 설명하면서 레버퀸이 음의 절대성보다 관계성을 지적한 것은 구조주의를 연상시킨다. 실제로 토마스 만이 구조주의적 인식을 가지고 있었는지는 모르겠지만 한 사태의 진상을 파악한다면 어떤 특출한 사유에 이르는 길을 만들어내고 있음은 분명하다.

　＊ "그는 한 시간 내내 '베토벤은 왜 자신의 소나타 작품 111에 3악장을 쓰지 않았을까'라는 문제에 매달릴 만큼 할 말이 많았다"(1: 81). 아마 베토벤의 음악 한 곡에 대한 음악과 음악사에 대한 전문적 설명은 토마스 만 자신의 오리지널한 지식에서 나왔다기보다 다른 이의 연구에서 얻어들인 것일 것이다. 그러나 이 논제 자체가 전문적일 뿐 아니라 이 소설 전편을 주도하고 있는 음악과 그 이론적 서술은 이 방면에 무지한 내가 이해할 수도 없거니와 우리의 웬만한 음악학자도 알아듣기 쉽지 않을 듯하다. 서양 지식인들은 음악이며 미술과 문학 등 고전적 문화와 예술에 대한 기초적 이해력을 가지고 있다는 큰 자산에서 출발하고 있다. 그것은 우리의 옛 선비들이 동양의 역사와 시문학에 대한 인식에서 그 지적 자양이 출발되고 있다는 사실을 연상시킨다. 오히려 오늘의 우리가 참으로 무식하고 빈곤한 것이다.

　＊ "진정한 문화의 시대에는 우리 시대가 갖고 있는 문화라는 개념이 없었던 것 같지 않아? 문화를 소유했던 시대들이 문화라는 말을 알기나 했을까? 문화라는 말을 사용하고 입에 올렸을까? 순수함, 무의식, 당연함이야말로 문화를 측정할 때 첫 번째로 적용해야 할 기준이야. 우리에게 결여된 것이 이 순진함이야"(1: 98). 아마 그럴 것이다. 그러나 자의식을 갖춘 문화는 자신의 시대에 대해 문화의 시각을

자꾸 들이댈 것이다. 그런데 오늘날에는 너무 많은 문화가 횡행하고 있는 것도 사실이다. 가령 화장실 문화, 매춘 문화, 시위 문화……

* 레버퀸은 "음정이 화음으로 변하는" 주제에 대한 설명을 전문적인 언어로 하고 있다. "수평적인 것이 수직적인 것으로, 순차적인 것이 동시적인 것으로 변한다고 했다. 그는 여기서 기본은 동시성이라고 주장했다"(1: 122). 음악에서의 그 구체적인 현상을 나는 이해하지 못한다. 그러나 어떤 현상이 이럴 수 있겠다는 것, 적어도 그렇게 설명될 수 있겠다는 것은 동의할 수 있다.

* 마법사 차라투스트라의 아버지 셈은 『신국론』의 아우구스티누스에 의하면, 노아의 아들인데 "태어날 때 웃으며 태어난 유일한 사람"(1: 141)으로 이는 악마의 도움 없이는 일어날 수 없는 일이라는 것. 재미있는 고담이다.

* 19세기의 신학자 슐라이어마허는 종교를 "영원한 것에 대한 감각과 취향"이며 "종교는 인간에 내재된 행위"라고 규정했다 한다(1: 147). 그것은 20세기 현대 문명 속에서 종교성을 탐구한 파울 틸리히의 "영원에 대한 관심"을 가진 '종교적 인간'의 규정과 같은 말이다.

* "가장 심오한 뜻의 젊음은 정치와 역사와 아무 상관도 없어. 〔……〕 젊음은 형이상학적인 천성이야. 순수한 어떤 것, 구조이며 규정이야. 넌 독일 사람들이 언제나 진행중이라는 말도 못 들어봤니? 끊임없이 방황하고 멈추지 않고 앞으로 나아가는 독일인의 본질에 대해 들어본 적 없어? 말하자면 독일인은 영원한 학생이야. 여러 민족들 가운데서 영원히 노력하는……"(1: 191). 영원히 추구하는 정신이야말로 젊음의 본질이다. 파우스트가 그런 것처럼. 독일인의 교양소설의 정체를 이런 각도로도 설명할 수 있겠다.

* "러시아 사람은 깊이가 있지만 형식이 없어. 서구 사람들은 형식은 있지만 깊이가 없지. 둘 다 가지고 있는 민족은 우리 독일 민족뿐이야"(1: 199). 대조해볼 만한 발상. 러시아와 서구의 문화적 대조가 많은데 이것도 거기에 끼어들 만한 구절이다.

* 레버퀸의 음악과 신학에 대한 의견: "루터교는 신학과 음악을 서로 매우 가까운, 밀접하게 연관된 영역으로 보니까요. 그리고 저는 개인적으로 처음부터 음악은 신학과 재미난 수학이 신비롭게 결합된 것이라 생각했습니다. 〔……〕 음악에는 과거 연금술사와 마술사들이 했던 실험과 끝없는 노력의 흔적이 많이 남아 있는데 그것은 신학의 형태로 나타나는 동시에 해방과 변절의 형태로도 나타났습니다. 음악은 변절이었습니다. 믿음에 대한 변절이 아니라 믿음 가운데서 일어난 변절이었습니다. 변절은 신앙행위입니다"(1: 210). 이것은 토마스 만의 신념이기도 할 터인데 기독교와 유럽 음악을 모르면 이해될 수 없는 발언이다.

* "나는 두 사람의 포옹을 종교적인 전율 없이는 결코 생각할 수 없었다. 그 포옹 속에서 한 사람은 자신의 구원을 희생했고 다른 한 사람은 구원을 받았던 것이다"(1: 249). 레버퀸은 우연히 꼬여들어간 사창가에서 한 여자를 보았고 그 당장에는 빠져나왔지만 얼마 후 다시 그리로 가서 그녀와 관계를 한다. 이 때문에 레버퀸은 매독에 걸리고 악마와 계약을 맺게 된다. 여기서 화자는 '종교적 전율'이란 멋진 예감을 느낀다.

* "내가 말하는 뮌헨은 섭정 후기, 즉 전쟁이 일어나기까지 4년밖에 남지 않은 때의 모습인데, 전쟁이 끝난 후 이 도시의 화기애애한 분위기는 심리적인 질환으로 변해, 그 가운데 우울하고 기괴한 일이 하나둘

자랄 수밖에 없었다 [······]"(1: 324~25)로 뮌헨의 도시적 정서에 대한 묘사가 한 페이지 가까이 전개된다. 청소년기의 토마스 만이 살았던 도시에 대해서이지만 이런 묘사법은 우리 작가들이 배워두어야 할 대목이다. 우리에게는 구체적인 지역 감각과 묘사가 너무 모자란다.

  * 예수가 부활하여 막달라 마리아에게 맨먼저 한 말이 "놀리 메탕게레," 즉 "나를 만지지 말라"라는 것이다(1: 353). 나는 이 구절을 처음으로 들었다. 이른바 스킨십을 거부하는 인간의 본능, 토마스 만에 의하면 "거부의 인간, 소극성의 인간, 거리감의 인간 [······], '사랑에서 세 걸음 떨어져!'"라는 지시!

  * 나(레버퀸): "그래서 당신이 나한테 시간을 팔겠다는 거요?"

  그(악마): "시간? 단지 그냥 시간? 아냐. [······] 위대한 시간, 멋진 시간, 진정한 악마의 시간, 그 속에서 위로, 더 위로 치솟는 시간! 하지만 조금 비참하기는 하지. 아니 매우 비참하다고도 할 수 있지"(1: 368). 여기서의 시간은 창조의 시간, 끝없이 전율하며 절정에 오르는 순간, 인간의 한없는 고조된 시간— 창조는 여기서, 이 비참한 순간에 가능해지는 것이 아닐까. 구원도!

  * 나(레버퀸): "죄인 스스로 처음부터 구원을 바라지 않을 만큼 극악무도한 범죄, 그것이 진정 종교적인 구원의 길이야"(1: 394). 죄의 깊음이며, 구원의 높음이다.

  * "어마어마하게 큰 대상이라도 그 말에 '우리의'라는 말을 붙이면 모종의 친밀감이 생기고 고향과도 같은 개념이 익살스럽다 하리만치 확대되어 '크다'라는 원래의 의미가 사라지므로 그 속에서 우리는 하찮은 백성이지만 분명 안전하게 보호받는 백성이라 느끼게 된다"(2: 17). 아주 평범한 수식어라도 그 적절한 활용에 따라 어감이 어떻게

달라질 수 있는가는 독일어에서도 마찬가지인가보다. 나는 "우리의 이청준"이라고 쓴 적 있는데 그냥 "이청준"이라고 했을 때와 달리 그 이청준이 와락 우리 앞에 다가서 있는 기분을 스스로 느꼈다. 마르쿠제가 가령 같은 이름이라도 약어를 쓸 때 뛰어오는 전투적 어감을 말한 적이 있는데 그것도 이와 마찬가지의 효과를 가져온 것이다.

* 이 소설의 주인공 아드리안이 작곡한 작품 중에 「구원받은 그레고르 교황의 출생」이 가장 잘되었다고 소개하고 있는데, 이 이야기는 남매가 상간하는 죄를 짓고 회개하여 후에 교황까지 된다는 줄거리로 토마스 만의 말기 작품 『선택된 인간』의 주제가 곧 그것이다. 아마 이런 회개받은 인간의 구원이 물론 중세의 중요한 설화였을 뿐 아니라 어쩌면 실화일 수도 있겠다. 큰 죄로 큰 구원을 얻는다는 이야기는 참으로 매력적인 주제가 될 것이다.

* "예술은 정신이다. 그리고 정신은 사회에, 공동체에 어떤 의무를 느낄 필요가 없다. 정신은, 내 생각으로는 그 자유, 그 기품을 지키기 위해서는 그리 해서는 안 된다. 민중에게 다가가는 예술, 대중의 소시민의 욕구, 속물 근성을 자기 것으로 만드는 일, 이를테면 국가에 의해 이것을 예술의 의무로 삼는다면 이는 불행한 일이다"(2: 97). 그렇다, 예술가에게는 사상가와 마찬가지로 무한한 자유가 허용되어야 한다. 그러나 그 자유의 향유는 도덕적 비판을 감당할 책임과 용기를 동반해야 한다.

* "이네스는 그를 통해 쾌감을 경험했다. 행복 없는 쾌감. 그 곤궁한 토양에서 그녀의 욕망이 번성했다"(2: 108). 바라지 않는 남자와 결혼하여 행복은 버렸지만 그럼에도 육체의 쾌감을 배웠다는 것, 그래서 그녀의 외간남자와의 사련이 벌어진다는 것. 남녀 간의 불행한

관계의 상당수는 이에서 비롯되는 것이다.

　* "우리를, 독일을, 제국을, 내친김에 말하는데 독일 문화를, 독일의 모든 것을 세계가 더는 참을 수 없는 존재로 만들어버린 이 정권은 사라져야 한다"(2: 120). 나치 정권에 대한 만의 비난, 저주!

　* "한 시대가 끝났다는 느낌, 19세기에서 중세까지 거슬러 올라가는 시대가, 원래 내 머나먼 정신의 고향으로 생각했던 시대가 끝났다는 느낌, 극도의 주의를 기울여야 될 것 같은 이러한 느낌은 전쟁이 끝난 후에야 비로소 빚어진 결과가 아니라 20세기로 들어와 14년이 지난 시점, 즉 전쟁이 발발했을 때 시작됐다. 당시 나 같은 사람이 겪어야 했던 충격, 운명에 사로잡혀 있다는 느낌은 여기서 비롯된 것이었다"(2: 142). 그러니까 20세기의 새로운 시대는 1914년에 시작되었다는 것, 그것도 전쟁이란 불행으로부터 시작되었다는 것.

　* "천재성은 질병 속에서 심오한 경험을 하는, 질병 속에서 만들어지고 질병을 통해 창조성을 띠는 생명력의 한 형식이다"(2: 145). 병이 창조력의 계기 혹은 더 나아가 자산이 된다는 것, 그것은 도스토예프스키가 병에서 인간 영혼의 정화를 얻고 세계를 투명하게 바라볼 힘을 가지게 된다는 발상과 같은 것이다. 깊이 공감 가는 통찰이다.

　* "과거는 현재의 내가 그보다 우월하다고 느낄 때에만 견딜 수 있는 것이라고 했다"(2: 296). 지금 내가 우월하다면 과거를 견디는 정도가 아니라 그 못난 시절이 아름답고 영웅적이라고 생각할 정도이다. 같은 사태도 현재의 사정에 따라 얼마든지 달리 윤색될 수 있다는 것, 그것은 자의적이라기보다 사태의 해석과 평가가 운명적으로 지니는 유동성일 뿐.

　* "나는 철학 강의에서, 한계를 정하는 일은 곧 이를 뛰어넘는 것

을 의미한다고 배웠어"(2: 301). 기록은 깨어지기 위한 것, 그렇다면 한계란 그것을 뛰어넘기 위한 것!

* 토마스 만은 이 책의 끝에 이르러 대여 섯살짜리 조카(아마 아드리안의 숨겨진 아들)에 대해 아름답고 지혜롭고 귀여운 존재로 길게 묘사한다(2: 306 앞뒤). 만의 『베니스에서의 죽음』에 나오는 미소년도 이 묘사의 연장일 것이다. 예술가들의 어린 소년에 대한 에로틱한 상상력은 충분히 이해될 수 있다.

* "마지막으로 둥둥 사라지는 소리다. 피아니시모 늘임표로 서서히 옮아가면서. 그리고 아무것도 남지 않는다. 침묵과 어둠. 남아 흔들리면서 침묵 속에 매달려 있는 음, 더는 존재하지 않는 음, 오직 훗날 영혼으로만 들을 수 있는 슬픔의 마지막 음. 이제 그 음은 없다. 그 의미를 바꾸었다. 어둠 속의 빛으로 남아 있다"(2: 352). 이것은 음악의 끝이지만 인간 존재의 끝이기도 하고, 이 세계의 종말이기도 할 것이다.

* "나와 함께 깨어 있어라!"(2: 361) 예수가 제자들에게 당부한 말은 그 후의 숱한 예수교 신자들에게 한 말이다. 깨어 있으라! 그러나 우리는 잔다, 잔다, 자고 있어야 한다……

『토니오 크뢰거, 트리스탄, 베니스에서의 죽음』,
안삼환 외 옮김, 민음사, 1998

토마스 만의 중단편집인 이 책은 민음사의 '세계문학전집 8'로 간행된 것인데 수록 작품도 표제의 세 편뿐만이 아니라 다섯 편의 단편이 더 실려 있고 그 역자도 안삼환과 그의 서울대 후배들 셋이 더 참여하고 있다. 이 작품들의 몇은 인상적인 부분들이 단편적으로 내게 기억되고 있는데 가령 「토니오 크뢰거」에서 어두운 창밖에서 환한 집안을 들여다보며 즐거운 가족들의 행복한 모임을 선망하면서, 문학하는 자신의 어두운 운명을 괴로워하는 모습 같은 것이 그렇다. 그러나 이번에 다시 보면서 내 기억이 많이 잘못되었다는 것, 상당히 낭만적인 모습으로 추억되고 있다는 것을 깨달았다. 내가 이 작품을 읽던 젊은 시절에 가진 내면적 정황이 이 추억에 윤색되어 있었음이 틀림없는 듯하다. 이래서 고전은 거듭 읽고 나이에 따라 다시 읽도록 권고되는지도 모르겠다. 어떻든 나는 토마스 만의 중단편을 다시 읽기로 했다. 그의 장편들이 방대한 만큼 따분하기도 하고 그 의미만큼 격렬한 것도 아니어서 오히려 그의 중단편에서 왜 토마스 만인가 하는 그의 소설가로서의 독특한 재미와 의미를 찾을 수 있을 것이었다. 그의 중단편 소설들을 보면서 이청준의 모습을 떠올리기도 하고 김원일의 말을 기억해내기도 했다. 그들은 청소년 시절 토마스 만의 중단편들에서 작가로서의 운명을 자극받았을 것이다.

「토니오 크뢰거」, 안삼환 옮김

토마스 만의 중단편 중 가장 널리 알려져 있고 김원일이 이 작품을 보고 작가의 길을 꿈꾸었던 것인데 나도 이 소설에 대해서는 어렴풋한 기억이 남아 있었다. 어두운 창밖에서 훔쳐보는 화사한 집 안에서는 젊은 시절의 여인이 가족들과 환한 불빛 속에서 행복한 시간을 즐기고 있었고 여기서 화자는 더욱 안타까운 심정으로 그들을 바라보며 예술가의 외로운 운명을 다짐하고 있는 장면인데 그 장면은 내가 대학 1학년 때 신입생 환영회를 하는 자리를 멀리서 바라보며 혼자 어두워가는 캠퍼스의 벤치에서 외로움을 씹고 있었던 모습을 연상시켜 주어 오래 기억에 남았다. 그러나 이번에 다시 본 그 대목은 대충 내 기억과 비슷했지만 내용은 달랐다. 화자인 토니오 크뢰거가 멀리서 바라본 것은 그의 학생 시절 혼자 그리워한 잉에와 그의 급우 한스가 한쌍이 되어 춤을 추는 것이었고 그것을 바라보는 크뢰거의 다짐도 그처럼 고독한 것이 아니었다.

토니오 크뢰거의 작가로서의 운명은 아마도 토마스 만의 것인지도 모른다. 나는 만이 왜 작가가 되기로 했는지, 그의 어떤 운명적인 계기가 그로 하여금 작가의 길을 걷게 했는지 모르는 것처럼 토니오 크뢰거도 어떻게 자신의 길을 작가의 것으로 만들었는지 그 단초가 기록되지 않는다. 그러나 만의 경우처럼 크뢰거 역시 일상 시민의 길을 부러워하면서도 외롭고 힘든 예술가의 길을 걸어야 하는 아픈 운명을 쓸쓸한 자부심으로 받아들인다. 이 시민성과 예술성의 갈등에 대한 인식이 특히 토마스 만에 격렬하게 나타나는데 그것은 물론 그 자신의 내면적인 갈등을 고스란히 드러낸 것일 것이다. 그는 일상에서는 아마도 모범적인 시민이었겠지만 내면적으로는 고독하면서도 분방한 예술가적 열정에 사로잡혀 있었을 것이다. 한스와 잉에의 행복한 춤을 바라보면서 "길을 잃고 황폐화되어 곤비하고 병들어버린 자기 자신을 보았다――그래서 후회와 향수에 젖은 나머지 흐느껴 울었다"(p. 105)는 극적인 장면에서 이 갈등의 폭발이 발견된다. 이 소실의 첫 장면, 즉 크뢰거가 한반 친구 한스를 애인 기다리듯 기다리며 마음 졸이는 장면은 독일 소설가들의 에로스적인 우정을 다시 느끼게 한다. 헤세에게도 있었고 만의 다른 작품에도 빈번하게 나타나고 있는 이 우정은 청소년기의 열정이기를 넘어 남성과 남성의 에로티시즘, 영원한 내면적 소통으로서의 우애로 여겨질 정도인데 만에게는 이것이 동성애적 감성으로 발전하는 것 같다.

나는 이 소설에서 발견하는 두 테마, 시민적 행복에 대한 부러움과 그럼에도 고독한 예술의 길을 선택해야 하는 갈등을 대학 시절 내 나름으로 경험한 바 있고 친구와의 동성애적 선망은 소년 시절 간접적으로 가볍게 느껴본 적이 있다. 그랬기에 이 소설의 주제는 내게 익숙하기도 하고 그것이 친숙한 만큼 충격적인 데까지 이르지는 않았다. 그럼에도 토니오 크뢰거가 제기하고 있는 두 개의 갈등은 지적 인간이 끝내 피할 수 없이 맞닥트릴 주제일지도 모른다. 고통스러운 예술 혹은 지식인의 길을 선택하면서도 행복하고 건강한 시민적 일상을 그리워하기, 그리고 순수한 정감으로 동성에 대한 우정의 추상에 매달리기─이것은 소년기와 청년기를 그 나이의 감성으로 치열하게 살아왔음을 보여주는 내면적 성장통인 것이다.

* "문제는 토니오가 한스 한젠을 사랑하고 있었고 한스로 인해 벌써 많은 고통을 겪어왔다는 사실이었다. 가장 많이 사랑하는 자는 패배자이며 괴로워하지 않으면 안 된다─이 소박하고도 가혹한 교훈을 열네 살 난 그의 영혼은 이미 삶으로부터 터득하고 있었다"(p. 11). 사랑함으로써 고통을 경험하고 괴로움을 배운다는 것, 그것은 피할 수 없는 운명이다. 그 운명을 받아들일 때 인간은 내면적으로 성장하고 감정적으로 성숙해진다.

* "경험에 비추어 그는 이것이 사랑이라는 것을 알았다. 그리고 사랑이 그에게 많은 고통과 번민, 그리고 굴욕을 강요할 뿐만 아니라 마음의 평화를 깨트리고 그의 마음을 온갖 멜로디로 가득 채움으로써

어떤 일을 마무리지어 침착한 가운데에 무엇인가 완벽한 것을 완성해 낼 수 있는 항심을 가지지 못하게 하리라는 것을 알고 있었다. 그러나 그럼에도 불구하고 그는 그 사랑을 기쁜 마음으로 받아들여 거기다가 자신을 완전히 내맡겼다"(p. 24). 잉에에 대한 크뢰거의 첫 사랑의 감정!

＊"유희적이고도 우울한 경이로운 창조력이 자기 자신의 내부에서 꿈틀거리고 있음을 감지하면서 그와 동시에 자신이 동경하는 사람들은 그 창조력이 닿지 않는 대안에서 그런 것 따위 전혀 아랑곳하지 않고 명랑하게 살아가고 있음을 인식한다는 것은 매우 고통스러운 일이다"(p. 32). 일상적 행복을 선망하는 예술가의 불운에 대한 탄식.

＊"그때 인식의 고통, 인식의 자만과 함께 고독이 찾아왔는데, 즐겁고도 둔한 감성을 지닌 순진한 사람들은 그를 좋아할 수 없었다. 그의 이마에 뚜렷이 보이는 반점이 그들의 기분을 거북하게 만들었기 때문이다"(p. 36). 이마의 반점—이 반점은 카인의 그것이기도 하고 데미안의 환한 이마에서 빛나던 반점이기도 하다. 그 반점은 눈 있는 자에게 발각되는 아름다운 천형(天刑)인 것을.

＊"문학이란 것은 소명이 아니라, 당신에게 분명히 말해두고 싶습니다만, 일종의 저주입니다. 언제부터 이것이, 이 저주가 느껴지기 시작하지요? 일찍부터 엄청나게 일찍부터지요"(p. 47). 문학은 소명이 아니라 저주(!)라는 것, 것, 것.

＊"인식의 구토라고 부르고 싶은 것이 있지요. 우리 인간에게는 어떤 사물을 통찰하는 것만으로도 벌써 죽고 싶을 정도로 구역질나는 (그런 중에도 그것과 화해할 기분이라곤 전혀 나지 않는) 그런 상태 말입니다"(p. 52). 사르트르의 존재에의 구토, 그리고 토마스 만의 인

식의 구토!

*"(한스와 잉에보르크의) 이 밝은 족속의 인간들은 청순성, 순수성, 명랑성 그리고 또한 동시에 자랑스럽고 순박하며 쉽게 건드릴 수 없는 냉담성의 표상을 불러일으킨다"(p. 98). 불행히도, 시민들의 이 건강함, 행복함, 사랑스러움이 예술가들에게 자극이 된다.

*"그리고 그가 지금의 그가 되기까지의 모든 지난 세월 동안에 무엇이 있었던가?— 무감각, 황폐화, 냉혈화, 그리고 정신이 있었다! 그리고 예술이 있었다!"(p. 104). 예술의 아이러니. 시민성에 대한 아이러니, 인간에 대한 아이러니, 예술 자체에 대한 아이러니. 예술은 이 아이러니 위에서 가능한 아이러니한 존재일 뿐.

「마리오와 마술사」, 임홍배 옮김

내가 이런 작품이었다고 기억한 것과는 전혀 다른 작품이다. 나는 불구의 가련한 헌신이 구원의 길을 열었던 이야기로 생각했는데 이 소설은 장애자이면서 거만한 마술사가 인간의 근원적인 약점을 헤집다가 사살되는 줄거리이다. 만은 매우 집요하게 이 마술사의 행동과 언동을 세세히 묘사하고 있어 그가 대가일 뿐 아니라 세밀화에도 능숙한 장인임을 보여주고 있다. 이 단편소설은 연보에 의하면 1930년에 발표된 것으로 이미 무솔리니의 전조, 아니 히틀러의 전조를 분명하게 보여주고 있다. 그는 이미 취한 권력의 만행을, 그리고 그 비극의 말로를 불행히 예언하고 있었고 역사는 그가 예시한 대로 흘러가고야 말았다. 치폴라가 무대에서 관중을 휘어잡으며 농락하고 있는 모습에서 나는 이청준의 중편 「예언자」의 마담이 연상되었다. 그리고 분명한 근거 없이 이청준이 이 소설에서 그 마담을 형상화할 계기를 얻었을 것이 틀림없다는 생각이 들었다.

 * "의지가 곧 복종이 되고 복종이 곧 의지가 되는 그 자신의 인격체는 그 두 가지를 탄생시키는 산실인 만큼 대단히 힘겨운 역할을 맡고 있다는 것이었다"(p. 157). 이청준다운 어법에 그가 만들어냄직한 논리이다.

 * "이만하면 이성이나 도덕보다 더 강력한 힘이 있다는 것도 잘 아셨을 테고"(p. 169). 최면 상태로 몰고 가 관중을 마음대로 농락하는 치폴라의 선언이다. 그의 이런 모습과 논리는 히틀러의 것에 다름아니다.

「타락」, 안삼환 옮김

1894년, 만이 19세 때 발표된 작품이니 그의 가장 이른 소설일 것이다. 도스토예프스키처럼 첫 작품이 호평을 받아 앞으로의 그의 문명(文名)을 보장해준 것인데, 이야기는 순진하고 그 수법도 고전적인 치기가 있지만 아직 스무 살도 되기 전의 젊은이의 작품임을 감안하면 상당한 넉넉함을 보인 수준작으로 평가할 수도 있겠다. 순진한 대학생이 우연히 보게 된 여배우에 반해 갖은 정성을 다한 끝에 그녀의 사랑을 얻는 데 성공하고 그만큼 행복해져 있는데 어느 날 불시에 그녀 집을 방문했다가 그녀가 부유한 남자에게 매춘을 하고 있음을 발견하고 절망에 빠져버린다는 줄거리이다. 이야기는 상투적이지만 토마스 만의 시술이 집요하고 입체석이면서 내면적인 심리와 마지막 결론에서 대담하게 생략하는 수법에서는 이후의 그의 소설과 비슷한 행장을 보인다. 그러니까 이 단편은 토마스 만의 소설 작법에 하나의 기본적인 틀을 보여주고 있는 것이다.

* "여기 그녀가 앉아 있다! 여기 그녀가 앉아 있다! 그리고 나는 그녀 곁에! 그는 이것이 정말로 자기 자신임을 확인하기 위해서 자꾸만 그의 온갖 의식을 집중하곤 했다. 그리고 믿을 수 없으리만큼 행복에 겨운 그의 시선은 자꾸만 그녀의 얼굴, 그녀의 모습 위로 이끌려가곤 했다―그래 이것이 그녀의 연금발 머리카락이고, 귀여운 입술이며 이것이 약간 두 겹이 될 듯 말 듯한 그녀의 부드러운 턱이고 이것이 그녀의 밝은 어린애 같은 목소리이며 그것이 그녀의 귀여운 말씨이구나"(p. 202). 행복에 겨워 사랑하는 여인을 희롱하듯이 장난치며 계속되는 묘사는 한참 더 계속된다. 우리 소설에는 이런 집요함, 이런 구체적인 것이 모자란다. 만에게서 배워둘 일이다.

* "그의 기분은 첫 성찬식을 받았을 때와도 같이 청명하고도 엄숙했다. 그리고 그가 새소리 지저귀는 봄날과 부드럽게 미소짓는 하늘을 내다보았을 때 그의 기분은 다시금 간밤에 그랬던 것처럼 마치 그가 진지하고도 묵묵한 감사의 심경에 차서 존경하는 하느님의 얼굴을 보는 듯했다"(p. 216). 화자가 처음 사랑을 나누고 난 날의 아침에 느끼는 환희, 그것은 종교적이기도 하고 신생의 첫 아침 같기도 하다. 이 환희 역시 우리의 작가들이 배워둘 일.

* "그때부터 계속해서 그에게는 사랑은 증오 속에서 존재하고 육욕도 거친 복수 가운데만 있게 되었는데, 그는 이것을 아마도 이 키스에서 배운 것일까?"(p. 231). 애인이 다른 남자와 관계 후 키스를 하며 돈을 받는 장면을 본 뒤부터 그에게 닥친 자학적 욕망이 상당한 절제력으로 고백되고 있다. 젊은 작가의 이 자제력도 배울 일.

「키 작은 프리데만 씨」, 안삼환 옮김

제목이 재미있고 익숙하다. 이청준의 「키 작은 자유인」때문인데 그가 토마스 만으로부터 자극을 받았으리란 심증의 실례를 이룬다. 태어나자마자 사고를 당하는 바람에 곱사등이가 되었지만 언제나 당당하게 살아온 프리데만이 그가 흠모하는 여인으로부터 능멸적인 시선을 받고서는 호수에 투신자살하는, 상당히 잔인한 이야기이다. 그러나 만은 시침을 뚝 떼고 이야기를 진행하고 대담한 절제력을 발휘해서 곱사등이의 자살을 슬쩍 결말짓는데, 내면적인 고뇌나 불행을 사상(捨象)하고 있기 때문에 그 불행이 보다 통절하게 다가온다. 토마스 만의 대가다움이 여기서부터 보이기 시작한다.

* 프리데만은 자기가 염두에 둔 소녀가 다른 젊은 남자와 키스하는 것을 훔쳐본 후 "결연히 다시 기운을 차렸다. '좋아'하고 그는 자신에게 다짐했다. '이것으로 끝이야. 난 이제 두 번 다시 이런 짓거리에 상관하지 않겠어. 이런 것은 다른 사람들에게는 행복과 기쁨을 베풀어주지만 내게는 언제나 원한과 고통만을 안겨줄 뿐이야'"(p. 266). 불구자는 이렇게 세상과 결별을 선언한다. 그러니 그 결별이 끝은 아니었다.

* "그때 이 여자가 왔다. 그녀는 와야만 했다. 그것이 그의 운명이었으며 그녀 자신이, 그녀만이, 그의 운명이었다. 첫 순간부터 그가 이것을 느끼지 못했던가? 그녀는 오고야 말았다. [……] 그 모든 것이 제어할 수 없는 엄청난 힘을 지니고 그를 움켜잡고는 그를 파멸시키는 것이다!/그것이 그를 파멸시킨다. 그는 이것을 느낄 수 있었다"(p. 292). 운명은 다가오기 때문에 운명이기도 한 것이고 결코 잡을 수 없는 것이기에 운명이기도 하다. 그렇다면 그 운명의 소유자는 누

구인가?

「어릿광대」, 한성자 옮김

  *"그러나 나, 나 자신은 어떤가? 나는 여기 아래에 앉아서 멀리 어두운 데서 우울하게 관찰하고 있는 것이다. 귀중하고 도달할 수 없는 사람이 저 가치없는 자와 수다를 떨고 웃고 있는 것을 보아야 하다니! 제외된 채, 주목받지 못한 채, 아무 권리도 없이, 낯설게, 이상하게, 영락하여, 비천한 계급으로서, 스스로 생각해봐도 불쌍하게……"(p. 338). 시민층으로부터 밀려난 예술가의 소외된 안타까운 위상이란 토마스 만의 주제가 구체적으로 드러난 모습. 이 비슷한 장면들이 그의 소설 곳곳에서 되풀이된다. 이 소설이 그의 22세 때 작품이니 참담한 소외라는 예술가의 운명에 대해 그는 일찍부터 환상 없이 수락하고 만 것인가.

「트리스탄」, 임홍배 옮김

  그가 28세 때 쓴 작품인 이 소설은 시민과 예술가의 위치를 도치시켜 소설가의 비속함을 일상적 시민의 당당함이 야유하고 있다. 그러나 그 도치에 만이 근본적으로 동의하고 있는 것은 아니다. 이 소설에서의 소설가의 모습은 일상적인 시민 못지 않게 저급하고 야비하다. 그는 그것을 비웃은 것이다.

「베네치아에서의 죽음」, 홍성광 옮김, 열린책들

  이 소설은 원래 민음사판으로 읽기 시작했지만 그 역문이 껄끄러워 열린책들에서 나온 홍성광의 번역판으로 바꾸었다. 같은 작품인데도 번역자에 따라서 읽는 맛이 이렇게 다를 수 있다는 것을 이번의 실험 아닌 바꿈으로 확인할 수 있었다.

　몇 달 전 교육방송에서 마침 이 소설을 원작으로 한 영화가 방영되었다. 중간부터 그것도 집중해서가 아니라 딴 일을 하며 곁눈질하듯이 본 것이어서 영화의 분위기가 깊이 다가오지는 않았지만 원작의 분위기는 짐작되었다. 오래전에 이 소설을 보았고 나이 많은 소설가가 한 미소년에 반해 동성애만도 아닌 깊은 흠모를 느끼다가 죽음에 이른다는 줄거리만 기억해오던 것을 이 영화에서는 그 줄거리는 빠져버리고 분위기로만 다가온 것이다. 그래서 이 소설은 더욱 꼭 읽어두어야 할 것이 되어버렸다.

　토마스 만은 그 문체와 주제가 매우 엄격해서 시민적 모럴로부터의 일탈을 거부하고 강한 자제력으로 일관한다는 느낌을 나는 자주 말했지만, 그 주제가 이처럼 파격적일 수 있었던 것은 그의 이런 모럴과 자제에 대한 스스로의 반발 때문에 가능했던 것이 아닌가 싶어진다. 같은 남성을 그리워한다는 것, 그것도 50대의 대가가 14세의 어린 소년에게 반해버린다는 것은 이중의 파격이다. 토마스 만의 농성애적 성향을 자주 발견해왔고 그것이 동년배의 미소년들 사이였다는 것도 적지 않이 본 것이지만 노년의 인사가 앳된 소년의 스토커가 된다는 것은 만의 서술처럼 "믿을 수 없을 정도로 기묘하고 수치스러우며 우스꽝스럽고 꿈결 같은 모험"(p. 270)이다. 주인공 구스타프 아셴바흐가 베네치아에 스며든 전염병으로 목숨을 잃는 것은 이 엽기적인 파격의 운명적인 결론일지도 모른다. 이 결론에 이르기까지 작가는 50회의 생일을 맞으며 작가로서의 절정에 이른 피로감을 고백하고 그 때문에 여행을 떠나게 되어 트리에스트를 거쳐 결국 환상적인 베네치아에 오게 된 정황을 설명하는데 그 객관적인 정황이 주인공의 내면적 정황에 그대로 대응하고 있다. 소설의 전반은 무겁고 침울하며 양명한 베네치아에 스며든 죽음의 음습한 분위기에 어울려가는데, 남국의 화사한 햇빛과 같은 타치아의 빛나는 얼굴이 이 무겁고 음습한 세상의 무게에 결국 눌려버리고 마는 것이다. 그 과정을 몇 대목 메모로 정리해본다.

＊구스타프는 "몇 달 간 작품에서 손을 떼고 세상을 어슬렁거리며 돌아다니겠다는" 강한 유혹에 빠진다. "그 자신이 고백한 바에 따르면 이는 탈출하고자 하는 충동이었다. 새로운 것과 먼 곳에 대한 동경, 자유, 구원, 망각에 대한 이러한 욕구는 곧 작품에서 벗어나고픈, 경직되고 차가우며 열정적으로 일하는 일상생활의 작업장에서 벗어나고픈 충동이었다"(p. 233). 자연스럽고 흔하고 나 자신도 자주 빠지는 일탈에의 욕망. 그것은 이미 구스타프의 운명에 드리워진 종말을 예고하고 있다.

＊"보다 내적인 정신성은 이들 가운데 성직자가 한 명 나옴으로써 구현되었다. 보다 성마르고 관능적인 핏줄은 바로 이전 세대에 보헤미아 출신 지휘자의 딸인 어머니를 통해 가문에 전해졌다. 그러니까 그의 외모에 낯선 종족의 특질이 보이는 것은 그의 어머니 때문이었다. 직분을 다하는 냉철한 양심과 보다 어둡고 보다 열정적인 충동이 결합함으로써 한 명의 예술가, 이러한 특이한 예술가가 생겨나게 되었던 것이다"(p. 235). 이것은 바로 토마스 만 자신의 혈통을 고백하는 것이다. 시민성과 예술성, 그것은 그의 유전자에서 정해진 갈등의 두 요소였다.

＊"아셴바흐는 소년의 외모가 완벽하게 아름다운 것을 보고 흠칫

놀랐다. 창백하고 우아하며 내성적으로 보이는 그 소년의 얼굴은 벌 꿀색 머리칼에 에워싸여 있었다. 곧게 뻗은 코와 사랑스러운 입, 감미롭고 신적인 진지한 표정은 가장 고귀한 시대의 그리스 조각품을 생각나게 했다"(p. 255). 폴란드 귀족의 아들, 세 딸에 이은 막내, 타치아를 처음 본 아셴바흐의 묘사.

* "그가 바다를 사랑하는 데는 여러 가지 이유가 있었다. 힘들게 일하는 예술가, 단순하고 어마어마한 자연의 품에 안겨 너무나 많은 것을 요구하는 현상들의 다양함으로부터 자신의 몸을 숨기길 바라는 예술가인 그에게는 휴식을 취하고 싶은 욕구가 있었다. 그가 바다를 사랑하는 또 다른 이유는 구분되어 있지 않은 것, 무변광대한 것, 영원한 것, 즉 무에 대한 금지된 애착, 즉 자신의 임무와 배치되지만 바로 그 때문에 유혹적인 애착 때문이었다"(p. 261). 토마스 만은 홍성원이 바다에 감동하는 것과는 다른 이유를 대고 있다. 아니, 같은가? 다른 이유와 그 표현 안에서 두 사람은 같은 감동을 고백하고 있다.

* "태양은 우리의 주의력을 지적인 것에서 감각적인 것으로 돌려놓는다고 쓰여 있지 않았던가?"(p. 277). 북쪽의 독일과 남쪽의 이달리아의 변별성. 여지의 주에 의하면 이 대목은 토마스 만의 일기에서 플루타르코스의 『에로티코스』에 나오는 구절을 인용한 것이라 한다.

* "사랑하는 자가 사랑받는 자보다 더욱 신적이라는 얘기였다. 사랑하는 자 안에 신이 있지 사랑받는 자 안에 신이 있는 게 아니기 때문이라고 한다"(p. 279). 너무 맞는 말이고 또 그만큼 너무 자주 말해지는 것이어서 그 신선도는 떨어진다. 우리는 거꾸로 얘기할 수는 없겠지만, 사랑받는 자에게서 신성을 발견할 수 있다면 더 없이 아름다운 일일 것이다.

* "하루에도 몇 번씩 틈틈이 시간을 내어 화장을 한 다음, 몸치장을 하고 흥분해서 긴장된 마음으로 식탁에 나타났다. 자신을 매혹시킨 어여쁜 소년과 마주할 때면 늙어 가는 자신의 육체에 구역질이 났다"(p. 306). 50대 남성이 10대의 소년에게 향하는 정성으로는 보이지 않는, 그래서 그 사랑이 아름답다거나 슬프다기보다는 오히려 기묘하게 보이는, 그럼에도 사랑의 긴장이 느껴지는, 기이한 장면.

나는 토마스 만을 여기서 수료할 생각이다. 그의 중편 「선택된 인간」을 오래된 기억을 되살리며 다시 읽어보고 싶고 성경을 패러디한 『요셉과 그의 형제들』 등 번역된 그의 대작들을 찾아보고 싶지만 내가 만 때문에 더 지치고 싶다는 생각이 들지 않는다. 지금까지 본 것으로 토마스 만의 대표작들은 대충 섭렵한 것이고 여기서 그의 중심적 세계관이나 성향을 짐작할 수도 있겠고 소설가로서의 그의 자산을 평가할 수도 있을 것이다. 루카치가 20세기 최대의 작가라고 한 평가를 내가 고스란히 받아들일 수는 있겠지만, 가령 도스토예프스키나 톨스토이에 미칠 것 같지는 않기에, 나로서는 이만큼의 정성으로 그에 대한 예우는 되었지 싶다.

〔『본질과 현상』 2009년 가을호〕